KB055050

한국 현대사 산책 2000년대 편 1권

한국 현대사 산책 **2000년대 편**(전5권)
노무현 시대의 명암 · 1권

초판 1쇄 2011년 8월 22일 펴냄
초판 4쇄 2017년 9월 13일 펴냄

지은이 | 강준만
펴낸이 | 강준우
기획 · 편집 | 박상문, 박효주, 김예진, 김환표
디자인 | 최진영, 최원영
마케팅 | 이태준
관리 | 최수향
인쇄 · 제본 | 제일프린테크

펴낸곳 | 인물과사상사
출판등록 | 제17-204호 1998년 3월 11일

주소 | 04037 서울시 마포구 서교동 392-4 삼양E&R빌딩 2층
전화 | 02-325-6364
팩스 | 02-474-1413

www.inmul.co.kr | insa@inmul.co.kr

ISBN 978-89-5906-191-4 04900 ISBN 978-89-5906-190-7 (세트)

값 16,000원

노무현 시대의 명암 2000년대 편 1권

한국 현대사 산책

강준만 저

인물과 사상사

노무현은 한국인의 숨은 얼굴이었다

'인물 중심주의' 문화의 네 가지 이유

2000년대는 긍정적 의미에서든 부정적 의미에서든 '노무현 시대'로 불릴 만하다. 대통령 재직 기간만 놓고 말하자면 노무현 시대는 2003년 2월 25일부터 2008년 2월 24일까지의 5년간이었지만, 노무현은 그 나머지 기간에도 '희망'과 '가능성'(2000~2002년), '반추'와 '유산'(2008~2009년)의 아이콘으로 한국 사회에 큰 영향을 끼쳤다.

노무현 시대를 평가할 때 가장 경계해야 할 것은 역사의 의인화(personification)와 개인화(personalization)다. 과도한 인물 중심주의를 경계해야 한다는 것이다. 물론 이런 경계심은 어느 시대를 막론하고 꼭 필요한 것이지만, 지도자의 퍼스낼리티 문제가 가장 두드러진 노무현 시대의 경우엔 절대적으로 필요하다고 할 수 있다. 한국은 강한 '인물 중심주의' 문화를 갖고 있기에 더욱 그렇다. 왜 그렇게 되었을까? 네 가지 이유가 있다.

첫째, 고난과 시련의 역사로 인한 '영웅 대망론' 이다. 망국 직전의 개화기 조선을 휩쓸던 영웅 사관은 지금도 건재하다. 희망이 없는 상황에서 영웅이 모든 걸 돌파해주길 기대하는 심리다. 지금도 이승만 · 박정희를 영웅으로 만들지 못해 안달하는 사람들이 좀 많은가. 유엔(UN) 사무총장 반기문도 '세계 대통령' 이라고 불러야 직성이 풀리는 사람들이 한국인이다.

둘째, 이념과 같은 추상적인 것보다는 사람에 더 잘 빠지는 체질과 더불어 한번 마음 주면 웬만해선 돌아서지 않는 정(情) 문화다. 자신의 감정을 투자한 것에 대한 집착 · 고집 · 오기도 대단히 강하다. 이걸 지조 있다고 칭찬하는 사람들도 많다. '내부 고발자' 를 존경하기는커녕 오히려 멀리하거나 탄압하는 한국 사회의 '의리 문화' 도 이런 특성과 무관치 않다.

셋째, 지도자의 강력한 리더십으로 모든 걸 빨리 해결하고 싶어 하는 '빨리빨리 문화' 다. 제도와 법의 제 규정을 따라 일을 처리하는 건 느린 반면, 지도자의 직접 지시는 매우 빠르다. 재벌의 '황제 경영' 은 비난의 대상이 되고 있긴 하지만, 총수가 유능할 경우 총수를 황제처럼 받드는 일사불란한 명령 체계는 한국 기업의 '속도 경영' 을 가능케 해준 요인이기도 했다.

넷째, 조직 · 집단의 기득권 구조에 대한 강한 불신과 저항이다. 정당을 비롯한 주요 사회 제도 · 기관 등에 대한 국민적 불신은 세계에서 가장 높은 수준이다. 지도자는 그런 기득권 구조의 일원일망정 민심을 따를 경우 기득권 구조를 해체할 수도 있는 강력한 권력과 더불어 유연성을 갖고 있다고 보는 게 한국인들의 생각이다.

인물 중심주의는 지도자 추종주의로 이어진다. 지도자 추종주의는 한국의 장점인 동시에 단점이다. 유능하고 강력한 지도자를 만나면 무서운 힘을 발휘할 수 있지만, 그로 인한 부작용도 만만치 않다. 국민 각자가 자기 몫을 할 생각은 하지 않고 지도자에게 의존하려는 심리가 강해지기 때문이다. 그래서 지도자를 필요 이상으로 극찬하거나 정반대로 필요 이상으로 매도하는 양극단의 성향을 드러내 보인다.

지도자 추종주의는 사회 전 분야에 걸쳐 만연해 있다. 2003년 당시 문화부 장관 이창동은 관계의 지도자 추종주의를 가리켜 '조폭 문화' 라고 불렀다. 재계도 다르지 않다. 잘나가는 재벌을 들여다보면 '제왕적 총수' 의 리더십에 절대 의존하고 있다. 정 · 관 · 재계의 지도자 추종주의를 비판하는 교수도 자신이 몸담고 있는 대학에서는 후배 · 제자 교수들과 대학원생들에게 거의 비슷한 성격의 지도자 추종주의를 요구하기도 한다. 과거 운동권 학생들도 '제왕적 의장' 모시기에 바빴다.

한국 여론 형성 구조의 10대 특성

인물 중심주의에 대한 경계심은 '노무현 시대' 가 인터넷 대중화 시대였다는 점에 주목하게 만든다. 그렇잖아도 늘 인물 중심적으로 역동적인 한국의 여론 형성 메커니즘이 인터넷으로 더욱 역동적인 면모를 보임으로써 정치의 혼란 · 혼돈성이 극에 이르렀기 때문이다. 역동성의 다른 얼굴은 불안정성이다. 노무현 시대의 최대 교훈은 한국 사회와 정치를 평가할 때 우선 한국 여론 형성 구조의 특성에 눈을 돌려야 할 필요성을 말해준 것은 아닐까? 어떤 특성인가? 열 가지를 들 수 있겠다.

첫째, 미디어의 1극 중앙집권 구조로 인해 '쏠림'이 심하다. 우리는 자연스럽게 여기지만, 전 국민의 미디어 이용 시간을 90% 이상 점유하는 미디어가 한 도시에 집중돼 있다는 건 놀랍게 생각해야 할 사실이다. 그런 지리적 집중성과 더불어 미디어 종사자들의 동질성이 매우 높아 '쏠림'을 강화한다.

둘째, 강한 외부 지향성과 타인 지향성으로 인해 '편승'이 심하다. 그래서 "지지율이 높기 때문에 지지한다"는 '동어반복' 현상이 상례화돼 있다. 이는 각 개인의 신념 구조나 그 어떤 사실적 기반을 바탕으로 형성된 여론이 아니기 때문에 여론의 불안정성과 휘발성을 낳는 주요 이유가 되고 있다.

셋째, '반감의 정치'로 인한 반사적 성격이 강하다. 정치에 대한 냉소·불신이 강해 정치적 지지는 지지 대상에 대한 '포지티브' 심리보다는 반대 대상에 대한 '네거티브' 심리에 의해 형성된다. 이 또한 여론의 불안정성과 휘발성을 낳는 주요 이유가 되고 있다.

넷째, 정당정치의 기반이 부실해 일관성이 약하다. 일종의 악순환이라고나 할까. 정치에 대한 불신·혐오 때문에 기존 정당보다는 늘 신진 세력을 선호하는 여론이 정당정치의 부실화를 가져오는 역설을 낳고 있다.

다섯째, 인물 중심주의 문화가 강해 지속성이 약하다. 기득권 세력에 대한 총체적 불신과 반감으로 새로운 인물을 대안으로 모색하는 성향이 농후하다. 물론 그로 인한 좋은 점도 있겠지만, 여론의 불안정성과 휘발성은 피할 길이 없다.

여섯째, 지역주의적 고려가 이슈·정책 파워를 약화시킨다. 지역주의적 고려는 바람직하지 않다는 걸 모든 사람들이 당위적으로는 인정하기 때문에 이는 기존 여론조사 방식으로는 잡아내기 어렵다. 그래서 더욱 문제가 된다.

일곱째, 드라마·이벤트에 약한 감성 체질이다. 타고난 감성 체질도 있겠지만, 위에 지적한 이유들이 감성 파워를 키워 드라마·이벤트의 가치를 증대한다. 드라마·이벤트의 바탕에는 그 어떤 시대정신이 깔려 있을 수도 있기 때문에 부정적으로만 볼 일은 아니지만, 여론 형성의 안정성을 해치는 건 분명하다.

여덟째, 여론 선도자의 기능이 강해 조작에 취약하다. 이 문제는 인터넷 시대에 이르러 증폭되고 있다. 앞서 지적한 '쏠림'과 '편승'은 여론 형성 초기에 이른바 '작전 세력'이 활개칠 수 있는 가능성이 크다는 점을 의미하는 것이기도 하다.

아홉째, 바람에 약하고 바람을 사랑한다. 이는 그간 한국 정치에서 대체적으로 보아 긍정적인 영향을 끼쳐왔다. 기득권 구조를 일시에 허물어버릴 수 있는 물갈이를 가능케 한다거나 기득권 세력에 경고의 의미를 보내왔다는 점에서 그렇다. 그러나 동시에 우리는 그 부작용도 원 없이 목격해왔다.

열째, 성찰을 어렵게 만든다. 이는 바람에 약하고 바람을 사랑하는 여론 형성 구조의 치명적인 약점이다. 바람기는 유권자의 특권이라고는 하지만, 그게 지나치면 대접받지 못한다. 정치인들은 여론을 무서워하는 동시에 여론을 깔보기 때문이다. 언제든 바람 한번 불면 쉽게 뒤집어질 수 있다고 보기 때문에, 자신의 과오를 심각하게 성찰하기보다는 바람을 만들 수 있는 드라마·이벤트를 연출하는 데에 집중한다. 이는 정치인들의 한탕주의를 창궐케 하고 성찰의 씨를 마르게 하는 결과를 초래한다. 선거나 여론조사에서 자기 입맛에 맞는 결과가 나오면 '대중은 위대' 하고, 자기 입맛에 맞지 않으면 '반대편의 음모와 방해' 때문에 그렇다는 식의 이중 잣대가 만연해 있는 것도 바로 그런 대중 폄하에서 비롯되는 것이다.

대중은 여론조사를 일종의 게임으로 즐길 뿐이기 때문에 바람 따라 노는 것에 별 문제의식을 갖고 있지 않다. 여론조사는 범국민적 오락인 셈이다. 일종의 '바람 놀이' 다. 굳이 좋게 말하자면, 정열과 소신의 부질없음을 깨달은 체념과 냉소의 지혜라고나 할까. 가벼운 인상 비평의 수준에서 자신의 선택을 게임으로 여기는 기존 '여론조사 공화국' 체제는 신축성 · 융통성 · 역동성 등과 같은 그 나름의 장점이 있으므로 부정적으로만 볼 일은 아니지만, 그 사회적 대가는 성찰의 고갈과 더불어 정치적 불확실성 · 불안정성의 증대다. 하긴 그게 오락의 묘미이기는 하다.

한국 정치의 다섯 얼굴

노무현 시대를 올바르게 평가하기 위해서는 한국 정치에 대한 총체적 이해도 필요하다. '총체적' 이라 함은 한국 정치가 갖고 있는 다차원성에 주목해야 한다는 뜻이다. 이게 말처럼 쉬운 일은 아니다. 한국 정치에는 다섯 차원 또는 다섯 얼굴이 있음에도, 우리는 어느 한두 차원이나 얼굴에 대해서만 말함으로써 정치의 전모를 보는 데에 곧잘 실패하곤 한다. 한국 정치의 다섯 얼굴은 무엇인가?

첫째, 혐오와 저주의 대상으로서의 정치다. 주로 삶에 허덕이는 서민들이 정치에 대해 갖고 있는 생각이다. 사실 부자들은 정치에 화를 내야 할 이유가 없다. 물론 부자들도 애국심에서 한심한 정치에 분노하기도 하겠지만 서민들만큼 절박하지는 않을 것이다.

둘째, 관리와 통제의 대상으로서의 정치다. 기업들, 특히 재벌들이 갖고 있는 정치관이다. 이른바 삼성의 'X파일 사건'은 그 점을 드라마틱하게 입증해 보였다. 재벌은 정치인과 정치 집단에 돈 덩어리를 몇 개 또는 몇십 개씩 던져줌으로써 정치를 관리 및 통제하려 하는 것이다.

셋째, 열망과 숭배의 대상으로서의 정치다. 정치 지망생들이 갖고 있는 생각이다. 사회적 개혁을 위해서든 자신의 출세를 위해서든 정치 지망생들에게 정치는 열망과 숭배의 대상이다. 보통 사람들이 아무리 정치에 침을 뱉어도 그 열망과 숭배는 사그라지지 않는다.

넷째, 인정과 이용의 대상으로서의 정치다. 정치에 침을 뱉는 사람일지라도 정치의 힘은 인정한다. 자신의 사적 영역에서 무슨 일이 생겼을 경우 이용할 수만 있다면 정치의 힘을 이용하는 것을 주저하지 않는다. 물론 공적으로 좋은 목적을 위해 정치를 이용할 수도 있지만, 공사(公私)의 경계가 분명한 건 아니니다.

다섯째, '약자의 원한'으로서의 정치다. 공적으로 좋은 목적을 위해 정치를 이용하려는 경우에 나타나기 쉬운 얼굴이다. 이건 좀 길게 설명할 필요가 있다. 김진석 인하대 교수의 『니체는 왜 민주주의에 반대했는가』에 따르면, "현대 민주주의 체제는 아마도 약자들의 복수와 원한에 내재하는 합리성 혹은 정당성을 창조적으로 인정한 덕택에 발전했을 것이다. 예를 들어 '사회적 정의'란 무엇인가? 그것을 단순히 도덕적으로만 이해하지 말고, 창조적으로 이해해보자. 그것은 약자들의 원한과 분노가 창조적으로 인정되면서 새로 태어난 권리다."[1)]

니체는 '약자의 원한' 을 혐오했으면서도 그것이 현대적인 방식으로 무수한 얼굴을 가질 것임을 예감했다고 한다. 어느 사회건 그 얼굴의 정체성을 놓고 사회적 갈등을 겪기 마련이지만, 그 갈등은 자주 '약자의 원한' 을 혐오하는 쪽으로 결말을 맺는 것 같다. 그것이 창조적 결실을 맺은 뒤에는 어김없이 타락하고 말기 때문이다. 왜 그럴까? 김 교수의 다음과 같은 말에서 답의 실마리를 찾을 수 있다.

"현대사회의 개인들은 자신의 약점은 결함이 아니라고 주장하면서 거기에서 생기는 차별을 비판하지만, 동시에 자신의 강점에서 오는 이로움이나 명예는 그대로 누리면서 차별을 인정하는 이중적 태도를 보인다."[2]

그런 이중적 태도는 '강약(强弱)' 이 상대적이며 연속선상에 놓여 있는 개념이라는 데에서 비롯되는 것이기도 하다. 지방의 도시 거주자가 '서울 패권주의' 를 비난하면서도 자신이 살고 있는 지역에서는 농촌에 대한 '도시 패권주의' 에 눈을 감는 경우를 생각해보자. '약자의 원한' 이 자주 드러내는 한계이자 모순이다.

'약자의 원한' 을 타락시키는 매개는 늘 돈이다. "돈은 원초적으로 무의식의 대상" 이라고 한 제임스 힐먼의 말이 가슴에 와 닿는다.[3] 1789년 프랑스혁명과 1917년 러시아혁명은 모든 정치 · 경제 시스템을 바꿔 놓았지만 단 하나 바꾸지 못한 게 있었으니 그건 바로 돈 시스템이다.[4] 돈

---

1) 김진석, 『니체는 왜 민주주의에 반대했는가』(개마고원, 2009), 289쪽.
2) 김진석, 위의 책, 295쪽.
3) 버나드 리테어(Bernard A. Lietaer), 강남규 옮김, 『돈 그 영혼과 진실: 돈의 본질과 역사를 찾아서』(참솔, 2004), 26쪽.
4) 버나드 리테어, 강남규 옮김, 위의 책, 11쪽.

은 혁명 위에 존재한다. 수많은 혁명가들과 개혁가들이 종국엔 돈으로 망가지는 것도 바로 그런 이유 때문이다.

의식의 세계에서는, 그들의 패가망신은 '권력 · 금력 · 명예 삼분법의 파괴' 때문에 발생한다. 우리 인간의 삶은 남의 인정을 받기 위한 투쟁이지만, 한국에서는 사회적 인정의 기준과 투쟁 방식이 너무 획일화돼 있다. 가장 이상적인 건 권력 · 금력 · 명예의 삼분법이 지켜지는 것인데, 세 가지를 모두 갖겠다는 사람들이 너무 많고 그게 당연시되는 풍조마저 만연해 있다. 그런 풍조를 타고 공직의 기회비용에 대한 과대평가가 발생한다. 자신의 역량이라면 공직에 있지 않고 개인적인 돈벌이로 나섰을 때에 어느 정도를 벌었을 것이라는 계산을 자기 위주로 해, 권력을 이용해 그 돈을 취하는 걸 당연하게 여긴다. 그런 풍조는 사회 전반에 걸쳐 만연돼 있기 때문에 사실상 '브레이크'가 없다고 보는 게 옳으리라.

'정치가 뭐기에'

한국인이 정치를 혐오한다는 것은 상식으로 통용되지만, 그건 5분의 1의 진실만 담고 있을 뿐이다. 그렇듯 혐오의 대상이 된 정치를 못해 안달하는 사람들은 외계에서 온 사람들이 아니다. 욕하면서도 하고 싶은 것, 할 수 없기에 욕하는 것, 그게 바로 정치다. 이는 진보, 보수를 막론하고 모든 이들에게 적용되는 정치의 속성이자 본질이다. 이걸 이해해야만 기존 선악 이분법 구도에서 자유로울 수 있기에, 좀더 실감 나는 증언들을 들어보자.

『한겨레21』(2005년 8월 16일)에 칼럼니스트 김선주가 쓴 글을 보자.

"언젠가 국회의원을 한 번 했던 친구가 다시 국회의원 하려고 발버둥을 쳐서 한 번 해봤으면 됐지 왜 안달이냐고 했더니 '당신은 국회의원 못 해봐서 국회의원이 얼마나 좋은 자리인지 몰라' 라고 해서 할 말을 잃은 적이 있다."[5]

이승철 『경향신문』 논설위원은 "왜 잘난 사람들이 여의도만 바라보고 있을까"라면서 다음과 같은 답을 제시한다. "우선 출세용이다. 오랫동안 정치권을 맴돈 인사들이 이에 해당한다. 이들은 국회의원이라는 자리를 인생의 목표로 삼고 있다. 여의도행을 원하는 교수나 시민단체 인사, 지방의원도 이 부류에 속한다. 다음은 고위 공직자 출신들의 노후용이다. 능력과 경력이 있는 만큼 다른 일도 많을 텐데 안면 몰수하고 여의도행을 택하고 있다. 셋째는 족보용이다. 돈을 아무리 많이 벌어도 족보에는 기재되지 않는다. 자수성가한 중소기업인들이 '한자리' 하려는 이유다. 마지막으로 평생직장용이다. 평생직장 개념이 사라지면서 많은 이들이 정년이 없는 국회의원직을 추구하고 있다. 출마를 위해 언론계를 떠난 동료들도 이 같은 유형이다. 이들 유형의 공통점은 국회의원이 권리만 있고 책임이 없다는 점이다. 세비는 1억 원을 조금 넘는 수준이지만 이들이 향유하는 권리는 상상할 수 없을 정도다. 그래서 1980년대 수십억 원의 헌금을 내고 전국구 의원이 된 한 경제인은 '이제 사람같이 산다' 고 말했다던가."[6]

정치에 발을 담갔던 한 변호사는 "변호사만 하던 때 나는 돈 많은 소시민이었다. 아무도 알아주지 않았다. 정치를 하고 나니 비로소 '사회참

5) 김선주, 「백년해로도 예술의 경지」, 『한겨레21』, 2005년 8월 16일, 98~99면.
6) 이승철, 「블랙홀 여의도의 이면」, 『경향신문』, 2008년 2월 19일.

여 변호사'로 이름이 알려지더라. 지금은 정치를 안 하지만, 한 번 이름이 나니 변호사 영업에도 도움이 된다"고 했다. 한 교수는 "내가 실력을 무시했던 교수가 정치권에 몸담은 뒤 총장과 맞상대하는 것을 보고 '나도 해볼까' 하는 생각을 안 했다면 거짓말이다"고 했다. 한 전직 의원은 "의원일 때는 휴대전화 두 개에서 쉴 새 없이 전화벨이 울리다 낙선한 다음 날부터 휴대전화가 뚝 끊긴다. 제일 먼저 기자들의 전화가 끊어지는데, 그게 가장 서럽다"고 했다.

이런 사례들을 제시한 박제균 『동아일보』 정치부 차장은 「정치가 뭐기에」라는 칼럼에서 "'1인 헌법기관'이었다가 끈 떨어진 많은 이에게 정치는 아편과도 같다"며 다음과 같이 말한다. "여의도에는 '금배지를 달아본 뒤 두 번 연거푸 낙선하면 갑자기 늙거나 병이 생긴다'는 속설까지 있다. 교수, 국회의원, 장관, 대통령 비서실장, 부총리에 이어 국무총리까지, '하나'만 빼고 다 해본 한승수 국무총리에게 총리가 되기 전 '뭐가 가장 좋았느냐'고 물어본 적이 있다. 그도 주저 없이 '국회의원'이라고 답했다."[7)]

지금 무슨 비판이나 냉소의 의도로 이런 말들을 소개하는 게 아니다. 정치의 다양한 얼굴을 정직하게 직시하자는 것이다. 우리는, 특히 언론은 정치의 첫째 얼굴에 대해서만 이야기함으로써 정치에 대한 진실의 전모를 은폐하는 경향이 있다는 말을 하려는 것이다. 그건 심각한 왜곡이며, 그럴수록 정치의 다른 얼굴들이 힘을 쓰게 된다. 그건 결코 바람직하지 않다.

7) 박제균, 「정치가 뭐기에」, 『동아일보』, 2008년 3월 5일.

노무현은 '아웃사이더'의 지존

노무현은 '약자의 원한'을 가진 '아웃사이더'의 화신이자 지존이었다. 그는 똑똑하고 정의롭고 뚝심과 열정을 지닌 아웃사이더로서 '열정'의 상징이자 구현체가 됨으로써 한국 여론 형성의 역동성(불안정성)을 극대화하는 결과를 초래했다. 아웃사이더의 열정, 그것은 2000년대를 관통하는 키워드다. 그러나 그걸 노무현과 그 일행에게만 국한해선 안 된다. 앞서 '인물 중심주의'를 경계하자고 한 뜻도 바로 여기에 있다. 한국의 토양과 조건에 주목해보자는 것이다. 노무현은 한국인의 숨은 얼굴이었으며, 노무현 시대는 그 얼굴의 희로애락이 드라마틱하게 드러난 시대였다고 볼 수 있다.

한국의 근현대사를 공부할 때마다 떠오르는 단어는 파란만장이다. 전엔 그 단어를 상투적 용법으로만 써먹는 걸로 생각했는데, 그게 아니었다. 근현대사는 문자 그대로 파란만장 그 자체다. 한국은 '아웃사이더 국가'였기에 역사의 격랑에 휩쓸려 상처받지 않은 사람이 없다. 넓은 의미에서 보자면, 한국인은 모두 아웃사이더다. 각자 정도의 차이는 있을망정 한국인에겐 아웃사이더의 피가 흐르고 있다.

노무현은 그 피의 축복을 받고 대통령에 당선되었다. 노무현은 한국인의 거울이다. 노무현은 한국인의 아웃사이더 기질을 온몸에 농축한 인물이라는 점에서 그렇다. 또한 노 정권은 영남 정치권 아웃사이더와 호남 정치권 아웃사이더의 연합으로 결성되었으며, 권력 핵심부에도 그간 절치부심(切齒腐心)해온 아웃사이더들이 포진했다.

아웃사이더 기질의 '내장(內藏)'과 '발산(發散)'은 별개의 문제다. 아웃사이더들만이 모여 사는 세상이라 하더라도 아웃사이더 기질을 밖으로 드러낼 때엔 조심해야 한다. 보통 사람들, 특히 남자들은 '발산' 을 술자리로 국한하며, 일상의 대부분은 인사이더인 양 해맑은 미소를 지으며 세상을 살아간다. 그렇게 사는 게 유리하기 때문이다. 그러나 바로 그런 이유 때문에 아웃사이더 기질을 상황에 잘 맞게 공격적으로 표출하는 사람이 인기를 얻을 수 있고, 그 힘이 노무현을 대통령으로 만든 셈이다.

아웃사이더 기질은 진보성과 상통하지만, 아웃사이더 기질이 곧 진보성은 아니다. 바로 이게 한국의 진보 정치 세력을 헷갈리게 해 자주 오판하게 만드는 최대 이유다. 아웃사이더 기질은 수많은 장점에도 불구하고 과장된 피해 의식이라고 하는 치명적인 문제를 안고 있다. 물론 그 과장된 피해 의식마저도 자기 발전을 위한 동력으로 쓰일 수 있지만, 뜻을 이뤄 권력을 쥔 다음 정치 · 통치 영역에 들어선 뒤엔 독약이 될 수 있다.

과장된 피해 의식만이 전부는 아니다. 열악한 처지에서 높은 곳을 향하기 위해선 권모술수의 내재화 현상이 일어난다. 남들이 보기엔 권모술수지만, 자신이 생각할 때엔 진정성이다. 자신이 아웃사이더요, 약자라는 걸 '만병통치용 면죄부' 로 삼는다. 아웃사이더 기질을 밖으로 강하게 드러내는 사람일수록 그 구분 능력이 박약하다.

늘 모든 걸 다 걸고 도박을 하는 '올인' 의 상례화도 빼놓을 수 없겠다. 아웃사이더가 인사이더가 되기 위해선 늘 고위험을 감수해야 한다. 그렇게 살아온 세월이 길수록 '치킨 게임' 을 하는 게 버릇이 된다. 막중한 공적 책임을 맡았으면서도 자신은 잃을 게 없다는, 극도의 책임 윤리 부재 현상을 보인다.

노무현에게 표를 던진 아웃사이더 유권자들은 노무현이란 거울에 비친 자기 모습을 보고 당혹감을 느꼈다. '내장' 과 '발산' 의 차이 때문이기도 하겠지만, 낮은 곳에 있었을 때에는 아름답던 아웃사이더 기질이 높은 곳에 오르면 추할 수 있다는 걸 깨달았기 때문이다. '열정' 이 '냉정' 으로 바뀌는 순간이다.

그러나 그들이 '아웃사이더 죽이기' 를 용인할 만큼 냉정해진 건 아니었다. 집권 이후 계속 내리막길을 걷던 노무현의 1차 부활이 대통령 탄핵으로, 이후 또 계속 내리막길을 걷다가 퇴임 이후 '파렴치범' 수준으로까지 전락한 노무현의 2차 부활이 투신자살에 의해 이루어졌다는 것은 무엇을 의미하는가? '우리 안의 노무현' 이 총궐기했기 때문이다. 이는 파란만장한 한국의 근현대사를 떠올리지 않고선 이해하기 어려운 현상이다.

'성찰의 교과서'를 위하여

노무현은 밑바닥에서 일어난 '코리언 드림' 의 상징이다. 대부분이 아웃사이더인 우리는 노무현에게서 우리 자신을 본다. '투영' 의 수준을 넘어 '동일화' 의 경지에까지 이른다. 노무현에게 보낸 지지자들의 '연애편지' 를 묶은 『노하우에 쓴 러브레터』(열음사, 2002)라는 책을 펼쳐보자. 이 편지들은 대부분 노무현의 이념이 아니라 노무현의 험난한 수난 · 투쟁 과정에 높은 점수를 주고 있다. 일종의 '신앙' 고백이다. 세 편의 고백을 소개한다.

"당신의 순수한 모습에, 당신의 진실의 눈물에, 당신의 확고부동한 의지에 눈물이 흘렀습니다. 천주교 신자인 저는 예수님의 고통을 생각했습니다. 고향에서 인정받지 못하고 오직 정의와 진실만을 위해 한곳만 바라보면서 십자가를 지고 돌아가신 주님. …… 지금은 당신을 위해 미치고 싶습니다. 아니, 죽도록 사랑하며 흠모하고 싶습니다."

"빈농의 자식으로 내세울 것 하나 없는 집안에 고등학교만 나온, 하지만 그러한 환경에서도 자신이 하고자 하는 목표와 당위성을 가지고서 꿈을 이루어내지 않았습니까? 네, 제가 말하고 싶은 것은 바로 이러한 꿈입니다. 우리 아이들에게 이러한 꿈을 심어주고 싶습니다."

"나중에야 나는 알게 되었다. 한 인간의 영혼은, 그 품격과 의지들은 외부 상황 때문에 시들지 않는다는 것을. …… 그의 모습의 한 이면에는 언제든 나를 뒤흔들어 놓을 섹시함이 존재한다. 그 어떤 정치인에게서도 느낄 수 없는 순수한 정열, 뜨거움, 강렬한 파워가 있다. 알 수 없는 흥분과 기대감, 끝없는 달아오름이 존재한다. 인간의, 역사의 오르가슴을 느낄 수 있는 가능성을 그에게서 발견한다."

그러나 우리 안에는 노무현만 있는 게 아니라 이명박도 있다. 둘은 늘 충돌한다. 우리 안에서 충돌한다. 그 충돌이 빈번하게 일어난 2000년대는 우리에게 과연 무엇일까? 2000년대를 짧게 압축할 수 있는 말은 무엇일까? 이 물음을 놓고 골똘히 생각한 결과 "열정에서 냉정으로"란 결론을 내리게 되었다.

2000년대는 열정에서 냉정으로의 전환이 이루어진 시대다. 물론 열정은 늘 간헐적으로 분출되지만, 오래 지속되진 않는다. 지속되는 건 오히려 냉정이다. 이 땅에서 생존경쟁은 늘 치열했지만, '꿈 없는 생존경쟁'의 시대가 열렸기 때문이다. 식자들은 그걸 가리켜 '신자유주의의 악몽' 이라고 하지만, 우리 스스로 꿈에 접근할 수 있는 기회를 망친 탓이기도 하다.

2000년대사는 좌우, 진보 · 보수 등 모든 이념적 · 정치적 경계를 가로질러 냉정하게 쓰일 것이다. 나는 2000년대사가 '성찰의 교과서' 가 되길 희망한다. 자료 선별의 주관성까지야 배제할 수는 없겠지만, 모든 시각을 다 소개하는 기록에 무게를 두었다. 한 권당 2년을 다뤄 모두 다섯 권으로 정리했다. 2004년부터 시작한 『한국 현대사 산책』이 2000년대 편을 내면서 모두 23권이 되었다. 2010년대 편을 내게 될 2020년에는 내 나이도 60대 중반에 이른다. 그때에도 독자들을 만날 수 있는 행운을 누리길 희망한다.

2011년 8월

강준만 올림

| 차례 |

제1장
2000년: 남남 갈등과 지역주의 전쟁

제2장

2001년: 한미 갈등과 언론 전쟁

2000년대 편 2권

제3장 2002년: 노무현 바람과 월드컵 신드롬

제4장 2003년: 민주당 분당, 열린우리당 창당

2000년대 편 3권

2000년대 편 4권

2000년대 편 5권

제9장 2008년: 이명박 시대의 개막

제10장 2009년: 노무현의 몰락과 부활

주주의
인민공화국만세!

제1장

2000년: 남남 갈등과 지역주의 전쟁

시민단체들은 '홍위병' 인가?
낙천 · 낙선운동 논쟁

"히틀러를 조심하라"

"새 천 년이 왔다고 여기저기서 귀가 따갑고 눈이 어지럽도록 떠들어대는 소란을 지켜보면서, 아직도 인간들은 철이 들려면 멀었구나 싶었다. 이런 호들갑은 숫자에 매달려 죽고 사는 서양의 물질문명에서 빚어진 유치한 발상이며 치졸한 논리다. 그런데 동양의 후예들마저 그런 장단에 놀아나고 있으니 한심스럽다."[1]

법정 스님이 『동아일보』(2000년 1월 5일) '특별기고' 에서 한 말이다. 호들갑이 연출되긴 했지만, 새 천년을 맞는 한국 사회엔 희망보다는 우울한 기운이 감돌고 있었다. 무엇보다도 정치적 대결이 극한을 치닫고 있었기 때문이다. 보수를 대변하는 연세대 교수 송복은 『한국논단』(2000년 1월)에서 조갑제와 가진 좌담을 통해 다음과 같이 주장했다.

1) 법정, 「지식이 지혜로 바뀌어야」, 『동아일보』, 2000년 1월 5일, A7면.

"남한의 지도층은 내가 볼 때는 세계에서 보기 드물 정도로 이기적이고 탐욕적이면서 그 지위에 맞는 도덕적인 의무감은 전혀 가지고 있지 않다는 점이 여러 가지 사건에서 잘 입증돼 있습니다. 그러면서도 자기들끼리 너무 분열해가지고 극한적으로 싸우고 있고, 그로 인해 다른 나라들은 엘리트층의 에너지를 내부에 비축하고 있는데 우리는 에너지를 탕진하고 있어요. …… 나는 북쪽에 대한 유화정책이라는 것이 북쪽 국민에 대한 유화정책이 아니고 북쪽 엘리트에 대한 남한의 분열적인 엘리트들이 펴는 유화정책이고, 이걸 지나치게 말하면 북쪽 엘리트에 대한 남한 엘리트의 아부다 하는 것입니다. 그런 상태에서 앞으로 남북관계가 어떤 식으로 지속될 것이냐, 국가 장래를 생각할 때 우려된다 하는 것입니다. …… 앞으로 20년 후에 남북한이 뒤바꾸지 않는다는 확실한 보장이 있습니까? 남한의 엘리트들의 분열상이나 이질성, 자기 비희생성, 비봉사성을 본다면 20년 후에 안 바뀐다는 보장을 할 수 없겠어요."

이유는 전혀 달랐지만, 진보 세력도 우울한 전망을 내놓기는 마찬가지였다. 2000년 1월 5일 서강대 교수 박호성은 『한겨레』에 「히틀러를 조심하라」는 칼럼을 썼다. "우리나라도 지금 경제적 위기와 정치적 혼란에 휩싸여 뒤뚱거리고 있다. 이러다가 수구 기득권 집단이 '대동단결'을 통해 민주화 이전 상태로 우리를 뒤끌어다 놓으려 하지나 않을지 걱정이 앞선다. 요컨대 한국판 히틀러가 등장하지 말라는 법도 없다는 것이다. 분명한 위기다. 그러나 정치적 위기가 아니라 정치 자체의 위기다."[2)]

---

2) 박호성, 「히틀러를 조심하라」, 『한겨레』, 2000년 1월 5일, 9면.

2000년대의 위기는 적어도 언로(言路)상에선 이전의 위기와는 다른 성격을 갖게 되었는데, 그건 바로 인터넷 때문이었다. 1999년 6월부터 초고속 인터넷 사업이 시작돼 인터넷은 급속하게 확산됐고, 네티즌의 영향력도 더욱 커졌다. 2000년 2월 말 현재 인터넷 이용자 수는 1297만 명에 이르렀지만, 인터넷의 보급 속도는 세계에서 가장 빨라 곧 사실상 전 국민이 인터넷을 통해 자신의 주장을 펼 수 있는 시대가 이루어지게 된다.[3] 그만큼 정권과 권력에 대한 불만이 과거 그 어느 때보다 더 왕성하게 표출될 수밖에 없는 새로운 조건이 형성된 셈이다.

홍사덕의 변신

각기 다른 이유로 '정치 자체의 위기'를 걱정하는 양대 세력에게 2000년 4월 13일로 예정된 제16대 총선은 큰 의미를 갖는 것이었다. 4·13 총선을 염두에 둔 정치적 이합집산이 활발해진 가운데, 가장 먼저 주목을 받은 이는 뛰어난 언변과 수려한 용모로 많은 이들의 사랑을 받은 홍사덕이었다. 홍사덕의 변신은 한 개인의 변신인 동시에 시대적 변화를 시사하는 것이기에 좀 길게 살펴볼 필요가 있겠다.

홍사덕은 2000년 1월 1일 MBC 라디오에 출연해 약속 안 지키는 정치인들을 비난하면서 앞으로 무지개연합 개혁 신당을 창당하겠다고 했고, 1월 6일 〈정운영의 100분 토론〉에서는 개혁 신당으로 지역 정치와 보스 정치를 타파하겠다면서 "어느 정파에도 속하지 아니한 홍사덕의 말은

3) 이희정, 「인터넷 이용자 1300만 휴대폰 가입자 2500만」, 『한국일보』, 2000년 3월 16일, 1면.

진실에 가깝지 않겠는가"라고 큰소리쳤고, 1월 8일자 『한겨레』 인터뷰에서는 "국운을 개척하는 심정으로 새로운 정치를 하기 위해 무지개연합을 만든다"고 선언했고,[4] 그 결과 1월 19일 '무파벌 · 지역타파 · 개혁신진'을 표방한 '무지개연합'을 공식 출범시켰다. 그러나 그는 출범식 선언문의 잉크가 채 마르기도 전인 1월 27일에 한나라당에 입당함으로써 그의 홈페이지에는 다음과 같은 종류의 격한 비판이 빗발쳤다.

"몸값만 잔뜩 올려놓고 한나라당에 몸을 판 홍 의원. 당신이 창녀와 다른 점은? 좌우지간 무지개 이용해 몸값 많이 올려서 좋겠다. 한나라당에는 지저분한 인간들 많은 것으로 아는데 조심해서 몸 팔도록. 에이즈나 매독 같은 성병 걸리지 말고."(홧김에, 30대)[5]

너무 심한 말이지만, 그만큼 홍사덕에게 거는 기대가 컸었기 때문에 그런 독설을 토로한 게 아니었을까? 기자마저도 그의 악수를 거절했다니, 더 말해 무엇하랴. 『주간동아』(2000년 2월 10일)에 따르면, "정치부 기자로부터 악수를 거절당한 정치인. 바로 홍사덕 의원. …… 입당 기자회견에서 8일 만에 입장을 바꾼 이유를 묻는 질문에 '참 좋은 질문'이라며 군색한 답변을 했다가 끝내는 악수마저도 거절당한 것. 그는 무지개연합 출범식에서 '기존의 정치, 정당으로는 국민의 지지를 받을 수 없으며 새로운 패러다임의 정당을 만들어 올 총선에 나서겠다'고 다짐했지만, 결국 지역주의에 무릎을 꿇고 변절하고 말았다. 그는 '오래전부터 한나라당의 제의를 받았다'고 밝혀 선대위원장을 맡은 것이 홍정의 대가였

---

4) 김성호, 「새 정치 새 구상-홍사덕 '개혁신당' 의원: "지역주의 편승한 1인 보스 정치 끝내야"」, 『한겨레』, 2000년 1월 8일, 5면.
5) 구영식, 「한나라당 입당한 홍사덕 의원이 인터뷰 거절한 이유: 철새 정치인은 할 말이 없다?」, 『월간 말』, 2000년 3월, 92쪽에서 재인용.

음을 자복하기도. …… 그의 홈페이지에는 그를 비판하는 글들이 쏟아지는 가운데 'NO, 지역대결정치' 라는 구호가 아직도 내걸려 있다."

시사 주간지들도 다음과 같은 기사 제목으로 홍사덕의 변신을 대서특필했다. 「홍사덕의 '작심 1주일' : '무지개연합' 창당 선언하고 한나라당 입당 …… "정치 불신 부채질"」[6], 「철새가 신당을 뜨는구나: 홍사덕 배신으로 '신당 변질' 예측 현실로…… 외로운 장기표 어디로 갈까」[7], 「'무지개' 는 안 떴지만 내 앞날은 갰다?: 개혁 신당 포기 한나라당 품에 홍사덕의 계산서」[8]

과연 '홍사덕의 계산서' 내용은 무엇이었을까? 구영식은 "사실 한나라당행을 택하기 전부터 홍 의원이 '양다리' 를 걸치고 있다는 얘기가 정가에 파다했다. '양다리' 란 한나라당과 DJ 신당(새천년민주당) 또는 한나라당과 개혁 신당이었다"라며 다음과 같이 말했다.

"장기표 원장과 의기투합한 이후에도 그는 김용환 의원의 한국신당이나 이수성 평화통일자문회의 수석 부의장과도 연대를 모색했던 것으로 알려졌다. 그런데도 입당하던 날 이회창 총재는 그를 '지조 있고 양심 있는 의원' 으로, 장광근 부대변인은 '양심적 정치인의 상징' 이라고 치켜세웠다. …… 결과적으로 볼 때 홍 의원에게 개혁 신당이란 그럴싸한 '명분' 을 쌓기 위한 정치 술수에 불과했던 것이다. 정치 상황의 변화에 따라 언제라도 헌신짝처럼 던져버릴 수 있는 일회용 정치적 명분 말이다."[9]

---

6) 김종민, 『시사저널』, 2000년 2월 10일, 21면.
7) 신승근, 『한겨레21』, 2000년 2월 17일, 42면.
8) 박수동, 『일요신문』, 2000년 2월 6일, 17면.

홍사덕은 기자회견 당시 "몸값 올리기 수순" 혐의를 제기한 어느 기자에게 "정치를 하면서 기자들에게 대답을 안 할지언정 거짓말은 하지 않았다"고 답했다. 그러나 구영식은 홍사덕이 TV 토론에서 역설했던 '지역주의 타파'와 홍사덕 자신의 진실을 강조하던 발언을 제시하면서 홍사덕이 "아주 중대한 거짓말을 했다"고 주장했다. 그러면서 구영식은 홍사덕이 다음과 같이 솔직하게 고백해야 옳지 않겠느냐고 말했다.

"사실 말이 무소속이었지, 저는 항상 어디로 붙을까 하고 호시탐탐 기회만 노리고 있었어요. 스타 정치인이라고 하지만 무소속으로 있으니까 힘도 없고 의정 활동하기가 여간 어려운 게 아니더라고요. 그러던 차에 이회창 총재는 대선에서 떨어졌고, DJ 또한 여러 가지 사건이 터지면서 지지도가 엄청나게 떨어졌고, 기성 정치권에 대한 불만이 극에 달했잖아요. 그래서 좀 개혁적인 정당을 하나 만들면 16대 총선에서 충분히 승산이 있겠다 싶었죠. 이게 바로 틈새시장 전략이라는 겁니다. 설사 개혁신당이 안 되더라도 몸값은 올릴 수 있잖아요. 근데 이게 생각처럼 잘 안 되더라고요. 그러던 중 한나라당에서 선대위 위원장 자리를 준다기에 그거라도 놓칠세라 바로 입당해버린 거죠. 철새 정치인이다, 배신자다, 다 좋아요. 하지만 정치는 현실이잖아요."[10]

정치가 현실인 건 분명하지만, 그럼에도 그것이 국민에게 한 약속을 1주일 만에 뒤집어도 된다는 것까지 의미하진 않을 게다. 그와 같은 '변절'에 대해 홍사덕 자신이 내세운 이유는 무엇이었을까? 시간이 조금 지

---

9) 구영식, 「한나라당 입당한 홍사덕 의원이 인터뷰 거절한 이유: 철새 정치인은 할 말이 없다?」, 『월간 말』, 2000년 3월, 92~93쪽.
10) 위의 글, 93쪽.

난 뒤 홍사덕은 기자들과 주고받은 대화에서 다음과 같이 말했다.

문: 자신이 생각하는 당을 만들기 위해선 어느 정도의 돈이 필요하다고 생각하나?

답: 어림짐작 20억, 넉넉히 계산하면 30억이다.

문: 결국 20억이 없어서 한나라당을 선택한 건가?

답: 좋은 뜻 있는 사람에겐 돈이 따르지 않는 것이다.

문: 무지개연합을 시도했지만 돈이 안 모여서 한나라당으로 갔다고 했는데, 한나라당으로 가니 돈 사정이 좀 풀리나?

답: 여기는 큰살림이니까 나 혼자 모든 것을 감당하는 것이 아니다.

문: 홍사덕 위원장은 말을 참 잘한다. 그런데 말솜씨보다 중요한 것은 말의 내용이다. 아무리 말솜씨가 좋다고 하더라도 할 말이 궁색하면 말같이 들리지 않는다. 무지개연합이라는 새 정치를 주창하다가 한나라당이라는 헌 정치를 하려 하니 요즘 당신이 하는 말이 말 같지 않다는 생각 안 해보았나?

답: (얼굴을 붉히고 화를 내면서) 무릇 기자는 분명한 사실을 가지고 이야기해야 한다.[11)]

총선시민연대의 낙천 · 낙선운동

홍사덕에 대한 기자들의 추궁이 가혹하지만, 그건 그만큼 그가 많은 이들의 기대를 받고 있었기 때문이리라. 어쩌면 홍사덕만을 탓할 일이 아

---

11) 「홍사덕 한나라당 선대위원장: "돈이 없어서 한나라당으로 갔다"」, 『월간 말』, 2000년 4월, 80~81쪽.

총선시민연대는 깨끗한 정치를 실현하겠다는 목표를 내세워 낙천 · 낙선운동을 전개했다.

니었는지도 모른다. 돈 없으면 정치를 할 수 없다는 건 한국 정치의 문법이었으며, 그 문법은 정치 불신과 정치 혐오에 근거하고 있었고, 그래서 정치가 개인적인 출세의 도구로만 소모되는 악순환이 벌어지고 있었다.

진보적인 시민단체들의 결사체인 총선시민연대가 그런 정치의 문법을 바꿔보겠다고 나섰다. 깨끗한 정치를 실현하겠다는 목표를 내세운 이른바 '낙천 · 낙선운동'이다. 이를 이념적 · 정치적 목표를 가진 운동으로 간주한 보수 진영은 대대적인 비판 공세를 퍼부었다. 보수의 선두를 자처하는 김대중 『조선일보』 주필은 (2000년 1월 15일)에 쓴 「'낙선운동' 감상법」이라는 칼럼을 통해 다음과 같이 주장했다.

"'낙선운동'을 각론적으로 관찰하면 거기에서 특정 정치 세력의 결과적인 부상(浮上)을 읽을 수 있다. …… 이런 현상으로부터 결과적으로, 그리고 상대적으로 이득을 보는 측은 대체로 보아 아직 '정치'에 물들지 않았거나 정치 입문이 일천한 인물, 여러 측면에서 검증이 되지 않은 신인들이다. 그리고 바로 그런 사람이 많이 집결돼 있다고 보이는 쪽은 곧 국민회의와 통합해 집권 여당으로 등장할 신당, 즉 민주당이다. …… 낙선운동이 어느 정도 소기의 목적을 이룰 수 있다면 이들은 시민운동의 주도권을 잡으면서 특정 정치 세력의 후원자를 넘어 조정자로 변모할 수도 있다는 것을 우리는 눈여겨봐야 할 것이다. 어쩌면 앞으로 정당들이 이들의 눈치를 보는 상황으로 바뀔 수도 있으며 경우에 따라서는 이들 자신이 바로 정치 세력으로 탈바꿈하는 것도 예상할 수 있다."

이어 연세대 교수 송복은 『조선일보』(2000년 1월 21일)에 기고한 「'불복종' 도 법 테두리 안에서」라는 칼럼에서 "민주국가는 법치국가다. 법이 무너지면 국가도 무너지고 민주주의도 무너진다. 시민단체들이 법을 무시하고 어기는 것과 일반 개인이 그러는 것과는 차원과 파장이 다르다. 민주주의는 절차주의다. 절차에 따라 의사 결정을 하고 법을 만들고 정책을 집행한다. 시민단체가 법을 어기고 절차를 무시하면 이제부터 민주주의 하지 않겠다는 소리다" 며 다음과 같이 주장했다.

"돈 가는 데 끈 가고 끈 가는데 '예속' 이 가는 것은 모든 세상의 진리다. 우리 시민단체 중 정부에 손을 내밀지 않는 단체는 그야말로 손가락 꼽을 정도다. 큰 단체들의 절대다수는 지난 5년간 꾸준히 정부 돈을 받아왔다. 아무리 변명해도 거기에 끈이 있다. …… 밀실 공천 1인 보스 정치, 정치 자금 문제의 원조 부패, 원조 비민주주의, 원조 반개혁주의자들이 버젓이 있는데도 시민단체들은 그들에 대해 아무런 질타도 저항도 없지 않았는가. 이 모두 돈 가는 데 '예속' 이 가서 그러했다고 시민들이 생각한다면 시민단체들은 명명백백히 자기 행위의 정당성이며 투명성을 내세울 수 있겠는가. 시민단체는 어떤 일이 있어도 적법 투쟁을 해야 하고 비정부기구여야 한다. 그렇지 않으면 시민단체도 '개혁의 대상'이 된다. 개혁의 대상이 개혁을 부르짖을 수 없고, 개혁의 실행자가 될 수 없다. 사자(死者)가 사자(死者)를 물을 수 없기 때문이다."

낙천·낙선운동을 비판하는 측과 지지하는 측 사이에 치열한 논쟁이 벌어지기 시작했다. 송복의 칼럼에 대해 『한겨레』 기자 손석춘은 다음과 같이 주장했다. "문제는 다시 『조선일보』다. 국법은 차치하고 국헌을 유린한 쿠데타를 칭송한 신문이 준법을 외치는 모습은 당혹스럽다. 물론 변신의 자유와 언론의 자유는 마땅히 『조선일보』도 누려야 한다. 굳이 수구적 편집 방향을 고집하겠다면 그 또한 자유다. 다만 헌법을 총칼로 파괴한 자들에게 줄곧 찬가를 불러대던 그 입으로 위헌적 악법의 '준법'을 주장하는 태도는 정직하지 못하다. 심지어 한 사회학 교수를 데려다 '불복종 운동도 법 테두리 안에서 하는 것'이라는 새로운 '학설'까지 실었다. 불복종 운동의 기본 개념조차 모르는 교수의 글을 굳이 실어야 할 정도로 논리가 궁색한 것일까."[12)]

『조선일보』 논설 주간 류근일은 2000년 1월 22일자 칼럼에서 "'4·13'은 DJ 중간 평가"라고 주장했다. "'김대중 정권 2년 반'에 대해서도 생활인 유권자들의 느낌과 이미지는 이미 체험적으로 정해져 있을 것이다. '예쁘다'/'보기 싫다', '존경스럽다'/'경멸스럽다', '품위 있다'/'천박하다', '정대(正大)하다'/'얍삽하다', '군자(君子)다'/'소인배다', '믿음성 있다'/'믿음성 없다', '안도감 준다'/'불안감 준다', '나하고 [물]이 같다'/'[물]이 다르다', '정직하다'/'부정직하다'…… 하는 판단

12) 손석춘, 「낙선운동 '감상법'」, 『한겨레』, 2000년 1월 27일, 12면.

이 생활인들의 정서 속에는 이미 확고한 심증으로 자리 잡고 있을 것이다. 우리는 그 심증을 누가 뭐라 하든, 남이야 어떻든, 일관된 줏대로 천명하면 그뿐이다. 그 흔들림 없는 '내 마음' 을 대체 누가 무슨 수로 이렇게 하든 저렇게 하든 교란시킬 수가 있다는 것인가? 이제야말로 '4·13 폭풍기(期)' 의 온갖 연출과 효과음과 무대 장식, 조명효과를 이겨낼 생활인 유권자들의 자기 결정 내리기가 절실한 때다." [13]

이문열의 홍위병론

2000년 1월 24일 오전 서울 중구 한국언론회관에서 총선시민연대는 공천 반대 인사 명단 공개 기자회견을 가졌다. 이 자리에서 공천을 받아서는 안 될 정치인 67명이 발표되었다. 이미 경제정의실천시민연합이 1월 10일 공천 부적격자 명단을 발표했지만, 총선시민연대의 발표가 훨씬 더 큰 반향을 불러일으켰다. 총선시민연대 상임집행위원장 박원순은 "낙천·낙선운동의 궁극적 목적은 지역감정을 극복하는 것" 이라고 강조했지만,[14] 4개 TV 방송사의 기자회견 생중계는 보수 진영이 갖고 있던 기존의 의구심을 더욱 강하게 만들었다.

일단 민심은 호의적이었다. 『시사저널』(2000년 2월 10일)의 여론조사에 따르면, 수도권 유권자 77%가 총선시민연대의 부적격자 명단이 적절했다고 대답했고, 자신이 지지하는 후보가 명단에 들어갈 경우 지지를

13) 류근일, 「'4·13' 은 DJ 중간평가」, 『조선일보』, 2000년 1월 22일.
14) 이창구, 「"명단 인물 공천 땐 낙선운동": 우리의 궁극적 목적은 지역감정 극복하는 것」, 『대한매일』, 2000년 1월 25일, 4면.

철회하겠다는 응답자도 68.3%에 달했다.[15]

김대중 대통령은 낙천·낙선운동에 대해 '존중'을 표명했는데, 이게 '음모론'의 또 다른 발단이 되기도 했다. 이와 관련, 임재경은 "기민한 반응이 그의 타고난 상황 적응 능력의 발현인지 아니면 이제껏 짐짓 초연하려고 했던 여론을 올바로 읽은 결과인지 촌탁하기는 어렵다"며 이렇게 말했다. "낙천·낙선운동 대상자 수가 상대적으로 많고 당의 보스인 김종필 씨가 정계 은퇴 권고를 받은 자민련이 김 대통령과는 사뭇 다르게 반응한 것은 놀라운 일이 아니다. 하지만 시민단체와 권력의 심부가 결탁하여 일을 꾸몄다는 자민련 사무총장의 가시 돋친 음모론은 해방 이후 최고의 음모인 5·16 쿠데타 주역의 진영에서 나왔다는 점에서 흥미롭다."[16]

소설가 서정인은 『조선일보』(2000년 1월 29일)에 쓴 「시민 불복종」이라는 칼럼에서 다음과 같이 말했다. "요즘 한 시민단체가 시민 불복종 운동을 표방했다. 힘센 국회의원들을 낙천·낙선시키기 위해서다. 그것은 불복종보다 저항에 가깝다. 시민 불복종은 참고 견디는 비폭력 비협력, 무저항주의다. 국민 저항권의 발동은 거의 혁명이다. 마지막 수단인 법을 포기하는 것은 혁명 말고 또 있는가? 이상과 현실 사이에서 어려움이 많겠지만, 문화혁명이 안 되기를 빌 뿐이다. 친위 쿠데타는 쿠데타가 갖는 모든 악덕들에다가 비열을 하나 더 가진다. 목숨을 걸지 않고 목숨을 거는 일을 하려고 하기 때문이다."

---

15) 정현백, 「민주주의 후진국을 지켜보는 여성의 시각: 총선 감시 시민운동에 부쳐」, 『창작과 비평』, 제107호(2000년 봄), 338쪽.

16) 임재경, 「권력의 희생자와 권력의 계승자들」, 『당대비평』, 제10호(2000년 봄), 65~66쪽.

2월 2일 총선시민연대는 2차 발표에서 공천을 받아서는 안 될 정치인의 명단에 48명을 추가했다. 소설가 이문열은 『중앙일보』(2000년 2월 8일)에 쓴 「홍위병을 돌아보며」라는 제목의 칼럼에서 다음과 같이 주장했다. "끊임없이 나도는 음모설에도 불구하고 현재까지는 정부나 여당이 총선연대의 조직과 활동에 개입했다는 뚜렷한 증거는 나오지 않았을뿐더러 시민단체의 선의를 의심할 근거도 없다. 그들이 내건 대의는 누구도 대놓고 부정하기 어렵고, 많은 사람들은 그런 그들의 활동을 오히려 필요하고도 시의적절한 것으로 본다. 그런데도 총선연대 시민단체의 활동을 보면 자꾸 홍위병을 떠올리게 되는 것은 무슨 까닭일까. 그것은 아마도 그들의 활동이 이제 시작이며, 정말로 중요한 전개와 변화는 앞날에 남아 있기 때문일 것이다."

박원순의 '축전'과 최열의 비디오

이문열의 칼럼은 '홍위병'이라는 자극적인 표현으로 인해 열띤 논쟁을 불러일으켰지만, 총선시민연대는 그 어떤 의미에서건 '홍위병'과는 거리가 멀었다. 진보 쪽에선 오히려 총선시민연대를 주도한 시민운동가들의 개인적 처신에 대해 이의를 제기하기도 했다. 박원순은 경기 용인을에 출마한 한나라당 김본수 후보의 지구당 창당 대회 때 축전을 보낸 것이 문제가 되었고, 최열은 과천·의왕에 출마한 한나라당 안상수 후보의 홍보 비디오에 출연해 "(안상수 의원은) 좋은 사람이다. 밀어달라"고 했다. 이와 관련, 『월간 말』 2000년 5월호에 실린 「시민운동가들의 '작은 실수': 박원순의 '축전'과 최열의 비디오」라는 기사는 다음과 같

중국 홍위병 사진. 이문열은 총선시민연대의 활동이 홍위병을 떠올린다고 말했다.

이 말했다.

기자는 지난 4월 6일 최열 대표에게 전화를 걸어 '최열 비디오'의 존재를 전했다. 그러나 최 대표의 반응은 뜻밖이었다.

최열: 알고 있었어요. 총선시민연대 대표를 맡고 나서 찍은 것도 아닌데 문제될 것 없잖아요.

'알고 있었다'는 사실에 먼저 놀랐고, '문제될 게 없다'는 자신감에 재차 놀랐다.

기자 : 총선연대 활동의 공정성과 순수성이 문제 제기 받을 수도 있는 것 아닙니까?

최: 한 정당에 대한 지지도 아니고……. 박종철 고문 사건 이후 훌륭한 활동

을 해온 개인에 대한 입장이잖아요. 안 후보는 환경운동연합 지도 위원도 지냈어요.

기자: 그래도 유권자들은 혼란을 느낍니다. 총선시민연대는 '지지 운동'은 안 하기로 한 것 아닙니까. 지금이라도 삭제 요청을 하는 것이 옳지 않을까요?

최: 이미 선거 중인데 어떻게 삭제를 요청합니까?

결국 최열 대표가 전국을 돌며 이사철 후보 등에 대해 집중적인 낙선운동을 펼치고 있는 동안, '또 하나의 최열'은 선거 기간 내내 과천·의왕이라는 도시에서 한 국회의원 후보의 '당선'을 돕고 있었다.

(중략)

지난 4월 3일 총선연대의 낙선 대상자 명단 발표 기자회견장에서 박 위원장을 만나 이와 관련한 이야기를 잠시 나눴다.

기자: 총선연대 활동을 하고 있는 분이 국회의원 후보들에게 축전을 보낸 것은 괜한 오해의 소지를 낳을 수 있는 것 아닙니까?

박원순: 그런 문제가 있긴 하지만…… 그 후보들에게 무슨 문제가 있는 건 아니잖아요? 개인적으로 아는 사이라서 보낸 겁니다.

기자: 상대 후보가 낙선 대상이었다면 문제가 커질 수 있지 않았을까요?

박: 낙선 후보가 아니잖아요.

박 위원장의 '해명'은, 특별한 결격 사유가 없고 상대 후보가 낙선 대상만 아니라면 얼마든지 축전을 보낼 수도 있다는 뜻으로 읽혔다. 그렇다면 이런 조건에 부응하면서 '개인적으로 아는 사이'인 후보들에게는 총선연대 관계자 모두가 축전을 보내도 된다는 말일까?

어쩌면 이문열은 '낙천 · 낙선운동' 이 내포하고 있는 기존 위계질서에 대한 도전에 불만을 가졌던 것인지도 모르겠다. 그의 『동아일보』(2000년 3월 6일) [옴부즈맨 칼럼]은 우회적으로나마 그런 속내를 다음과 같이 드러냈다.

"언론이 범하기 쉬운 실수 중의 하나가 어른과 아이 싸움 붙여놓고 버르장머리 없는 아이놈한테 점잖은 어른이 욕보는 꼴을 재미있어하며 구경하는 일이다. 꼭 합당한 예가 될는지는 모르지만 3일자 정치면 이인제 대(對) 김종필 식(式)의 기사가 그런 느낌을 주었다. 그를 지지하고 말고에 관계없이 김종필 씨는 엊그제까지 공동 여당의 당수로 이인제 씨가 경의를 표해야 하는 입장에 있었고, 정치적으로는 공동 여당의 국무총리로 행정을 총괄했던 대선배가 된다. 그런 사람을 하루아침에 '지는 해' 로 격하한 말의 야박함도 그렇지만, 스스로를 '뜨는 해' 로 추어올리는 기고만장은 아무리 잘 보아주려 해도 '버르장머리 없는……' 이란 기분을 떨쳐버릴 수가 없다." [17]

정치인들이 특권층으로 여겨지는 풍토

사실 한국 정치의 문제는 진보 · 보수, 여야의 문제도 아니고 '버르장머리' 의 문제도 아니었다.

때마침 가수 이정현의 테크노음악 '바꿔' 가 큰 인기를 누리면서 "바꿔 바꿔 바꿔 모든 걸 다 바꿔"라는 외침이 시대적 메시지인 것처럼 들

17) 이문열, 「옴부즈맨 칼럼: 특정고 편중 인사 기획 적절」, 『동아일보』, 2000년 3월 6일, A7면.

© frakorea

사실 한국 정치의 문제는 정치인들이 특권층으로 여겨지는 풍토와 더불어 정치인들의 '특권 중독증'이었다.

렸지만, 한국 정치의 문제는 물갈이를 한다고 해서 달라질 수 있는 것도 아니었다.

진짜 문제는 정치인들이 특권층으로 여겨지는 풍토와 더불어 그들의 '특권 중독증'이었다. 한국처럼 '정치 지상주의'가 심한 나라에서 국회의원이 누리는 특권을 그대로 두고서 그 특권을 누릴 사람들의 자격을 심사하겠다는 건 그 선의에도 불구하고 결국 처절한 '밥그릇 싸움'으로 전락할 수 있는 위험을 안고 있었던 셈이다.

이를 말해주듯, 『한겨레』(2000년 2월 21일)에는 「김포공항의 '상전'들」이라는 기사가 실렸다. 국회의원들을 포함한 특권층이 공항에서 누리는 특권을 꼬집은 기사였다. 사람들은 흔히 선거에서 지역감정이 가장 큰 문제라고 했지만 그건 정확한 진단은 아니었다. 공복(公僕)이라는 개념 자체가 실종된 상황에서는 "이놈이나 그놈이나 똑같다"는 생각을 하기 때문에 각종 연고와 이권이 고개를 내미는 것이었다.

그렇다고 유권자들이 면책될 수는 없는 일이었다. '그들만의 잔치판'의 또 다른 이면을 보아야 한다. 15대 총선에 서울에서 야당 후보로 출마했다가 낙선한 김진명과 관련된 다음과 같은 이야기를 들어보는 게 좋겠다.

"그가 출마한 지역은 송파 을(乙)구로 중대형 아파트 단지가 밀집한 지역이었다. 서울의 중산층이 살고 있는 지역이라는 의미다. 김 씨가 선거운동 기간 중 어떤 아파트 단지의 부녀회에서 자신을 보자고 해서 부녀회원들이 모인 자리에 갔다. 그런데 회원들과 얘기를 나누고 일어서는데 부녀회 간부라는 사람이 손을 벌리더라는 것이다. 김 씨는 먹고살 만하다는 중산층 아파트의 주부들까지 돈 봉투를 요구하는 현실에 충격을 받았다고 했다. 김 씨는 단 한 번의 출마에서 너무나 큰 충격을 받았고 정치판에 환멸을 느껴 다시는 정치를 하지 않기로 결심하기에 이르렀다고 한다."[18]

사실 어찌 생각하면 국회의원들도 불쌍한 사람들이었다. 그들도 뜯어먹고 뜯어 먹히는 한국 사회의 먹이사슬 구조에서의 한 고리일 뿐, 그들도 그 고리 자리를 지키기 위해 나름대로 피눈물 나는 투쟁을 벌이고 있었던 것이다. 그 처절한 먹이사슬 구조의 한 단면을 드라마틱하게 보여주는 게 바로 선거 때마다 활개 치는 브로커들의 맹활약이었다. 『동아일보』(2000년 2월 26일)에 보도된 다음과 같은 이야기는 결코 예외적인 사례는 아니었다.

---

18) 조성관, 『한국 엘리트들은 왜 교도소 담장 위를 걷나?: 월간조선 조성관 기자의 한국 사회 똑바로 보기』(조선일보사, 2000), 293쪽.

선거 때마다 표를 몰아주겠다며 후보자에게 접근하는 선거 브로커가 활개를 쳤다.

"한나라당의 서울 노원 갑에 공천됐다가 선거 브로커의 등쌀에 공천을 반납한 윤방부 연세대 의대 교수는 공천을 받자마자 선거 브로커로 보이는 사람들의 돈 요구 전화에 시달렸으며 일부는 협박성 전화까지 걸어 괴롭혔다고 말했다. 서상록 전 삼미그룹 부회장은 민주당의 서울 강남 을 공천설이 나오자 선거 브로커 10여 명이 몰려와 '수천 표를 몰아주겠다'며 돈을 요구했다고 말했다. 그러나 서 씨는 이들의 요구를 모두 들어줄 경우 선거 비용이 10억 원을 훨씬 넘을 것이란 생각에 출마를 포기했다."[19]

유권자들의 영악한 이기주의도 무시할 순 없었다. 옳건 그르건, 깨끗하건 깨끗하지 않건 중앙에서 힘깨나 쓰는 사람을 국회의원으로 뽑아야

19) 양기대 · 송인수, 「손 내미는 브로커 속 터지는 출마자」, 『동아일보』, 2000년 2월 26일, 1면.

지역사회에 보탬이 될 수 있는 '해결사'로서 써먹기가 더 좋다는 계산이 작용했다.

『동아일보』(2000년 3월 11일) 1면 머리기사 제목이 「출마자가 해결사인가: "지역 현안 반드시 처리해달라" 요구 봇물/"안 되면 낙선운동 벌이겠다" 노골적 협박」이었다. 『동아일보』는 이런 행태가 바람직하지 않다는 뜻에서 공명선거 캠페인의 일환으로 그걸 보도했겠지만, 그게 우리의 전반적인 현실임을 어찌 부인할 수 있으랴.

인터넷의 발달로 이른바 '사이버 선거 브로커' 마저 활개를 치기 시작했다. 인터넷에 16대 총선 관련 뉴스 및 후보 등을 소개하는 사이트를 개설한 뒤 출마자들에게 접근, "돈을 내면 특별 홍보를 해주겠다"며 수십만 원에서 수백만 원씩을 요구하는 신종 '사이버 선거 브로커' 들이 성행한 것이다. 2000년 3월 현재 이처럼 선거 특수를 노리고 여야 정당·후보 측에 접근하고 있는 업체는 100여 개에 이르는 것으로 알려졌다.[20)]

지역주의를 어찌할 것인가?

시민운동 단체들이 유권자들의 그런 지역 이기주의를 무시하고 아무리 원칙을 떠들어봐야 그건 우이독경이 될 수밖에 없었다. 예컨대, 충북 지역 일간지인 『충청일보』(2000년 2월 24일)가 자민련은 김종호·박준병 부총재를 공천해야 한다고 주장해 일어난 파문을 살펴보자.

『충청일보』는 '역량 있는 지역 중진 키우자' 는 제목의 1면 머리기사

20) 김광덕, 「'사이버 선거 브로커' 활개」, 『한국일보』, 2000년 3월 18일, 1면.

와 3면 해설 기사에서 인용 · 분석을 통해 '김종호 · 박준병 부총재는 이번 도전에 성공하면 지역을 위해 크게 헌신할 정치적 좌장임에도 (자민련이 공천에서) 탈락시키려 하는 것은 충북인의 자존심 문제' 라거나 '자민련은 이제 충북을 텃밭으로 여기지 말아야 할 것' 이라고 주장했다. 기사가 나가자 충북총선연대는 2월 25일 항의 기자회견을 열어 '다선 의원을 공천하지 않는 것은 당(자민련)이 충북을 홀대하는 것이라고 단정하는 근거가 무엇이냐' 고 묻고 '공천 경쟁이 치열한 지역구에서 특정후보, 특히 총선연대가 공천 부적격자로 지목한 이들 2명을 공천하라고 주장한 것은 지역감정 조장 · 선거법 위반 · 기사의 불공정성 등을 넘어 불순한 의도가 있는 것으로 의심된다' 고 비난했다."[21]

『충청일보』에 그 어떤 '불순한 의도' 가 있었을 수도 있겠다. 그러나 다선 의원을 키워야 한다는 주장은 많은 지역에서 외쳐지고 있는바, 그게 『충청일보』의 평소 신념일 수도 있었다. 다른 지역도 크게 다를 게 없었다. 전북민주언론운동시민연합 간사 박민에 따르면, "민주당의 공천심사와 관련하여 지역민들의 대거 물갈이 요구가 터져 나오자 '물갈이와 개혁은 다르다' (『전북도민일보』, 2월 11일자 사설)거나 '전북 정치권 약화 우려' (『전북도민일보』, 2월 10일자 1면)를 내세워 3선 이상의 중진 의원들이 물갈이 태풍에 휘말릴 경우 선거구 감축으로 가뜩이나 위축된 전북 지역의 정치력을 더욱 약화시킬 것이라고 여론을 호도하고 있다. 하지만 국민들의 정치 개혁 요구에서도 드러나듯이 연륜과 관록이라는 것이 오로지 1인 보스에 충성하고 줄서기에 탁월함을 뜻하는 것이라는 사

21) 황순구, 「충청일보 지역감정 조장 파문」, 『한겨레』, 2000년 2월 26일, 20면.

실을 우리는 알고 있다. 그리고 만약 이런 논리대로라면 굳이 선거를 할 필요도 없을 것이다. 인물을 볼 것이 아니라 후보자의 당내 입지나 연륜과 경력만 보면 될 것이 아니겠는가."[22]

신문들이 부추기는 것도 있지만, 다선 의원을 선호하는 지역 민심도 만만치 않게 존재하는 것도 사실이었다. 다선 의원이 많아져야 중앙에 가서 자신들의 지역에 먹을 것 하나라도 더 가져다줄 수 있다는 논리는 전국적으로 널리 퍼져 있었다.

다선 의원을 선호하는 지역 민심의 논리는 당연히 자기 지역 색깔이 비교적 뚜렷한 정당의 선호로 이어질 수밖에 없었다. 「지역주의에 맞선다」는 『한겨레』의 연재 기사 가운데 '부산 · 경남'과 '대구 · 경북' 편에서 지역주의에 맞서는 시민운동 단체들의 활동과 관련하여 다음과 같은 대목들이 눈에 띈다.

부산총선연대 정책자문교수단 간사 차성수 동아대 교수(사회학)는 "'지역감정이 나쁘니 갖지 말자'는 네거티브 운동에 그칠 경우 자칫 '그럼 저쪽은 뭉치는데 우리만 당하자는 거냐'는 감정적 역공세에 몰릴 우려가 있다"며 "정책에 따른 판단이 가능하도록 대안적 선택 기준을 제시하고 합리성에 호소해 결과적으로 지역감정을 무력화하자는 것"이라고 설명했다.[23] 대구총선연대 정책자문단의 홍덕률 교수는 "시민단체의 활동에 대해 낡은 정치인들이 '그럼 지역정서를 무시하자는 것이냐'며 역공을 펼칠 경우 지역단체들이 오히려 고립될 우려가 있다"며 "전국적

22) 박민, 「지역감정 조장과 근거 없는 '다선 의원 배려'」, 『문화저널』, 2000년 3월, 69쪽.
23) 손원제, 「지역주의에 맞선다 ①부산 · 경남: "고질병 또 도지나" 시민단체 극복 온 힘」, 『한겨레』, 2000년 2월 29일, 2면.

연대를 통해 지역감정 문제를 정치 개혁의 핵심 의제로 끌어올려야 이를 저지할 수 있다"고 말했다.[24)]

이건 무얼 말하는가? 서울에서는 모두들 편하게 '지역감정 타파'를 외쳤지만 지방으로 내려가면 그게 얼마나 어려운가를 여실히 말해준 것이다. 두 교수 모두 너무 답답해서 하는 말이지, 그들의 대안 역시 실효성 있는 대안이 될 수는 없는 것이었다. 한국의 정실주의 문화에서는 지역감정은 '감정'의 문제인 동시에 경제적 이해득실의 문제라는 걸 깨달아야만 '지역주의 타파'의 올바른 첫걸음을 내디딜 수 있었던 것이다. 총선시민연대가 벌인 낙천·낙선운동의 한계도 바로 여기에 있었던 셈이다.

단일민족의 불행인가?

한국인의 강한 연고 의존과 사랑은 연고를 갖지 못한 사람들에게는 재앙일 수 있다. 그런 사람들이 2000년대 들어 무시할 수 없는 규모로 증가하고 있었다는 것도 여기서 짚고 넘어갈 필요가 있겠다. 바로 '외국인 노동자'들이다.

외국인 노동자는 1980년대 후반부터 등장했다. 1980년대 후반엔 외국인 노동자의 불법 체류를 묵인했다. 1991년 해외투자 법인을 통해 현지법인 연수생을 들여왔고, 1994년부터 본격적으로 연수생이란 편법으로 외국 인력을 들여왔다. 산업 연수생은 1년의 연수 과정을 거쳐 2년간 국

24) 손원제, 「지역주의에 맞선다 ③대구·경북: "구태 타파 첫 단추 진짜 자존심 세울 터"」, 『한겨레』, 2000년 3월 2일, 14면.

외국인 노동자가 느는 것과 동시에 농촌 지역의 노총각들과 결혼하는 외국인 신부도 늘었다. 농촌 지역에서 국제 결혼을 광고하는 현수막은 익숙한 풍경이 되었다.

내에서 취업할 수 있었는데, 사실상 근로자이면서도 연수생이라는 모호한 지위로 인해 산재, 보상 등 근로기준법상 일부 조항만을 적용받고 있었다.

외국인 노동자와 관련하여 제기된 주요 문제 중의 하나는 한국인들의 인종주의적 차별이었다. 『중앙일보』 대기자 김영희는 2000년 5월 3일자에 쓴 「단일민족의 불행」이라는 칼럼에서 한국인들의 외국인 노동자 차별을 지적하면서 "단일민족 국가는 축복이 아니라 다른 인종들과 더불어 사는 지혜를 박탈한 불행의 씨앗이다"고 했다. 그는 20만 명의 외국인 근로자 중 23.2%를 차지하는 기술 연수생은 중소기업에 황금 알을 낳는 거위 같은 존재라고 지적하면서 다음과 같이 말했다.

"많은 중소기업들은 연수생들의 이탈을 막기 위해 여권을 빼앗아 보관하고, 기숙사 밖 외출을 통제한다. 밤에는 아예 기숙사의 방문을 밖에서 잠그는 회사도 있다. 연수생들은 한국인 상사와 동료한테 구타당하고 폭언을 듣는다. 여성 근로자들은 성희롱과 성폭행의 대상이다. 성폭행으로 임신한 필리핀 여성은 임신했다고 추방됐다. 네팔 출신 근로자들이 5년 전 '우리는 노예가 아니다. 때리지 말라' 는 구호를 들고 명동성당에서 농성을 했지만 사정은 달라지지 않았다."

외국인 노동자가 느는 것과 동시에 농촌 지역의 노총각들과 결혼하는 외국인 신부도 늘었다. 2003년 전체 혼인 건수 30만 4,932건 중 8.4%인 2만 5,658건이 외국인과의 혼인일 정도로 국제결혼이 급증하게 된다. 이는 일본의 2002년 국제결혼 비율 4.7%에 비해 배에 가까운 비율이다. 2003년 한국 남성과 결혼한 외국인 여성은 총 1만 9,214명이었는데, 조선족이 포함된 중국인이 1만 3,373명으로 가장 많았고, 다음은 베트남(1,403명), 일본(1,242명), 필리핀(944명), 태국의 순이었다.

탈북 귀순 동포의 수도 1998년 71명이 들어온 이후 매년 그 수가 두 배씩 증가해 2001년에는 600명을 넘어선다. 이와 관련, 정병호는 "아직 남한 사회가 이 문제의 심각성을 느끼기에는 규모가 작은 편이지만, 이러한 증가 추세 밑에 잠재하고 있는 정치 · 경제 · 사회 · 문화적 문제의 폭발력은 탈분단 시대에 우리 민족이 직면한 최초의 실질적 해결 과제의 긴박성과 어려움을 잘 보여준다" 고 했다.[25]

2000년대 중반 출산율 저하가 국가적 위기로 부각되자, 국무조정실 저출산대책기획단은 동남아인 유입안, 재중 · 재러 동포 유입안, 남북한 통일 상황하의 북한 주민 유입안 등 세 가지 이민 방안을 검토하게 된다.

---

25) 정병호, 「분단의 틈새에서: 탈북 난민의 삶과 인권」, 『당대비평』, 제16호(2001년 가을), 236쪽.

전북대 교수 설동훈은 노동력의 국제 이동을 통해 다른 나라에 정착하는 이들을 '신이민' 이라 부르면서 "한국은 이민이 허용되는 나라는 아니지만 이미 다수의 실질적 이민자들이 사는 이민 국가"로 진단한다.[26) 2010년 한국에 체류 중인 외국인은 전체 인구의 2.4%인 114만 명에 이르며, 정부 차원에서 "(대한민국은) 외국의 인재를 끌어들여 장기적으로 '다민족국가' 로 나아가야 한다"는 말까지 나오게 된다.[27)]

'다민족국가' 의 비전에 가장 큰 장애가 되는 것은 두말할 필요 없이 '단일민족' 이데올로기다. '단일민족' 이데올로기를 극복하고 넘어서기 위해서는 '단일 지역' 이데올로기부터 청산해야 옳은 일이었지만, 2000년대는 내내 지역주의 문제로 엄청난 몸살을 앓게 되며, 그 첫 번째 사건은 제16대 총선이었다.

26) 손병호, 「이민 수용 '세 갈래'」, 『국민일보』, 2005년 5월 4일, 1면.
27) 이영섭, 「곽승준 원장 "외국 인재 끌어들여 다민족국가로 가야": 곽 미래위원장, 서울시 특강」, 『한국일보』, 2010년 10월 23일.

2000년 4월 13일

'지역주의 축제' 였나?
제16대 총선의 정치학

고대와 현대가 벌이는 끝없는 싸움인가?

"지금 한국에서는 고대와 현대가 끝없는 싸움을 벌이고 있다. 공자가 위협받고 있지만, 아직은 죽지 않았다." 프랑스 언론인 장 피엘이 2000년 4월에 출간한 『한국, 사라지기 위해 탄생한 나라?』에서 한 말이다.[28] 다소 과장된 주장이긴 하지만, 근거가 없는 건 아니었다. 유교 비판이 법정으로까지 갈 정도로 큰 사회적 논란을 빚은 사건도 있었으니 말이다. 1999년 5월 1일에 출간된 상명대 중어중문학과 교수 김경일의 『공자가 죽어야 나라가 산다』 파동이다.

김경일은 이 책에서 "유교라는 곰팡이"라는 표현까지 써가면서 "한일합방을 부른 무기력한 정부와 위선적 지식인들, 6·25를 부른 우리 문화 속의 분열 본질 그리고 IMF를 부르고 만 자기기만과 허세. 그것들은 도

28) 장 피엘, 한정석 옮김, 『한국, 사라지기 위해 탄생한 나라?』(자인, 2000).

덕의 가면을 쓴 유교 문화 속의 원질들과 본질적으로 같은 것이었다" 고 주장했다. 또 그는 유교 문화는 "사농공상으로 대표되는 신분 사회, 토론 부재를 낳은 가부장 의식, 위선을 부추기는 군자의 논리, 끼리끼리의 협잡을 부르는 혈연적 폐쇄성과 그로 인한 분열 본질, 여성 차별을 부른 남성 우월 의식, 스승의 권위 강조로 인한 창의성 말살 교육 따위의 문제점들을 오늘날까지 지속시키고 있다. 이것들은 오늘날 우리들 삶의 공간에 필요한 투명성과 평등, 번득이는 창의력, 맑은 생명들과는 너무도 동떨어진 것들이다. 유교의 유효기간은 이제 끝난 것이다" 고 말했다.[29]

미리 말하자면, 이 책을 둘러싼 법정 싸움의 결말은 2004년 11월 23일에서야 나왔다. 이날 대법원은 성균관이 유교를 신랄하게 비판한 서적 『공자가 죽어야 나라가 산다』의 저자와 출판사를 상대로 낸 손해배상 청구 소송에서 원고 패소 판결을 내린 원심을 확정했다. 재판부는 "유교 문화가 우리 사회에 미친 역기능에 대한 분석과 비판은 표현의 자유에 속하는 행위" 라며 "다소 과장된 표현이나 가혹한 비유가 있더라도 표현의 자유 범위 내에 있는 만큼 위법으로 볼 수 없다" 고 밝혔다. 재판부는 "유교를 비판하는 내용을 담고 있다고 유교 문화 발전을 목적으로 하는 성균관의 평가를 저해했다고 볼 순 없다" 고 덧붙였다.[30]

이 사건을 어떻게 보건, 4 · 13 총선은 한국 정치가 기본적으로 '고대와 현대가 벌이는 끝없는 싸움' 의 일환은 아닌가 하는 의아심을 갖게 하기엔 충분했다. 지역주의가 지배한 선거라고 해도 과언이 아닐 정도로 지역주의 문제가 큰 이슈로 등장한 선거였기 때문이다.

---

29) 김경일, 『공자가 죽어야 나라가 산다』(바다출판사, 1999).
30) 김준기, 「'공자가 죽어야……' 유교 비판은 표현 자유」, 『경향신문』, 2004년 11월 24일, 9면.

선거가 지역주의로 가면 필패(必敗)라는 것을 직감한 김대중 대통령은 지역주의를 저지하기 위해 뒤늦게 발버둥을 쳤는데, 『세계일보』(2000년 3월 2일)는 'DJ, 지역주의와의 전쟁' 이라는 표현까지 썼다.[31] 김대중은 대구에서 열린 2 · 28 민주의거 기념식에선 "지역주의는 망국적 행태로 파멸로 이끄는 것" 이라고 했고, 3 · 1절 기념식에선 "지역주의는 3 · 1 정신을 거역한, 민족에 대한 죄악으로서 우리는 이를 단호히 심판해야 한다" 고 했다.

한나라당은 김대중의 발언이 정략적이라고 비판했지만, 김대중의 발언이 무슨 효과를 얻어낼 수 있는 것은 아니었다. 김대중 정권의 과오도 만만치 않았던 데다 일부 언론은 이미 4 · 13 총선 수개월 전부터 이른바 '호남 정권' 에 대한 반감을 생산하는 보도를 양산해냈기 때문이다.

"철새도 먹이 찾아 호남 간다더라"

특히 『조선일보』와 그 자매지들의 활약이 눈부셨다. 이들은 어떤 보도에서건 지역 구도를 부각하다는 관점과 더불어 사람들의 피를 끓게 하고야 말겠다는 듯 선정주의 구사에 능했다. 『주간조선』(1999년 2월 4일)의 한 기사가 「흔들리는 영남 민심: "철새도 먹이 찾아 호남 간다더라"」였는데, 이들은 매사가 이런 식이었다.

『주간조선』 2000년 1월 20일자에 「경찰 "호남 출신 아니면 저리 가"」라는 기사가 실렸다. 1월 3일 총경급 인사에 대한 분석 기사였는데, 왜곡

31) 황정미, 「DJ, 지역주의와의 '전쟁' : 연일 강도 높은 비판 배경」, 『세계일보』, 2000년 3월 2일, 3면.

이 심각했다. 인사 전 총경급을 출신 지역별로 보면 영남 41.7%, 호남 26.6%였던 데 비해, 인사 후 영남 39.4%, 호남 27.5%로 달라진 걸 가리켜 어찌 "호남 출신 아니면 저리 가"라는 말을 할 수 있단 말인가?

4 · 13 총선이 다가올수록 『조선일보』와 그 자매지들은 더욱 바빠졌다. 『월간조선』 2000년 2월호 '권말 부록'은 「조선일보 전 부처 출입 기자가 뽑은 한국을 움직이는 김대중 정부 100대 요직」이었는데, 이 월간지는 100대 요직엔 호남 출신이 37%, 영남 출신이 25%이고, '권력의 칼'인 국세청의 4대 요직 모두와 법무부 · 검찰 · 경찰 12대 요직 중 7자리가 호남 출신이고 영남 출신자는 전무하다고 주장했다. 문제는 '100대 요직' 선정의 자의성이었지만, 한나라당은 『조선일보』와 그 자매지들의 주장을 그대로 써먹고, 『조선일보』와 그 자매지들은 한나라당의 주장을 제1야당의 발표라는 뉴스 가치로 포장하여 또 써먹고, 그렇게 하여 이뤄지는 확대재생산 속에 지역주의는 4 · 13 총선의 핵심 이슈가 되어가고 있었다.

한나라당은 2000년 3월 3일 『DJ 정권 2년 호남 편중 인사를 고발한다』는 책자를 발간했는데, 이 책자는 인구 비율상 11.8%에 불과한 호남 출신이 주요 권력기관 핵심 포스트를 많게는 50%까지 차지했다고 주장했다. '핵심 포스트'를 자기들 입맛대로 고른 데다, 호남 인구비는 주민등록 기준으로 따지면서 핵심 포스트는 주민등록과는 무관한 '출신'으로 계산했다. 게다가 한나라당은 어찌나 지역감정을 부추기겠다는 정열이 앞섰던지 충남 출신인 청와대 남궁진 정무수석을 전북 출신이라고 주장했으며 국세청 국장 중 호남 출신은 4명인데도 7명이라고 주장했다.

『주간조선』(2000년 3월 16일)은 한나라당의 책자 『DJ 정권 2년 호남 편중 인사를 고발한다』를 소개하면서 기사 제목을 '요직의 지역 편중: 정부 고위직 호남 출신 30% 넘어' 라고 달았다. 이 기사는 민주당의 반론을 소개해놓곤 다음과 같이 반격을 가했다.

"하지만 정부 요직에 호남 출신이 대거 포진해 있다는 것은 보다 객관적인 조사에서도 입증되고 있다. 예컨대 『월간조선』이 지난 2월호에서 『조선일보』 정부 부처 출입 기자들이 선정한 100대 요직의 출신 지역과 출신 고교를 분석한 바에 따르면, 호남 출신은 모두 37%로 2위인 영남 출신(25%)을 크게 앞질렀다. 또 출신 고교별로는 경기고 출신이 12명으로 가장 많고, 광주일고가 9명으로 2위, 이어 서울고와 전주고가 각각 5명 순이었다."

그러나 2000년 3월 현재 3급 이상 정부 고위직 1,547명 가운데 영남 출신은 32.6%, 호남 출신은 24.9%였다. 장차관급 출신 지역별 비율은 영남 28%, 호남 20%였다. 김영삼 정권 시절 영남 출신 장차관급이 46%나 됐는데 그게 28%로 낮아져서 '호남 싹쓸이' 란 말이었을까? 이런 수치를 잘 알고 있는 일부 보수파는 '알맹이 독식론' 을 내놓았다.

예컨대, 『중앙일보』 논설주간 권영빈은 3월 3일자 칼럼 「껍데기와 알맹이」에서 "껍데기만 안배할 것이 아니라 알맹이도 안배를 해야 한다"며 "껍데기는 지역 균형으로 포장하고 알맹이는 지역 편중으로 짠다면 조직이 겉돌고 실세들의 눈치만 살피는 게 지금껏 정부 조직의 병폐였다"고 주장했다. 그는 문제의 『월간조선』 기사를 인용하면서 다음과 같이 말했다.

"나는 TK · PK 시절을 거치면서 차별 대우를 받아온 호남 지역 인사는 상응한 보상을 받아야 한다고 생각하는 사람 중 하나다. 그러나 이런 프리미엄을 감안하더라도 지난 2년이라는 단기간에 특정 지역의 특정고 진출은 생각보다 깊고 넓게 자리 잡고 있다. 『월간조선』 2월호에 실린 '김대중 정부의 100대 요직'을 살펴보면 100대 요직 중 37명이 호남 출신으로 나타나 있다. 그중 전남 출신이 19명이다. 요직의 37%를 호남이 차지하고 그중 전남 출신이 5명 중 1명꼴이다. 호남 지역 출생 인구를 다 합치면 총 인구의 19.6%다. 호남 출신 요직 37%는 출생 비율의 약 2배가 된다."

한나라당 주장의 검증

그런 출생지 기준의 호남 출신 인구는 19.6%가 아닌 30%로 봐야 옳지만, 중요한 건 그게 아니었다. 어찌됐건 과거에 비해 호남 출신의 요직 등용이 많이 이루어졌다는 게 중요했고, 이걸 강조하는 과정에서 심각한 왜곡이 저질러진 것이다. 『신동아』 2000년 4월호에 실린 기사 「호남 4대 명문고 정·관계 인맥: 청와대의 광주일고, 국세청의 광주고, 검찰의 목포고, 홍보의 전주고」가 비교적 공정한 시각을 제시했다.

이 기사는 "한나라당이 인사 편중의 근거로 제시한 '10대 권력 핵심'이라는 기준에도 문제가 없지 않다. 한나라당은 △국무총리(박태준, 경남) △감사원장(이종남, 서울) △국정원장(임동원, 평북) △국방장관(조성태, 충남) △법무장관(김정길, 전남) △행자장관(최인기, 전남) △대통령 비서실장(한광옥, 전북) △검찰총장(박순용, 경북) △국세청장(안정남, 전남) △경찰청장(이무영, 전북) 등을 10대 권력 핵심으로 제시하고 그중 절반인 5명이 호남 출신이라고 주장하고 있다"며 다음과 같이 말했다.

"그러나 10대 권력 핵심의 기준이나 근거는 제시하지 않고 있다. 예컨대 호남 출신인 법무 · 행자 장관은 '10대 권력 핵심' 에 포함하면서 경제정책 전반을 총괄하는 재정경제부 장관은 제외하고 있다. 또 같은 방식으로 국세청장 · 경찰청장은 포함하면서도 3군 참모총장은 포함시키지 않고 있다. 알다시피 육군 참모총장 자리는 불과 2년 전에 김동신 대장이 임명되었을 때만 해도 '호남 출신으로는 건군 이후 최초' 를 기록할 만큼 호남 출신을 배제했던 '요직 중의 요직' 이었다. 한나라당이 선정한 '10대 권력 핵심' 의 출신지를 한나라당이 집권했던 때와 그 전신인 민자당 시절의 노태우 정부 때와 비교하면 '더 참담한 결과' 가 나오게 된다. 이를테면 YS 정부 말기(1998년 2월)에는 '10대 권력 핵심' 10명 중 5명이 영남이었고 호남은 1명뿐이었다. 또 노태우 정부 말기(1993년 2월)에는 '10대 권력 핵심' 10명 중 영남이 7명인 반면에 호남은 1명도 없었다."

이어 이 기사는 "한나라당이 내세운 편중 인사의 또 다른 근거는 △청와대 비서실 △새천년민주당 △감사원 △국정원 △검찰 △군부 △경찰 △국세청 등 이른바 '8대 권부 인사 편중 실태' 이다. 한나라당은 이 '8대 권부' 의 핵심 요직을 선정해 각 기관의 요직을 호남이 독차지하고 있다고 주장하고 있다. 그러나 정당(새천년민주당)을 권부로 분류하는 선정 기준에는 문제가 있다. 한나라당은 그동안 민주당을 '호남 지역당' 이라고 몰아세웠다. 그런 한나라당이 민주당의 호남 편중을 문제 삼는 것은 앞뒤가 맞지 않는 일이다"고 했다.

그러면서 이 기사는 "또 감사원의 경우 한나라당은 감사원장과 감사위원 6명 그리고 사무총장을 요직으로 제시하고 8명 중 4명을 호남 출신이 차지하고 있다고 주장하고 있다. 그러나 감사원의 요직은 통상 감사

계획 수립과 감사 지휘권을 실질적으로 행사하는 사무총장, 사무 1 · 2 차장, 1~6 국장 등이 꼽힌다. 이들을 모두 포함하면 총 24명(감사위원 6명, 국장급 이상 18명) 가운데 호남은 7명(29.2%)이고 영남은 9명(37.5%)이다"라며 다음과 같이 말했다.

"검찰의 경우도 한나라당은 요직을 법무장관, 검찰총장, 서울지검장 등 7개 직위로 한정해 그중 호남 출신이 57.1%(4명)이라고 주장하고 있다. 그러나 일선 검찰의 수사를 지휘하는 지검장 12명을 포함한 주요 보직자 20명으로 범위를 넓히면 영남 8명(40%), 호남 6명(30%)의 비율이 된다. 한나라당은 경찰의 경우 경찰청장(이무영, 전북), 경찰차장(이헌만, 경남), 해양경찰청장(김종우, 경남), 서울지방청장(윤웅섭, 서울), 경찰대학장(김재종, 전남), 전보국장(성낙식, 전북), 치안비서관(최기문, 경북), 기획정보심의관(배성수, 전북), 사직동 팀장(이송범, 전남) 등 요직 9명 중 5명(55.6%)이 호남 출신임을 강조한다. 그러나 경찰 사정에 밝은 관계자들은 치안감 중 요직으로 꼽히는 경찰청 경무기획국장(전용찬, 강원), 수사국장(이규식, 경남), 경무관 보직의 경찰청 감사관(유봉안, 경북), 서울청 경무부장(이용상, 전북), 서울청 정보부장(김중겸, 충남) 등은 누락하고 총경급인 경찰청 조사과장(사직동 팀장)을 포함시키는 기준에는 머리를 갸웃거린다. 2월 현재 경무관 이상 경찰 간부 79명의 출신고별 소재지 분포는 영남 27명(34.2%) 호남 23명(29.1%) 서울 · 경기 12명(15.2%), 충청 12명(15.2%), 기타 5명(6.3%) 등이다. 군부의 경우에도 한나라당은 11개 요직 중 4명(36.4%)이 호남 출신임을 강조하고 있다. 그러나 장성 출신지 분포 기준으로 보면 영남 38%, 호남 22%이고 대령 출신지 구성비도 영남 36%, 호남 20%로 한나라당의 인사 편중 주장은 설득력이 약해진다."[32]

『월간조선』의 마지막 몸부림

4 · 13 총선을 앞둔 마지막 몸부림이었을까? 『월간조선』 2000년 4월호는 또 '권말 부록'에 「제2의 정부, 62대 공기업을 움직이는 사람들: 호남 인맥이 대표의 34%, 감사의 33%, 전(全) 임원의 29% 차지」라는 기사를 게재했다. '62대 공기업'은 무슨 기준으로 선정했을까? 『월간조선』 마음대로였다. 그럼에도 편집장 조갑제는 [편집장의 편지]에서 다음과 같이 주장했다.

"이번에 월간조선이 조사한 「제2의 정부, 62대 공기업을 움직이는 사람들」에 따르면 142조 원의 자본금, 22만 3,000명의 직원, 154조 원의 매출액을 기록하고 있는, 한국전력, 포항제철 같은 62개 공기업의 대표(사장, 이사장, 원장 등) 가운데 34%, 감사 가운데 33%, 전 임원 가운데 29%가 호남 인맥이었습니다. 호남 출신이 물론 어느 지역보다도 많았습니다. 지난 2월호의 정부 부처 100대 요직 조사에서도 호남 출신이 37%, 영남 25%, 서울 · 경기 · 인천이 17%, 충청 출신이 13%로 나타났고 특히 국세청의 4대 요직 모두와 법무부 검찰 경찰의 12대 요직 중 7자리에 호남 인사들이 앉아 있었습니다. 이 두 가지 통계는 호남 편중 인사의 실태를 수치로써 잘 보여주고 있습니다. 중요한 자리일수록 호남 인사들이 인구 비율보다 훨씬 높은 비중으로 많이 기용되어 있다는 것은 이제는 주장도 설도 아닌 사실입니다. 이것이 이번 선거에서 지역 정서 문제가 재연된 가장 중요한 이유입니다."

그러나 『월간조선』의 기사는 객관성과 공정성이 결여된 것이었다.

---

32) 「호남 4대 명문고 정 · 관계 인맥: 청와대의 광주일고, 국세청의 광주고, 검찰의 목포고, 홍보의 전주고」, 『신동아』, 2000년 4월, 209~211쪽.

'62대 공기업' 에서 한국가스안전공사, 대한주택보증(주), 대한매일신보사, 농업기반공사, 국립공원관리공단, 근로복지공단, 수산업협동조합중앙회를 뺀다고 해서 무슨 큰일이 날까? 이들이 한국전력이나 포항제철처럼 무슨 거대한 공기업들도 아닌데 큰일이 날 리가 없거니와, 따라서 일반 독자들은 알 길이 없었다. 이들을 뺀 '55대 공기업' 을 『월간조선』식으로 인맥 분류를 하면 어떻게 될까? 아주 재미있는 결과가 나타났다.

우선 『월간조선』은 기사 제목을 다음과 같이 고쳐야 할 것이다. '제2의 정부, 55대 공기업을 움직이는 사람들/호남 인맥이 대표의 29.6%, 감사의 25.5%, 전 임원의 25.6% 차지' 로 말이다. 영남 인맥은 어떻게 될까? 『월간조선』의 '62대 공기업' 에선 영남 인맥이 대표의 32.8%, 감사의 24.1%, 전 임원의 25.5%였지만, 거기서 7개를 뺀 '55대 공기업' 에선 영남 인맥이 대표의 32.1%, 감사의 28.3%, 전 임원의 26.6%로 나타난다. 모두 다 호남 인맥보다 많아진다는 것이다. 그래서 '55대 공기업' 으로 하는 것이 옳다는 게 아니라, 『월간조선』이 공기업 '선정' 의 객관성을 유지했어야 옳았다는 말이다.

선거 보도도 지역감정을 부추기는 쪽으로 이루어지고 있었다. 『미디어오늘』(2000년 3월 30일)은 "최근 신문에서 지역감정을 조장하는 발언 보도는 줄어든 반면, 여론조사 결과 보도에서 출신지 분석 등을 이용한 교묘한 지역감정 부추기기는 계속되고 있다는 비판이 일고 있다. 지난 23일 조선일보는 「인천 지역 충청 출신 유권자 '한나라 지지' 많아」(5면)라는 상자 기사에서 인천광역시의 7개 조사 지역에 대한 여론조사 결과를 발표했다. 이 기사는 대부분의 조사 지역이 격전지로 분류된다며, '인천 지역 유권자들은 충청 출신이 비교적 많은 편인데 이들은 한나라당 후보를 더 많이 지지하는 것으로 조사됐다' 고 보도했다"며 다음과 같이 말했다.

"이러한 신문들의 보도 태도와 관련 방송사의 한 기자는 '지역감정 조장 문제는 단순히 지역감정 조장 발언의 보도 여부에 있는 것이 아니라 이 문제를 어떻게든 부추겨 상업주의에 이용하는 언론의 태도에 달려 있다' 며 '출신 지역별 여론조사 결과를 계속적으로 보도할 경우, 어느 지역 출신이냐에 따라 패가 갈리는 한국 사회의 고질적 병폐인 지역감정 문제는 영원한 숙제로 남을 것' 이라고 지적했다."

이에 대해 『조선일보』는 무어라 답할 것인가? 수도권 지역 유권자들의 출신 지역별 여론조사 결과 보도는 국민의 '알 권리' 와 관련된 것으로 정당한 저널리즘 행위라 답할 것인가? 결국 4·13 총선은 『조선일보』의 뜻대로, 한나라당의 승리로 끝났다.

한나라당의 승리

제16대 총선 투표율은 57.2%에 그쳐 역대 총선 사상 최저를 기록했다. 총선 투표율은 13대 75.8%, 14대 71.9%, 15대 63.9%로 계속 하락해왔지만, 16대 총선 투표율은 하락폭이 커 15대 총선 투표율 63.9%보다 6.7% 포인트나 떨어졌다. 중앙선관위 관계자는 "후보들의 납세·병역·전과 기록이 공개되면서 상당수 후보들의 문제점이 드러나 유권자들이 정치 혐오증을 갖게 된 것 같다"고 말했다.[33]

---

33) 박래용, 「투표율 57.2% 총선 사상 최저 …… 15代보다 6.7%p 낮아」, 『경향신문』, 2000년 4월 14일, 1면.

전국 227개 선거구 중 한나라당이 112곳, 민주당이 96곳, 자민련이 12곳에서 각각 승리했다. 민국당과 한국신당은 1곳씩, 무소속은 5곳에서 당선됐다. 정당별 득표율은 한나라당 39.0%, 민주당 35.9%, 자민련 9.8%, 민국당 3.7%, 민주노동당 1.2%, 청년진보당 0.7%, 한국신당 0.41% 순이었다. 이에 따라 비례대표를 합칠 경우 한나라당 의석은 133석, 민주당은 115석, 자민련은 17석, 민국당 2석, 한국신당 1석, 무소속 5석의 분포도를 나타내 정국은 사실상 민주당과 한나라당의 양당체제로 재편됐다.

16대 총선은 자민련의 퇴조로 3김 구도가 엷어진 데다 신진 당선자의 비율이 46.7%에 이를 정도로 세대 교체와 함께 유권자들의 정치 개혁 열망이 반영됐다는 특징을 띠었지만, 무엇보다도 한나라당이 영남권 65석 가운데 64석을 석권해 영남권을 휩쓸고 민주당이 호남권에서 여전히 강세를 보여 지역주의가 심화된 것으로 나타났다.[34]

또한 16대 총선은 역대 그 어느 선거보다도 박빙의 승부가 많은 선거였다. 1,000표 이내에서 승패가 갈린 곳만도 10여 곳이나 되었다. 20표 이내로 낙선자가 된 후보는 민주당 문학진(경기도 광주, 3표), 민주당 허인회(서울 동대문 을, 11표), 자민련 오효진(충북 청원, 16표), 민주당 김중권(경북 울진 · 봉화, 19표) 등 4명이었다.[35]

진보 진영의 4 · 13 총선 평가는 우울했다. 양동주의 주장에 따르면, "보수 세력의 선봉인 『조선일보』는 4 · 13 총선은 김대중 정부의 독선과 독주에 대한 국민의 심판이었기 때문에 패배를 겸허히 받아들여 개혁의

---

34) 한종태, 「16대 총선 최종 개표 결과」, 『서울신문』, 2000년 4월 15일, 1면.
35) 조성관, 「천당과 지옥, 그리고 미련: 16대 총선서 20표 이내로 낙선한 4인이 겪은 한 달」, 『월간조선』, 2000년 6월, 254~263쪽

정당별 당선자 수(명)

정당	지역구	비례대표	합계
한나라당	112	21	133
새천년민주당	96	19	115
자유민주연합	12	5	17
민주국민당	1	1	2
한국신당	1	0	1
무소속	5		5
합계	227	46	273

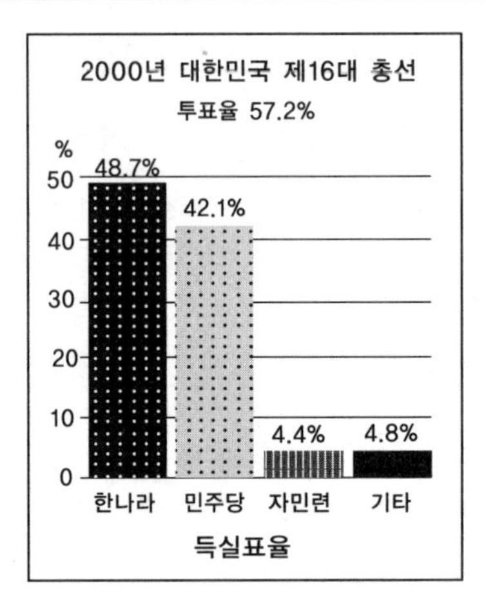

16대 총선 투표율과 정당별 당선자 수. 16대 총선 투표율은 하락폭이 커 15대 총선 투표율 63.9%보다 6.7%p나 떨어졌다.

속도를 조절하고 야당의 요구를 받아들이도록 권고하고 있다. 그리고 한나라당 이회창 총재는 화합과 상생의 정치를 주창하고 나섰다. 직설적으로 번역하면 '너희 개혁 세력이 졌으니 개혁을 멈추고 우리의 정책을 받아들이지 않으면 가만두지 않겠다'는 일종의 협박인 셈이다. 김대중 정권에 대한 한나라당과 보수 언론, 재벌의 총공세가 선포된 것이다."[36]

4·13 총선에선 지역감정 부추기기가 전반적으로 난무했지만, 특히

36) 양동주, 「16대 총선 결과와 교훈: 개혁의 좌절과 지역주의의 비극적 완성」, 『월간 말』, 2000년 5월, 78쪽.

부산 북·강서 을이 가장 심했다. 한나라당의 공식적인 4·13 총선 전략의 핵심 가운데 하나는 "부산 민심 하나 되어 빼앗긴 정권 되찾자" 였다. 민주당 후보 노무현의 경쟁자였던 한나라당 후보 허태열은 다음과 같이 주장했다. "중앙 정부 요직에 부산 사람을 찾아볼 수 없어 몇몇 사람이 눈에 띄면 천연기념물이란다.", "부산의 자녀들은 아무리 공부를 잘하고 사업 수완이 있어도 이제는 다 틀렸다.", "앞으로 우리의 아들딸들이 비굴하게 남의 눈치나 살피며 종살이를 하지 않을 것이라고 누가 자신할 수 있는가."

노무현 팬클럽의 결성

부산 북·강서 을의 선거 결과에 대해 『시사저널』(2000년 5월 18일)은 "사실 4월 13일의 투표는 지지자들에게는 노 의원의 당선을 확인하기 위한 절차에 불과했다. 적어도 여론조사 결과는 그랬다. 3월 2일부터 23일 사이에 무려 12차례나 이루어진 언론 기관의 여론조사가 모두 노 의원의 당선을 예견했다. 노무현 31.7%, 허태열 29.3%(3월 23일, KBS) 정도로 근접한 경우도 있었지만 때로는 노무현 34.3%, 허태열 23.9%(3월 20일, SBS)처럼 10%p 이상의 격차로 경쟁 후보를 따돌리며 늘 수위를 지켰다"며 다음과 같이 말했다.

"여론조사 결과에 따르면 노 의원의 낙선은 이변일 수밖에 없다. 그러면 또 다른 의문. 과연 노 의원은 '손에 쥐었던' 당선을 놓친 것일까. 많은 사람들은 '아니요' 라고 대답한다. 선거 현장 취재를 맡았던 부산 지역의 한 기자는 선거 전부터 노 의원의 낙선을 확신했다면서 이렇게 말했다. '오히려 여론조사 결과가 노 의원의 낙선을 예견케 한 가장 확실한 자료였다. 노 의원을 지지한 층은 아무래도 20~40대 젊은 유권자로 여론조사에는 적극 응답하고도 투표에 참여하지 않는 경우가 가장 많은 연령층이다. 막판 지역 정서의 영향으로 기표소 앞에서 변심하는 장·노년층 지지자, 40% 가까운 부동표의 한나라당 우호 성향까지 감안할 때 적어도 15%p는 앞서 가야 당선을 기대할 수 있었다. 그런데 격차가 너무 좁았다.'"

노무현의 낙선은 그의 열성 지지자들을 결집시키는 효과를 냄으로써 대대적인 '노무현 팬클럽'의 결성으로까지 이어졌다. 4월 28일 광주의 충정로 YMCA 뒤편 샘터라는 커피숍에서 노사모의 호남 지부가 결성된다. 이와 관련, 엄광석은 "전국적으로 번진 노사모의 출발이 광주와 호남 사람을 중심으로 시작했다는 사실에 주목할 필요가 있다"며 "지역별 모임을 추진하는 과정에서 광주가 제일 먼저 소모임을 가진 것도 이 사실을 뒷받침한다"고 말한다.[37] 이후 노사모는 전국적으로 확산되는데, 『시사저널』(2000년 5월 18일)은 대전에서 모임을 가진 노무현 팬클럽 회원들의 발언을 소개했다.

부산에서 온 한 시민은 "노무현 후보를 마음에 두고 있었지만 이상하게 투표장에 들어가니 붓뚜껑을 든 손이 1번으로 가더라. 그런 결과가 나올 줄은 몰랐다. 애석하다"고 했다. 전북 익산에서 온 한 대학생은 "노무현은 바보다. 그러나 아름다운 바보다. 우리나라가 잘되려면 그런 아름다운 바보가 더 늘어나야 한다"고 말했다. 경기도에서 온 한 주부는

---

37) 엄광석, 『2002 대선음모: 엄광석 대기자가 파헤친 2002 대선의 비밀』(청어, 2003), 18~19쪽.

노무현, 바보… 바보!

또다시 실패한 지역감정과의 정면승부… 네티즌들은 눈물을 흘렸다

'서울 종로'를 포기한 용기를 저버리다

노무현은 부산 북·강서 을에 출마해 지역감정과 정면 대결을 펼쳤지만 낙선하고 말았다.(『한겨레21』, 2000년 4월 27일)

"우리 정치 현실을 보며 어느 부모도 제 자식에게 정치가가 되라고 말할 사람은 없을 것이다. 그러나 노무현 의원을 보면서 나는 다섯 살 난 아들이 이 나라와 국민을 위해 커서 노 의원 같은 정치가가 되어도 좋다는 생각을 하게 되었다"고 말했다. 서울의 한 은행원은 "개인적으로 4·13 총선에 기권했지만 노무현 의원이 낙선했다는 소식을 듣고 나 같은 방관자 자세가 그를 낙선시켰다고 생각했다. 그를 사랑하는 사람들이 나서지 않으면 노 의원이 지역감정 타파 실험을 중지할까 걱정되어서 적극 참여하고 있다"고 말했다. 또 대전의 한 여고생은 다음과 같이 말했다.

"저는 정치인이라면 대통령 이름밖에 모르는 평범한 여고생입니다. 제 또래 친구들은 정치 얘기만 나오면 지저분한 말은 그만두자며 그 옆에도 안 가야 한다고 입을 모읍니다. 사회문화 시간에 선생님은 편견을 버려야 하고, 그 대표적인 사례가 지역감정이라고 가르치시지만, 현실은 교과서와 너무도 다릅니다. 그러던 중 논술 시험 준비를 위해 사이트를 찾다가 노무현 선생님을 사랑하는 사람들이 만든 홈페이지에 들어가 '우리나라에 이런 정치인도 있구나' 하고 감탄했습니다. 지역감정을 타파하겠다며 어려운 곳에 출마해 낙선했지만 아직도 지역감정과 싸우는 이 정치인을 사랑하는 사람들을 보면서 이제 친구들과도 '정치는 썩었지만 노무현 선생님은 뭔가 다르다' 는 공감대를 이야기하고 있습니다. 그룹 HOT와 SES 팬클럽만 출입하던 우리는 이제 노무현 팬클럽으로 접속 대상을 바꾸기 시작했습니다."

이른바 '노무현 시대' 가 열릴 수 있다는 것을 시사한 '사건' 이었다. "이기는 것이 지는 것이고 지는 것이 이기는 것" 이라는 새로운 정치 문법의 탄생과 이에 환호한 사람들, 그게 바로 '노무현 시대' 의 출발점이었다. '노무현 시대' 의 개막에 도움이 될 사건들은 계속해서 일어나고 있었다. 5월 전반기는 군수 비리와 관련된 미모의 재미교포인 무기 로비스트 린다 김 사건이 터져 세인의 관심을 사로잡았고, 후반기는 5·18 전야 광주 룸살롱 사건으로 세상이 떠들썩해진다.

2000년 5월 18일

'386' 정치인은 위선자들인가?
5·18 전야 광주 룸살롱 사건

5·18 룸살롱 사건

2000년 5월 이른바 '5·18 룸살롱 사건'이 터져 전국을 뜨겁게 달구었다. 5·18 광주민중항쟁 20돌 기념식 참석과 망월동 묘지 참배를 위해 광주에 내려간 민주당 386세대 정치인과 일부 의원들이 17일 현지의 룸살롱에서 술을 마시며 여종업원과 함께 노래를 부르고 춤까지 춘 것으로 뒤늦게 드러나 물의를 빚은 사건이다. 이런 사실은 중간에 합류했다가 "술자리 분위기를 보고 한 참석자와 말다툼까지 벌인" 뒤 자리를 뜬 임수경이 386세대 모임인 '제3의 힘' 홈페이지에 글을 올리며 밝혀졌다. 임수경이 올린 글은 2시간여 만에 삭제됐지만, 삭제 전 열람한 네티즌들에 의해 인터넷과 PC통신 등 사이버공간으로 옮겨지며 네티즌들의 비난 의견이 빗발쳤다.

5월 25일 임수경은 "광주민주항쟁 등 80년대 민주화 정신을 토대로 정치판에 뛰어들 수 있었던 386세대 정치인들이 '그곳'에 가 벌인 짓은 비판받을 일로 생각한다"고 말했다. 또 참여연대 김형완 사무처장은 "젊은 정치인들이 '그날 그 자리'에서 접대부와 함께 술자리를 벌인 것 자체가 대단히 부적절한 일로 비난받아 마땅하며 정치적 책임도 져야 할 것"이라고 밝혔다. 한편, 해당 386 정치인들은 말썽이 나자 '광주를 방문했던 젊은 위원장' 명의로 각 언론사에 해명서를 보내 "일부 내용에 과장된 측면이 많고, 술자리를 마친 뒤에 새벽까지 예정된 토론회도 가졌다"며 "그러나 우발적이나마 술자리를 갖게 된 점을 죄송하게 생각한다"고 해명했다.[38)]

그러나 이 사건은 쉽게 가라앉지 않았다. 특히 참석자들의 해명과 당시 술자리를 외부에 처음 알린 임수경 등 목격자의 증언이 엇갈려 당사자 해명의 진실성에 대한 의구심도 일었다. 참석 정치인들은 공동으로 "전야제를 마치고 숙소로 돌아가는 길에 가볍게 맥주 한잔하러 갔으며, 알려진 내용은 상당한 과장이 있다"고 해명했다. 또 대부분의 참석자들은 "여종업원과 춤을 추는 등 지나친 유흥은 없었다"고 주장했다. 그러나 임수경은 애초 "룸으로 들어갔을 때 한 당선자는 노래를 부르고 있었고 시인 박 모 씨는 여자와 블루스를 추는 등 몇몇 참석자들은 여종업원과 어울리고 있었다"고 밝혔다. 또 전야제는 밤 11시께 끝났고 술자리는 전야제가 진행 중이던 밤 10시~10시 30분께부터 벌어진 것으로 확인됐다. 참석자들은 "지난 18일 0시 30분께 술자리를 끝내고 예정된 정치 개혁 토론회를 했다"고 밝혔지만, 술집 주인은 "술자리가 새벽 1시께 끝났으며, 맥주 15병에다 양주 3~4병은 마신 것 같다"고 밝혀 상당량의 음주

38) 송창석, 「부끄러운 386 정치인」, 『한겨레』, 2000년 5월 26일, 19면.

가 있었음을 내비쳤다.

5월 26일 민주당 홈페이지와 해당 정치인들의 홈페이지에는 술자리 참석자들을 성토하는 네티즌들의 글이 올라왔으며 중앙당사와 관련 지구당 등에도 항의 전화가 빗발쳤다. 한 네티즌은 민주당 여론 광장에 "지하에서 통곡하는 민주 영령들의 목소리가 들리는가, 누구 덕에 당상에 앉았다고 벌써 꼴값을 떠는가"라면서 문제의 정치인들을 비판하는 글을 올렸다. 또 한 네티즌은 총선연대 사이트에 올린 글에서 "실수를 인정하고 진정으로 반성하기를 기대한다"고 촉구했다.

임수경은 5월 26일 오후 기자회견을 열어 "문제의 룸에 30초도 있지 않았고 한 당선자가 노래를 부르는 것을 본 게 전부로, 알려진 사실은 내가 본 것보다 상당히 과장됐다"며 그간의 증언을 번복했다. 임수경은 또 "5·18 묘역을 한 번도 참배하지 않은 자들이 이 사건을 악의적으로 변질시키는 것은 참을 수 없다"고 주장했다.[39]

그러나 해당 정치인들에게는 '가라오케 의원', '술 마시는 것은 펜티엄급'이라는 비아냥거림부터 "룸살롱 가려고 표 달라고 했느냐"는 등의 비난이 계속 줄을 이었다. 광주 관련 단체는 물론 시민단체들은 "4년 뒤 낙천·낙선 대상자 명단에 올릴 것"이라고 분노를 감추지 못했고, 정치개혁시민연대는 "의원직을 사퇴하라"고 촉구했다. 한나라당 권철현 대변인과 자민련 이규양 수석 부대변인은 논평을 통해 "낮과 밤의 두 얼굴을 가진 386", "이러고도 '젊은 피' 운운할 수 있느냐"는 등 386 주자들의 자질을 비판했다.

---

39) 송창석, 「'386 광주 술판' 파문 확산」, 『한겨레』, 2000년 5월 27일, 22면.

『경향신문』(2000년 5월 27일)에 따르면, "그러나 야당의 386 주자들은 동료들의 실수에 안타까워했다. 정치권에선 386을 중심으로 한 소장 당선자들이 그동안 정치권에 새바람을 불러일으키는 데 기여해왔다는 점에서 이들의 역할이 위축될 것을 걱정하고 있다. 이들이 여론의 지지를 등에 업고 강력히 주장해왔던 국회의장 자유경선 · 크로스보팅 · 당내 민주화 등 여러 개혁 작업의 추진력이 전만 못해질 가능성이 높아졌다. 이 때문에 386 정치 신인들이 이번 사건을 계기로 '초심(初心)' 에서 새롭게 출발, 정치 개혁을 선도하기를 바라는 여론도 적지 않다."[40]

언론의 과장 · 왜곡 보도

이 사건에 대한 언론의 과장 · 왜곡 보도도 별개의 사건으로 다룰 만했다. 「낮엔 참배, 밤엔 술판」, 「위선자들 …… 항의 빗발」, 「386 도덕성 위기」, 「술 취해 5 · 18 한을 노래했나요」, 「5 · 18 광란 술판」[41] 등과 같은 신문 기사들이 과연 온당한 것이었을까? 신문들끼리 이심전심이었나? 비슷한 제목들이 난무했다. 제일 많이 등장한 게 '낮엔 참배, 밤엔 술판' 이었다. 「광주 간 386 정치인들 낮엔 참배 …… 밤엔 술판」(『조선일보』, 5월 26일자), 「낮엔 '참배' 밤엔 '술판' …… 두 얼굴의 위선」(『동아일보』, 5월 26일자), 「민주 386 낮엔 참배 밤엔 술판」(『국민일보』, 5월 26일자) 등이 그러했다.

「"용서받지 못할 386 탈선"」(『동아일보』 5월 26일)이라는 게 과연 보도

40) 박래용, 「'술바람' 에 날아간 '386바람'」, 『경향신문』, 2000년 5월 27일, 4면.
41) 김종민, 「'주풍' 에 내몰린 386 기수론」, 『시사저널』, 2000년 6월 8일, 29면에서 재인용.

기사 제목일 수 있는 건가? 이건 사설이나 칼럼 제목으로도 과한 게 아닌가? 보수 신문들의 이런 흥분은 정략적이긴 했지만, 그 이면에는 그들이 평소 '386 정치인'에 대해 갖고 있던 반감도 적잖이 작용했다. 그 반감의 정체는 무엇일까? 이 사건이 일어나기 3개월 전 한림대

인텔의 386칩 사진. '386 세대'란 용어는 이 칩이 들어간 386 컴퓨터에서 따온 말로 60년대에 태어나 80년대에 대학을 다닌 세대를 일컫는다.

교수 전상인이 『문화일보』(2000년 2월 15일)에 쓴 「시험대 오른 '386 정치인'」이라는 칼럼이 그걸 잘 말해준다.

"권력 획득의 적극성이나 자발성의 관점에서 보자면, 지금 386 세대의 정치 행각은 과거 1970년대 초반의 '40대 기수론'에도 훨씬 못 미치는 수준이다. 그런데 이와 같은 정치적 충원 과정의 피동성은 386 세대 정치 신인들의 전문성 결핍과 무관하지 않을 것이다. 사실상 이들 대부분에게는 이렇다 할 사회적 경력이 없다. 그저 '배운 것이 도둑질'이라, 과거 학생운동 할 때처럼 정치 이외에 도대체 무엇을 할 수 있으랴. 따라서 이들에게는 진정한 정치 개혁이 오히려 불편하고 두려울 수도 있을 것이다. 그리고 바로 이 점이 역설적으로 기성 정당이나 보스 정치인들로 하여금 큰 걱정 없이 이들을 데려다 쓸 수 있도록 만드는 것인지도 모른다."

신문들 간의 경쟁도 작용했다. 『시사저널』(2000년 6월 15일)에 따르면,

"언론이 기사를 키운 것은 『동아일보』가 총대를 메어주었기 때문이다. 『동아일보』가 5월 26일자 가판에서 1면과 사회면 등에 사건을 비중 있게 다루자 다른 신문들이 따라갔다. …… 자사 인터넷 사이트를 홍보하려는 『동아일보』의 전략도 한몫했을 것으로 보인다."[42]

『동아일보』는 5월 26일자 사설 「부끄러운 386 정치인」을 통해 "그들은 광주에 다시 내려가야 한다. 망월동에 가서 영령들 앞에 무릎 꿇고 빌어야 한다. 그리고 다시 정치를 생각해야 한다"고 주장했다. 『동아일보』가 여론조사 기관인 리서치앤리서치와 함께 5월 26일부터 6월 1일까지 동아닷컴 네티즌 3만여 명을 대상으로 "5 · 17 광주 술판을 벌인 당사자들을 어떻게 해야 한다고 생각하는가"를 묻는 여론조사를 실시한 결과에 따르면, "자진 사퇴해야 한다"는 응답이 52.5%로 가장 많았다.[43]

이런 주장도 있었다. "한 시민이 이렇게 얘기했다고 한다. 이들이 술을 마신 그 술집에 다른 사람들은 없었다고. 적어도 20년 전의 아픔을 되새기는 5 · 18 전야제가 열리는 시각에 술판을 벌일 광주 시민은 없다는 얘기며 이들에게 뼈아픈 일침이다."[44] 그러나 이건 사실과 전혀 다른 주장이었다.

『내일신문』(2000년 6월 7일)에 따르면, "최초로 '제3의 힘' 인터넷 사이트에 글을 올린 임수경 씨는 '5월 17일 그때 술을 마시고 있었다는 것 때문에 화가 났다'고 말했다. 그러나 광주의 운동권 출신 인사들은 '5월 17일은 1년 중 가장 술이 많이 팔리는 날 중 하나'라고 말했다. 길거리건 소

---

42) 권은중, 「오보에, 왜곡에 …… "차라리 쉬시지요"」, 『시사저널』, 2000년 6월 15일, 41면.
43) 이원홍, 「네티즌의 생각: "광주 술판 386 자진 사퇴해야" 52.5%」, 『동아일보』, 2000년 6월 2일, A6면.
44) 서영석, 「386 당선자들의 걱정되는 행보」, 『국민일보』, 2000년 5월 26일, 6면.

광주 망월동의 국립 5 · 18 묘지. 민주당 386 세대 정치인들은 이곳에서 참배 후 룸살롱에 들러 물의를 일으켰다.

주집이건 호프집이건 그날의 아픔을 달래기 위해 술을 찾는다는 것."[45) 당시 모임의 주도자 가운데 한 명이었던 국회의원 이상수는 "여종업원과 춤도 추고 노래도 부른 것은 사실"이라며 "당시 광주 전체가 축제 분위기였는데 모처럼 해방된 분위기에 젖은 젊은 친구들이 흥겹게 술을 마신 것을 이해할 수 있는 게 아니냐"고 반문했다.[46) 『동아일보』의 옴부즈맨 홍사종도 6월 5일자 「옴부즈맨 칼럼: '도덕성 위기' 지적 다소 비약」에서 『동아일보』의 호들갑을 비판했다.

45) 남봉우, 「민주당 386 당선자를 위한 변명: 5 · 18 전야제 술판의 진실 또는 의혹」, 『내일신문』, 2000년 6월 7일, 2면.
46) 정장열 · 권경안, 「그날 밤, 광주 '새천년 NHK'에선 무슨 일이 벌어졌나?」, 『주간조선』, 2000년 6월 8일, 20면.

장원 교수의 성추행 사건

『동아일보』에게 선수를 빼앗긴 『조선일보』는 때마침 일어난 환경운동가 장원 교수의 성추행 사건까지 엮어 거센 공격을 감행했다. 『조선일보』는 5월 29일 이 성추행 사건을 1면에 장원 교수의 컬러사진과 함께 보도했으며, 「'이제 누굴 믿나' : 배신감 · 허탈 …… 들끓는 여론」이라는 사회면 머리기사에서 "시민들 사이에 386 정치인들에 이어 가장 깨끗하다는 시민운동가들마저 문란한 성 풍조에 길들여 있다는 현실을 개탄하는 목소리가 높았다"고 말했다. 이어 사설을 통해서 다음과 같이 주장했다.

"장 씨 사건이 386 정치인들의 '5 · 17 술판' 사건 직후에 터진 것은 우연일 것이다. 하지만 두 사건 간에는 묘한 공통점이 있다. 장 씨가 대표하는 시민단체와 386 정치인들은 도덕성을 간판으로 내세워왔고, 또 국민들은 이들의 주장을 의심치 않았기 때문이다. 이제 그 허상은 하나씩 벗겨지고 있다. 그들의 도덕성뿐 아니라 그들이 추구하고 있는 정책이나 대안이라는 것들이 어느 정도 합리성과 현실성을 갖추고 있는지도 차제에 검증을 받아야 할 것이다."

또 방송인 전여옥은 『조선일보』 5월 29일자에 기고한 「'386 정치인'과 장원 씨」라는 칼럼에서 "'그 사람들? 원래 그런 사람들이야.' 5 · 18 전야, 그것도 광주에서 여자를 끼고 술판을 벌인 '386'에 대해 묻자 내 친구가 한 말이었다. 그는 20년을 노동 현장에서 살았던 이른바 운동권 출신이다.

그러더니 더 충격적인 소식이 전해졌다. 한때 도덕의 잣대로 뭇사람들을 종횡무진 재단하며, 이 나라 정치에 폭풍을 몰고 왔던 총선연대 장원 전 대변인의 성추행 사건이었다. 여지없이 드러난 '운동꾼들' 의 본색에 한없이 허탈해하며 주말을 보냈다" 며 다음과 같이 주장했다.

"솔직히 나는 386이 '원래 그런 사람들' 인 줄 몰랐다. 그래도 뭔가 다르겠거니 했다. 돈도 안 받고 할 말은 제대로 하고 때도 덜 탔을 줄 알았다. 하기는 정세 흐름에 둔한 편인 나도 어느 정도 낌새는 채고 있었다. '386표' 인 모 씨가 총선에서 떨어진 후 청와대에서 김대중 대통령에게 큰절을 하는 사진을 보면서였다. 내가 절한 것도 아닌데 내 얼굴이 화끈거렸다. 한 인간이 한 인간에게 예의를 표하는 방법이 '조선시대 행랑채 머슴' 식이라니. 물론 나보다 더 기도 안 찼을 이들은 그에게 표를 던진 유권자들이었을 것이다. 386들의 선거운동을 지켜봤던 친구는 이런 말도 했다. '권력만이 그들의 운동 목표였다' 고. 총학생회장이니, 운동권 운운했던 시절부터 그들은 권력을 꿈꿨고 제도권에 편입되면서 그 권력욕을 구체화했을 뿐이라고 했다. 그런데 어리석게도 나는 왜 그들이 소금 먹은 쥐처럼 줄줄이 입당하는지 영문을 몰라하기만 했으니."

이어 전여옥은 이렇게 말했다. "5월 17일 밤, '새천년민주당' 의 국회의원 당선자들이 간 '새천년 NHK 룸살롱' 에서 무슨 일이 있었을까? 임수경 씨는 그가 도중에 나올 수밖에 없을 정도의 상황이었다고 했다. 솔직히 나나 임수경 씨나 남자들의 웬만한 술자리는 견딜 수 있는 여자들이다. 그럼에도 그녀가 도중에 뛰쳐나올 수밖에 없었다면 대충 짐작이 가는 상황이 벌어졌다는 이야기다. 5 · 18 전날, 광주에서 '새천년 NHK 룸살롱' 주인이 주는 공짜 술을 퍼마시면서 말이다. 이 세상에 공짜는 없다. 국회의원 배지 달기 전에 뇌물부터 접수한 셈이다."

이런 주장에 대해선 이런 사실관계가 제시되었다. 『내일신문』(2000년

6월 7일)에 따르면, "당시에는 '룸살롱' 이 연상시키는 성적인 접촉은 거의 없었던 것으로 확인됐다. 15~16명의 민주당 관계자들이 있던 룸에 들어온 여종업원은 3명. 참석자 중의 한 사람은 '이들은 주로 서빙을 했다' 며 '하나씩 아가씨를 낄 자리도 없었다' 고 말했다. 참석자 중 일부는 노래를 부르고 춤도 췄던 것으로 확인됐다. 그러나 전체적으로는 토론이 주종을 이뤘고, 일부 참석자는 '예정된 토론을 위해 자리를 옮기자' 고 재촉하기도 했다. 당시 민주당 당선자들은 '흐느적거릴 정도' 로 많은 술을 마시지도 않았다. 모 당선자는 피곤을 못 이겨 소파에서 잠을 잔 것으로 확인됐다."[47]

그러나 전여옥은 "나를 더더욱 씁쓸하게 만드는 것은 이 386들의 영악함과 군색함이다. 한 386 정치인은 말하길 '룸살롱에서 돌아와 두 조로 나눠 서너 시간 토론회를 가졌다' 고 말했다. 새벽 1시께 돌아온 그들이 서너 시간 무얼 토론했는지는 궁금하지도 않다. …… 나는 임수경 씨를 조금은 아는 사람이다. 무엇보다 임수경 씨의 목표는 그들처럼 금배지가 아니었다. 그런데 30여 명의 386이 임수경 씨를 파렴치하게 만들기로 작당을 한 듯하다. 급기야는 그에게 기자회견을 통해 '경솔했다' 는 말까지 하게 만들었다. 그러나 임수경 씨의 용기 있는 행동으로 우리는 제대로 알게 되었다" 며 다음과 같이 말했다.

"임수경 씨는 그들과 같은 386이면서도 권력에 줄 대지 않고 홀로서기를 고통스럽게 시도하고 있다. 그런데 타협하지 않고 386의 자존심을 지키고 살아온 임수경은 별 볼일 없고 '그 386' 들은 금배지를 달았다.

---

47) 남봉우, 「민주당 386 당선자를 위한 변명: 5 · 18 전야제 술판의 진실, 또는 의혹」, 『내일신문』, 2000년 6월 7일, 2면.

이 극명한 차이는 우리에게 우울한 처세의 현실을 확인하게 한다. 게다가 5·18 전날 여자를 끼고 춤추고 노래한 그 386들을 당선시키는 데 일조를 했던 장원 씨는 불과 한 달 만에 성추행범으로 우리 앞에 다시 나타났다. 이것이 우리의 현실인가. 우리에게 '희망'이란 과분한 용어인가. 『사람만이 희망이다』를 쓴 시인 박노해까지 그 자리에 있었다니! 이제 내 '희망'은 한 가지. 그따위 '정치적인' 386들이 다시는 내 앞에 나타나지 않았으면 하는 것뿐이다. 절대다수의 평범하고 건강한 386, 오직 사명감 하나로 자기를 희생하며 역사에 헌신하는 시민운동가들의 존재를 믿기에 하는 말이다."

인터넷과 임수경

이 사건과 관련하여 일각에서는 인터넷 매체의 위력이 대단하다는 이야기가 나오기도 했다. 예컨대, 『문화일보』 기자 이승형은 5월 30일자에 쓴 「인터넷과 임수경」이라는 칼럼에서 "'인터넷이란 매체의 영향력이 이렇게 클 줄은 정말 몰랐습니다. 단지 제 생각을 공유하기 위해 인터넷에 몇 자 적어 올린 것뿐이었는데.' 386 세대 정치인들의 '광주 술판' 사건을 폭로했던 임수경 씨는 자신의 행동이 가져온 파장에 스스로도 놀랐다. '당초 내가 올린 글과는 달리 그 의미와 취지가 변질, 과장되고 있어 너무 안타까웠습니다.' 어찌 보면 임 씨의 행동은 1980년대 학생운동 세대에게는 당연한 것이었다"며 다음과 같이 말했다.

"당시 운동권 학생이라면 주변 선후배, 동료들의 잘못에 대해 사심 없이 지적하고 비판하는 일은 다반사였기 때문이다. 그러나 임 씨는 세상이 바뀐 것을 몰랐다. 11년 전 서슬이 시퍼렇던 군사정권 시절 북한을 다녀온 뒤에도 당당한 모습을 잃지 않았던 임 씨도 인터넷이라는 괴물 앞에서는 무력할 수밖에 없었다. 자신의 순수한 의도를 담은 글이 인터넷에 올려졌던 바로 그 순간부터 3류 소설로 각색되면서 모든 상황이 뒤집어진다는 사실을 전혀 예상하지 못했기 때문."

『한겨레』(2000년 6월 1일)는 "민주당 젊은 당선자들의 5 · 18 룸살롱 술판을 보도한 인터넷 신문 『오마이뉴스』의 오연호 대표 기자는 제보를 받은 이 사건을 기사화하기로 결심한 이유 가운데 하나로 술판 관련자들의 기존 언론에 치우친 언론관을 들었다"며 다음과 같이 말했다.

"오 기자는 『오마이뉴스』 창간 100일을 맞아 지난달 31일 오후 2시 서울 세종문화회관에서 열린 '인터넷 시대 대안 미디어의 현 단계와 가능성' 심포지엄에서 '5 · 18 술판'을 보도하게 된 경위를 밝혔다. 오 기자는 지난달 20일 최초 제보를 받아 술자리 참석자에게 확인 인터뷰하고 지난 25일 오전 11시 30분 보도하기로 결심한 동기를 '젊은 개혁 성향의 정치인마저 기성 정치 문화에 물들면 우리 사회의 정치 개혁은 끝장이란 생각이 들었다'고 설명했다. 그는 이어 '관련 정치인들이 『오마이뉴스』가 첫 보도를 내보내기 전에 국민의 눈과 네티즌의 눈이 얼마나 무서운지 깊이 생각하지 않고 기존 언론의 입만 막으면 된다는 생각으로 초기 대응을 하고 있었다'며 '이런 언론관이야말로 기성 정치문화에 물들어가는 과정이라고 여겼기에 확인을 거쳐 『오마이뉴스』는 기사를 낼 수밖에 없었다'고 말했다.[48]

48) 권혁철, 「"인터넷 신문 얕보면 큰코다쳐요"」, 『한겨레』, 2000년 6월 1일, 11면.

386 정치인에 대한 반감

이 광주 사태의 핵심은 앞서 전여옥의 주장이 시사했듯이, 386 운동권이 정치판에 들어가 '벼락 출세'를 했다고 보는 민심과 무관하지 않았다. 『오마이뉴스』가 총선 직후인 4월 21일에 실은 '386 당선자 축하 모임 풍경들'이라는 기사에 따르면, 전 연세대 총학생회장 송영길(인천 계양 갑)은 축하 모임 자리에서 "저의 당선은 저 개인만의 것이 아닙니다. 80년대 동지들과 80년대 피와 땀, 80년대 역사가 함께 만들어낸 것입니다"고 연설했다. 이 기사는 이 연설에 대한 한 네티즌의 반응을 다음과 같이 실었다.

"나 너무 슬프다. 세상이 역겹다. 나도 당신들 못지않게 '빵 생활' 했고, 군대 못 갔다. 근데 나 당신이 그런 식으로 말하는 거 너무 싫다. 왜 나의 피와 땀이 당신의 당선으로 나타나야 하는가? 제발 그런 식으로 나의, 아니 우리들의 과거를 팔아먹지 말라. 당신의 당선은 당신이 들어갔던 당의 간판 때문이지, 80년대 동지들과 80년대 피와 땀 때문이 아니다. 제발 그러지 말라. 당신의 당선은 우리에게 희망을 주는 것이 아니라, 오히려 우리에게서 희망을 앗아가고 있다."[49]

그렇다. 이게 중요했다. 이 항변에는 얼마든지 공감할 수 있지만, 이 항변의 바탕에 깔린 전제는 "국회의원=출세"였다. 이 전제가 통용되는 한 운동권 출신이 정치판에 진출하는 건 무조건 욕먹게 돼 있었다. 위에 인용한 네티즌은 송영길이 그런 식으로 말하는 게 너무 싫다고 했지만, 만약 송영길이 다른 방식으로 말했다고 가정해보자. 이렇게 말이다. "저

---

49) 「우리는 '386'이 아니다」, 『월간 말』, 2000년 6월.

의 당선은 저 개인만의 것입니다. 80년대 동지들과 80년대 피와 땀, 80년대 역사가 함께 만들어낸 것이 아닙니다." 이렇게 말했으면 그 네티즌이 흡족해했을까? 오히려 더 욕을 했을 게 틀림없다. 그러니까 송영길은 어떻게 말하건 욕먹게 돼 있는 것이다. 왜? "국회의원=출세"이기 때문이다. 이 등식을 바꾸지 않는 한 진정한 정치 개혁은 영영 기대하기 어려운 것이었다.

또 다른 예를 들어보자. 신경정신과 전문의 이나미는 『한국일보』 5월 30일자에 기고한 「'두 얼굴의 공인'과 히틀러」라는 칼럼을 통해 "대학 때 운동권이었던 내 친구는 젊음을 감옥에서 보낸 탓에 얼마 전까지 남편과 함께 노점상을 했다. 내 환자 중에도 학생운동에 모든 정열을 쏟아부은 후, 개인적으로 매우 힘겨운 생활을 하고 있는 이들이 있다"며 다음과 같이 말했다.

"최근 들어 몇몇 인물들이 갑작스러운 스타로 부상하는 모습을 보면서 정작 상처받고 땀 흘린 이들은 묵묵히 자기 길을 가느라 허덕이고 있는데 엉뚱한 이들이 시류에 편승해서 그 과실을 따먹는구나 하는 생각을 솔직히 했다. 냄비 근성이 있는 우리 언론과 대중들이 급하게 만들어준 그들의 순수한 이미지도 당연히 믿지 않았다. 오랜 세월 동안 자신들의 능력을 검증받지 못한 것은 물론, 별다른 전문 지식을 가지고 있거나 단체를 이끈 경험도 없음에도 얼결에 여러 사람들에게 존경과 사랑을 받는 공인이 된 것이 아닌가 의심했기 때문이다."

이 발언 또한 공감이 가는 면이 없진 않지만, 냉정하게 뜯어보면, 학생운동을 했던 사람들은 정치를 하면 절대 안 된다는 결론을 만들어내고야 만다. 학생운동을 했던 모든 사람들이 다 정치를 할 수는 없는 일이었다. 어차피 정치는 그들 가운데 극소수만이 하게 돼 있다. 왜 그 많던 지방대 학생회장, 서울의 비명문대 학생회장, 여성 학생회장은 다 어디로 가고 소위 명문대 학생회장들만 여의도에 입성하는가? 그러나 이는 다른 차원에서 제기되어야 할 문제일 것이고, 여기서 중요한 것은 그리고 분명한 것은 운동권 출신의 정계 진출은 그들이 개인적으로 아무리 조심하고 잘하더라도 "정작 상처받고 땀 흘린 이들은 묵묵히 자기 길을 가느라 허덕이고 있는데 엉뚱한 이들이 시류에 편승해서 그 과실을 따먹는구나"라는 말을 듣게 돼 있다는 것이었다.

이게 문제 있다는 생각이 들지 않는가? 우리는 언제까지 '과실 따먹기' 게임을 해야 하나? "아니, 너 학생 시절 그렇게 고생해놓고 또 현실 정치판에 뛰어들어 남을 위해 고생하려고 그러니?"라는 말이 나올 수 있게끔 하면 안 되는 일이었을까? 너무 천진난만한 생각일까? 국회의원 되는 게 엄청난 출세가 아니게끔 만드는 건 정치인들만 빼놓고서는 모든 사람들이 다 바라는 일인데, 그게 왜 불가능한 일이란 말인가?

'개혁 죽이기'라는 음모?

이 광주 사태와 관련된 『시사저널』의 6월 8일자 기사도 눈여겨볼 만했다. 이 기사는 사회 저변의 문제의식이 이 광주 술자리 사건을 출구로 해서 일거에 터져 나온 셈이라고 해석했다. 이 기사는 "『중앙일보』는 당초 이번 사건을 간단한 가십 기사로 처리하면서 당사자들 이름도 모두 머리글자로 처리해 지방판에 내보냈다. 그런데 40대 초중반인 475 세대 고참 기자들과 30대인 386 세대 기자들이 이 문제를 가볍게 넘겨서는 안 된다는 주장을 강하게 펼치면서 급기야 서울 판에서는 1면의 주요 기사로까지 기사가 커졌다"며 다음과 같이 말했다.

"사태가 이렇게 된 데는 이번에 정치권에 진입한 386 정치인들이 자신들의 정치적 기반이라고 할 수 있는 386 세대를 비롯한 젊은층과 유대를 소홀히 해왔다는 점도 적지 않은 영향을 미쳤다. 사건이 보도된 후 네티즌을 비롯한 젊은층이 386 정치인들에 대해 기다렸다는 듯이 격렬한 비난을 퍼부었던 것은 정치권 386과 젊은 유권자들의 정서적 유대가 무척 취약했다는 점을 입증하고 있다. 또한 386 정치인들이 그들이 받은 기대에 비해 뚜렷하게 개혁적인 모습을 보여주지 못했다는 점도 이번의 흥분 상태를 불러들인 배경이라고 볼 수 있다. 아직 총선이 끝난 지 얼마 되지 않아 불가피한 측면도 있지만, 정치 개혁을 소리 높이 외치면서도 실제 정치 행위에서는 기성 정치 관행이나 문화에 너무 쉽게 적응하고 있다는 인상을 준 것이 사실이다."[50]

이건 매우 중요한 포인트를 지적하고 있는 기사였다. 냉정하게, 정상적인 뉴스 가치로 보자면 이 광주 사건은 간단한 가십 기사로 처리될 수도 있었던 사안이었다. 그런데 왜 30~40대 기자들이 이 문제를 가볍게 넘겨서는 안 된다는 주장을 했을까? "『동아일보』가 이 좋은 기삿거리를 독식하게 할 수는 없다는 분위기도 있었다"는 한 『중앙일보』 기자의 말도 의미심장하지만,[51] 『동아일보』가 앞장섰다고 『중앙일보』가 무작정 따라갔을 리는 없다. 『동아일보』 내부에서도 그 속셈이 무엇이었건 『중앙일보』와 비슷한 분위기가 있지 않았을까? 『시사저널』 기사는 386 정

50) 김종민, 「'주풍'에 내몰린 386 기수론」, 『시사저널』, 2000년 6월 8일, 30면.
51) 권은중, 「오보에, 왜곡에 …… "차라리 쉬시지요"」, 『시사저널』, 2000년 6월 15일, 41면.

치인들이 같은 세대와 '정서적 유대' 관계를 소홀히 했고 개혁적인 모습을 보여주지 못한 점을 들었지만, 그것보다는 "국회의원=출세"에 모든 답이 들어 있다고 보아야 할 것이다.

이 '광주 사태'와 관련해 '개혁 죽이기'라는 음모론도 적잖이 등장했는데, 과연 그 음모론은 타당한 것이었을까? 예컨대, 이 '광주 사태'를 다룬 『한겨레21』 6월 8일자에 대해, 6월 22일자 「독자와 함께」에서 독자 강경민은 다음과 같이 주장했다.

"배짱 맞는 친구들이 오랜만에 만나서 평소보다 좀 거나한 술자리를 벌인 것을 가지고 그토록 매도하는 것은 도덕적 매카시즘입니다. 지금 무슨 호메이니식 종교 정치를 하고 있는 것입니까? 문제의 본질은 386 세대의 민주성, 도덕성, 진보성을 깔아뭉개려는 기득권 세력의 반동이라는 것을 왜 그토록 모른 척하십니까? 『한겨레21』이 지적한 임수경의 고민은 양심의 고뇌라기보다는 도덕을 이데올로기화한 이념적 사고와 경직성이라고 감히 말하고 싶습니다."

재미 언론인 김민웅도 『내일신문』 2000년 6월 7일자에 쓴 「집단 매도 메커니즘, 희생제의 비밀」이라는 칼럼에서 다음과 같이 주장했다. "이번 사건의 보도만 보더라도 술자리를 만든 사람은 따로 있는데 그는 전혀 문제의 대상이 되지 않았으며 함께한 선배 정치인들도 비판의 표적에서 벗어나 있다. 즉 보도의 밑바닥에 일정한 의도가 존재하고 있는 것이다. 그리고 그 의도에 따라 기득권 세력의 발판을 위협하게 될 이들 젊은 정치인들의 길들이기가 시작되고 있다고 하겠다. 개혁 세력의 도덕성을 제물로 하여 개혁의 칼끝을 무디게 만들고 이들을 대중적 불신의 대상으로 만들어 기득권 질서를 방어하는 것이다."

"국회의원=출세"라는 세간의 인식

그러나 기득권 세력만 386 정치인들을 비난한 건 아니었다. 예컨대, 한겨레신문사가 발행하는 『씨네21』의 고정 칼럼니스트인 대중음악 평론가 신현준은 이 '광주 사태'에 대해 "속으로는 '쌤통이다' 하면서 고소해하기도 했다"고 밝혔다. 또 그는 더 나아가 '운동권 패거리주의'라 할 수 있는 '운동권 가족주의'에 대해서도 다음과 같이 냉소를 보냈다.

"그때 통신에서 캡처한 신문 기사를 다시 훑어보다가 눈이 번쩍 뜨였다. 광주 룸살롱 사건을 제보한 L모 양의 발언이었는데, '이번 파문이 능력 있는 젊은 분들의 정치적 미래에 위협이 되지 않았으면 좋겠다'(『조선일보』 5월 26일)라는 대목을 보고는 씁쓸하게 웃어야 했다. 솔직히 말해서 다른 신문에 그녀가 기고한 글을 자세히 읽기 전에는 깔깔거리고 웃었다. 이 글에도 물론 '선배들이 다시 일어서실 것을 진심으로 바랍니다'(『한겨레』, 5월 30일)라는 문장이 있다. '운동권 가족주의'는 보통 가족주의보다 더 '징한' 거구나. 그래, 허물이 있으면 덮어주는 게 '동지애'였지. 그러니까 구치소에 계신 J씨도 너무 걱정하지 마세요. 능력 있고 인맥 빠방한데 '다시 일어서는' 거야 시간문제 아니겠어요?"[52)]

결국 문제는 다시 "국회의원=출세"라는 세간의 인식이었다. 국회의원이란 게 뭔가? 국민을 위해 봉사하겠다는 공복(公僕)이 아닌가? 궂은 일을 도맡아 해야 하는 심부름꾼을 안 시켜준다고 그 난리라니! 게다가 4·13 총선에서도 공천에서조차 돈을 썼네, 안 썼네 하는 이야기까지 나왔고, 본격적인 선거판에서는 돈 이야기가 끊일 날이 없었으니, 이걸 도

---

52) 신현준, 「수상한 가족주의」, 『씨네21』, 2000년 6월 20일, 128면.

대체 어찌 이해해야 할 것인가! 심부름꾼 해보겠다고 악 쓰고 돈 쓰다니! 사정이 그런 만큼, 정치 개혁은 앞으로도, 누구는 되고 누구는 안 되고 하는 낙천 · 낙선운동으로 이루어질 수 있는 일은 아니었다.

왜 그렇게 국회의원을 하려고 애쓰는 사람들이 많을까? 권력을 이용해 본전 뽑고 한밑천 크게 잡으려고 그러는 걸까? 그런 사람들도 적지 않겠지만, 가장 큰 이유는 '권력 중독증' 또는 '특권 중독증' 이었다. 국회의원이 되면 누릴 수 있는 특권이 너무 많고 너무 컸다. '특권 중독증'은 마약보다 더 무서운 것이다. 누리던 특권이 사라지면 삶의 보람은 물론 의미까지 잃는다. 돈이 문제가 아니다. 집 팔고 빚내서라도 특권을 누려야만 정상적인 호흡을 할 수가 있는 것이다. 그러니 이건 생사의 문제였던 것이다.

국회의원들이 누리는 특권은 심부름꾼 노릇 잘하라고 국민이 준 특권이었건만, 그게 일종의 마약성 이권으로 변질되고 말았으니 이 노릇을 어찌하랴. 또 그런 현실을 너무나 잘 알고 있는 유권자들 역시 선거를 '그들만의 잔치판' 으로 간주하며 '구경이나 하고 떡이나 먹자' 는 슬기로운(?) 냉소로 대처하고 있으니 이 노릇을 어찌하랴.

우리는 흔히 선거에서 지역감정이 가장 큰 문제라고 하지만 그건 정확한 진단은 아니었다. 공복이라는 개념 자체가 실종된 상황에선 '이놈이나 그놈이나 똑같다' 는 생각을 하기 때문에 각종 연고와 이권이 고개를 내미는 것이다.

그렇다고 유권자들이 면책될 수는 없는 일이다. '그들만의 잔치판'의 또 다른 이면을 보아야 한다. 사실 어찌 생각하면 국회의원들도 불쌍한 사람들이다. 그들도 뜯어 먹고 뜯어 먹히는 한국 사회의 먹이사슬의

국회에서 싸움을 벌이는 국회의원들. 국회의 난장판은 유권자들을 정치 냉소주의에 빠트린다.

한 고리일 뿐, 그들도 그 고리 자리를 지키기 위해 나름대로 피눈물 나는 투쟁을 벌이고 있는 것이다. 그 처절한 먹이사슬 구조의 한 단면을 드라마틱하게 보여주는 게 바로 선거 때마다 활개 치는 브로커들의 맹활약이다.

'광주 사태'가 일어나자 민주당 대표 서영훈은 "도덕성 회복을 위한 작은 실천에 앞장서겠다"며 고급 음식점 출입을 삼가고 경조사 비용을 최소화하며 어떤 경우에도 상대에 대한 중상과 인신공격을 하지 않고 공적 업무 외에 일절 특별한 대우를 받지 않겠다는 네 가지 실천 방안을 제시했다. 이것만으론 어림도 없었지만, 이마저 정치권에서는 "너만 깨끗하냐"는 식으로 냉소의 대상이 되고 말았다.[53] 문제는 "국회의원=출세"를 당연하게 생각하는 국민에게도 있었다. 고위 공직자들의 특권 중독증을 당연하게 여기고 그 체제에 순응하고 타협하는 일반 대중이라는 토양이 바뀌지 않는 한 정치 개혁은 영영 기대하기 어려운 것이었다.

53) 이흥우, 「서영훈 대표 '도덕성 회복' 대국민약속」, 『국민일보』, 2000년 6월 3일, 4면.

2000년 6월 15일

김대중 · 김정일의 6 · 15 선언
남북 정상회담의 정치학

『조선일보』의 대북 관련 보도

"나는 정부의 정책에 대해 다른 의견을 내놓을 만한 능력도 없고 또 그런 처지에 있는 사람도 아니다. 나는 정부의 햇볕정책이 전쟁을 막고 북한을 개혁 · 개방으로 유도하려는 올바른 대북 정책이라고 이해하고 있다. 다만 나는 오랫동안 북한에서 사상 사업을 주관해온 경험에 기초하여 수령절대주의에 의거하고 있는 북한을 사상적으로 와해시킬 필요성과 그 가능성에 대하여 강조하고 있을 뿐이다. 그러나 이것은 어디까지나 민간 차원에서의 투쟁을 염두에 두고 있는 것이다. 나의 이러한 견해가 마치 정부의 햇볕정책을 반대하거나 심지어 비난하는 것처럼 이해하는 것은 본인의 의사와 전혀 맞지 않는 것이다."[54]

『주간조선』(2000년 1월 27일)에 실린 황장엽의 '반론문'이다. 왜 이런

54) 황장엽, 「"햇볕정책 비난 없었다"(반론문)」, 『주간조선』, 2000년 1월 27일, 97면.

반론문이 실리게 되었을까? 『주간조선』의 설명에 따르면, "『주간조선』은 황장엽 전 북한 노동당 비서의 망명 3년에 관한 기사를 지난 호에 '남한이 김정일 정권 돕고 있다'는 제목으로 게재했습니다. 당시 황 씨의 인터뷰를 추진했으나 이뤄지지 못해 황 씨와 지속적으로 접촉해온 인사들의 발언을 토대로 기사를 작성했습니다. 이 기사에 대한 황 씨의 반론문을 전문 게재합니다"라는 것이 반론문이 실린 배경이다.

남한, 즉 김대중 정권이 김정일 정권을 돕고 있다는 건 『조선일보』의 한결같은 주장이었으며, 이를 널리 알리기 위해 『조선일보』는 온갖 무리를 마다하지 않았다. 『조선일보』는 1월 31일자 3면에서 '황장엽 씨 '김정일에 대한 선전포고' 일서 출간'이라는 제목으로 "지난 1997년 2월 귀순한 전 북한 노동당 비서 황장엽 씨가 북한의 인권 문제를 다룬 『김정일에 대한 선전포고』라는 책을 30일 일본 문예춘추사에서 출간했다"면서 "이 책에서 황 씨는 '북한에서 1995년부터 1996년 말까지 150만 명 이상이 굶어죽었다는 것은 당 조직 지도부 책임 간부의 보고에 따른 틀림없는 자료이며, 1997년과 1998년에는 매년 약 100만 명씩 아사한 것으로 추측된다'"고 보도했다. 그러나 이 기사는 오보로 판명됐다. 이 책은 2000년 1월 30일 출간된 것이 아니라 이미 1999년 2월 1일자로 출간된 책으로 당시 국내 언론에서도 이를 보도했었다.

『조선일보』는 또 대부분의 언론이 무시한 박태준 국무총리의 '북한의 대남 해킹 의혹설'을 2월 11일자 1면에서 삽화까지 삽입해 박스 기사로 키웠다. 「북 해커 조심? …… 대학서 연 100명 육성」이라는 이 기사에서 『조선일보』는 "북한이 최근 군사대학에서 컴퓨터 전문가를 집중 육성하고 있어 우리 정부가 북한의 컴퓨터 해킹 공작 가능성에 대해 우려하고 있는 것으로 알려졌다" 고 전했다. 그러나 이 기사는 대학에서 컴퓨터 전문가를 양성하는 행위를 '대남 해커전문가 배출' 로 침소봉대해 국민들의 불안감을 부추겼다는 지적을 받았다. 이와 관련, 『미디어오늘』(2000년 2월 17일)은 "조선일보는 최근 북한 관련 보도에서 오보와 침소봉대로 북한에 대한 적대감과 국민들의 불안감을 조장하고 있다는 지적을 받고 있다" 며 "조선일보의 대북 관련 보도가 위험수위를 넘어섰다" 고 했다.[55]

그런 위험수위의 상한선은 주로 『월간조선』 편집장인 조갑제의 몫이었다. 조갑제의 3월호 [편집장의 편지] 제목은 '헌법을 수호하자!: 대통령부터 헌법의 무서움을 알도록 해야/집권자에 의한 국헌 문란이 바로 대역죄' 였다. 이 글에서 조갑제는 " '김정일 총비서는 지도자로서의 판단력과 식견 등을 상당히 갖추고 있는 것으로 알고 있다.' 이것은 김대중 대통령이 지난 2월 9일 밤 방영된 일본 도쿄방송과의 회견에서 한 발언입니다" 라면서 다음과 같이 주장했다.

"그런 자가 '식견 있는 지도자' 라면 김대중 대통령은 도덕과 정의를 포기해야 합니다. 외교적인 언사였다면 일시적인 편의를 위해서 국가의 철학적 원칙을 양보한 것이 됩니다. …… 남북 관계는 기본적으로 선악의 대결입니다. 민족사적으로는 이단과 정통의 대결입니다. …… 이런 대결에선 전술적인 대화 교류는 있을 수 있어도 김정일 정권에 대한 진정한 화해, 용서, 타협은 불가능합니다. …… 대한민국의 자유민주주의가 살려면 김정일 체제는 죽어야 합니다. 이런 대명제를 현실로 받아들이지 않는 대북 자세는 항상 환상적, 우화적, 선동적인 모호한 성향을 띠

55) 김동훈, 「조선 뻥튀기 대북보도 '위험 수위'」, 『미디어오늘』, 2000년 2월 17일.

게 됩니다."

이어 조갑제는 "김대중 대통령은 여러 번 국가보안법이 규정하고 있는 반국가단체의 구성 요건을 수정하여야 한다고 발언하고 여권 간부들에게 그렇게 하도록 지시했습니다. …… 김 대통령의 이 발언은 두고두고 비판의 대상이 될 큰 실언(失言)입니다"라면서 다음과 같이 말했다.

"북한을 국가로 인정하자는 것은 헌법 위반일 뿐 아니라 1민족 1국가의 전통을 유지해온 우리 민족사에 대한 모독입니다. …… 국헌 문란, 즉 국가의 구조와 작동 원리를 규정한 대원칙을 문란시키는 행위는 옛날 단어를 차용한다면 대역죄에 해당합니다. …… 만약 어떤 정치 세력이 국민을 속여서 정권을 잡은 다음 자유민주적인 기본 질서를 규정한 헌법을 무시하고 북한과 합작하려 한다면 그런 정치 세력은 탄핵, 정당 해산 그리고 국민의 저항권 발동, '국가의 안전 보장을 위한 국군의 신성한 의무 수행' 의 대상이 된다는 뜻입니다. 대통령에서 서민까지 우리는 헌법의 무서움을 알아야 합니다."

조갑제는 4월호 [편집장의 편지] 「이승만, 링컨, 김대중 그리고 국가의 자살: 조국의 존립 근거에 대해서 끊임없이 자책하고 자학하도록 만들고 그런 책동을 하는 세력을 진보라고 격려해주면 그런 국가는 자살한다」에서는 다음과 같이 주장했다. "김경원 전 주미 대사의 말대로 한반도의 냉전 해체 방법은 아주 간단합니다. 북한 공산주의 체제가 소멸해야 냉전 체제가 사라지는 것입니다. 거듭 말하지만 북한의 냉전 체제 해체를 전제로 하지 않는 남한만의 냉전 체제 해체는 무장해제이자 국가적인 자살 행위입니다. 한반도의 냉전 체제는 거의 전부가 북한 지역에 존재합니다. 대한민국 안에 무슨 냉전 체제가 존재합니까."

남북 정상회담 발표

4·13 총선을 사흘 앞둔 4월 10일 김대중 정권은 6월로 예정된 남북 정상회담 소식을 전격 발표했다. 이 발표는 총선을 앞두고 정략적이라는 비판을 받았다. 보수파만 비판을 한 게 아니었다. 예컨대, 진보파인 서강대 교수 손호철은 "남북 정상회담 소식을 선거 며칠 전 전격 발표한 것은 김대중 정부의 햇볕정책이 내내 지고 가야 할 원죄이자 결정적인 패착이었다"면서 "김 대통령이 오랜 정치에서 습득한 정치공학적 잔머리는 …… 민족적 문제를 선거라는 정략적 문제에 이용했다는 비난을 자초했다"고 비난했다.[56]

그러나 보수파는 그런 '정치공학적 잔머리'보다는 남북 정상회담의 숨은 뜻에 경계심, 아니 거의 히스테리에 가까운 반응을 보였다.

조갑제는 『월간조선』 5월호 [편집장의 편지] 「김대중 대통령, 김정일을 내려다보십시오!: 그자는 이단이요, 반동입니다」에서는 민족사의 이단, 수구 반동 세력, 반인류적 범죄자, 전범, 반국가단체의 수괴, 무신론의 종교 탄압자, 무법의 전제자, 국제 범죄자 등 김정일의 8대 죄상을 열거한 후, 다음과 같이 주장했다.

"평양까지 찾아가서 이런 인물을 만나기로 한 데 대해서는 할 말이 많습니다만 제발 그를 만날 때 웃지 마십시오. 7000만 전체 민족에 대한 가해자인 이자에게 분노를 드러낼 필요는 없을지 모르지만 이자를 속으로 경멸하십시오. …… 북한의 1인당 주민소득(GDP)은 200~300달러에 불과합니다. 북한 전체 GDP는 올해 삼성전자가 반도체 등을 팔아서 올릴

56) 「진보적 지식인들 '권력과 거리두기' 나서: '지식인들 정권 참여' 비판 잇따라」, 『조선일보』, 2003년 3월 18일, A23면.

순이익과 비슷합니다. 작년 인구 30여 만의 경북 구미시는 100억 달러 이상의 수출을 기록했습니다. 이것은 북한 수출액의 다섯 배를 넘습니다. 작년 연평도 해전에서 확인되었듯이 재래식 군사력에서도 북한은 우리의 상대가 못 됩니다. 김 대통령께선 절대적인 자신감을 갖고 김정일을 대할 수 있는 모든 물질적 · 정신적 자산을 갖고 있습니다. …… 역사 발전의 당위성과 대한민국의 잠재력을 확신한 바탕에서 무욕의 평상심으로 김정일을 내려다보십시오."[57]

『주간조선』(2000년 4월 27일)은 「"남북 정상회담 합의문에 함정 있다": 김정일과의 정상회담 불투명, 北의 대남 전략인 조국 통일 3대 원칙 수용 의혹」이라는 기사를 내보냈다.[58]

『조선일보』 김대중 주필은 4월 22일자 칼럼에서 "50여 일 앞두고 있는 남북한 정상회담까지의 여정(旅程)에는 많은 복병(伏兵)이 도사리고 있다. …… 그러나 그 어느 것 못지않게 중요한 '장애'는 김 대통령 자신이다. 김 대통령에게 남북정상회담은 그의 정치 생애의 클라이맥스를 장식하는 일생일대의 이벤트다. 남북 화해의 길을 연 대통령, 평양을 방문한 최초의 남쪽 대통령, 그리고 그것으로 노벨상까지 받을 수 있는 대통령. 그것은 한국의 정치 지도자라면 누구나 꿈꾸는 업적이다. 그러기에 그는 이번 회담에 그의 모든 것을 걸 것이다"며 다음과 같이 주장했다.

"문제는 바로 거기에 있다. 그가 무리해서 첫 단추를 잘못 끼우면 우리는 큰 불행을 맞을 수 있다. 저간의 보도를 보면 김 대통령은 많은 경

---

57) 조갑제, 「[편집장의 편지] 김대중 대통령, 김정일을 내려다보십시오! 그자는 이단이요, 반동입니다」, 『월간조선』, 2000년 5월, 64쪽.

58) 이교관, 「"남북 정상회담 합의문에 함정 있다": 김정일과의 정상회담 불투명, 北의 대남 전략인 조국 통일 3대 원칙 수용 의혹」, 『주간조선』, 2000년 4월 27일, 28~30쪽.

제적 지원을 하고 대화에 부응하는 분위기를 조성하며 상호주의를 고집하기보다는 양보할 것은 양보하려는 기운을 읽을 수 있다. 그러나 김 대통령은 한국의 미래를 우선적으로 고려해야 한다. 한국을 그의 장중에 있는 '소유물'로 간주해서는 안 된다. 북한과의 거래를 투명하게 하고 그 대차대조표를 국민에게 공개하며 대다수 국민의 의사를 살피고 존중하는 한반도 평화 정착의 '심부름꾼'으로 자신을 낮추는 자세가 절대로 필요하다."

김대중 주필은 5월 19일자 칼럼에서는 "주한 미군의 성격에 대한 현실 인식은 우리에게도 필요하다. 우선 우리는 지금 미군의 주둔이 계속 필요한가 아닌가에 대한 국민적 합의를 대전제로 해야 한다. 주한 미군이 필요 없다면 협정 자체가 존재할 이유가 없다. 미군이 필요하다면 그 상황에 맞는 선에서 개선을 요구해야 한다. 그렇지 않고 SOFA의 미비가 노근리·매향리 사건을 타고 확대돼서 때로 물리적 반미 시위로 이어지는 작금의 경향은 바람직하지 않거니와 사리에도 맞지 않다. 남북 관계가 긴장되면 주한 미군 문제가 거론도 되지 않다가, 남북 관계가 완화되면 '민족의 자주(自主)'가 부각되며 미국 배척의 기운이 상승하곤 했던 것이 저간의 패턴이었다"며 다음과 같이 주장했다.

"지금 우리는 남북 분단의 역사에서 처음으로 정상회담을 추진하고 있고 따라서 당연히 화해 무드가 지배적이다. 이런 틈새에서 때마침 반미 시위나 미국 시설에 대한 물리적 행사가 일어나고 있는 것은 결코 우연이 아니며 그런 패턴의 반복처럼 여겨진다. 그리고 북과의 정상회담에서 우리 대통령이 '반미 문제'를 안고 있는 것처럼 보이는 것은 우리에게 불리할 뿐이다. …… 미국과의 관계에서 긍정적 견해를 갖고 있는 사람들이 한국 사회에서 주도적 발언권을 갖게 하려면 미국 측이 합리적이고 변화를 수용하는 자세를 가져야 한다. 이들의 말발이 서지 않아 입을 다물게 되면 한미 관계는 내리막길을 걷게 될 것이다. 다시 말해 미국이 SOFA의 개정에 합리성을 보이고 노근리 · 매향리 사건의 '진실'에 주저하지 않는 자세를 보일 때, 한국 정부도 '사건'을 과장해서 비약시키는 행위에 단호함을 보일 때 한국의 여론은 '반미'의 기세를 꺾어 저만치 밀어놓을 것이다."

조갑제는 『월간조선』 6월호 [편집장의 편지] 「"김정일을 자극하지 말라"고 부탁하는 공무원들의 이름을 메모장에 적어둡시다. 언젠가는 이 메모장을 써먹을 때가 올 것입니다」에서 "저는 머릿속에 있는 메모장에다가 저에게 '김정일을 자극하지 않았으면 좋겠다'고 말하는 사람들의 이름을 적어두고 있습니다. 언젠가는 이 메모장을 써먹을 날이 올 것이란 강한 예감이 있기 때문입니다"라면서 다음과 같이 주장했다.

"남북의 양김 회담을 앞두고 갑자기 사람이 이상하게 변한 이들이 한두 명이 아닌 것 같습니다. 공직자로서가 아니라 한 인간으로서도 절대로 해서는 안 될 이야기를 부끄럼 없이 입 밖에 내는 사람들을 볼 때 저는 이런 걱정을 하기도 합니다. 만약 김정일이 기습 공격에 성공하여 서울 포위에 성공한다면 저런 사람들이 나서서 '김정일 장군님을 자극하지 말자. 평화를 위해서 저항도 하지 말자'라고 설득하고 다닐지도 모른다는 생각. 이런 걱정을 저만 하는 것은 아닌 모양입니다."

"'남북'은 냉엄한 비즈니스다"

평양학생소년예술단의 '태극기' 왜곡 보도 사건도 있었다. 5월 29일 서울을 방문 중인 평양학생소년예술단 어린이들의 선화예술학교 방문 때 지난 1998년 리틀엔젤스의 평양 공연에서 합의한 바에 따라 행사장의 태극기를 잠시 옮긴 것과 관련, 『조선일보』가 이를 비난하고 나선 사건이다. 이에 대해 평양학생소년예술단 서울초청공연실행위원회는 5월 31일 '남북 화해 재 뿌리는 조선일보 저의는 무엇인가'라는 성명을 발표, "남북 정상회담을 앞에 놓고 온 국민이 남북 화해에 마음을 쏟고 있는 마당에 난데없이 악의적인 보도로 찬물을 끼얹고 재를 뿌리는 『조선일보』의 정체는 도대체 무엇인가를 묻지 않을 수 없다"고 밝혔다.

위원회 측은 '우리 측의 리틀엔젤스 예술단 어린이들이 지난 1998년 5월 평양을 방문했을 때 어린이들의 공연이 정치나 이념에 훼손될 것을 우려, 상대방 방문 시 양측이 서로 국기를 사용치 않기로 한 바 있다'고 밝혔다. 이 위원회는 "『조선일보』는 그동안 입만 벌리면 대북 교류의 상호주의 원칙을 주장해왔다"고 지적하고 이번 비난 보도의 저의를 물으면서 『조선일보』의 각성과 사과를 요구했다. 한편 선화예술학교와 선화예고 교직원 20명은 31일 오전 서울 중구 태평로 조선일보사를 방문, '왜곡 보도'에 대한 항의서를 전달하고 사과 및 정정 보도를 요구했다.[59]

『조선일보』 2000년 6월 8일자 사설 「'남북'은 냉엄한 비즈니스다」도 논란의 대상이 되었다. 이 사설은 "남북 정상회담에서 각자의 정체성, 차별성, 고유성을 확고히 견지하기 위해선 상대방을 적대시하지 않으면

59) 이상현, 「평양소년예술단 '태극기' 왜곡 보도: "조선일보 저의가 뭐냐"」, 『세계일보』, 2000년 6월 1일, 1면.

평양학생소년예술단의 어린이 단원들이 공연을 마치고 손을 흔들며 인사를 하고 있다.

서도 너무 빠져버리지도 않는 적절한 자세가 필요하다"며 이를 가능케 하는 건 "대단히 우수하고도 정교한 두뇌력"이라고 주장했다. 또 사설은 남북 문제가 "어디까지나 치밀한 전략적 사고와 행위만이 풀어낼 수 있는 고차방정식이요 비즈니스이므로 감성 과잉이나 정서 과잉은 금물"인데 "벌써부터 시집 장가나 가는 듯한 분위기와 상징 조작이 정상회담을 '축제'로 만들어가고 있다"고 지적하며 우리 민족을 "아무도 못 말리는 사람들"로 표현했다.

누가 쓴 사설일까? 아무래도 김대중 주필인 것 같다. 김대중은 이 사설이 나가기 약 한 달 전에 다음과 같은 내용의 칼럼을 썼기 때문이다. "평양을 방문하는 김 대통령은 한국 사회를 지탱하고 있는 기존의 틀을 깨는 어떤 행동이나 발언도 신중해야 한다. 그의 일거수일투족은 곧바로 남쪽의 법과 질서, 이념과 체제를 교란하는 결과를 가져올 수도 있다.

남북 대화는 국민의 관심사이고 남북 정상의 만남은 국민의 감동이지만 그것을 수행하는 지도자에게는 냉혹한 비즈니스이고 업무의 수행이라는 인식이 절대로 필요하다."[60]

『한국일보』 논설위원 강병태는 "어제 아침 대표적 보수 신문에 이상야릇한 사설이 등장했다. '남북문제는 냉엄한 비즈니스다' 라는 제목부터 해괴하지만, 글의 발상과 논리는 한층 망측하다. 남북 정상회담을 앞두고 사회가 지나치게 들뜨는 것을 경계하는 충정으로 보기에는 용어와 논법이 망발에 가깝다. 특히 남북문제는 처음부터 끝까지 치밀한 전략적 사고로만 풀어야 할 비즈니스라니, 이게 진정 건전한 보수 여론을 대변한 정론(正論)인지 고개를 흔들지 않을 수 없다" 며 다음과 같이 주장했다.

"이 사설은 정상회담이 한반도 평화 정착에 이정표를 세워야 한다고 시작, 모처럼 좋은 일을 그르쳐선 안 된다는 당부로 맺었다. 좋은 얘기다. 또 신뢰와 공존의 바탕을 이루기 전에 지레 잔치 마당처럼 흥분하는 모습을 걱정하는 것까지는 이해한다. 그러나 그 당부와 우려는 지극히 냉소적이고, 국민과 정부를 감성만 과잉이고 '정교한 두뇌력' 은 없는 무리로 치부하는 듯하다. 나사가 풀리고 최면에 걸린 듯하다니, 턱없이 방자한 말투에는 어처구니가 없다. 이 글은 무엇보다 위선적이다. 이를테면 북한 핵 시설을 폭격해야 한다는 식의 몽매한 강경 노선을 애써 감춘 채 냉정한 전략을 촉구하고 있다. 도대체 어떤 전략을 말하는가."[61]

이 비판이 화제가 된 것과 관련, 강병태는 "우리 언론이 주장하는 보수의 논리는 너무 거칠고 비합리적이지만 이를 지적하는 단체나 언론은

---

60) 김대중, 「남북 정상회담 이렇게 하자: '우호적 분단' 으로……」, 『조선일보』, 2000년 5월 10일, 3면.
61) 강병태, 「지평선: 민족 문제가 비즈니스라니?」, 『한국일보』, 2000년 6월 9일, 8면.

따로 놀고 있다"며 "일반적인 상식과 시각을 시민들에게 심어주기 위해서라도 언론사 사이의 적절한 지적과 논쟁이 필요하다"고 말했다.[62]

서울도 평양도 울고 있네

2000년 6월 13일 김대중 대통령이 순안공항에 도착하여 마중 나온 김정일 국방위원장과 두 손을 맞잡는 모습은 전 한국인에게 놀라움과 더불어 큰 감동을 안겨주었다. 훗날 장명수는 "나는 그날 '서울도 평양도 울고 있네'란 제목으로 칼럼을 썼는데, 감정이 북 바쳐 여러 번 글을 멈추던 생각이 난다"고 했다.[63]

장명수는 그 칼럼에서 "많은 사람들의 눈물과 많은 사람들의 기원 속에서 남북의 정상이 만나고 있다. 온 국민이 각기 자신이 처한 입장에 따라 만감이 교차하는 나날을 보내고 있다. 분단으로 인한 상처가 깊을수록 눈물이 많고 기원도 간절할 것이다. 과거를 잊고 앞으로 나아가야 한다. 나는 역사의 수레바퀴에 치었으나 이제 더 이상 그런 희생이 있어서는 안 된다. 화해와 평화의 역사를 만들어가야 한다고 기도하는 마음이 남북 정상회담에 모이고 있다"며 다음과 같이 말했다.

"김 대통령도 만감이 교차할 것이다. 남북 관계에 대한 앞선 주장으로 고초를 겪고 편견에 시달리면서 일관된 입장을 견지해온 그는 55년의 냉전을 넘어 남북 정상회담을 이끌어낸 대통령이 되었다. 평양으로 떠나는 노(老) 대통령의 모습에서 역사의 섭리를 보게 된다. 누가 뭐래도

62) 조현호, 「한국 강병태 위원, 조선 '남북문제 사설' 정면 비판」, 『미디어오늘』, 2000년 6월 15일, 4면.
63) 장명수, 「[장명수 칼럼] 남북 정상회담 풍경」, 『한국일보』, 2007년 10월 5일.

그는 첫 정상회담을 치를 만한 충분한 역정과 자격을 갖고 있다. 이런 역사의 섭리 앞에서 그는 한없이 겸허해야 한다. 지지자들뿐 아니라 반대자들에게도 겸허해야 한다. 13일 하루 서울도 평양도 울었다. 우리의 역사가 너무나 험난했기 때문에, 동족상잔의 전쟁이 너무나 아팠기 때문에, 평화에 대한 갈망이 너무나 절실했기 때문에, 남북이 함께 눈물 흘렸다. 그 눈물은 더 이상 역사의 후퇴를 용납하지 않겠다는 눈물이다. 정상회담의 성공을 비는 눈물이 풍년을 부르는 촉촉한 비처럼 서울과 평양을 적시고 있다."[64]

6·15 남북공동선언문은 "조국의 평화적 통일을 염원하는 온 겨레의 숭고한 뜻에 따라 대한민국 김대중 대통령과 조선민주주의 인민공화국 김정일 국방위원장은 2000년 6월 13일부터 6월 15일까지 평양에서 역사적인 상봉을 하였으며 정상회담을 가졌다. 남북 정상들은 분단 역사상 처음으로 열린 이번 상봉과 회담이 서로 이해를 증진시키고 남북 관계를 발전시키며 평화통일을 실현하는 데 중대한 의의를 가진다고 평가하고 다음과 같이 선언한다"고 했다. 양쪽은 다섯 가지 조항에 합의했는데 그 내용은 다음과 같다.

1. 남과 북은 나라의 통일 문제를 그 주인인 우리 민족끼리 서로 힘을 합쳐 자주적으로 해결해나가기로 하였다.

2. 남과 북은 나라의 통일을 위한 남측의 연합제안과 북측의 낮은 단계의 연방제안이 서로 공통성이 있다고 인정하고 앞으로 이 방향에서 통일을 지향해나가기로 하였다.

---

64) 장명수, 「서울도 평양도 울고 있네」, 『한국일보』, 2000년 6월 14일, 13면.

© 연합뉴스

평양을 방문한 김대중 대통령이 김정일 국방위원장과 포옹을 하고 있다.

3. 남과 북은 올해 8·15에 즈음하여 흩어진 가족, 친척 방문단을 교환하며 비전향 장기수 문제를 해결하는 등 인도적 문제를 조속히 풀어나가기로 하였다.

4. 남과 북은 경제 협력을 통하여 민족 경제를 균형적으로 발전시키고 사회·문화·체육·보건·환경 등 제반 분야의 협력과 교류를 활성화하여 서로의 신뢰를 다져나가기로 하였다.

5. 남과 북은 이상과 같은 합의 사항을 조속히 실천에 옮기기 위하여 빠른 시일 안에 당국 사이의 대화를 개최하기로 하였다.

김대중 대통령은 김정일 국방위원장이 서울을 방문하도록 정중히 초청하였으며 김정일 국방위원장은 앞으로 적절한 시기에 서울을 방문하기로 하였다.

보수 세력의 우려와 불안

그러나 보수파는 남북 정상회담을 우려와 불안으로 바라보고 있었다. 특히 『조선일보』(2000년 6월 12일)는 남북 정상회담이 하루 연기되니까 정부의 "자괴와 자탄(自嘆)"을 요구했다가,[65] 6월 14일 남북 정상회담이 막상 이뤄지니까 "평양 순안비행장의 북한 군악대가 연주한 곡은 '제국주의를 쳐부수자'는 '용진가(勇進歌)'였다"며 김대중 대통령에게 '현실을 직시하는 차분한 머리'를 요구했다.[66]

그러나 '용진가'를 문제 삼은 것은 오류였다. 6월 16일 밤 11시 40분, KBS 1TV 뉴스에 전주의 신흥중고등학교 학생들이 교가를 부르는 모습이 방영되었다. '제국주의를 쳐부수자'는 '용진가'가 그 학교 교가의 곡과 똑같다는 내용의 뉴스였다. '용진가'는 1910년대 만주에서 활약하던 독립군이 부르던 노래였다는 것이다.

조갑제는 『월간조선』 7월호 [편집장의 편지] 「민족사의 중대 고비에서 용기와 냉철함을 견지하자: 반공은 정의고 냉전 논리는 무장 대결 상황의 행동 윤리/반공의 부정은 자아의 부정/냉전 논리의 부정은 현실의 부정/'냉전 구조 해체'란 '공산당 해체'란 의미이다」에서 다음과 같이 주장했다.

65) 「정상회담 연기된 까닭은?(사설)」, 『조선일보』, 2000년 6월 12일, 2면.
66) 양상훈, 「기자수첩: 격정의 순간에도」, 『조선일보』, 2000년 6월 14일, 3면.

"친북 세력이 평화를 내세울 때는 정의를, 그들이 민족을 내세우면 국가를 들이대야 합니다. 한반도에서 정의로운 평화를 실천하려면 악·이단·전범 집단인 북한 공산당이 붕괴되어야 합니다. 국가는 민족보다도 더 선진되고 소중한 존재입니다. 민족은 감성적·인종적·혈연적 존재이지만 국가는 이성적·객관적·법률적 존재이기 때문입니다. 우리가 하려는 통일은 민족 통일이 아니라 국토 통일이며 이념 통일입니다. 민족 통일을 한다면 만주까지 점령하여 조선족을 포괄해야 합니다. 민족 통일이란 감성적 논리로서 접근할 때 주변국들의 경계심을 촉발시키고 이념 문제가 제대로 정리되지 않을 가능성이 있습니다. 이념 통일이란 말은 통일 조국의 이념이 수령절대주의·사회주의이든지 자유민주주의이든지 하나로 택일되어야 한다는 뜻입니다."

『조선일보』 논설 주간 류근일은 6월 23일자에 쓴 「가치관의 혼돈」이라는 칼럼에서 다음과 같이 주장했다. "쾅쾅 터지고 깨지고 날아가고…… 하던 끔찍한 일들과 줄곧 연결 지어 그려지던 김정일 위원장이 지금은 남쪽 TV와 신문, 광고, 디자인, 세일즈 …… 의 '수퍼스타'로 데뷔해 있다. 두뇌 회전이 빠르고, 거침없이 말하고, 국제 감각이 뛰어나며, 웬만한 것은 다 '하자'고 호응해오는 '광폭 인덕(廣幅 人德) 정치'의 탁월한 지도자로 칭송되고 있는 것이다."

아무려면 그 정도였을까? 그러나 『조선일보』를 비롯한 보수 세력은 계속 이러한 논조로 이른바 '남남 갈등'을 부추기고 있었다. 남북 정상회담 이후의 남남 갈등은 '50년 만의 수평적 정권 교체'에 따른 사회적 '전환 비용'으로 볼 수도 있겠지만, 그 비용은 감당하기 어려울 정도로 너무 컸다.

사회적 '전환 비용' 인가? 남북 정상회담 이후의 남남 갈등

김대중 정권의 자기도취인가?

김대중 정권의 대북 정책에 대한 보수 세력의 비판은 7월에도 계속되었다. 『조선일보』 주필 김대중은 7월 1일자 칼럼 「'너희 경제부터 챙겨라'」에서 외국 투자자들은 "한결같이 북한의 실체적 변화에 대해 어떤 결론을 내리지 말고 지켜보자면서 회의적인 쪽에 한 발을 걸치고 있다"며 다음과 같이 주장했다.

"일부 논자들은 한국이 김정일에 대해 너무 '경도되고 있다' 고 경계하기도 했다. 부시 후보의 참모인 전 국무차관 울포위츠는 개인적인 면모로 북의 지도자를 판단하는 것은 위험하다고 했다. 실제로 지금 우리 사회에는 우리 대통령은 비판하면서도 김정일은 치켜세우는 분위기가 있는 것도 사실이다."

『중앙일보』 미주총국장 문창극은 7월 3일자에 쓴 「통일 이데올로기」라는 칼럼에서 "정권을 비판하면 반개혁 세력으로 몰리듯 이제는 남북 정상회담 결과를 비판하거나 이의를 제기하면 '민족의 배반자', '반통일 세력'으로 몰리는 분위기다. 지금 우리 사회에서 통일은 하나의 이데올로기로 변질되고 있다"며 다음과 같이 주장했다.

"공산 체제나 파시즘은 공산주의 또는 국가사회주의를 모든 사회적 가치에 최우선시켜 사회 여타 분야의 자율성을 빼앗아 그 이데올로기에 종속시킨다. 즉 하나의 이데올로기 아래 사회 모든 분야를 줄 세움으로써 획일성을 유지한다. 다원적 세력의 다양성을 생명으로 하고 있는 민주주의 체제와는 그래서 근본적으로 다른 것이다. 통일이 아무리 민족적인 숙원 사업이라 해도 그 통일을 명분으로 사회의 여러 주요한 가치, 즉 인권·언론 자유·법치주의·사유재산권 등을 희생시킬 수 없다. 북한의 눈치를 보느라 국민의 알 권리가 무시되고, 6·25 기념행사가 갑자기 축소되는 식이 돼서는 안 된다. 통일이 아무리 소중해도 민주주의를 앞설 수는 없다. 우리는 우리의 민주주의를 지키기 위해, 북쪽에도 민주주의의 소중함을 전파키 위해 통일을 해야 하는 것이다. '우리의 소원은 민주주의'가 될 때 '우리의 소원은 통일'이 자연스럽게 성취되는 것이다."

『조선일보』 7월 4일자 사설은 "북한이 지난 1990년 이후 벌여온 '8·15 범민족대회'를 올해는 갖지 않기로 했다고 한다. …… 그것은, 지금까지의 '범민족대회' 운동은 남북의 진정한 공존과 화해가 아닌, 대남교란 전략 또는 그것을 위한 통일전선 전략이었음이 북한의 이번 결정으로 분명히 입증되었다는 점이다"고 주장했다.

『조선일보』 류근일 논설 주간은 7월 7일자 칼럼에서 "집권 측은 지금 정상회담 하나에 완전히 도취해 있는 표정들이다. 김정일이 순안비행장

에 직접 영접 나온 것을 본 그 순간부터 거의 '뿅' 간 모습들인 것이다" 라고 주장했다.[67]

『조선일보』 주필 김대중은 7월 14일자 칼럼에서 "신문 만드는 일에 35년간 종사해오면서 많은 질책과 항의와 비판을 받았지만 이번처럼 분노하다 못해 참담하고 비참하게 느낀 적은 없었다. 평양에서 남북 정상이 만나던 지난 6월 13일, 어느 인터넷 사이트에 이런 글이 있었다. '조선 기자들의 암 발생 기쁜 소식. 하늘이 그런 나쁜 놈들을 그냥 넘어갈 리는 없다. 말기(末期)를 거쳐서 신속하게 사망에 이르기를 바란다. 관도 쓰지 말고 파묻어라. 아니면 들개에게 주든가' 또 '암세포야 힘내라. 앞으로 너희들(암세포)에게 온갖 고통이 따를지라도 흔들리지 말고 버티거라' 는 글도 올랐다. 불행히도 『조선일보』는 당시 3명의 기자가 암에 걸려 투병 중이었다. 모든 기자가 이들의 처절한 투병을 응원하며 이들이 다시 일어나 편집국에 복귀하기를 간절히 기원하고 있었다" 며 다음과 같이 주장했다.

" '암 발생 기쁜 소식' 에 딸린 문구는 특정 매체에 대한 비판을 넘어 인간 세상의 근본을 파괴하는 것이다. 아무리 하찮은 인간이고 아무리 자기 마음에 들지 않는 신문이라고 해도 욕해서 될 말이 있고 해서는 안 될 욕이 있다. 더구나 이 기자들은 지금 사경을 헤매고 있다. 여기다가 '신속하게 사망에 이르기를' 재촉하는 자들은 과연 인간인가 악귀인가 …… 우리는 안다. 결국 『조선일보』의 논조가 자기들 마음에 안 들어서다. 특히 우리의 대북 논조가 그 바탕에 깔려 있음을 느낄 수 있다. 이들

67) 류근일, 「청와대가 한숨 쉬는 까닭」, 『조선일보』, 2000년 7월 7일.

의 저주에서 최근 『조선일보』를 폭파하겠다는 북한 성명과 같은 맥을 느끼는 것은 결코 우연이 아니다. …… 아무래도 지금 판은 윤리고 자유고 책임이고 아랑곳없이 한반도의 마지막 이념형 사생결단의 장(場)으로 몰려가고 있는 것 같다."

이에 대해 『한겨레』 여론매체부장 손석춘은 다음과 같이 주장했다. "지식인들의 『조선일보』 비판 운동에 일찌감치 이 신문의 주필이 보인 반응은 시사적이다. 김대중 칼럼은 『조선일보』 비난 세력이 기자들을 향해 암에 걸리라고 주술을 했다며 개탄했다. 하지만 통신에 쏟아진 숱한 비판 가운데 가장 비이성적인 글을 골라 반론을 편 주필의 모습은 보기 민망스러웠다. 당당한 비판을 하라면서 정작 당당한 비판엔 당당한 반론 한 줄 없다."[68]

『조선일보』는 미국 공화당의 기관지인가?

류근일 『조선일보』 논설 주간은 7월 21일자 칼럼 「'입' 다물고 가는 '통일'」에서 다음과 같이 주장했다. "남북 정상회담 이후 한반도에서는 지적(知的) 다양성과 비판 기능이 위축되고 있다. 지성(知性)의 생명은 그 상대가 누구든 언제 어디서나 다양한 목소리로 권력을 비판하고 견제하는 것이다. 그런데 지금 남한에서는 '한 목소리' 만이 설 자리를 찾는다. …… 우리가 진정으로 '추구할 가치가 있는' 통일은 다양성 속에서, 다양성이 보장되는, 다양성 그 자체를 고스란히 가지고 가는 통일이기 때

68) 손석춘, 「포로와 '간첩'」, 『한겨레』, 2000년 9월 7일, 11면.

문이다.”

문창극은 『중앙일보』 7월 24일자에 쓴 칼럼 「외투는 우리가 먼저 벗나」에선 “북한이 바뀌기 전에 우리가 병들게 생겼다. 햇볕론은 북한에 따뜻한 햇볕을 보내 외투를 벗게 만들자는 것이었는데 우리가 먼저 외투를 벗는 것은 아닐까”라고 주장했다.

『조선일보』는 8월 2일 사설 「미 공화당의 대북 인식」에서 공화당의 시각을 빌어 “남북 정상회담과 이산가족 상봉이 이루어졌으나 북한은 신뢰하기엔 이른 경계 대상”이라고 언급하면서 “우리 사회는 비현실적인 낙관주의에 빠지고 있다”고 비판했다. 이뿐만 아니라 “한국 정부는 공화당의 대북 정책과 조화를 이루어나가야 한다”고 주장했다. 이 사설은 공화당의 외교 안보 관련 정강 정책을 통해 밝힌 미 공화당의 입장을 인용하면서 미 공화당의 강경한 대북 인식에 상당한 무게중심을 두었다. 사설 초반에서는 “공화당의 이 같은 ‘단호한’ 기조는 클린턴 행정부의 ‘유화 정책’에 비해 여러 가지로 대비가 되고, 게다가 공화당의 집권 가능성까지 거론되고 있어 관심을 갖지 않을 수 없다”고 했다.

이어 이 사설은 미 공화당의 강경 기조에 대해 “눈에 띄는 것은 북한의 실상을 바라보는 공화당의 현실적 입장이다”라며 “공화당은 북한을 더불어 평화를 얘기할 수 있는 상대로서보다는 아직도 신뢰하기엔 이른 ‘경계의 대상’으로 간주하고 있는 것이다”라고 말했다. 그리고 “공화당의 이 같은 인식은 한반도 현실을 직시한 ‘현실주의적’ 시각이라는 점에서 주목할 수 있을 것이다”며, “여론조사에서 부시 지지도가 높다는 지금, 한국의 현 정부는 과연 공화당의 이 같은 단호한 대북정책과 어떻게 조화를 이루어나갈 수 있는지 묻지 않을 수 없다”고 했다.

이와 관련, 민주언론운동시민연합(민언련)은 "『조선일보』의 시각은 단순히 미 공화당의 입장 전달이 아닌 남북 화해 분위기 뒤집기 시도의 하나로 해석하기에 충분했다"며 다음과 같이 주장했다. "가히 공화당의 기관지에 가까운 태도라 하지 않을 수 없다.……『조선일보』는 결국 확실치도 않은 미 공화당의 집권을 전제로 하여 자신들의 대북 강경 태세를 강변하고 있는 셈이다."[69]

류근일 『조선일보』 논설 주간은 8월 4일자 칼럼 「'반미(反美)'」에서 지금 한국 사회에는 매향리 문제 · SOFA 개정 등에 대한 '정당한 요구'를 넘어 대통령이 우려할 정도로 '이념적 · 총체적 반미'가 확산되고 있는데, 이는 미국과 북한 그리고 남북한 화해 분위기가 높아가는 가운데 남한 내부에서는 새삼 반미냐 아니냐는 싸움이 최신 유행으로 불붙고 있는 기이한 양상이라고 지적했다. 류근일은 한반도 안팎에서의 한국과 미국의 전통적인 안보 동맹 관계 자체를 '만악(萬惡)의 근원'인 양 바라보는 '반미'만은 분명히 시대착오적인 도그마라고 주장했다.

이에 대해 『미디어오늘』(2000년 8월 10일)은 "『조선일보』가 말하는 '이념적 · 총체적 반미'의 구체적인 내용은 미군 철수와 한미 안보 동맹의 부정이다. 미군 철수 주장이 이념적 반미라는 『조선일보』의 논리에 따르면 일본, 독일 등의 미군 철수 주장 또한 이념적 · 총체적 반미에 속하고 금기시돼야 할 문제가 된다. 미군 철수 주장은 1980년대 이후 일본, 독일, 필리핀 등 전 세계적으로 제기돼왔다. 그 시작은 미군의 여아 성추행 사건 등이었으나 그 근본은 냉전 체제의 와해에 따른 것이었다. 한국

69) 「미 공화당 기관지로 전락한 『조선일보』: 민언연 '8월의 나쁜 사설'에 선정된 『조선일보』 8월 2일자 내용 논평」, 『진주신문』, 2000년 9월 11일, 6면.

매향리의 한 마을 앞에 포탄 잔해 더미가 쌓여 있다. 미국이 행사한 '직접적 지배력' 의 구체적인 모습이다.

에서 나타나는 미군 철수의 주장 역시 그러한 흐름과 맥을 같이하고 있다. 여기에 그동안 미국이 우리 사회에 행사해온 '직접적 지배력' 에 대한 반대가 덧붙여졌다. 미국의 이러한 지배력의 구체적 모습이 매향리와 SOFA 협정 등에서 나타나고 있으며 때문에 그 해결이 더욱 어려운 것이다" 며 다음과 같이 주장했다.

"그러나 『조선일보』는 미군 철수 주장의 이러한 성격은 무시하고 이 주장이 북한 주장과 동일하다는 것으로 문제를 삼고 있다. 자신의 눈에 위험해 보이는 주장들을 북한과 연결시켜 금기시해온 것이 분단 체제를 유지해온 가장 강력한 무기였다. 반미를 공산주의와 연결시키는 것이 바로 분명한 '시대착오적 도그마' 인 것이다. 지금까지 『조선일보』는 남북관계에 있어 흡수통일과 남북 대결의 자세를 견지해왔다. 그러나 최근 급속하게 남북 화해 분위기가 무르익으면서 『조선일보』의 반북 논조에 대한 비판이 확산되자 비판을 인정하지 않는 통일 흐름은 문제가 있다며 통일 문제에 대한 '다양한' 논의가 보장돼야 한다고 주장하고 나섰다. 『조선일보』의 이런 주장은 논리적으로 매우 정당하다. 그렇다면 반미에 대한 다양한 주장이 나오는 것이 왜 문제인가? 『조선일보』가 정당하다고 주장하는 반미를 넘어 '이념적 · 총체적 반미'에 대한 다양한 주장이 제기되고 토론을 거쳐 사회적 합의를 만들어내는 것이 『조선일보』가 말하는 '자유민주주의'의 본모습이다."

언론사 사장단의 방북

2000년 8월 5일부터 12일까지 한국의 신문 및 방송사 사장단 48명이 북한 김정일 국방위원장 초청 형식을 빌려 북한을 방문했다. 이는 남북 정상회담 때 김정일의 남쪽 언론에 대한 비판적인 언급을 계기로 마련된 것이었는데, 동아일보 사장과 조선일보 사장은 불참했다. 방북 직전 고려대 신문방송학과 교수 임상원은 『동아일보』(2000년 8월 4일) 칼럼을 통해 "언론사 사장들의 방북은 남북 교류의 촉진을 위해 바람직한 일일 수도 있다. 그러나 이번 언론사 사장들의 집단 방북은 그 내용과 형식에 있어서 몇 가지 짚고 넘어가야 할 문제가 있다"며 다음과 같이 주장했다.

"그것은 무엇보다 48명이나 되는 많은 언론사 대표들이(한국신문협회 회원사는 46개이고 방송협회 회원사는 32개로 총 78개) 무리를 지어가는 모습이 그렇게 좋아 보이지 않는다는 것이다. 북측이 오라고 한다고 해서 너도나도 다퉈가면서 집단 행차를 하는 것은 결코 품위 있는 행위로 보이지 않는다. 정중하게(?) 초청했다 하더라도 다음 날로 우리나라 언론사의 3분의 2가 한꺼번에 나선다는 것은 통상적인 일이 아니다. 남북 관계가 아무리 특수하다 하더라도 이는 적절한 일이 아니다. 외국의 경우 어느 나라 언론계에서 이런 일이 있을 수 있는가. 이는 스스로의 품위와 권위를 손상하는 일이고 삼가고 절제하는 모습이 아니다."[70]

8월 11일 평양을 방문한 한국신문협회 회원들은 북측 언론 기관들과 "남과 북의 언론사들과 언론 기관들은 새롭게 조성된 정세의 흐름에 맞게 민족 내부에서 대결을 피하며 민족의 화해와 단합을 저해하는 비방 중상을 중지하기로 한다"는 합의문을 만들었다. 이에 대해 조갑제는 다음과 같이 비판했다.

"기자는 민족의 화해와 단합을 위해 일하는 사람들이 아닙니다. 기자는 사실을 보도하고 사실을 발굴하는 직업인입니다. 사실 보도를 통해서 민족의 화해와 단합에 기여할 수는 있지만 민족의 화해와 단합을 빙자해 사실을 왜곡, 조작, 묵살하도록 면허받은 사람들은 아닙니다. 사실에 기초하지 않은 민족의 화해와 단합이란 사기란 것을 우리는 잘 알고 있기 때문입니다."[71]

비슷한 시기에 이산가족 방문단 문제도 주요 이슈가 되었다. 이산가족 방문단의 북한 측 단장이 1986년 월북한 최덕신 전 외무장관의 부인인 유미영이라는 사실이 알려지자 신문들은 유미영 일가에 대한 소개와 부모의 월북 이후 그 자제들이 겪은 이산의 고통에 대해 소개했다. 대표적으로 『문화일보』는 8월 10일자 사회면 「"월북 상처 덧날까 두렵다"」

70) 임상원, 「언론사 사장단 방북 '유감(遺憾)'」, 『동아일보』, 2000년 8월 4일, A7면.
71) 조갑제, 「[편집장의 편지] 괌 사고기의 기장과 대한민국호의 기장: 민족의 화해를 빙자한 언론 자유의 제약을 경계한다」, 『월간조선』, 2000년 9월.

에서 최덕신 · 유미영 부부의 월북 이후 14년 동안 둘째 아들과 두 딸이 '빨갱이 자식' 이란 주위의 눈총과 경찰 · 안기부 등 정보기관의 감시와 방문에 시달렸다고 보도하면서 "어머니를 만나고 싶지 않다"는 둘째 아들의 말을 전했다. 이 기사는 유 단장의 아버지 대와 자식 대 3대의 역사를 소개하면서 유 단장의 자녀들이 뒤늦은 이산가족의 아픔을 겪었고, 이들 가족의 일대기는 파란의 한국 현대사를 그대로 드러내고 있다고 보도했다.[72)]

그러나 『조선일보』는 8월 10일자 [만물상]에서 유미영이 이산가족 방문단의 북한 측 단장으로 방남하는 것은 북한이 남한을 무시하기 때문이라고 비판했다. 『조선일보』는 8월 12일자 사설 「최덕신은 누구인가」에서도 북의 평양방송이 최덕신을 '매국에서 연공애국으로 인생을 전환해 통일애국의 길을 걸은 인사' 라고 평가한 점을 들어 이는 우리를 '여지없이 능멸하는 것이나 다름없다' 고 비판했다. 사설은 계속해서 더 큰 문제는 북의 이런 태도에 대해 정부는 말할 것도 없고 아무도 딱 부러지게 대응하지 않는다고 지적했다. 유미영의 방남을 계기로 남한 언론이 그 가족들이 온갖 박해를 받았다는 것만 보도하고 있으며, 대부분이 남파 간첩인 장기수의 북송도 '인도적인 조치' 라는 사실만 강조하고 있다는 것이다.

이에 대해 『미디어오늘』(2000년 8월 17일)은 다음과 같이 주장했다. "그러나 『조선일보』의 이런 주장은 남북 관계의 적대성만을 강조하는 냉전적 사고방식을 바탕으로 한 전형적인 트집잡기의 모습이다. 최 씨

---

72) 황방열, 「북한 유미영 서울 방문 단장 관련 조선일보 보도: "사사건건 트집" …… 화해 분위기에 '찬물'」, 『미디어오늘』, 2000년 8월 17일, 8면.

가족의 이산과 그 자제들이 겪은 고통의 근본적인 이유는 남북의 분단 때문이다. 이런 대결 구도를 청산하고 화해 협력을 통해 통일로 나가자는 모두의 염원이 하나로 모이고 있는 지금 이런 트집 잡기로 나선다면 북한이라고 딴지 걸고 나올 일이 없겠는가?"[73]

남한은 '김정일 쇼크'에 빠졌나?

보수 세력의 김대중 정권 비판은 전 방위적이었다. 김대중 『조선일보』 주필은 8월 12일자 칼럼에서 다음과 같이 주장했다. "여기서 우리가 걱정하는 것은 김 대통령의 사태를 보는 통찰력과 시국을 판단하는 현명함에 어떤 이상이 생긴 것 아닌가 하는 것이다. 그의 정치적 장점은 논리정연함, 현명함 그리고 응집력과 끈기였다. 현명한 판단 아래 논리를 세우지 않고는 어떤 일도 시작하지 않았으며 한번 시작한 것을 끝까지 추구하는 응집력을 보여왔다. 그러나 최근 벌어지고 있는 사태에서 김 대통령이 보인 대응이랄까 처방은 그의 이런 장점들과 거리가 있어 보인다. 정치도 티격태격, '현대' 도 우왕좌왕, '(의약)분업' 도 지리멸렬 그리고 안보도 실종 상태다."

문창극 미주총국장은 『중앙일보』 8월 14일자에 쓴 '통일과 기념관' 이라는 제목의 칼럼에서 지금 박정희 대통령 기념관을 건립해놓지 않으면 "한반도에 남는 것은 북한의 김일성 동상과 엄청난 그의 기념관뿐일 것" 이라면서 다음과 같이 주장했다. "사람마다 허물은 있기 마련이다.

---

73) 황방열, 「북한 유미영 서울 방문 단장 관련 조선일보 보도: "사사건건 트집" …… 화해 분위기에 '찬물'」, 『미디어오늘』, 2000년 8월 17일, 8면.

개인 간에도 허물은 덮어주고, 장점은 높이 사주는 것이 바람직하듯, 국가나 사회도 지도자의 단점을 들추어 확대하기보다 그 공로를 높이 받들어줄 때 건강하게 발전한다. 지금 박정희 대통령 기념관을 만든다 하니 우리의 경제 발전을 위해 애썼던 그의 정신이 후손에 남게 됐다."

『조선일보』 8월 16일자 [만물상]은 "지난 6월 남북 정상회담 이후 남한 사회는 일종의 '김정일 쇼크' 현상에 빠져 있는 느낌이다"며 다음과 같이 주장했다. "급기야는 공영 TV 토론에서 한 참석자가 '김 위원장은 남한에서도 정치적으로 중요한 인물로 부각돼 있다'고 서슴지 않고 말하는 지경에까지 이르렀다. 대중성을 잘 꿰뚫고 있는 김정일은 6·15를 계기로 북한뿐만 아니라 남쪽에도 그의 팬클럽을 만들 좋은 찬스가 다가오고 있음을 확신함 직하다. 이미 남쪽은 긴장이 풀어지고 상황을 액면 그대로 보는 경향이 있다. 그는 적어도 남쪽에서는 절반 이상 성공했다."

『조선일보』는 8월 17일자 사설 「월북자도 만나는데……」에서 이산가족 상봉을 '분위기 행사'로 일축했다. 수없이 많은 이산가족 가운데 겨우 100명이 만났을 뿐인데, 이것을 두고 "흥분하고 감동하는 것은 어느 면에서 보면 처량한 노릇"이라며 "일회성 행사는 전체 실향민들에게 오히려 아픔만 배가할 뿐"이라고 주장했다. 정부가 이미 이산가족의 단계적 상봉과 서신 왕래 등에 힘쓰겠다고 약속한 지금에도 그저 이번 행사가 일회성이라는 점을 집중 부각한 것이다.

『조선일보』 8월 18일자는 '"아버지, 장군님 품으로"…… 북 가족 '정치 발언'에 상봉장 서먹'이란 제하의 평양 공동취재단 글을 게재하면서 중간 제목을 본문 내용에는 있지도 않은 "'민족 대단결 강령' 외우기도", "대화 막히고 '신경전' 까지"로 달아 기사의 취지를 왜곡했다는 비판을 받았다. 이 기사와 함께 나란히 게재된 「사촌이 죽어도 북한에선 모른다?」와 「상봉 예정 203명 중 164명만 현장 나와」 역시 통신 수단이 발달하지 않고, 전산망이 미비하다는 관계자의 말을 빌려 북한이 의도적으로 이산가족 상봉에 무성의한 것처럼 보도했다. 이들 기사는 나중에 배달 판에서 아예 빠지거나 일부 삭제, 축소해서 나갔는데 이를 두고 언론계 일각에선 "이산가족 상봉을 둘러싸고 남북 화해 분위기가 사회 전체로 확산되는 점을 감안하지 않을 수 없었을 것"이라고 지적했다.[74)]

8월 19일 『조선일보』는 「상봉이 '김정일 은덕'이라고?」라는 사설에서 북한 이산가족들이 이번 상봉을 김정일 위원장의 노력으로 된 것처럼 말한 데 대해 "만에 하나 우리 국민들 가운데 일부라도 그렇게 생각할 우려가 있다면 당연히 바로잡아야 한다"고 주장했다. 또한 북한측이 이산문제에 대해 "경제 지원을 받기 위한 지렛대로 활용하고 있다는 느낌"이라며 이산가족 상봉의 제도화에 대해 '반신반의' 한다고 밝혔다. 『조선일보』는 이 사설에서 이산가족 상봉을 "'오로지 김정일의 은덕'이라고 믿는 사람이 있다면 사실 왜곡의 극치"라고 했지만 보도된 인터뷰 내용을 볼 때 '오로지' 김정일 은덕이라고 한 사람은 없었다. 그렇다면 이러한 『조선일보』의 사설 역시 '사실 왜곡의 극치'가 아니냐는 의문이 제기되었다.[75)]

---

74) 이경숙, 「아직도 '냉전의 품'에 안겨 있는 언론은……: 북한체제 · 생활 이해 않고 '반공' 잣대로 재단 …… 시대 흐름 역행」, 『미디어오늘』, 2000년 8월 24일, 9면.
75) 위의 글.

대북 쌀 지원은 '퍼주기' 인가?

『조선일보』 8월 21일자 사설 「공화, 대북 낙관주의 비판」은 미 하원 공화당 정책위원회의 '정책 견해서' 를 인용하여 공화당의 강경 기조를 강조하고 나섰다. 8월 26일자 사설은 "미국 의회 보고서는 전통적으로 정당의 이해를 초월해왔다는 것을 참고할 필요가 있다" 며 "북한에 제공되는 경수로의 핵무기 개발 가능성과 남아시아와 중동 국가들을 상대로 한 미사일 기술 확산이 가져다주는 현실적 위험을 실감나게 지적하고 있다" 고 했다. 이에 대해 민언련은 다음과 같이 비판했다.

"극도로 보수적인 미 공화당의 대북 인식에 남북 관계가 좌우되어야 한다는 듯이 논지를 편 『조선일보』의 인식은 사대주의의 극치가 아닐 수 없다. 남북 화해 기조를 다진 지금의 한반도 상황에서 굳이 결정되지 않은 미국 대선의 결과를, 그것도 보수적인 공화당의 집권을 전제로 전망하는 이들 사설은 『조선일보』가 얼마나 반통일적이며 사대주의적 신문인가를 반증한 사례라 할 수 있다."[76)]

『조선일보』는 2000년 8월 26일자 사설 「한나라당의 어정쩡한 '대북(對北)'」에서 "6 · 15 남북 공동성명 이후 한나라당의 대북 자세가 딱히 이것도 저것도 아닌 채 어정쩡하게 흘러가고 있다" 며 다음과 같이 주장했다.

"한나라당과 이회창 총재는 정부의 대북 정책과 그로 인한 현재의 한반도 정세에 관한 한 '속절없는 종속변수' 노릇을 할 뿐, 독립적인 대안 세력 구실을 하지 못하고 있다. 나쁘게 말하면 기회주의적이기까지 하고, 보수와 진보를 다 같이 떨어져나가게 할 수 없다는 양다리짚기처럼

76) 「미 공화당 기관지로 전락한 『조선일보』: 민언연 '8월의 나쁜 사설' 에 선정된 『조선일보』 8월 2일자 내용 논평」, 『진주신문』, 2000년 9월 11일, 6면.

김대중 정부는 대북 쌀 지원을 남북 관계 개선의 수단으로 활용했다.

보이기도 한다. 극단으로 치우치지 않는 중도(中道)의 길을 걷겠다는 속셈일 수도 있지만, 그러는 가운데서나마 '진정한 평화 공존을 향한 야당의 보다 올바른 대안(代案)' 또는 '현 정부식(式) 대북 정책의 부(負)의 측면과 그 부작용' 등의 분명하고도 차별성 있는 입장 표명을 못하라는 법은 없는 것이다. 그것을 못한 채 엉거주춤 그때그때 정치적인 제스처나 쓰는 한 한나라당은 '남북'에 관한 한 야당으로서의 위상과 정체성을 포기한 것이나 다름없게 될 것이다."

8월 30일 남북한은 평양 인민문화궁전에서 2차 장관급 회담을 열어 투자 보장 · 이중과세 방지 등 경제 협력과 관련한 제도적 장치를 마련한다는 데 원칙적으로 합의하고 이를 위한 실무 협상을 열기로 했다.[77]

이 회담에서 북한은 100만 톤의 식량 지원을 남쪽에 요청했다. 그해 북쪽에 가뭄이 들어 식량 사정이 어려웠기 때문이다. 김대중 정부는 국내 여론을 고려하면서, 동시에 대북 쌀 지원을 남북 관계 개선의 수단으로 활용하려 했다. 우여곡절 끝에 김대중 정부는 북한에 쌀을 지원하지만, 이는 보수파의 반발을 불러왔고 그 와중에서 처음으로 '퍼주기' 라는 개념이 등장했다.[78]

『조선일보』의 이회창 비판

2000년 9월 2일 비전향 장기수들이 북한으로 돌아가는 날 아침 『조선일보』는 「간첩 기 살리고 국군 포로 기죽이고」라는 사설에서 그들을 '남파 간첩', '수십 명을 학살한 살인범', '반인륜 사범' 등으로 비난하면서 "국가의 근본을 깨는 방식의 남북 화해란 있을 수 없는 일이다"고 주장했다.

2000년 9월 6일 한나라당 이회창 총재가 연세대 강연 뒤 그의 '반통일적' 발언들에 항의하는 학생들을 피해 뒷문으로 빠져나간 사건이 일어났다. 이에 『조선일보』(2000년 9월 7일) 사설 「'뒷문' 으로 빠져나온 이회창 총재」는 "도대체 일국의 원내 제1당 총재가 뭐가 꿀리고 켕겨서 당당히 앞문으로 걸어나오지 못하고 몰래 야반도주하듯 뒷문으로 빠져나왔단 말인가? 그런 집단한테 마치 자신이 직접 당한 것만큼 분개하고 있는

---

77) 이제훈, 「남북경협 투자보장 합의/장관급 2차 회담 …… 다음 달 말께 3차 회담」, 『한겨레』, 2000년 8월 31일, 1면.
78) 김연철, 「2000년 대북 쌀 지원을 하지 않았다면」, 『한겨레21』, 2010년 9월 10일.

모든 양식 있는 사람들로서는 이회창 총재 일행의 그런 나약하고 패배주의적인 행동에 더욱 울화가 치밀고 모멸감을 느낀다"며 다음과 같이 주장했다.

"이회창 총재가 진정으로 한 진영의 대표 주자이자 선두 주자로서의 사명감과 상징성을 자임한다면 그는 돌팔매에 맞는 한이 있더라도 당당한 자세와 추상같은 기품을 추스린 채 반대자들을 피하지 말았어야 했다. 한반도 정세의 추이를 지켜볼 때 이제는 남한 내부가 마지막 대치 현장이 되었기 때문에 누구든지 그런 부류와 맞서 싸우려면 적어도 기(氣) 싸움에 있어 처음부터 끝까지 주눅들고 꺾이면 안 되는 것이다. 그들이 요즘 주력하는 것이 바로 '너희들은 딴소리를 거론하지도 말고 전파하지도 말고 행동화하지도 말라'는 기 꺾기 작전이기 때문이다. 이 점에서 이 총재의 '기피'는 그들의 당면의 전략 전술을 관철시켜준 결과가 되었다. 정말 모두가 함께 창피하게 된 것 같은 기분이다."

『조선일보』는 오래전부터 이회창이 강경하지 못하다는 비판을 해왔다. 그리고 『월간조선』의 경우 문제 제기는 노골적이었다. 예컨대, 『월간조선』 2000년 6월호에 실린 「검증: 이회창 대통령감인가?/대세론은 급속히 확산, 국가 지도자로서의 이념적 정체성이 있느냐는 의문도/확고한 이념적 지향점 없이 '진보적 보수'라는 언어의 유희를 계속할 때 양쪽으로부터 다 외면당할 수도 있다」라는 기사와 2000년 10월호에 실린 「이회창의 위기/남북관계에서 보수층의 불안과 불만 대변하지 못해 주도권을 놓치고 있다」라는 기사는 이회창이 강경하지 않기 때문에 '대통령감'인가 하고 의심하는 사람들이 많고 '위기'를 겪고 있다고 주장했다.

김대중 『조선일보』 주필은 9월 9일자 칼럼에서 다음과 같이 주장했다. "국민을 또 맥 빠지게 하는 것은 이 정부의 대북 노이로제다. 북한과 김정일을 건드리거나 화나게 하는 일체의 행동을 억제하거나 '알아서 기는' 저자세는 정말 우리를 화나게 한다. 김정일은 이제 남한 내부 정치의 한 중요한 요소로까지 부상했다. 이 나라가 어떻게 싸워서 일군 나라인데 이렇게 줏대 없이 북에 이끌려 다니며 온갖 사탕발림에 열중하고 있는가 하는 탄식이 여기저기서 들린다. 심지어 '가부간에 노벨평화상이 발표되는 10월 13일이 빨리 왔으면 좋겠다' 는 자조적인 말도 들린다."

『조선일보』는 9월 15일자 사설 「북 대표에 '안달' 하는 우리 공직자들」을 통해 "(북한의 박재경 대장은) 우리 장관과는 격이 전혀 맞지 않는 사람이었는데도 우리 국방부 측은 '우리 국방부 장관이 잠깐 뵙자' 고 하면서 면담을 졸랐다고 한다" 고 썼다. 『조선일보』는 이어 "평화 구축과 보장은 아직도 갈 길이 먼데 국방장관마저 이 같은 경박한 처신을 보여준다면 국민이 어떻게 군을 믿고 발 뻗고 잠을 잘 수 있을 것인가?" 라고 반문하면서 "다른 장관도 아닌 국방장관의 이 같은 행태는 국민들을 창피하게 만들었다" 고 주장했다.

이에 국방부는 15일 산하 국방홍보원에서 발행하는 『국방일보』 1면 논설을 통해 "『조선일보』가 군령과 군정을 총괄하는 국방장관과 군을 사실이 아닌 내용으로 모독했다" 며 "군의 명예와 사기를 실추시킨 데 대해 분노와 경악을 금할 수 없다" 고 말했다. 국방부는 '조선일보를 통박한다' 는 제목의 논설에서 "조성태 국방장관이 북한의 박재경 대장을 만난 것은 극히 자연스러운 일" 이라며 "김용순 비서의 신라호텔 환영

오찬장에서 이미 만나도록 돼 있어, 만나려고 '안달' 또는 '구걸' 이란 표현은 전혀 사실이 아니다"라고 주장했다. 국방부는 또 "역사적으로 사신이 오면 사신을 통해 정보를 얻고 의중을 파악한다"며 "고려 시대 강감찬 장군이 부하를 앞세우고 요나라 사신의 의중을 떠보았다"고 덧붙였다. 국방부는 이어 "국방장관이 북한 박 대장과 만난 곳은 정식 회담장이 아니라 오찬장"이라며 "국방부 뜻을 북한 쪽 상부에 전달하려는 만남이어서 격 운운하는 것은 언어도단"이라고 밝혔다.[79]

김영삼의 김대중 비판

추석날인 9월 12일 김영삼 전 대통령은 북한 김정일 국방위원장을 규탄하고 그의 서울 답방에 반대하는 서명 운동에 본격 착수했다. 김 전 대통령은 이날 자신이 첫 번째로 서명한 후 민주산악회 등을 통해 배포한 '김정일 범죄 고발 · 규탄 선언문'에서 "뉘우침이 없는 전 인류의 공적인 반민족 전쟁범죄자 김정일을 국내 법정과 국제사회에 규탄, 고발하고 서울 방문을 저지하는 2000만 명 서명운동을 전개하겠다"고 했다. 김 전 대통령은 김정일을, '통일의 파트너가 아니라 민족 통일의 최대 장애물이자 통일 과정에서 반드시 단죄되어야 할 민족 반역자'로 규정하면서, 김대중 대통령이 민족 반역자와 민족 통일의 방향에 대해 합의한 것은 '위험한 사기극'이라고 주장했다.[80]

조갑제는 『월간조선』 10월호에 쓴 [편집장의 편지] 「'한국의 주류 사

79) 김성걸, 「국방부, 조선일보 사설 이례적 반박」, 『한겨레』, 2000년 9월 16일, 2면.
80) 「YS, 김정일 답방반대 서명운동 착수」, 『한국일보』, 2000년 9월 14일, 2면.

회와 김정일'의 대결 구도: 대한민국의 혼(魂)-국기·국가·국호를 너무 쉽게 포기하고 있다」에서 "이런 김영삼 전 대통령의 시각은 상당수 국민들의 생각과 울분을 반영하고 있다고 여겨집니다. 『월간조선』 인터넷 여론조사에서(방문자는 주로 30, 40대) 약 68%가 '김정일은 반민족적 범죄행위에 대해 시인, 사과, 책임자 처벌을 해야 한다'는 데 동의한 것이 언론에선 무시되고 있는 민심의 일단을 보여주고 있습니다"라면서 다음과 같이 주장했다.

"김영삼 전 대통령의 선명한 노선과 민주산악회를 주축으로 한 대중운동이 이들 보수층의 울분과 결합할 때 남북 관계는 새로운 국면으로 넘어갈 가능성이 있습니다. 김영삼 전 대통령에 대해 비판적이었던 사람들 가운데서도 그의 김정일 비판에 대해서 '속이 다 시원하다'고 긍정하고 있는 이들이 많이 생기고 있습니다. 억눌려 있는 듯한 보수층의 언론 자유 문제를 제대로 대변하고 있는 것은 이회창 한나라당 총재가 아니라 김영삼 전 대통령이란 인식이 확산되면 한나라당에 대해 보다 과감한 행동을 촉구하는 압력이 형성될 수도 있습니다."

이어 조갑제는 "그가 결행한, 두 전직 대통령의 구속에 대해서 반대한 사람들도 김영삼 전 대통령이 퇴임 후 '한반도의 독재자 킬러'를 자임하면서 김대중, 김정일을 어느 정치인보다도 신랄하게 비판하고 있는 그 일관성을 평가하기도 합니다"라면서 다음과 같이 말했다.

"민주 투사에서 대통령이 되었다가 다시 반공 재야 투사로 돌아간 듯한 김영삼 전 대통령의 최근 행보는 역사는 돌고 도는 것이란 느낌마저 갖게 합니다. 외환위기를 불러 변명의 여지가 없을 것 같았던 김영삼 전 대통령에게, 김대중-김정일에 의한 남북 관계 드라이브는 일정한 역할

시드니올림픽 개회식에서 남북 선수단이 한반도기를 들고 동시 입장하고 있다.

을 부여한 셈입니다. 김영삼 전 대통령의 대중운동이 거리로 나올 때 과거 민주화 투쟁 시기에 있었던 장면이 재연될 가능성도 있습니다. 이 운동에 공권력이 서툴게 개입하면 김영삼 측은 김대중 정부를 친(親)김정일 정권이라 공격할 것입니다."

이 10월호에 같이 실린 「'한반도 독재자 킬러' 자임 김영삼, '돌격 준비 끝' : "대한민국의 건국이념을 훼손하는 데는 참을 수가 없었다"」는 기사 그리고 이 기사와 같이 세트로 실린 「이회창의 위기: 남북 관계에서 보수층의 불안과 불만 대변하지 못해 주도권을 놓치고 있다」는 기사도 볼만했다. 'YS 부활'의 가장 큰 책임이 DJ에게 있다는 건 두말할 필요가 없지만, 한국 정치가 그 어떤 생산적인 목표가 아니라 오직 반감(反感)에 의해서만 움직이게끔 하는 데에 『조선일보』를 비롯한 언론이 결정적인 기여를 했다는 건 분명하다.

9월 15일 제27회 시드니올림픽에선 남북 선수단 동시 입장이 이루어졌고, 9월 18일 남북한은 경의선을 동시에 착공했지만, 보수층은 이런 화해 무드를 불길한 시선으로 바라보고 있었다. 『조선일보』 9월 20일자 사설 「잔치판보다 신뢰 회복부터」는 다음과 같이 주장했다. "경의선 복원 착공을 축하하는 화려한 불꽃놀이가 한창인 가운데 국내 경제는 형편없이 무너져내렸다. 주식은 폭락하고 환율과 금리는 크게 뛰었다. 시중에는 제2의 IMF 악몽이 재현될지도 모른다는 위기감이 급속히 확산되고 있다. 정부는 더 이상 태평가와 잔칫상에만 도취하지 말고 급박한 경제 혼란을 직시할 필요가 있다. …… 지금은 분수에 맞지 않는 잔치판을 벌일 때가 아니라 다시 허리띠를 졸라매고 고통을 분담해야 할 때다. IMF 극복은 이제부터다."

의사 파업 사태

IMF 극복은 이제부터인 건 맞는데, 늘 문제는 내부 갈등이었다. 이른바 '남남 갈등' 은 김대중 정부의 대북 정책과 국정 운영이 앞으로 순탄치 않으리라는 걸 말해주는 것이었다. 남남 갈등은 대북 정책에만 국한되지 않았다. 2000년 여름 의사 파업이 일어난 것이다. 당시 텔레비전에서는 조선 명의인 '허준' 을 극화한 드라마가 시청률 1위를 달리고 있었지만, 텔레비전 밖의 세상은 의약분업으로 인한 의사들의 파행적인 휴폐업으로 큰 몸살을 앓아야 했다.

6월 20일 1차 파업 그리고 8월 1일 2차 파업으로 인한 사회적 혼란은 김대중 정권의 무능과 과오로 간주되었다. 서울대 교수 송호근은 2차 파업 시 "영남 지역은 이번 기회를 'DJ 죽이기'의 호기로 생각했으며, 경기 · 호남 · 강원 · 충청 지역은 중앙으로부터의 소외감을 설욕하려고 했다"고 말했다.[81)]

김대중 『조선일보』 주필은 8월 26일자 칼럼에서 "한 달 동안 우리는 아무것도 해결하지 못하고 번번이 원점으로 되돌아왔다. 아니, 사태는 더 심각해졌고 서로의 감정은 더욱 거세지고 날카로워졌다. 오는 30일 전국 의과대학 교수들이 결의 대회에 나서고 대학생들이 집단행동에 들어가게 되면 사태는 돌이킬 수 없는 데까지 갈 수밖에 없고 우리의 의료사회는 거의 붕괴 직전에 이른다"며 다음과 같이 주장했다.

"궁극적인 해결의 길을 제시해야 하는 책임은 정부에 있다. 아무리 의사들을 '인간 생명을 볼모로 한 집단'이라고 규탄해봐야 의사들은 도망갈 곳이 있다. 최후의 수단으로 의사직을 버리면 된다. 그러나 환자는 갈 곳이 없다. 아무리 의사를 매도해도 아프면 의사를 찾을 수밖에 없는 것이 환자요, 국민이다. 정부는 모름지기 환자와 국민을 위해 모든 정책의 기준을 정할 수밖에 없다. 그것이 정부의 존재 이유다. 그렇다면 정부는 여기서 한발 물러나 의사들이 왜 여기까지 왔으며 무엇을 바라는지 귀기울이는 데서 해결의 실마리를 찾아야 하는 것이 논리적이며 현실적인 귀결이다."

『조선일보』 10월 6일자 사설 「'의 · 정' 이제 결판으로 가나?」는 "의사들의 요구는 크게 두 가지로 압축할 수 있다. 약사들의 임의조제 가능성을 원천 봉쇄하고 의료 여건을 획기적으로 개선하라는 것이 첫째다.

---

81) 송호근, 『의사들도 할 말 있었다: 의사 파업에 대한 사회학적 분석』(삼성경제연구소, 2001), 219쪽.

그리고 이 요구를 수용하지 못할 형편이라면 분업 자체를 유보하거나 일본처럼 임의분업체제로 가자는 것이다. 물론 표면상으로는 전자만 내세우고 있지만 그것이 현실적으로 불가능하기 때문에 내심은 두 번째라고 할 수 있는 것이다"며 다음과 같이 말했다.

"의료계에 따르면 선진국과 같은 의약분업 여건을 조성하려면 현재 2300억 수준인 보건의료 예산을 12조 원으로 약 50배 늘려야 한다. 사정이 이럼에도 정부는 성의 없이 협상에 임하는 한편으로 매스컴을 통해 선진국의 의약분업이 어떻고 하는 식의 대국민 선전에 열을 올리고 있다. 환자들의 고통을 진정으로 걱정하는 정부라면 그런 홍보전이나 여론몰이에 안주할 수는 없을 것이다. 이제 사활을 결정짓는 막판 대립의 길로 들어서고 있는 셈이다."

남북 정상회담 이후의 한국 사회는 '전환 비용'이라는 덫에 갇혀 있었던 걸까? 경제학자 류동민은 「기득권과 전환 비용」이라는 제목의 글에서 이렇게 말했다. "이미 익숙해져 있는 어떤 시스템으로부터 새로운 시스템으로 변화할 때면 사회는 불가피하게 물질적 · 정신적 비용을 부담해야 하는데, 경제학에서는 이런 비용을 전환 비용이라 부른다. 그것이 엄청나게 큰 경우, 사회 전체적으로 보면 더욱더 바람직하고 효율적인 체계가 있음에도, 질적으로 낙후한 기존 체계에 그대로 묶여 있는 경우도 종종 발생한다."[82]

사실 한국 사회의 가장 큰 전환은 주식시장에서 일어나고 있었다. 1999년 말까지만 해도 외국인들이 보유한 국내 주식은 시가총액 대비

---

82) 류동민, 「기득권과 전환 비용」, 『한겨레』, 2000년 7월 25일.

21.9%였으나 2000년 8월말 현재 30.1%(75조 원어치)로 늘어났다. 삼성전자·주택은행 등 9개 대기업 주식의 50% 이상, 시중 은행의 반, 생보사의 8.6%, 외환 선물환 거래의 61%를 차지했다. 그래서 "한국 경제의 주인이 외국인으로 바뀌고 있다"는 말까지 나왔다.[83] 사정이 이와 같았음에도 한국 사회는 내부 싸움에만 몰두하고 있었다. 이 싸움의 압권은 단연 "대구 부산엔 추석이 없다"는 선동이었다.

83) 정용주, 「한국 경제의 주인이 외국인으로 바뀌고 있다」, 『월간조선』, 2000년 11월, 120~133쪽.

2000년 9월 9일

대구 부산엔 추석이 없다?
언론의 '지역감정 부추기기' 경쟁

정말 대구 · 부산엔 추석이 없나?

"실제 많은 영남인들은 DJ 정권에서의 '호남 편중 인사'를 지적하며 자신들이 차별받는다고 여기고 있다. DJ 정권의 설명대로 수십 년간의 영남 독식을 바로잡는 '진통'이 불가피한 측면도 있겠지만, 어쨌든 결과는 지역감정의 치유가 아니라 악화 쪽에 가깝다. 만약 지금 같은 상태에서 대통령 선거를 치르게 되면 역대 가장 극심한 지역 선거가 될지 모른다는 우려도 과장만은 아닌 듯하다. 더욱이 요즘은 지역감정 극복과 동서 화합이라는 절체절명의 과제가 남북 화해 무드에 파묻혀버린 느낌이다. 남북 화해의 새 시대를 기뻐하는 와중에 정작 우리 내부의 갈등은 오히려 방치되고 심화되는 느낌이다. DJ 정권 입장에서도 곪아터진 진물이 흐르는 동서 문제에 손을 대기보다는 묵은 상처를 봉합하는 남북문제가 더 손쉽고 생색이 난다고 생각할지도 모른다. 하지만 동서 갈등은 더 이상 차기 정권으로 미룰 문제가 아니다. 끝장은 못 볼지라도 DJ 정

"大邱 釜山엔 추석이 없다"

'不渡 직격탄' 피해지역 現地 르포

추석 분위기가 썰렁하다. 전국 어디를 둘러봐도 마찬가지다. 천고마비, 청명해야 할 가을하늘이 잿빛처럼 느껴진다. 소원을 빌 둥근 보름달을 보는 것만으로 만족해야 할까. 특히 지난달 말 지역경제를 지탱해온 우방이 부도의 '직격탄'을 맞으면서 대구지역은 암울한 분위기에 휩싸여있다. 부도사태와 관련된 협력업체는 1300여개, 관련 종사자만 1만3000여명. 한마디로 우방사태의 피해를 당하지 않은 사람을 찾기 힘들 정도다. 〈A8면에 관련기사〉

대구 우방 피해 1300여社 부산 신발업체 연쇄도산

'한국 제2의 도시' 부산도 예외가 아니다. 부산 경제의 지표인 어음부도율은 0.2%로 다른 지역에 비해 낮다. 그러나 "더 이상 부도날 기업이 없기 때문에 부도율이 낮다"는 아이러니는 부산을 포함한 우리 경제 전반의 '우울함'을 극명하게 보여주고 있다.

대구의 재래시장인 서문시장 상인들은 8일 이구동성으로 "아이들 옷 이외에 팔리는 것이 없을 정도"라고 말했다. 한 상인은 "작년의 경우 1만원어치를 팔았다면 올해는 2000원 매상에 불과하다"고 말했다.

김모씨(45)는 "아직 우방의 여파가 시장에까지 직접 나타나진 않았지만 추석이후 연쇄부도와 함께 경제위기가 몰려올 것이라는 소문이 자자하다"고 말하기도 했다.

추석연휴를 앞둔 8일 오후 부산 남포동 국제시장. 260여개의 의류점포를 비롯해 1400여개의 점포가 밀집한 부산의 대표적인 재래시장인 이곳도 '추석대목'은 실종됐다.

액세서리 가게를 기웃거리는 손님 외에는 썰렁한 모습. 이른 저녁 셔터를 내려버리는 가게도 적지 않다. 옷가게를 하는 김모씨(여). 몇 년 전만 해도 이때쯤이면 다른 사람의 어깨와 부딪히는 게 다반사였다며 "추석 경기예, 요즘 부산에 그런 것이 어디 있어예"라며 강한 사투리로 반문했다.

대표적 번화가인 광복동. 사람이 북적거리기는커녕 한산한 느낌이고 부산역 앞엔 빈 택시만 붐비고 있다. 한 기사는 "경기가 좋을 때는 손님도 가려 태우고 합승도 했다. 요즘은 사납금을 벌기도 어렵다"고 푸념했다.

'한국 신발산업의 메카'로 불렸던 부산 사상공단에서 과거의 영화를 찾는 것은 불가능했다. 문을 닫은 공장이 많고 어쩌다 만난 근로자들의 표정에도 그림자가 짙게 드리워져있다.

신발업체인 ㈜신세영화성 김동근(金東根)사장은 "최근에만도 비교적 잘 나가던 프로상사와 ㈜거금이 부도를 내는 등 잇따라 신발업체가 쓰러지고 있다"고 전했다.

〈부산·대구=특별취재팀〉

'대구 부산엔 추석이 없다'란 제목의 2000년 9월 9일자 『농아일보』 기사. 이런 왜곡 기사로 인해 『동아일보』 구독을 끊는 사람이 속출했다.

권에서 그야말로 진정한 화합으로 가는 전기(轉機)를 맞아야 한다. 그리고 지난 2년 반을 돌이켜볼 때 남은 2년 반은 이러한 과제를 풀기에 결코 충분한 시간이 아니다."[84)]

『주간조선』(2000년 8월 31일)의 주장이다. 좋은 뜻으로 한 말이었겠지만, 지역감정을 부추기는 주범은 오히려 언론이라는 비판의 목소리도 높았다. 일부 신문들이 지역감정을 부추기는 이유는 그것이 신문 장사에 도움이 된다고 믿기 때문이었다. 그래서 신문들끼리 "누가 누가 더 잘 부추기나" 경쟁을 한다고 해도 과언이 아니었다. 그러나 지나친 경쟁심에 눈이 멀면 무리를 범하기 쉽다. 최소한의 위장도 내던진 채 누가 봐도 "이건 정말 너무 했군" 이라는 판단을 내릴 수 있게 부추길 경우 오히려 역효과를 낼 수도 있다.

그러한 드라마틱한 사례 하나가 바로 『동아일보』 2000년 9월 9일자 1

84) 정장열, 「동서화합, 어디로 갔나」, 『주간조선』, 2000년 8월 31일.

면 머리기사 제목으로 등장한 「"대구 부산엔 추석이 없다"」였다. 이 기사는 신발업체와 건설업체들의 잇단 부도로 영남 경제가 매우 어렵다는 내용을 담고 있었는데, 특히 눈에 띈 것은 전국 도별 부도율 표였다. 추석이 없을 정도로 부산 · 대구 지역 경제가 엉망이라는 기사에 사용된 표에는 광주 지역 부도율이 가장 높게 나타났다. 이런 왜곡으로 인해 이 기사를 보자마자 『동아일보』 구독을 끊는 사람들이 속출했다.

『미디어오늘』(2000년 9월 21일)에 따르면, "『동아일보』는 배달판에서 이 표를 삭제하고 대구 지역의 대표 기업인 (주)우방의 부도 여파에 대한 내용을 중심으로 기사를 수정했다. 이 기사가 나간 뒤 『동아일보』에는 '경제가 안 좋은 게 영남뿐이냐', '영남만 부각시키는 이유가 뭐냐'는 등의 항의성 전화가 빗발쳤다. 독자 서비스센터로 연결된 항의 전화만 160건이 넘었고 편집국 전화도 불이 났다. 동아닷컴 게시판에도 항의 글이 폭주했다. 이와 관련 한 기자는 '대단히 편파적인 기사이며 욕먹을 걸 각오하고 의도적으로 쓴 기사로 보인다'고 말했다."

『동아일보』, 왜 이러나?

『동아일보』 9월 14일자 「청와대가 북 심부름?」 기사도 문제성 기사로 꼽혔다. 이 기사는 관계자의 말을 인용, 북한의 송이버섯 선물과 관련 "청와대가 김정일 위원장의 심부름으로 남측의 주요 인사들에게 받을 사람의 의사를 확인하지도 않고 보냈다"고 지적했다. 또 "청와대의 행위는 북한의 체제 선전물을 청와대가 받아서 남한의 제 정당 · 사회단체에 전달하는 행위"라고 비판하면서 『동아일보』는 송이버섯의 수령을 거부했다는 사실을 실었다가 배달판에서 수령 거부 부분은 뺐다. 이는 대부분의 다른 신문들이 송이 전달 사실과 받은 사람들의 반응, 북쪽의 박재경 대장과 남쪽의 국방장관의 만남이 없었던 점이 아쉽다고 보도한 것과 크게 비교되었다.

이와 관련, 『미디어오늘』(2000년 9월 21일)은 "『동아일보』가 이처럼 '정부 때리기' 와 영남권 민심 달래기 기사를 대폭 강화하고 있는 데에는 『동아일보』의 위기의식이 자리 잡고 있다고 기자들은 분석하고 있다. 『동아일보』는 지난달 두 차례에 걸쳐 진행된 간부 연수회에서 자체 조사한 구독률 · 열독률을 공개하면서 대책을 논의했다" 며 다음과 같이 말했다.

"조사 결과 『동아일보』가 영남 지역에서 열세를 면하지 못한 것으로 나타나 이에 대한 대안이 집중 논의된 것으로 알려졌다. 또 현 정부를 비판하는 것이 영남 지역 구독률을 높일 수 있는 방법이라는 의견이 지배적이었다고 전해졌다. 김병관 회장이 추석 직전에 간부들에게 보낸 편지에서도 영남 지역 문제에 신경을 쓰도록 했던 것으로 알려졌다. 한편 『동아일보』가 최근에 정부 비판의 목소리를 높이는 까닭은 정부에 요구했던 부지 매입과 동아방송 반환 요구가 거절된 때문이라는 지적도 언론계 내부에서 강하게 제기되고 있어 주목된다."

『한겨레21』(2000년 11월 16일)도 "김병관 회장은 그동안 정권 쪽에 대해 몇 가지 '민원' 을 제기해온 것으로 전해진다. 경기도 고양에 있는 농지 2만 6,000여 평의 지목을 택지로 변경해줄 것, 충정로 사옥을 정부에서 매입해줄 것, 서울 구로동에 있는 옛 동아방송 송신소 부지 2만 7,000여 평의 환수 소송에서 이길 수 있도록 도와줄 것, 이자율이 높은 은행 대출을 싼 이자의 대출로 전환해줄 것 등이었다. 실제 김 회장은 지난 7월 김대중 대통령과 만나 이런 요구 사항을 들이밀었다. 김 대통령은 일단 '검토해보겠다' 고 답변한 것으로 전해진다" 며 다음과 같이 말했다.

"이에 김 회장은 자신의 요구가 받아들여졌다고 판단하고 무척 고무됐다는 후문이다. 당시 『동아일보』는 회사와 노조 간에 임금 협상 문제를 놓고 줄다리기를 하고 있었는데 김 회장은 청와대에서 돌아와 곧바로 노조 쪽의 협상안을 흔쾌히 받아들였다. 김 회장은 그러면서 '오늘 대통령을 만나고 왔는데 기분이 매우 좋다' 고 말했다고 한다. 민원이 해결됐다고 보고 노조 쪽에 선심을 쓴 셈이었다. 하지만 정부는 『동아일보』가 제기한 무리한 요구에 난색을 표명했다. 그 뒤부터 『동아일보』의 논조가 급격히 정부 비판 쪽으로 바뀌었다는 것이 정부의 판단이다. 거기에다 최근에는 서울시 종로구 원서동 학교법인 고려중앙학원(이사장 김병관 회장) 소유 땅 매각 문제도 한 요인이 되고 있는 것으로 언론계에서는 보고 있다."

『동아일보』에 대해 언론계에서 비판이 일자 평기자들은 편집제작협의회(편제협) 소집을 요구했고, 이에 따라 9월 27일 열린 편제협에서 자사 지면의 문제점을 지적했다. 『미디어오늘』(2000년 9월 28일)에 따르면, "한 시간 가량 진행된 편제협 회의에서 평기자 측은 참석 간부들에게 영남권 경제 기사와 정부 · 여당 비판 기사의 문제점 등을 지적하고, 보도 경위를 따진 것으로 전해졌다. 평기자 측 위원들은 '부산 · 대구엔 추석이 없다' , '전 문화관광부 박지원 장관의 한빛은행 대출 외압 의혹' 기사 등에 대한 언론계의 곱지 않은 시각을 설명하면서 의도적인 편집이 아니냐고 질문했다. 또 정부 · 여당에 유리한 기사는 축소하고, 불리한 기사는 부풀리는 반면, 야당 집회 관련 기사는 비중 있게 보도하는 등 정치 관련 기사가 공정하지 못하다는 점도 지적했던 것으로 전해졌다."

평기자들의 그런 항의에도 불구하고 『동아일보』의 무리한 '김대중 정권 때리기'는 계속되었다. 『미디어오늘』(2000년 10월 5일)은 "동아일보 김병관 회장의 지시에 의해, 한나라당 이회창 총재를 비판한 민병욱 논설위원의 글이 일방적으로 삭제된 사건은 한국 언론의 편집권 독립이 어느 수준에 머물러 있는지를 보여주는 단적인 사례라 할 수 있다. 수십 년의 언론 경력을 검증받고 논설위원에 오른 사람의 칼럼을 사주가 '넣어라 빼라' 요구하는 것은 다른 나라의 언론에서는 거의 찾아볼 수 없는 희귀한 현상에 속한다"며 다음과 같이 말했다.

"민병욱 위원 칼럼 삭제가 몰고 온 파장과 함께 관심사로 떠오르고 있는 것은 김 회장이 왜 삭제 지시를 내렸는가 하는 점이다. 이와 관련해 『동아일보』 안팎에선 최근의 『동아일보』 기류와 맥이 닿아 있는 것 아니냐는 분석이 나오고 있다. 이 같은 분석을 내놓는 사람들은 회사 측이 '영남권 공략'을 천명하고 「대구 부산엔 추석이 없다」 등의 기사가 게재된 후 민병욱 위원의 칼럼이 삭제된 점에 주목하고 있다. 민 의원의 칼럼 내용이 영남을 텃밭으로 하는 한나라당 이회창 총재를 비판한 것이라는 점에서 앞의 사례들과 맥을 같이 하고 있는 것 아니냐는 것이다."

『미디어오늘』 11월 30일자 1면에 「동아일보 기자들 집단 움직임」이라는 기사와 5면에 ''편집권 불만 · 경영진 불신' 한계점 도달'이라는 제목의 기사가 실리는 등 『동아일보』 내부의 반발이 일어나는 것처럼 보였지만, 이렇다 할 시도는 이루어지지 않았다. '대구 부산엔 추석이 없다'는 논조는 이후 『동아일보』의 기본 방침이 되었다.

'흔들리는 영남 민심'

『주간조선』도 다시 가세했다. 『주간조선』 2000년 9월 28일자에 실린 「현지취재: 흔들리는 영남 민심」이라는 기사를 보자. 기사의 헤드라인이 '일촉즉발의 분노 …… "지역감정만은 아니다": 정부 잇따른 실정(失政)에 경제난까지 겹쳐 …… "IMF 초기보다 살기 어려운데 대북 사업만 하나"' 이다. 부산 민심 기사엔 '"전국 최악의 지역 경제 이보다 더 나빠질 수는 없다"' 는 제목을 달았고, 대구 민심 기사엔 '거덜 난 경제에 깊은 소외감 "우방이 호남에 있었으면 망했겠나?"' 라는 제목을 달았다.

기사의 내용은 둘째 문제였다. 과연 그렇게까지 선동적인 제목을 달아도 되는 걸까? 그러한 '선동' 의 전염성에 대한 고려는 전혀 하지 않아도 되는 걸까? 또 최소한의 객관적인 검증이나 다른 지역과의 비교 없이 '현지 취재' 니 '민심 기행' 이니 하는 미명하에 근거 없는 지역감정을 조장할 수 있는 위험한 발언을 무작정 지면에 옮겨도 되는 걸까? 이 기사가 전한 부산의 민심을 살펴보자.

> 모 정보기관의 부산 지역 간부인 A씨는 지역 민심에 대해 "택시를 탔다가 김대중 대통령 이야기를 꺼내면 기사들이 흥분하는 바람에 사고 날까 두려울 정도"라고 표현했다. 현 정부와 집권 여당에 대한 지역 민심의 불만은 택시 안에만 국한된 것이 아니었다. 누구를 만나든 강도의 차이는 있지만 비슷했다. 부산에서 기업을 하는 K씨는 "술자리에서 사람들과 얘기를 나누다보면 '요즘 일기예보에 부산이 들어가는 것 봤나' 라는 자조적 농담을 자주 듣는다" 며 "그 정도로 부산이 무시당하고 있다는 뜻" 이라고 말했다. …… 부산의 한 공무원은 "YS는 그래도 자기 사람이 문제가 생기면 바로

인사 조치를 하거나 사과하는 깜짝쇼라도 했지만 이 정권은 책임 · 시인 · 사과는 볼 수 없고 변명과 합리화만 난무한다는 비판이 적지 않다"며 "대통령이 나이가 들어 순발력이 없어 시점을 놓치고 있다는 분석도 있다"고 전했다. …… 이렇게 DJ와 집권 여당에 대한 반감이 높아지면서 역으로 일부에서 YS 동정론이 일고 있는 것도 한 특징. 얼마 전까지만 해도 YS의 돌출 행동이나 발언에 대해 "전직 대통령으로 격에 맞지 않다"는 시각이 주류를 이뤘으나 최근 들어 우회적으로 혹은 직접적으로 YS에 대한 시각 변화를 표출하는 사람들도 생겨나고 있다. "DJ가 YS보다 더하다", "YS 때도 이렇지는 않았다"는 등의 반응은 YS에 대한 시각 변화의 우회적 표현이라 할 수 있다. 앞서 만난 한의사 이 씨는 "DJ의 독선은 옛날보다 더하고 야당이 야당 구실을 제대로 못하고 있지 않나"라며 "내 주변만 봐도 DJ를 견제할 세력은 YS뿐이라고 생각하는 사람들이 늘고 있는 것 같다"고 했다.

일부 부산 시민들의 그런 분노가 과연 정당한 것인지 그걸 검증해보려는 최소한의 시도조차 이 기사에서는 찾아볼 수 없었다. 그냥 부산 시민이 분노하고 있다는 이야기뿐이었다. 부산 지역 내 전문가들의 의견을 싣긴 했지만, 인용된 내용은 소극적인 해설일 뿐 적극적인 의미의 평가는 아니었다. 다음과 같은 정도였다.

동아대 사회학과 박형준 교수는 "지역 정서에 기반한 반감에다 부산의 경제적 피폐, 현 정부와 집권 여당의 잇따른 실정 등이 복잡하게 얽혀 민심 이반이 가속화하면서 굉장히 나쁜 상황으로 치닫고 있다"고 분석했다. 박 교수는 "최근 부산의 민심 이반은 단순히 지역 정서에 기반한 것이 아니기 때문에 그 강도가 다른 지역에 비해 센 것이지 질적으로는 다르지 않다고 본다"고 덧붙였다. …… 부산참여자치시민연대 박재율 사무처장은 "신발·섬유 산업의 몰락 등 지난 몇 년간 침체일로에 있던 지역 경제가 IMF라는 절박한 상황을 맞은 상황에서 DJ 정부에 대해 일말의 기대를 걸었으나 삼성 자동차 빅딜, 한일어업협정 등을 거치면서 더욱 악화되자 집권 세력에 대한 반감이 커졌다"고 말했다. …… 동아대 박형준 교수는 "이런 현상의 근본 원인은 정치 과정 전체의 매니지먼트가 제대로 되지 않고 있다는 데 있다"며 "이는 김대중 대통령의 통치 스타일이 오만·독선적으로 비쳐지고 있다는 증거"라고 말했다.

위와 같이 인용된 내용은 왜 유독 영남만 그렇다는 것인지 이에 대한 답을 하지 않은 채 엉뚱한 정치 평론에만 몰두한 건 아니었을까. 이에 비해 대구 민심 취재는 비교적 공정했다. "우방이 호남에 있었으면 망했겠나?"라는 뒤틀린 민심은 전하고 있을망정 지역 내 반론도 적잖이 소개했다.

대구·경북 지역의 지식인 모임인 새대구경북시민회의 임성혁 기획부장은 "이 지역의 민심이 크게 나빠진 것은 현 정권이 특별히 정책을 잘못 편 것이라기보다는 그동안 몇십 년 동안 한국 사회에 곪아 있던 여러 문제들이 한꺼번에 터져나온 데 대한 반작용일 뿐"이라고 분석했다. 임 부장은 "현 정부가 재벌 개혁 등과 같은 여러 가지 개혁 프로그램을 추진하면서 일관성 없이, 그리고 고삐를 낮추는 바람에 현재와 같은 불신을 받게 된 것 같다"며 "또 몇몇 기업들은 살려줄 수도 있었는데 시장경제에 맡긴다는 이유로 쓰러지는 것을 방관한 것이 결과적으로 민심을 잃은 이유 중 하나"라고 말했다. 그는 "앞으로 어려움이 있더라도 우왕좌왕하지 말고 일관성 있게 개혁을 추진하는 한편으로 국민의 합의와 동의를 구하면서 개혁을 이뤄나가야 할 것"이라는 청사진을 제시하기도 했다. 대구·경북 지역의 노동자 문제 단체인 현장연대 김용철 대표는 대구의 민심 이반을 또 다른 시각으로 보고 있다. "지금까지 대구·경북 지역의 있는 사람들이 과거 대구 출신 대통령하에서 기득권을 유지하다가 정권이 바뀌자 상대적 박탈감을 느낀 것이 바로 대구 민심의 실체가 아니겠습니까. 특히 우방의 경우 이순목 회장 같은 사람은 국민회의에 줄을 댄 사람인데 특별히 지역 정서와 결부시켜 정부가 우방을 살려주지 않았다고 보는 것은 납득하기 힘듭니다." 그는 또 "특별히 현 정부의 지역주의 색채보다는 고물가 문제 등 경제적 어려움이 일반 서민들의 가계를 압박하고 있기 때문에 민심이 나빠진 것"이라고 말했다. 그러나 원인이야 어찌 됐던 분명한 것은 대구·경북에는 '못살겠다'는 서민들의 불만이 엄존하고 있다는 사실이다. 그 같은 민심을 달래줄 몫은 현재로서는 정부 여당에 가장 크게 있다는 것이 이곳 사람들의 심정이다.

부산 현지 취재 기사와는 달리 대구 현지 취재 기사의 경우는 내용에 문제될 게 없었지만, 두 기사 모두 이미 제목을 통해 지역감정을 조장할 수 있는 위험 수위를 넘어섰다. 과연 이런 식의 보도가 양산되는 가운데 지역주의 해소가 가능할 것인지 심각한 의문을 갖지 않을 수 없다.

YS의 '자기중심주의'

적어도 부산 지역 민심에서 DJ와 YS는 제로섬 관계라고 해도 과언이 아니었는데, 부산에서의 YS에 대한 시각 변화는 이른바 '부산 비빔밥집 주인 사과 사건'으로도 나타났다. 좀 코믹한 사건이긴 하지만 말이다. 9월 하순, 사진 하나로 자신을 이회창 한나라당 총재 쪽으로 '전향'한 것으로 보이게끔 오해의 소지를 낳게 했던 부산의 어느 비빔밥집 주인이 급히 상경하여 상도동을 방문한 후 다음과 같은 내용의 성명서까지 발표한 사건이다. "진실한 마음으로 본인을 대해주신 김영삼 전 대통령께 대한 제 변함없는 충심을 되새기면서 이 목숨 다할 때까지 받들 것임을 분명히 밝힌다."[85] 이 사진 사건은 YS가 "여전히 자신이 부산의 맹주임을 확인하고 싶었기 때문에 빚어진 감정의 충돌"[86]이었기에, YS의 '자기중심주의'도 새삼 화제가 되었다.

정신과 전문의 정혜신은 "사람은 자기에 대한 타인의 반응을 통해서 자신을 규정하게 되는데 이게 바로 정신분석학에서 말하는 '거울보기'다. …… 정신의학적으로 '거울보기'에 문제가 생길 때 나타나는 병이 바로 '나르시즘 인격장애'다. 나르시즘 인격장애는 두 가지 경로로 생길 수 있다. 첫째는 어린 시절부터 기본적인 보살핌을 받지 못하고 자란 경우다. …… 둘째는 자신을 지나치게 이상화(overidealization)하는 반응만 보면서 자란 경우다. 원하는 것은 무엇이든지 즉각적으로 제공되고 그의 욕구는 최우선적으로 고려된다. 아주 귀한 자식이거나 유달리 과잉보호적이고 희생적인 부모를 가진 아이들에게서 많이 나타나는 현상

---

85) 김의구, 「한나라 '사진공방' 점입가경」, 『국민일보』, 2000년 9월 27일, 2면.
86) 김의구, 「YS-HC '사진이 뭐길래……'」, 『국민일보』, 2000년 9월 26일, 2면.

이다"라며 다음과 같이 주장했다.

"YS는 전형적으로 둘째 유형이다. …… 그가 젊었을 때 가족들과 찍은 어느 사진을 보니 YS는 소파에 다리를 꼰 채 여유롭게 앉아 있고 손 여사가 그 옆에 있는데, 아버지 김홍조 옹은 손주들과 함께 뒷자리에 서 있다. 여느 가족사진이라면 연로한 아버지를 중심으로 나머지 식구들이 자리를 잡을 법한데 그 가족의 중심은 명백히 YS인 모양이다. …… 대부분의 사람들은 생후 1년간의 나르시즘 시기가 지나면 차츰 이 구도에서 벗어나게 되는데 반해, YS는 평생 동안 계속된 과잉보호로 자기욕구만 생각하게 되는 증상을 보여주고 있는 것이다."[87]

이미 앞서 보았듯이, 보수 신문들은 YS의 그런 '자기중심주의'를 DJ 비판에 적극 활용하였다. 『미디어오늘』(2000년 9월 21일)은 「YS의 고전적 수법에 이용당하는 언론: 특별한 의의 없는 필리핀 회의까지 수행 취재」라는 기사를 통해 그런 문제점을 지적하였다. 반면 이 기사에 인용된 중앙일간지의 한 정치부장은 "민주산악회 재건 · 국민운동본부 건설 · 대북 정책 비판 등 김대중 대통령에게 압력을 가하면서 하나의 정치 세력으로 재등장하고 있기 때문에 그의 국내 발언에 대한 보도는 중요한 측면이 있다"고 주장했다.[88]

10월 13일 YS가 고려대 총학생회의 특강 저지에 항의하면서 고려대 정문 앞에서 차중 농성을 벌인 것도 인터넷신문 『오마이뉴스』의 생중계 덕분에 숱한 화제를 뿌렸다. 『오마이뉴스』는 이날 오전 8시발 제1신을

---

87) 「정신과 여의사 정혜신의 남성 탐구: 영원한 왕자병 김영삼 유쾌한 독재자 김어준」, 『신동아』, 2000년 10월, 357~359쪽.

88) 황방열, 「YS의 고전적 수법에 이용당하는 언론: 특별한 의의 없는 필리핀 회의까지 수행 취재」, 『미디어오늘』, 2000년 9월 21일.

고려대 정문 사진. 김영삼은 고려대 총학생회의 특강 저지에 항의하면서 고려대 정문 앞에서 차중 농성을 벌였다.

시작으로 김 전 대통령이 '농성'을 푼 이튿날 새벽 1시 30분경까지 30분 간격으로 무려 24신을 띄웠다. 단일 사안을 이틀간에 걸쳐 이처럼 속보로 보도한 것은 한국 언론 사상 유례없는 일이었다.[89]

『조선일보』 10월 16일자 사설은 "고려대 총학생회가 자기 대학에 특강을 하러 온 김영삼 전 대통령의 학내 진입을 막아버린 사건은 대학의 본질을 크게 훼손한 반(反) 지성적인 행동이다"라며 다음과 같이 말했다. "고려대에서 일어난 일이 우발적 사건이 아닐 것이라는 데 문제의 심각성이 있다. 우리 사회에는 특정한 견해에 동조하지 않는 사람이나 집단을 무슨 무슨 세력이라고 매도하는 이념적 편향성과, 자신들과 다른 주장과 견해를 물리적으로 침묵시키려는 폭력성이 더해가고 있다. 특히 사상의 자유 시장이라는 대학이 이런 풍조에 물들어 역(逆)매카시즘을 키우는 데 앞장선다면 그것은 실로 심각한 일이다."

그러나 보수 신문이라고 해서 YS를 무작정 옹호하기엔 한계가 있었

89) 정운현, 「YS '고대 앞 농성' 생중계 '오마이뉴스' 인기 대폭발」, 『서울신문』, 2000년 10월 18일, 17면.

다. YS의 자기중심주의가 너무 강했기 때문이다. 『조선일보』(2000년 10월 19일) 사설은 "김영삼 전 대통령의 말이 너무 한없이 유치해지고 있어 민망하기 짝이 없다. …… '이인제가 모친상을 당했을 때 내가 보낸 조화가 제일 중간에 있었다고 한다. 그가 신경을 썼다고 봐야지. 김대중 씨 것을 가운데 놓고 내 것을 밀쳐놓을 수도 있었을 텐데.' 그러면서 김영삼 씨는 이인제 씨가 '목소리가 좋아서' 당선 가능성이 높다고 치켜세웠다. YS가 '상도동에 발도 들여놓지 못하게 하겠다'던 이인제 씨에게 자기의 조화 한 번 잘 모신 공로로 찬사를 늘어놓다니 삼척동자도 웃을 일이다. 고대 앞 사건과 관련해 '깡통'을 언급하는 대목에선 얼굴을 들기 민망하다"며 다음과 같이 주장했다.

"한 나라의 대통령을 지낸 인사의 말이 이렇게 막가는 식으로 바닥을 기어서야 되겠는가? 국가와 민족의 운명을 걱정하거나 커다란 진로를 제시하는 것도 아닌, 누구는 나한테 잘못했으니 대통령이 돼선 안 되고 누구는 나한테 깍듯이 했으니 대통령이 될 가능성이 높다 운운하는 것은 자신이 아직도 어느 지역의 영주인 양 착각하지 않고서는 할 수 없는 발언이다. 김영삼 씨는 부디 언행을 무겁게 취해주기 바란다. 전직 국가원수로서의 일정한 몫을 넘어서는 안 된다. 너무 함부로, 너무 마구잡이로, 너무 잡되게 나오는 것은 한때 그를 200만 표 차(差)로 뽑아주었던 유권자의 자존심을 위해서도 삼가야 할 일이다."

그럼에도 YS의 'DJ 때리기'는 이후 더욱 강해지며, 보수 언론의 'YS 이용'도 더욱 활발해진다. DJ와 YS의 극단적 분열로 인한 과오(또는 죄악)는 1987년 대선에만 국한된 게 아니었던 셈이다. 김대중의 노벨 평화상 수상은 그런 분열의 골을 더욱 깊게 만든다.

2000년 10월 13일

김대중의 노벨 평화상 수상
영남의 싸늘한 민심

소름이 쪽쪽 끼치는 신문

"나는 『조선일보』를 아주 좋아해서 평생을 보는데, 가장 우수한 신문이더만. 『조선일보』 사설 같은 걸 보면 얼마나 글을 잘 쓰는지 소름이 쪽쪽 끼친다고. 우리 기자들 보고 이것 좀 보고 배우라고 하지. 근래 들어 정권에 대해 가장 극렬하게 저항하고 있는 게 『조선일보』 아니야?(웃음)"[90]

『시사저널』 편집국장 김훈이 『한겨레21』(2000년 10월 5일) 「김규항·최보은의 쾌도난담: 위악인가 진심인가」 인터뷰에서 한 말이다. 위악인지 진심인지 알 수 없지만, 김훈은 이 발언 외에도 '위험한' 발언을 많이 했다. 그 여파로 김훈은 『시사저널』 편집국장을 그만두고 소설가로 전업하게 되지만, 『조선일보』와 관련하여 김훈의 발언에도 새겨들을 점은 있었다.

90) 「김규항·최보은의 쾌도난담: 위악인가 진심인가」, 『한겨레21』, 2000년 10월 5일, 110면.

김훈은 이른바 '보수 꼴통' 은 아니었다. 그는 진보성과 보수성을 동시에 갖고 있는 '자유로운 영혼' 이었기에 그런 말도 할 수 있었을 게다. 『조선일보』를 비난하는 사람들이 많으면 많을수록 그만큼 더 『조선일보』를 사랑하는 사람들의 수도 많으며, 전자보다는 후자의 수가 더 많다는 사실, 바로 여기에 『조선일보』의 '김대중 정권 때리기' 의 비밀이 숨어 있었던 건 아닐까? 적잖은 독자들로 하여금 소름을 쪽쪽 끼치게 만든 『조선일보』의 사설과 칼럼들을 몇 개 감상해보자.

김대중 『조선일보』 주필은 10월 7일자 칼럼 「DJ 달라졌다」에서 "어느 전직 대통령은 그(김대중 대통령)를 향해 '독재자' 라고까지 극언하고 있다. 독재자라고 말할 수는 없을는지 몰라도 김 대통령이 그런 소리를 듣게 된 것은 자업자득일 수 있다. …… 그의 대북 정책은 이제 비판이나 충고 따위는 필요 없다는 식으로 집요하고 단호하게 치닫고 있다. 비판은 마치 자신의 대북 업적을 깎아내리기 위한 것쯤으로 받아들이는 인상이다. 그것이 북한의 김정일이 북한을 좌지우지하는 스타일에 영향받은 것이 아니기를 바라는 생각이 들 때도 있을 정도다" 며 다음과 같이 주장했다.

"우리 대한민국 국민은 앞으로 2년여를 싫든 좋든 김 대통령이 잡은 조타에 실려 살아가야 한다. 그래서 그의 정치 역정과 과거 정치 스타일을 아는 사람들은 그가 지난날 보여줬던 합리성 · 총명성 · 융통성 · 양보성 그리고 무엇보다 국민의 일반적 생각과 걱정을 헤아리는 대중성으로 되돌아가주길 바랄 뿐이다. 그들은 김 대통령이 청와대라는 울타리 안에서 자기 생각만 되새김질하는 고집스러운 노(老) 정치인으로 퇴행하기보다 국민들 사이로 나와 국민의 생각을 좇아 융통성을 보이고 그들과 공감대를 형성할 줄 아는 야당성으로 되돌아가주길 바랄 뿐이다."

『조선일보』 10월 9일자 사설은 "북한 노동당 55주년 행사를 참관하기 위해 우리 사회단체 대표들이 북한 비행기 편으로 평양으로 향한다. …… 정부가 방북길에 나선 우리 인사들에 대해 내걸었던 단 하나의 조건은 '정치적 언동을 하지 않는다' 는 각서뿐이다. 그러나 이런 각서는 아무런 구속력도 없는 유명무실한 것이다"라며 다음과 같이 말했다.

"노동당 기념 행사 그 자체가 체제 우위를 과시하기 위한 정치적 행사이니, 각서 운운은 애당초 정부의 '눈 가리고 아웅' 식 면피용에 불과했던 셈이다. 이번 행사가 북한 노동당의 정통성을 확인하는 당 창건 기념일이라는 점도 주목할 대목이다. 북한 노동당 규약이 '한반도 전체의 공산혁명' 을 기본 이념으로 삼고 있는 점을 고려한다면 그러한 혁명당의 자기과시를 우리가 '축하' 하러 간다는 것은 아무래도 논리적으로 설명하기가 어렵다. '바빠서 못 간다' 는 정치권의 논리 역시 줏대 없고 눈치 보기로는 마찬가지다."

류근일은 2000년 10월 13일자에 쓴 칼럼 「한나라당은 대안(代案)인가」에서 다음과 같이 주장했다. "리더십에 있어서도 한나라당의 역량은 아직 모자란다. 김대중 정부의 근래의 악재는 야당과 이회창 총재에겐 곧 '하늘이 주는' 호재인 셈이다. 그런데도 한나라당은 도무지 뜰 줄을 모른다. 이 총재도 마냥 그 자리다. 김대중 대통령이나 김영삼 전 대통령 같았으면 이럴 때 어떻게 했겠는가를 한번 생각해보라. 그 두 사람은 위기에 처할수록 더욱 무(無)에서 유(有)를 만들어내곤 했다. 한 가지 소재가 있으면 그것을 10배, 20배로 증폭시켜 최대한 연극화하는 신통력도 발휘했다. 그런데 오늘의 한나라당은 따끈따끈한 원자재들이 지천으로 쏟아지는데도 그것을 유효적절하게 써먹을 줄을 모른다."

이어 류근일은 이렇게 말했다. "문제인 것은 야당의 그런 대안 능력 결핍에 더해서 그것을 보충해주고 뒷받침해줄 시민운동권과 지식인 사회의 대안적 담론도 요새는 왠지 침묵하고 있다는 사실이다. 시민운동권은 김 대통령의 '상대적 진보성' 이라는 것을 그나마 중히 여겨서인지 도통 '야단쳐야 할 때' 도 별로 외침이 없다. 그리고 할 말이 있음직한 지식인들도 'DJ 비판 · 반개혁 딱지' 가 신경 쓰여서인지 좋게 좋게 변죽만 올리고 있다. 그렇다면 이 나라는 대안 부재의 획일주의로 가고 있다는 것일까? 이 나라가 그렇게 대책도, 능력도, 용기도 없는 형편없는 나라로 전락할 수는 없다."

김대중의 노벨 평화상 수상

2000년 10월 13일 오후 6시가 조금 지나 텔레비전 생중계를 통해 김대중의 노벨 평화상 수상이 발표됐다. 『한겨레』 기자 성한용은 "DJ의 노벨 평화상 수상에 대한 당시 영남 지역의 민심은 말도 못하게 싸늘한 것이었다. 『한겨레』 편집국에서는 이런 일이 있었다. 청와대 출입 기자였던 필자는 13일 낮 노벨 평화상 수상 해설 기사를 미리 써놓아야 했다. 다른 조간신문 기자들도 사정은 마찬가지였는데, 발표 시간이 조간 마감시간이 지난 저녁 6시였기 때문이다" 며 다음과 같이 말했다.

"필자의 해설 기사는 '노벨 평화상의 진정한 주인은 DJ 개인이 아니라, 우리 국민 전체' 라는 내용이 핵심이었다. 그런데 지역을 맡고 있던 영남 지역 취재 기자들을 동원해 영남 지역의 민심을 자세히 들어보았

© 연합뉴스

김대중 대통령의 노벨 평화상 수상에도 영남 지역의 민심은 싸늘했다.

다. 결과는 기자들은 물론이고 데스크도 깜짝 놀랄 정도였다. 대학교수나 지식인들을 포함해 영남 지역 전체가 시니컬한 반응을 보였던 것이다. 이 데스크는 편집회의에 영남 지역의 이런 여론을 전달하고, '영남 지역 전체가 이런 상황인데, 우리 국민 모두가 노벨 평화상을 수상한 것이라는 취지의 기사는 잘못된 것 아니냐' 고 이의를 제기했다. 필자는 나중에 그 얘기를 전해 듣고 가슴이 미어지는 고통을 느꼈다."[91]

왜 그런 일이 벌어진 걸까? 대구에서 태어나 1983년부터 2000년까지 대구효성가톨릭대학 역사교육과 교수를 지낸 최상천은 "영남 사람들의 김영삼과 김대중에 대한 감정은 전혀 다르다. 한마디로 김영삼은 미워하고 김대중은 싫어한다. 미움과 싫음의 차이를 알면 영남의 '지역 정서' 가 보인다. 'YS 미워' 와 'DJ 싫어' 라는 영남 정서를 해부하면 한국 정치가 보인다" 라며 다음과 같이 말했다.

"미움은 우리 편 사람들 사이에 생기는 감정이다. '미운 자식' 이나 '얄미운 당신' 이라는 말을 생각해보시라. '미운 정' 이라는 말도 있다. 미움의 바탕은 사랑이다. …… 싫음은 상대를 무조건 거부하는 감정이다. 싫다는 감정은 우리가 아니라 남에 대한 감정이다. 남 중에서도 이해관계가 없는 '무관한 남' 이 아니라 꼴도 보기 싫은 적에 대한 감정이다. 뚜렷한 이유도 없이 만나기도 싫고, 보기도 겁나고, 준 거 없이 밉고, 누군가 죽여줬으면 싶은 상대다. 적개심의 바탕이 되는 감정이 싫음이다. …… 영남 사람들은 김영삼이 곤두박질칠수록 연민의 정도 깊어진다. 우리 편 김영삼의 무식과 무능이 안타까운 것이다. 이런 정서의 표현이 'YS 미워' 다. 김대중은 잘할수록 더욱 싫어진다. 겉으로는 박수를 보내면서도 김대중이 노벨상을 타는 것도 속마음은 영 편치 않다. '우리' 가 부정하는 김대중을 세계가 인정해주는 게 싫기 때문이다. '적' 이 높이 평가받을수록 '우리' 는 쪼다가 되니까. 이런 정서의 표현이 'DJ 싫어' 다."[92]

이어 최상천은 "김대중 정권에 대한 여론조사를 보면, 영남도 다른 지역과 큰 차이가 없다. 영남 사람들도 '남북 정상회담' 을 반대하지 않았

---

91) 성한용, 『DJ는 왜 지역갈등 해소에 실패했는가』(중심, 2001), 151쪽.
92) 최상천, 『알몸 대한민국 빈손 김대중』(사람나라, 2001), 164~165쪽.

다. 영남 사람들이 정말 김대중을 '빨갱이' 라고 믿었다면, '드디어 마각을 드러내었다' 며 김대중의 평양 방문을 결사반대했을 것이다. 그러나 영남 사람들도 '세기의 악수' 를 받아들였다. 보통 때는 영남 사람들도 정신이 멀쩡하다" 며 다음과 같이 말했다.

"그런데 중앙의 대통령 선거와 국회의원 선거만 되면 영남 사람들은 확 돌아버린다. 호남 사람들도 거의 비슷한 증상을 일으킨다. 보통 때는 김대중이 대한민국 대통령이지만, 선거 때만 되면 김대중은 영남의 '무서운 강적' 이요 '호남 정권' 의 상징이다. 그래서 김대중은 영남의 슈퍼 왕따가 된다. …… 영남 사람들의 김대중 혐오증은 이처럼 중증이다. 김대중 거부는 영남 사람들의 무조건반사요, 무의식이다. 평소에는 잠복했다가 선거 때만 되면 도지는 발작증상이다. 경제 위기를 극복했든, '남북 정상회담' 을 성사시켰든, 노벨 평화상을 탔든 아무 관계없다. 아니, 이런 것까지도 김대중의 '사리사욕' 이라며 욕한다." [93]

대통령에 의한 국헌 문란

보수 언론의 김대중 비판도 더욱 강해졌다. 조갑제는 『월간조선』 11월호에 쓴 [편집장의 편지] 「김대중 대통령은 김정일의 '낮은 단계 연방제' 함정에 빠졌는가」에서 '대통령에 의한 국헌 문란' 까지 들고 나왔다. 그는 "남북 관계를 전망함에 있어서 최악의 시나리오는 김정일이 한국을 방문하여 김대중 대통령과 함께 '낮은 단계의 연방제와 연합제를 연결

93) 최상천, 『알몸 대한민국 빈손 김대중』(사람나라, 2001), 165~166쪽.

할 통일의 첫 단계가 시작되었다' 고 선언하는 것입니다"라면서 다음과 같이 주장했다.

"이런 선언에 맞추어 대한민국 위에 있는 어떤 통치 기구를 남북이 합작하여 만들려고 한다면 이는 국체(國體) 변경에 해당하며, 이를 강제로 추진한다면 헌법 파괴, 즉 국헌(國憲) 문란이 됩니다. 남북 합작 통치 기구의 50% 지분은 김정일 정권이 갖게 될 것이며 대한민국 국민들은 간접적으로 반인류 범죄자의 영향권 안에 들어가기 때문입니다. 이런 상황이 예상된다면 그때는 모든 국민들이 구국(救國) 행동을 위한 결단을 강요당할 것입니다. 낮은 단계의 연방제란 것은 무슨 수식어를 쓰든 선진국 진입 궤도를 탄 대한민국과 붕괴 직전의 노예 체제인 북한을 우선 양쪽의 지배 구조끼리 엮어놓겠다는 상층부 통일전선 전략입니다. 학살범과 피해자 가족들을, 또 히틀러와 유태인들을 한방에 수용하겠다는 이야기와 같은 논리인데 …… 대통령에 의한 국헌 문란을 통상 친위 쿠데타 또는 내란으로 부릅니다. 이에 대해서는 국회에 의한 대통령 탄핵 및 국민의 저항권, 국가의 안전보장을 신성한 임무로 부여받은(헌법 5조) 국군의 자위권이 합헌적으로 보장됩니다."

『조선일보』 10월 19일자 사설 「북한, '남북대화' 에서 발 빼나?」는 다음과 같이 말했다. "18일 평양에서 열기로 한 제2차 남북경협 실무접촉이 무기 연기되었다. …… 북한이 최근 미국과의 관계를 정상화하기로 함에 따라 남북회담의 소강상태는 상당 기간 지속될 가능성이 있다. 북한의 기본 정책이 남북 관계보다 대미 관계 개선에 주안점이 있는 데다 이달 중 올브라이트 미 국무장관의 방문에 이어 클린턴 대통령의 연내 북한 방문 가능성도 높아 북한은 일단 거기에 전력을 기울일 것으로 예상되기 때문이다. 북한이 남한을 '미국으로 가는 징검다리'로 이용한 것이 아니냐는 우려를 떨칠 수 없다."

『중앙일보』 미주총국장 문창극은 10월 23일자에 쓴 「쌓는 자와 허무는 자」라는 칼럼에서 "우리 사회는 요즘 유달리 세운 자 · 쌓은 자보다 비판하던 자 · 허물던 자들이 더 대접받는 사회가 돼간다는 생각을 지울 수 없다. 우리가 겪고 있는 내부의 이념적 갈등도 여기에서 비롯되고 있다. 해방 후 좌우의 혼란 시절 나라를 세우고, 6 · 25 전쟁에서 이 나라를 지키고, 밤잠을 자지 못하며 맨발로 세계 곳곳을 뛰어 경제를 일구었던 세대는 존경은커녕 쉰(?) 세대로, 혹은 독재자에 봉사한 수구 세력으로 치부된다. 반면 화염병을 던지고, 점거하고, 감옥에 간 사람은 무슨 세대니 하여 시선을 받는다"며 다음과 같이 주장했다.

"지금 남북문제에서도 마찬가지다. 노벨 평화상도 우리가 지금까지 세우고, 쌓아왔기 때문에 그나마 그 여력으로 북한을 도울 수 있었기 때문이다. 그런데 세우고 쌓은 사람들은 반통일 세력이라 하고, 일할 때 뒤에서 비판만 하고 뒷다리 잡던 사람들은 통일 세력이라 하니 이 무슨 아이러니인가. 그들은 남북의 경쟁에서 우리가 이만큼이나 앞장서게 만드는 데 무슨 기여를 했는가. 지금 북한은 자신들의 통일 방안인 연방제를 우리가 받아들였다고 내외로 선전하고 있다. 이들이 목표로 하는 것은 남한 내부에서 자신의 동조자들을 모아 남북간 일대일이 아닌 일대일 플러스알파를 만들어 자기식의 통일을 하자는 것이다. 그런데 이 북한의 의도에 호응하는 사람들은 우리 사회의 누구인가. 자칭 통일 세력이라고 말하는 사람들은 아닌가. 그렇지 않고서야 어떻게 노동당 창당일에 축하하러 가겠는가. 역할 모델이라는 말이 있다. 자녀들이 누구를 보고 배우느냐는 문제다. 도시 범죄 연구에 따르면 어떤 동네든 사회적으로 정상적인 생활을 하는 어른의 수가 줄어들수록 마약 · 절도 등 범죄가 만연해진다는 것이다. 아이들이 보고 배울 것이 없기 때문이다. 지금 우리 사회가 누구를 더 바람직한 인물로 인정하고 존중해주느냐에 따라 자녀들의 인식이 달라진다. 그렇다면 우리 자녀들의 역할 모델은 누가 되어야 하는가. 쌓는 자가 되어야 할 것인가, 허무는 자가 되어야 할 것인가. 쌓은 세대, 세운 세대는 경멸되고 대신 허물고 비판하던 자들만이 존중되는 사회에 미래가 있을까?"

『조선일보』는 10월 24일자 [만물상]에서 다음과 같이 말했다. "중국은 이날(6 · 25 참전 첫 전투일인 10월 25일)을 앞두고 대대적인 기념행사를 벌이고 있다. 인민일보는 1000여 건의 당시 '항미(抗美)'를 기사로 다뤘고 국영방송(CCTV)도 매일 다큐멘터리와 드라마를 방영하고 있다. 중국은 또 참전했던 츠하오톈 공산당 중앙군사위 부주석 겸 국방장관을 단장으로 고위 군사대표단을 평양에 파견, 북한군 수뇌들과 '동지'를 연발하고 있다. 같은 시각 평양에 간 미 국무장관 올브라이트는 김일성 무덤을 참배하고. …… 우리 정부는 6 · 25 전쟁 50주년에 뭘 했던가. 쉬쉬 하느라고 바빴다."

그러나 『조선일보』가 너무 그렇게 비관만 할 일은 아니었다. DJ를 '독재자'로 규정한 YS가 있잖은가. YS는 DJ와의 전면전에 나서면서 점점 강한 우 편향성을 띠게 된다. 영남 민주화 세력을 대표하던 YS의 우경화는 노선상 DJ에 더 가까운 다른 영남 민주화 세력에게 큰 고통을 안겨주고, 이는 얼마 후 한국 정치판에 큰 파란을 불러일으키는 결과를 초래하게 된다.

2000년 11월

한국 정치는 반감(反感)으로 움직이는가?
'YS 신드롬'과 지역주의

YS는 선구자, DJ는 독재자

2000년 가을 'YS 신드롬'이라고 해도 좋을 정도로 전 대통령 김영삼이 언론 뉴스의 전면에 등장하는 기현상이 일어나고 있었다. 이런 신드롬을 반영하듯, 『한겨레21』(2000년 11월 2일)의 「김규항 · 최보은의 쾌도난담」은 YS의 대변인 역할을 맡은 한나라당 국회의원 박종웅을 인터뷰 대상으로 삼았다.

박종웅의 YS에 대한 충성은 조선조의 모든 군신 관계를 통틀어도 그 유례를 찾아보기 어려울 만큼 지극했다. 그는 대통령 퇴임 후에도 YS를 깍듯이 '각하'라고 불렀다. 그는 "상도동 어르신(YS)을 모시는 것은 정치활동의 하나"라고 주장하면서 "22년을 모셨지만 아직도 YS에게 배워야 할 것의 절반도 배우지 못했다"고 말했다.[94] 그는 "YS의 '가방모찌'라도

94) 「한나라당 박종웅 의원: 자타가 공인하는 영원한 YS맨」, 『내일신문』, 2001년 3월 30일, 3면.

제대로 한다는 건 과분한 일" 이라고까지 했다.[95] 그는 『한겨레21』 인터뷰에서 "YS가 잘못됐다고? 1년 뒤에 보자" 며 다음과 같이 주장했다.

"지난해 5월에 YS가 DJ를 독재자라 그러니까 치매다 이거야. 그때 우리가 씹힌 거는 말도 못합니다. 근데 시간이 지나니까 사람들이 수군수군수군…… 독재라는 말이 맞는 거 같다, 이런 식으로 되기 시작해서 지난번 총선 때는 야당 국회의원들이 전부 벽보에 '독재냐 민주냐' 이런 식으로 다 썼다구요. 'YS 치매다' 이러던 사람들이 다 그 덕을…… YS 말을 인용하면서 이번 총선에 임했습니다. 요번 총선에서 한나라당이 이길 수 있었던 것도 반DJ 감정 때문이에요. 반DJ 감정에 있어 야당이 한 게 뭐 있습니까? 결국 YS가 '독재자' 라고 했기 때문에 그렇습니다."[96]

박종웅의 주장에 따르자면, YS는 선구자요, DJ는 독재자였다. '선구자 대 독재자' 의 싸움이 뉴스 가치가 높다고 본 것일까? 언론은 YS 취재를 대폭 강화했다. 『뉴스피플』 11월 2일자에 따르면, "중앙 언론사마다 김 전 대통령 전담 기자가 1명이 있고, 예비 담당 기자가 정해져 있을 정도가 됐다. 특히 YS의 뉴스 생산 기능이 확대되면서 언론사별 기자 배치도 달라지고 있다. 예를 들면 10월 중순 이회창 총재 및 당 행사, 김 전 대통령의 일정이 겹친 날 대부분 언론들이 'YS가 무슨 말을 할지 모른다' 며 인력을 상도동에 배치했고, YS는 뉴스를 제공했다. 이 총재 측으로서는 아주 아주 허탈할 노릇이다. YS의 고려대 강연 때도 언론사마다 정치부, 사회부 기자 2~3명씩이 갔다."

---

95) 구영식, 「격돌 인터뷰- 'YS의 대변인' 박종웅 한나라당 의원: "YS의 '가방모찌' 라도 제대로 한다는 것은 과분한 일"」, 『월간 말』, 1999년 8월, 96~101쪽.

96) 「김규항 · 최보은의 쾌도난담: '코미디의 비밀' 을 찾아서/"YS가 잘못됐다고? 1년 뒤에 보자"는 한나라당 박종웅 의원의 확신」, 『한겨레21』, 2000년 11월 2일, 94면.

신문의 관심을 듬뿍 누리기 시작한 YS는 환호하면서 한나라당이 DJ 정권과 거세게 싸우지 않는다고 이회창 총재를 비난하는 데에도 열을 올리기 시작했다. 신문들이 YS에 대해 갖고 있는 'YS가 무슨 말을 할지 모른다'는 기대감을 더욱 높여주기 위한 행보에 돌입한 것이었다. 그리하여 신문들의 YS 취재는 우스꽝스러운 모습을 보이기 시작했다.

언론의 YS 이용

『미디어오늘』(2000년 11월 9일)에 실린 「해외 취재의 극과 극: YS 때엔 '무더기' 북미 미사일 회담엔 '4명만'」이라는 기사는 "지난 9월 YS의 필리핀 방문 때 기자들이 대거 따라간 것과는 달리 이달 초에 있었던 말레이시아 쿠알라룸푸르 북미 미사일 회담에 따라간 기자들은 언론사 통틀어 4명뿐이어서 기자 해외 취재가 적절히 이뤄지지 않고 있다는 지적이 일고 있다. 지난 1일부터 6일간 말레이시아 쿠알라룸푸르에서 진행된 북미 미사일 전문가 회담에는 MBC, 『조선일보』, 『동아일보』, 연합뉴스의 외교통상부 출입 기자 4명이 동행했다. 이와는 대조적으로 지난 9월 필리핀 마닐라에서 열린 아시아 정당국제회의에 YS가 참가하자 각 언론들은 경쟁적으로 한나라당 출입 기자를 대거 파견했다"며 다음과 같이 말했다.

"이에 대해 언론사들은, 북미 회담의 경우 관행적으로 브리핑도 제대로 하지 않고 정보도 제대로 나오지 않아 취재에 상당한 어려움이 있는 반면 YS는 뉴스메이커이기 때문에 챙기지 않을 수 없었다는 입장을 보이고 있다. 중앙 일간지의 한 정치부장은 말레이시아에 기자를 파견하

북한 미사일 사진. YS 취재에는 열정적이었지만 북미 미사일 회담은 언론의 관심 밖이었다.

지 않은 이유에 대해 '출장을 보내더라도 어차피 취재원 접근도 어렵고, 큰 뉴스 가치가 있는 건 아니라고 판단했다' 고 말했다. 이에 대해 아무리 회사 사정이 있다 해도 주요 행사에 현장성을 잃어서는 안 된다는 지적도 제기되고 있다. 한 정치부장은 '아무리 취재가 힘들어도 현장에서 어떤 관리가 어떤 표현을 하는지 늘 지켜보고 익숙해지는 게 중요하다' 고 지적했다. 그는 '만약 특파원이 현지에 없다면 기자를 보내는 게 당연하다' 며 '이는 부인할 수 없는 철칙' 이라고 주장했다. 기사 가치에 대해서도 '차라리 북미 회담을 20여 명 보내고 YS 해외 방문엔 보내지 않아도 된다' 는 것. 우리 언론의 관심 우선순위가 뒤바뀌어 있기 때문에 이런 결과가 나타난다는 얘기다."[97]

97) 조현호, 「해외 취재의 극과 극: YS 때엔 '무더기' 북미 미사일 회담엔 '4명만'」, 『미디어오늘』, 2000년 11월 9일.

DJ-YS 갈등은 지역주의 갈등으로 비화되었고, 반대로 지역주의 갈등이 DJ-YS 갈등으로도 비화된 악순환이 거듭되고 있었다. 이를 잘 보여준 것이 YS를 지지하는 민주산악회 홈페이지(www.minsan.co.kr)에서 벌어진 논쟁이었다. 『뉴스피플』(2000년 11월 16일)에 실린 「'민산 홈페이지'는 양김 대리전?: YS-DJ 지지세력 간 저질 공방과 지역 논쟁 난무」라는 기사는 다음과 같이 전했다.

"영 · 호남의 지역 대립을 비판하는 글들도 적지 않았다. 정제된 글에서부터 원색적인 글도 있었다. '전국이'라는 네티즌은 '남북이 갈라진 것도 억울한데 지역감정 웬말인가. 누가 누구에게 돌을 던진단 말인가'고 개탄했다. 자신을 39세 서울 남자라고 주장한 한 네티즌은 '손바닥만 한 나라를 이리저리 분열시키는 (무식한) 영 · 호남 X들에게 말하겠노라. 야! 이 …… XXX들아 …… 우리나라에는 전라도, 경상도밖에 없는 거냐', '너희 두 부류에 속하지 않은 많은 지성과 조국을 사랑하는 전 세계의 대한국민들이 피를 토하며 울분하고 있다'고 주장했다. 이 같은 민산 홈페이지의 지역 대결 격화에 대해 뜻있는 시민들은 '정치권 대결이 온라인상으로 확산되는 양상'이라면서 '지역감정 문제 해결을 위한 특단의 노력이 기울여져야 한다'고 우려를 표시했다. 이 사이트에 자주 접속했던 한 회사원은 '날이 가도 저질스런 영 · 호남 지역감정 공방이 사그라지지 않아 최근에는 접속을 포기했다'고 말했다."

지역감정 악화 누구 탓인가

이즈음 '독재자' DJ는 무엇을 하고 있었던가? 그는 영남 지역을 돌며 호소하고 있었다. 그는 대구·경북 지역 순시에서 지역감정 해소를 위한 '국민 대화합' 열망을 거듭 토로하면서 그것이 당장은 어렵더라도 계속 노력해나갈 것임을 다짐했다. 이에 『조선일보』 2000년 10월 31일자 사설 「국민 화합, 대통령의 '말'과 현실」은 "그러나 현 정권 들어 이른바 '특정 지역 편중 인사' 논란이 해소 쪽으로 가기보다는 오히려 더 예각화하고 있다는 여론 앞에서, 많은 사람들은 대통령의 '말'과 현실에 거듭 괴리를 느낀다"며 다음과 같이 주장했다.

"이번 국감에서 검찰 인사의 편중 시비도 있었다. 어느 국영기업체에 대해서는 '특정 지역 향우회냐?'는 소리까지 나왔다. 위로는 모모한 권력기관을 비롯해서 아래로는 심지어 구청, 동회까지 그리고 공기업에서 사기업에 이르기까지 '특정 지역의 요직 독점' 현상으로 조직이 엉망이 되고 있다는 것이 이들의 지적이다. 과거 정권 때도 그런 현상이 있었다. 모든 것은 정도의 문제인 것 같다."

11월 2일 김대중은 울산에서 '국민 화합에 최선을 다해왔는데 그 최대 장애물은 정치인'이라며 '정치인들이 지역감정을 선거에 악용한 것이 가장 큰 원인'이라고 주장했다. 그는 또 "일부 언론이 상업주의로 선정적으로 보도하고 숫자도 필요한 것만 보도해서 지역감정을 조장하고 있다"면서 "이런 정치인과 언론을 국민이 심판해야 한다"고 말했다.

이에 『조선일보』(2000년 11월 4일) 사설 「김 대통령 '지역감정' 발언의 감정성」은 "우리는 김 대통령의 이 같은 발언에 어안이 벙벙해진다. 우선 지역감정 문제는 김 대통령의 지적대로 지도층이 그것을 드러내서 거론하지 않는 것이 바람직한 일이다. 그런데 정작 대통령이 그 문제를 거론하고 다니면서 그 책임을 남에게 돌리는 것은 온당치 못하다. 대통령은 해도 괜찮고 정치인이나 언론이 거론하면 안 된다는 논리는 납득할 수 없다. 둘째, 지역감정 문제는 말로 해소되는 것이 아니다. 비록 김 대통령의 지적이 사실이더라도 정치인이 악용하고 언론이 조장한다고 해서 영향을 받는 것이 아니다. 지역감정 해소는 차별받고 있다고 믿는 사람이 생각을 바꿀 때 가능하다. 지역감정은 있고 없는 것 자체가 문제이지 그것을 거론한다고 더 심해지거나 순화되는 것이 아니기 때문이다"라며 다음과 같이 주장했다.

"우리나라는 최근 30년 동안 영남 인맥이 장기 집권하면서 선거 때마다 끈질기게 지역감정 문제를 이용해왔으며 이것의 반작용으로 50년 만에 평화적인 여야 정권 교체를 성취했다. 김대중 대통령이 대통령에 당선된 것도 어떻게 보면 이런 지역감정의 반사물로 볼 수 있으며, 김 대통령 자신은 지역 대결 구도의 최대 피해자인 동시에 그 역설적인 수혜자라고도 할 수 있다. 때문에 그는 대통령 당선과 동시에 지역감정 해소를 반드시 해결할 것임을 다짐했다. 그러나 집권 후반기에 들어온 대통령이 그 성과를 보고하기보다는 국민들에게 지역감정 해소의 장애 요소를 찾아내 단죄하라고 외치고 있는 것은 이해할 수 없다. 지금의 지역주의 정서는 미시적으로 볼 때 집권 측의 인사 정책에서 비롯되고 있다. 집권 측은 수긍하지 않으나 정권 교체 후의 핵심 부위 인사가 특정 지역에 편중되었다는 여론은 외면할 수 없는 현실이다. 과거에 비해 그 정도에 차이가 있다면 그것은 납득할 수 있다. 이런 사실은 김 대통령도 인식하고 있는 징후로 여러 발언에서 나타난다. '국군의 날'과 '경찰의 날' 치사에서 김 대통령은 '공정한 인사'를 강조했다. 그러나 전반적인 여론은 이런 집권 측의 다짐과 역설을 신뢰하지 않고 있으며, 영남 이외에 '기타' 로 분류되는 지역에서도 불만은 해소되지 않고 있다. 본질 문제는 거기에 있다."

『중앙일보』 11월 4일자 사설 「지역감정 악화 누구 탓인가」도 "김대중 대통령의 현실 인식이 크게 왜곡돼 있는 것 같아 참으로 안타깝다. …… 지난 대선이나 총선에서 정치인들이 지역감정을 선거에 이용한 것은 틀림없다. 그러나 그 정치인 중에는 김 대통령 자신도 포함돼 있고, 아마도 그 자신 지역감정 문제에서 자유롭지 못하다는 사실도 잘 알고 있을 것이다. 지금 와서 그 정치인들이 모두 남이란 말인가. 야당처럼 특정 지역 몰표를 기초로 한 민주당이 남의 당인가"라면서 다음과 같이 주장했다.

"우리는 대선·총선 때의 극심한 지역감정 현상들을 봐왔기 때문에 현 정부가 들어서면 지역감정을 그나마 완화하는 쪽으로 정책을 펴기를 기대했었다. 그러나 이 정부는 지역감정을 오히려 전보다 더 악화시켜 놓았다. 악화의 원인이 편중 인사 때문임은 두말할 나위 없다. 그런데도 이 정부는 편중 인사란 없으며 과거 TK·PK 편중 인사를 시정해가는 과정에서 특혜를 누리던 지역의 상대적 박탈감이 가중된 것이라고 주장하고 있다. 정부 측 주장의 근거는 3급 이상 고위직 40% 이상이 영남 출신이라는 것이다. 과거에도 호남 출신 고위 공직자가 없었던 게 아니다. 다만 항렬은 높되 요직에 기용되지 못하고 한직으로 도는 경우가 많았기 때문에 지역 차별을 받는다고 생각했었다. 이 정부 들어서 후로는 정부 요직은 물론 정부 투자기관이나 산하단체의 감투를 특정 지역이나 특정 정당 출신이 거의 휩쓸다시피 하고 민간 기업까지 줄대기 지역 인사를 하는 바람에 그 파장이 광범하게 미치고 있는 실정이다. 최근 여러 부정부패에서 특정 지역 인맥이 두드러지게 서로 엮어져 나타나는 '연줄 현상' 도 그런 여파라 볼 수 있다. 다음 대선에선 지역감정이 극단적으로 표출될지 모른다는 우려마저 나오고 있다. …… 김 대통령이 지역 순시에 나선 것이 노벨 평화상 이후 국민 대화합을 모색하고자 한 것이었다면 굳이 이런 발언으로 이 지역 주민들의 반감을 더 자극할 필요가 어디에 있었는지 모르겠다. 일부 정부 인사들이 툭하면 인용하는 '숫자 놀음' 이나 '균형 인사' 같은 말이 현실 왜곡이라는 사실을 김 대통령이 깨닫지 못하는 한, 이 정부가 부르짖는 '국민 화합' 이 국민의 가슴에 와 닿을 수는 없을 것이다."

이것이 어디로 가는 배냐?

류근일 『조선일보』 논설주간은 11월 10일자에 쓴 「'40년' 얻은 것과 잃은 것」이라는 칼럼을 통해 "요즘 와선 부쩍 중산층이 이민 가고 싶어 하고 있고, 개혁파가 실망하고 있으며, 기업인들이 장사 마인드를 잃고 있고, 실업자들이 길거리를 메우고 있다. 사람들은 모이기만 하면 '이것이 어디로 가는 배냐?' 며 서로 묻곤 한다" 고 주장했다.

'이것이 어디로 가는 배냐?' 라는 말에서 힌트를 얻은 걸까? 11월 14일 한나라당 의원 김용갑이 여당을 '조선노동당 2중대' 로 몰아붙인 사건이 일어났다. 『조선일보』는 이 사건을 11월 15일자 1면 머리기사로 대서특필하고 11월 16일자 [만물상] 칼럼을 통해 "이번 발언 사태는 한마디로 현 정부의 대북 정책을 둘러싼 그동안의 우리 내부의 갈등과 분열이 극단적으로 표출된 것으로 규정할 수 있다" 고 해석했다. 그런데 이게 웬일인가? 그간 그렇게 매섭게 매를 주었건만 한나라당이 엉뚱한 행동을 보인 것이다. 총재인 이회창도 『조선일보』의 뜻을 배신한데다 그렇게 혼을 내주었던 부총재들까지 『조선일보』의 노선에 반하는 말을 마구 해대는 게 아닌가.

이에 분노한 『조선일보』(2000년 11월 17일)는 「'2중대' 보다 더 부적절한 야당 사정」이란 사설을 통해 "김 의원의 '2중대론' 발언에 대해 즉각 '부적절한 것' 으로 규정한 이회창 총재의 성급한 태도는 그야말로 '정치적으로' 부적절한 것이었다. 총재라고 해서 독립된 헌법기관인 국회의원의 이념성 원내 발언을 사적(私的)으로라면 몰라도 공개적으로 판정할 권한은 없다. 판사 출신이어서 일일이 유죄 무죄를 내리던 습관(?)이 남았는지는 몰라도 정당의 계파 멤버도 아닌 총재 지위에 있는 지도자로서는 그런 협소한 입지에서 당을 이끌고 나갈 수 없다. 그런 식이라면 앞으로 누가 당의 전면에 나서서 소신 발언을 할 것인가. 신중히 하라고 당부하는 것과, 소속 의원 발언의 당 · 부당을 섣불리 판정하는 것은 하늘과 땅의 차이다" 며 다음과 같이 주장했다.

"이부영 부총재의 발언은 그가 한나라당 소속인지 아닌지 헷갈리게 했다. 더욱이 거기다가 '이 당이 경상도 당이냐' 고 한 발언이야말로 해당(害黨)적인 발언이며 지역성 강한 발언이다. 우리는 서상섭 의원이 '우리 당이 제2의 자유총연맹이 되는 모습을 좌시하지 않겠다는 목소리가 높았다' 고 한 발언에서도, 손학규 · 김원웅 의원 등이 모임을 갖고 김 의원의 사과를 요구한 것에서도 한나라당의 정체성이 과연 무엇이며 이들에게 같은 당인(黨人)으로서의 최소한의 동료의식이 있는 것인지 의문을 갖지 않을 수 없다. 야당 의원의 원내 발언이 어떤 선을 넘었을 경우라도 소속 의원들은 원군이 돼주고 여당의 공격으로부터 보호해주되 그

적절성 여부는 막후에서 정치적으로 해소하곤 했던 것이 야당의 전통이었고 국민들은 그것을 긍정적으로 봐주었다. 그러나 엊그제 김 의원의 발언은 특정인에 대한 인신공격, 예를 들어 김 의원 사과 요구 모임에 참석했다는 김홍신 의원의 '공업용 미싱' 같은 발언이 아니고 남북 정상회담 이후 우리 사회의 이념적 갈등을 표출하는 한 방식으로 집권당의 행태를 좀 과격하게 공격한 것이다. 이에 대해 여당이 길길이 뛰는 것은 그렇다고 하더라도 한나라당 내에서 총재 이하 공개적인 규탄 발언이 나오는 것을 보면서 한나라당이 하나의 체계화되고 통합된 정치집단이 되기에는 아직 거리가 있다는 생각을 지울 수 없다."

황장엽 성명 사건

『월간조선』 12월호에는 「황장엽, 최근의 남북 관계를 직격 비판/피를 토하듯 쓴 비공개 논문 독점 입수/"연방제는 남한의 친북 세력을 강화, 정권 장악을 기도하고 내란에 대비하자는 것", "자기가 벗은 외투를 북한이 벗은 것이라고 착각하는 사람들이 있다"」라는 기사와 「국가보안법 개정은 '대한민국 파괴 활동의 자유를 보장하라는 것' 이다」라는 기사들이 실렸다.

11월 20일에 일어난 이른바 황장엽 성명 사건을 예고한 것인가? 그날 황장엽 전 북한 노동당 비서는 국가정보원이 자유로운 활동을 막고 있다며 '남북통일에 대한 우리의 입장' 이라는 성명을 발표했다. 『조선일보』는 이 사실을 21일자 1면에 보도하고, 5면에 성명 전문과 해설 기사는 물론, 사설까지 실었다. 사설은 황장엽의 성명 발표를 '독립선언' 이

한 탈북자는 일부 신문이 황장엽 씨를 정의의 기수인 양 보도한다고 말했다.

라고 규정하고, "국정원, 나아가 집권층이 황 씨의 행동이 마음에 들지 않는다고 해서 그의 공개 활동을 제약하고 방해하는 것은…… 용납될 수 없는 일"이라고 자극적인 어법을 구사했다. 이날자 초판에서 황장엽 성명을 전혀 다루지 않았던 『중앙일보』는 후속판에서 해설 기사를 곁들여 비중 있게 보도했다. 황장엽의 성명서는 애초 『조선일보』와 『중앙일보』에만 전달됐으며, 『중앙일보』 쪽은 이 성명서를 어떻게 다룰 것인지를 놓고 의견이 맞서 게재하지 않았다가 한발 늦게 기사화한 것으로 알려졌다.

이 보도가 나간 뒤 한나라당은 "황 씨 통제도 김정일의 지시에 따른 것이냐"고 정부를 향해 거친 비난을 퍼부었다. 또 첫날 비교적 온건한 어조였던 『동아일보』는 하루 뒤 "황장엽 파문 확산"이라는 1면 기사에 더해 '전말과 문제점'을 다룬 해설 기사와 "황장엽 씨 입을 막지 말라"는 사설을 내보내 파문 확산에 가세했다.

『조선일보』는 21일자 해설 기사에서 "'정부가 황 씨의 주장이 대북 포용정책과 상충되는 측면이 있다는 이유로 사실상 연금시켰다'는 설이 파다했다"며 '연금설'을 보도했다. 이 보도는 이튿날 한나라당의 주장을 통해 "황 씨의 입에 재갈을 물리고 구금하는 작태"로 기정사실화돼 지면에 그대로 실렸다. 그러나 황장엽의 측근 김덕홍은 22일 『한국일보』와의 인터뷰에서 "연금당한 적은 없다"고 밝혔다.

『조선일보』 11월 24일자에 실린 [류근일 칼럼]은 "영광의 노벨 평화상까지 탔다는 김대중 정권이 한 중요한 탈북 망명자의 양심의 자유, 표현의 자유, 대외 활동의 자유를…… 저해한 것이 사실이라면 그것은 당연 세계적인 스캔들감이 아닐 수 없다"며 "황 씨는 김대중 정권의 위헌 행위를 상대로 소송이라도 제기함 직한 일"이라고 주장했다.

이에 대해 1996년 한국에 온 한 탈북자는 "문민정부 시절 안기부에서 조사를 받을 때 구타 등을 당했다고 언론에 호소한 탈북자를 다시 체포해 고통을 주었던 사실이 있었는데도 이들은 침묵했다"며 "일부 신문이 마치 황 씨를 정의의 기수인 양 보도하는 것은 경직된 반공 이데올로기의 대변자로서 상업성을 극대화하려는 것일 뿐"이라고 말했다.[98]

그 어떤 이념 공세가 퍼부어진다고 해도 경제가 좋다거나 김대중 정권이 깨끗했다면 다 물리칠 수도 있었을 것이다. 그러나 경제는 어려워지고 있었고 김대중 정권의 부패상은 그 모습을 드러내고 있었다. 그래서 "세상이 엉망진창이 됐다"는 말까지 나오게 된다.

98) 「'황장엽 성명' 부풀려 냉정 '입맛'」, 『한겨레』, 2000년 11월 27일.

2000년 11~12월

세상이 엉망진창이 됐다
경제 위기 논쟁

"가신 무소신-부패 세력 대통령 눈귀를 가린다"

「"가신 무소신-부패 세력 대통령 눈귀를 가린다": 김영호 전 장관 정책 결정 문제점 비판」『동아일보』 2000년 11월 13일자 1면 머리기사 제목이다. A3면까지 이어진 이 인터뷰 기사는 다음과 같은 '안내문'을 달았다. "올해 초 경기 호황과 벤처 열풍으로 모두가 '국제통화기금(IMF) 위기는 끝났다'는 분위기에 휩싸여 있을 때였다. 당시 김영호 산업자원부 장관은 '경제 위기가 끝나지 않았다'며 일관되게 경고해 정부와 여당을 당혹스럽게 만들었다. 불행하게도 최근의 경제 상황을 보면 김 전 장관의 예측이 맞아가고 있다. 8월 개각 때 물러난 김 전 장관을 만나 현 경제 상황의 돌파구에 대해 고견을 들어보았다."

김영호는 이 인터뷰 기사에서 "IMF 관리 체제 초기 주어진 한계 내에서 정부의 초기 대응과 개혁 초심은 좋았으나 선거 등을 의식한 정치 논리 때문에 경제 논리가 뒤로 밀리면서 현재의 위기 상황이 나타났다"며

"대통령이 직접 나서서 국민에게 호소하면서 현재의 난관을 뚫고 나가야 한다"고 강조했다. 그는 "정부 대응이 어디서부터 빗나간 것인가"라는 질문에 대해서는 다음과 같이 답했다.

"우선 IMF는 초기에 고긴축·고이자 정책 그리고 국제결제은행(BIS) 규정 강요 등 채무자의 의무만 강조했다. 반면 채권자의 의무는 묻지 않아 한국 경제의 재생에 큰 상처를 남겼다는 점을 지적하고 싶다. 눈을 우리 정부로 돌리면 초기 대응은 주어진 한계 내에서 잘했다고 본다. 그러나 그 이후 중요한 실수가 몇 번 있었다. 첫 번째 실수는 정부의 섣부른 'IMF 졸업 선언'이었다. 백보 양보해서 국제 금융 위기를 일차적으로 넘겼다고 쳐도 국내 금융 위기와 경제 전반의 위기를 넘긴 것은 아니었다. 정부의 IMF 극복 발언은 경제 위기를 헤쳐나가는 가장 큰 자산인 사회적 위기감을 해체시켰고 국민의 기대 수준을 높여버렸다. 두 번째 실수는 1999년 하반기의 경기부양책이다. 겨울은 겨울답게 보내면서 체력을 비축하며 봄을 기다렸어야 했는데 인위적으로 봄을 만들었다가 더 혹독한 겨울을 불러들인 것이다. 이는 마치 개복수술을 받던 중환자를 수술도 마치기 전에 다시 배를 꿰매고 100m 달리기를 시킨 꼴이다."

언론의 책임은 없었을까? 같은 날 『경향신문』 박인규 부장은 「언론의 공허한 사후적 비판」이라는 칼럼에서 "최근 제2경제 위기론이 사실로 다가오고 있는 데에는 언론도 일단의 책임을 피할 수 없다는 생각이 든다. 김대중 정부의 경제 정책에 대해 단 한번이라도 제때에(사후가 아닌), 소신 있는 비판을 한 언론사가 없다고 보이기 때문이다. 일례를 들어보자. 미 포드사가 대우자동차 인수 포기를 발표하자 우리 언론들은 정부의 협상력 부재를 신랄하게 비판했다. 그러나 협상 당시 이 같은 비판을 '감행' 한 언론은 없었던 것으로 기억된다" 며 다음과 같이 말했다.

"김대중 정부 초기 시도했던 이른바 빅딜(대규모 사업 교환)의 경우도 마찬가지다. 당시 언론들은 어느 기업과 어느 기업이 짝짓기를 할 것인지에만 온통 관심을 쏟았을 뿐, 과연 빅딜이 현실성 있는 정책인지에 대해서는 거의 의문을 제기하지 않았다. 이미 과거지사가 돼버린 대우그룹 처리 문제, 현재 문제가 되고 있는 현대건설 사태 등에서도 언론은 소신 있는 의견을 개진하지 못하고 있다. 권력과 자본에 대한 눈치 보기 때문이라면 지나친 비약일까. 몇몇 경제 전문가들은 정부의 과감한 기업·금융 구조조정이 늦어도 4월 총선 직후 시작됐어야 한다고 지적한다. 외국 투자가들도 국내 정치적 요인을 감안, 총선 이후의 경제정책을 주목하고 있었다는 것이다. 하지만 정부가 본격적인 구조조정 작업에 나선 것은 최근 한두 달 사이의 일이다. 경제 위기의 도래를 지적하고 과감한 개혁을 주문하는 기사들이 신문 지면을 도배질하기 시작한 것은 그 이후였다고 기억된다. 워크아웃(기업경영 개선)에 들어간 부실 기업이 자금 부담 경감을 빌미로 덤핑 공세를 일삼아 멀쩡한 기업을 도산시키는 희한한 사태를 언론이 보도하기 시작한 것은 정부가 워크아웃제도 개선에 나선 이후였다. 부실 기업의 과감한 퇴출을 요구하기 시작한 것도 정부가 행동에 나선 이후였다. 한마디로 우리 언론은 정부의 정책을 뒤쫓아 가면서도 그 잘못을 뒤늦게 비판하는 이중적 태도를 보여온 것이다."

신자유주의 논쟁

김대중 정권도 문제였고 언론도 문제였지만, 또 다른 문제는 이른바 '신자유주의' 였다. 특히 진보적 지식인들은 신자유주의에 맹공을 퍼부었다. 앞서 보았듯이, 손호철은 1999년 "더 늦기 전에 현재의 종속적 신자유주의 정책 방향을 더 민중적이고 민족적인 방향으로 선회해야 한다"며 "그렇지 않을 경우, 김대중 대통령은 '한국의 루스벨트' 가 아니라 '한국의 대처' 라는, 김대중 정부는 '국민의 정부', '중산층과 서민의 정부' 가 아니라, '초국적 자본의 정부', '제2의 이완용 정부' 라는 역사적 평가를 피하기 어려울 것이다" 고 했다.[99]

2000년대 들어서도 일부 진보파는 김대중 정부를 '초국적 자본의 정부' 라거나 '제2의 이완용 정부' 라고 비난하고 있었다. 이 문제를 어떻게 보아야 할까? 진보적이면서도 신자유주의에 대해선 유연성을 보인 경제학자인 김기원 방송대 교수의 주장을 길게 소개하는 것도 그 논란의 전모를 이해하는 데 도움이 될 것 같다.

김기원은 『한겨레』 2000년 11월 22일자에 기고한 「"신자유주의 정부" 비판에 앞서」라는 칼럼에서 "지금 우리 사회에서는 신자유주의가 하나의 중요한 화두가 되고 있다. 세계적인 신자유주의 논란이 IMF 사태 이후 한국에도 본격 상륙한 것이다. 진보 진영 일각에서는 김대중 정부의 경제 정책을 신자유주의로 규정하고 있다. 또 노동계는 얼마 전 신자유주의 구조조정 반대를 내걸고 한바탕 대규모 시위를 벌였다" 며 다음과 같이 말했다.

"예전엔 대통령을 괴롭히던 것이 빨간 색깔이었는데 요즈음엔 신자유주의라는 색깔이 추가된 셈이다. 금석지감이 아니 들 수 없다. 그런데

99) 손호철, 『신자유주의 시대의 한국 정치』(푸른숲, 1999), 244쪽.

신자유주의 전도사로 일컬어지는 IMF

이번에도 혹시 전과 마찬가지로 색깔을 잘못 칠하는 건 아닐까? 또 정부가 표명한 '민주주의와 시장경제의 병행 발전'과 신자유주의는 도대체 어떻게 연관되는가? 1970년대 이후 확산된 신자유주의는 효율성의 시장 원리를 만능시하는 사상과 정책이다. 이는 자본의 이윤 추구를 제약하는 민주성의 논리에 대항하려는 것이고, 특히 글로벌화가 진전되면서 그 힘이 강화됐다. 그런데 자본주의 발흥기의 구자유주의와 다른 점은 신자유주의는 서구의 강력한 노조와 복지 정책에 대한 자본의 반격으로 등장했다는 사실이다. 따라서 김대중 정부의 경제 정책에는 분명히 신자유주의적인 요소가 포함돼 있다. 1987년 노동자 대투쟁 이후 갑자기 강력해진 노조의 세력을 약화시키고 노동시장의 유연성을 증대시키는 정책으로서 정리해고제와 파견근로제를 실시하였다. 외환이나 자본의 자유화도 신자유주의 색채가 짙다. 이런 사안들은 신자유주의 전도사로 일컬어지는 IMF가 요구한 것이기도 하다."

이어 김기원은 "그러나 정부 정책을 이런 신자유주의라는 보자기로 덮어버리면 빠져나오는 부분이 너무 많다. 우선 복지 체제가 극도로 미비한 우리에게 복지 정책에 대한 반격이란 있을 수 없는 것이다. 과도한 복지가 아니라 과소한 복지가 문제였다. 그래서 고용보험 등 사회 안전망을 강화하는 사회민주주의 정책이 시행된 것이다. 노사정 위원회도 마찬가지 성격이다. 또한 한국 사회에는 재벌의 왕조적 독재 체제와 정경 불륜이라는 전근대성을 비롯해 사회 각 부문에 전근대적 비효율이 존재한다. 시장의 원활한 작동을 저해하는 경영 불투명성도 심각하다. 이것들은 모두 압축적 자본주의화 과정에서 생긴 것으로 지금까지 미해결 상태로 남아 있었다. 따라서 이들을 혁파하는 구자유주의적 개혁도 필요해진 셈이다"며 다음과 같이 말했다.

"이상의 신자유주의, 사회민주주의, 구자유주의라는 세 요소가 다 김대중 정부 정책이 지향하는 바였다. 하지만 그 주관적 의도가 제대로 실행에 옮겨지지는 않았다. 정책을 입안하는 정당과 관료 그 자체가 개혁 대상인 구태의연한 존재였고 개혁 세력도 뭉치지 못했다. 게다가 위기 관리에 급급하면서 빅딜과 같은 개발독재적 정책도 답습했다. 그래서 결국 정부 정책은 세 가지 요소를 불완전하게 지향하면서 동시에 과거로부터 개발독재라는 한 가지 요소를 계승함으로써 네 요소로 구성되게 됐다. 물론 이 중 어느 요소가 지배적이냐 하는 현학적인 논의도 있을 수 있다. 그러나 이렇게 파악된 지배적인 요소만으로는 김대중 정부의 다양성과 역동성을 이해할 수 없다. 또 우리 삶을 한발이라도 진전시키려는 실천적 견지에서는 부정적 요소를 최대한 억제하고 긍정적 요소를 최대한 발전시키는 일이 지배적 요소의 확정보다 훨씬 중요하다. 즉 구자유주의적 재벌 개혁을 재벌 구조의 발전적 해체로까지 이끌어가고, 복지 지향적 사회민주주의를 강화하며, 정리해고제나 대외 개방과 같은 신자유주의의 폐해를 최소화하는 장치를 구축하고, 개발독재의 부정적

유산을 시급히 청산해야 한다. 최근 정부의 개혁성은 맛이 갔으며 위기 관리마저도 갈팡질팡이다. 그렇다고 개혁을 포기할 수는 없으며, 우리 모두 안간힘을 써봐야 한다. 그러려면 김대중 정부 정책의 다중성을 인식하는 유연한 전술이 필요하다. 외국에서 신자유주의 정책을 무분별하게 수입하는 자세와 마찬가지로 신자유주의 비판을 맹목적으로 수입하는 경직적인 자세로는 난국을 헤쳐 나갈 수 없다."

김기원은 다른 글에선 경제 위기 극복과 개혁을 위해선 필요한 조건으로 '국민 대중의 결집된 힘'과 '노동계와의 관계 재정립'을 주문했다.[100] 이는 비단 김기원뿐만 아니라 경제에 대해 말하는 사람들 대부분이 지적하는 것이었지만, 문제는 김대중 정권이 지역주의가 만연한 상황에서 무슨 수로 '국민 대중의 결집된 힘'과 '노동계와의 관계 재정립'을 이끌어낼 수 있는가 하는 점이었다. 경제 위기가 한국 내부만의 문제가 아니라는 점도 문제였다. 이와 관련, 김기원은 다음과 같이 말했다.

"이제 정글처럼 무서운 자본주의의 맛을 보고 있는 것이다. 과거 경제 시스템이 무너지고 외국 자본 흐름에 국내 경제가 출렁이며, 실업 문제가 피부로 느껴지는 등 개인이 느끼는 생활 위험은 한층 커졌다. 그렇지만 변화에 걸맞은 새 시스템은 구축되지 않고 있다. 그래서 모두 앞날을 두려워하며 위기라고 느낀다."[101]

---

100) 김기원, 「개혁은 언론 플레이가 아니다」, 『시사저널』, 2000년 10월 12일, 78면.
101) 황순구, 「김기원 교수 경제전문가의 진단: 개혁적 인물에 경제 맡겨라」, 『한겨레』, 2000년 12월 2일, 3면.

정글처럼 무서운 자본주의의 맛

그런 위기 상황에 보수 언론은 말할 것도 없고 YS가 앞장서고 김용갑이 거들기도 하는 내부의 이념 갈등마저 가세했으니, '난국'이 악화될 수밖에 없었다. '당장 거국내각 구성하라', '레임덕을 걱정하십니까', '왜 사표를 쓰지 않나', '청와대가 기가 막혀?', '경제 망치는 정치', 'IMF 3년 리더십이 없다', '정치권이 경제난 · 불안 조장 국민은 지쳤다', '사과할 줄 모르는 정부', '정권 2기냐, 3기냐', '비겁한 정치'. 11월에 나온 일간신문의 칼럼 제목들이다. 이에 대해 정세용 논설위원은 『한겨레』 (2000년 11월 25일) 칼럼에서 "위기의 경제, 파행 국회, 잇단 비리 의혹, 봇물 터지는 집단이기주의에 제대로 대처하지 못하고 우왕좌왕하는 김대중 정부에 대해 신랄한 비판이 쏟아지고 있는 것이다"라며 다음과 같이 말했다.

"재벌의 '부도 도미노'와 '국회의장 감금' 그리고 농민 시위 등이 김대중 정부의 최근 실정을 단적으로 말해준다. IMF 직후 김영삼 정부에 가해졌던 비판보다 그 도가 덜하지 않은 것을 보면 지금 우리는 총체적 위기를 맞이하고 있는 것이 사실인 것 같다. 사석에서 만난 한 원로 시인은 '세상이 엉망진창이 됐다'고 탄식했다. 그는 '서울 민심도 나쁘지만 지방 민심은 더 형편없다'며 '김대중 정부에서 전라도 민심이 제일 나쁘니 그 이유를 나도 모르겠다'고 토로했다."

한국언론재단 허행량 선임 연구위원은 『대한매일』 11월 29일자에 기고한 「한국 언론의 '경제 위기 만들기'」라는 칼럼을 통해 "경제보도에서 한국 언론의 신뢰성을 결정적으로 망가뜨린 사례는 바로 IMF 경제 위기였다. 한국 언론은 IMF 위기 직전까지 외환 위기를 감지하지 못하고 관료들의 '건실한 펀더멘털론' 을 보도했다. …… 제4의 권부였던 언론은 국민들의 신뢰를 상실하게 됐고 그 이후 한국 언론에는 'IMF 망령' 이 사라지지 않고 있다. IMF 경제 위기 보도가 과소 포장으로 언론의 신뢰도를 해쳤다면 최근의 경제 위기 만들기는 거꾸로 과대 포장으로 신뢰도를 떨어뜨리고 있다" 며 다음과 같이 말했다.

"경제 위기를 정확하게 예측하지 못한 IMF 위기의 망령 때문에 경제 침체에 과민 반응을 보이는 것은 오히려 언론의 신뢰도를 해칠 수 있다. 언론은 그럴수록 고도의 전문성과 정확성을 바탕으로 누구나 수긍할 수 있는 진단을 통해 추락한 신뢰성을 회복해야 한다. 경제란 침체 · 회복 · 호황 등 사이클을 갖고 변동한다. 호황기와 불황기가 반복하는 것이 경제다. 경제 위기 만들기로 주가와 외환 시세가 크게 요동치고 있다. 경제를 어떠한 잣대로 진단하느냐에 따라 위기냐 침체냐가 결정된다. 언론에 편리한 지수와 언론이 요구하는 대로 코멘트를 하는 전문가들의 발언으로 경제를 진단, 위기를 조장하는 것은 저널리스트적 관점에서는 대중의 주목을 단숨에 끌 수 있는 매력적인 접근이지만 자의적인 잣대라는 비판과 함께 궁극적으로는 언론의 신뢰성을 해친다. '경제의 부메랑 효과', '언론계의 IMF 망령', '위기의 이벤트화' 가 복합적으로 작용한 언론의 경제 위기 만들기는 언론의 신뢰성에 오히려 독소로 작용할 위험이 크다."

'21세기경제학연구소' 홈페이지 운영자 최용식도 『내일신문』(2000년 12월 4일)에 기고한 「현 경제 난국 언론 책임은 없는가」라는 칼럼에서 "지금 우리 경제가 난국에 빠져들고 있다면 시급히 대책이 마련되어야 한다. 그러려면 우리 경제에 대한 정밀 진단이 선행되어야 한다. 진단이 정확하지 않으면 치료도 불가능하기 때문이다. 그러나 어디에서도 그것을 찾을 길이 없다"며 다음과 같이 주장했다.

"경제 전문가는 물론 언론에서도 우리 경제가 지난해에 과열되었었다는 사실을 아직까지 인정하지 않고 있고, 금년 상반기의 경기 조정이 그 후유증이라는 사실조차 모르고 있으며, 경제 비관주의만 난무하지 않았다면 하반기부터 서서히 회복될 수 있었다는 사실도 받아들이지 않고 있다. 제발 각성하기 바란다. 특히, 비관주의가 우리 경제를 더욱 어려운 지경으로 몰아가고 있다는 사실을 명심할 필요가 있다."

서경석·이석연의 시민운동 비판

'세상이 엉망진창이 됐다'는 탄식이 쏟아져 나오는 상황에서 보수 시민운동까지 들고 일어섰다. 2000년초 총선시민연대의 낙천·낙선운동에 비판적이었던 신문들의 뒤늦은 보복이 시작된 것이었을까? 11월 24일 『조선일보』, 『동아일보』, 『중앙일보』는 성균관대 600주년 기념관에서 '한국 시민운동의 재정립'이란 주제로 열린 제3회 전국시민단체대회를 보도하며 이구동성으로 '시민 없는 시민운동'을 비난했다.

11월 25일자 『조선일보』 사회면은 서경석 한국시민단체협의회 사무총장의 말을 인용하며 '시민운동에 시민도 대안도 없다-참가 단체들 자기비판 …… 낙선-낙천운동 준법정신 무너져'라고 보도했다. 이 신문은 또 '시민운동의 재정립을 위하여'(11월 27일자 2면) 제하의 사설을 통해 시민운동 내부의 자성론에 기대를 건다고 했다. "근래의 시민운동은 또한 정의의 판관이란 자의식에 너무 사로잡힌 게 아닌가 하는 평판을 들어왔다. '우리가 제시한 의로운 기준은 실정법 여하 간에 관철시켜야 하고, 그것에 어긋나는 것은 밀어붙여서라도 제거해야 한다'는 식의 이미지를 주어온 것이다." 또한 이 사설은 "특히 '국민의 정부' 이후에는 권력 비판 기능을 접은 채 특정한 방향으로 경사된 게 아니냐는 질문도 받곤 했다. 그 원인이야 무엇이든 시민운동이 그런 모습으로 인식될 때 그 결과는 득(得)보다 해(害)가 더 큰 형국이 될 것이다"고 주장했다.

『동아일보』도 11월 27일자 사설 「시민 없는 시민운동」에서 "시민단체들의 정치 편향과 관료적 병폐 같은 것들이 시민을 등지게 만들고 오늘의 위기를 초래했다는 지적에 귀를 기울여야 한다"고 주장했다. 이어 『중앙일보』 11월 28일자 [김영배 칼럼]도 시민운동이 비판 의식 상실을 경계해야 한다고 지적했다.

그러나 신문들이 크게 다룬 서경석 한국시민단체협의회 사무총장의 자성론에 대해 시민운동 일각에서는 다른 반응을 보였다. "외견상 자성의 성격을 띠고 있지만 내용 면에서 문민정부 시대 시민운동 리더십이 국민의 정부에서 새로 형성된 리더십에 던지는 비판의 성격이 강하다"는 분석으로 "이는 상대적으로 개혁 성향이 강한 참여연대·여성단체연합·서울기독교청년회 등이 시민협에 참여하지 않은 현실과 무관치 않다"는 것이다.[102] 시민운동이 '관변화' 되었다는 서경석의 주장에 대해 참여연대 연대사업국장 김성희는 다음과 같이 말했다.

"시민단체가 정부로부터 돈을 받았다는 건 이런 것에 비유할 수 있어요. '누구와 누가 잤다!' 그런 다음 '(각자의 집에서)' 라는 거죠. 이런 불

102) 권혁철, 「시민운동 현실 무시한 '딴지걸기'」, 『한겨레』 2000년 12월 4일, 7면.

순한 선동이 효과가 있었습니다. 사실 시민단체 지원은 한나라당 집권 때부터 시작된 겁니다. 그리고 보조금이란 말보다 '공공 프로젝트 수행 비용' 이 적절하고요. 그 목적에 맞게 활용하면 되는 것이고 목적과 다르게 사용했으면 회수하게끔 법에 명시되어 있습니다. 참여연대는 공공 프로젝트에 응하지 않고 있습니다. 그런 식의 불순한 선동이 있고, 그게 먹히기 때문에 응하지 않은 것이지, 공공 프로젝트가 부당하다는 것은 아닙니다. 시민단체 내부가 투명하지 못한 건 아니냐고 생각할 필요가 없습니다. 단, 행정적으로 지출과 수입에 대해 명확하게 하고 이를 공개해야 합니다. 자신감 있는 대응이 필요합니다."[103]

서경석에 이어 경실련 이석연 사무총장도 시민운동 비판에 가세했다. 그는 『동아일보』 11월 28일자 인터뷰에서 "최근 시민운동의 권력에 대한 비판 기능이 약화됐다"고 주장했다. "시민운동의 본령은 권력에 대한 감시, 비판, 대안 제시이며 아무리 개혁적인 권력이라 해도 이 사명이 달라질 수 없습니다. 권력의 속성은 변함이 없기 때문입니다." 집권당이 법과 원칙보다는 인치(人治)에 의존하고 있다고 본다는 그는 "정부 여당이 의회 민주주의를 훼손하는 등 정도를 포기한다면 경실련은 정권 퇴진 운동까지도 벌일 각오"라고 말했다.

총칼 대신 지식으로 싹쓸이하려는가

김대중 대통령은 '세상이 엉망진창이 됐다' 는 세간의 탄식을 듣고 있었

103) 최경석, 「"그들은, 홍위병이라 말할 자격이나 있는가?": 시민운동가 4인의 격분 토로」, 『참여사회』, 2001년 9월, 13~14쪽.

던 걸까? 『한겨레』 12월 1일자에 따르면, "한광옥 청와대 비서실장은 30일 '대통령의 귀가 막혔다' 는 언론 비판에 대해 '언로가 막혔다는 얘기는 자유당 때부터 나온 얘기 아니냐' 고 농을 던지며 '절대 그런 일은 없다' 고 말했다. 한 실장뿐 아니라 다른 청와대 참모들도 '대통령의 귀가 막혔다' 는 지적에는 펄쩍 뛴다. 한 수석 비서관은 '아침에 보고를 하러 가면 부인이 조간신문들을 한 아름 들고 나가시곤 한다' 며 '신문보다 더 좋은 여론 수집 통로가 어디 있느냐' 고 말했다. 또 다른 비서관은 '김 대통령이 청와대 홈페이지에 올라오는 전자우편까지 보고 받는다' 고 전했다."

김대중이 청와대 홈페이지에 올라오는 전자우편까지 보고 받는다고 해서 달라질 건 없었다. 김대중 정권에 대한 비판은 전 방위적이었고 총체적이었기 때문이다. 심지어 김 정권이 추진한 '신지식인' 운동마저 정권의 근본을 문제 삼는 격한 비난의 대상이 되었다. 서울대 문화인류학과 전경수 교수가 『뉴스메이커』 12월 7일자에 기고한 「총칼 대신 지식으로 싹쓸이하려는가」라는 칼럼이 그걸 잘 보여주었다.

전경수는 외규장각 문서 문제로 시작하더니 엉뚱하게도 도올 김용옥의 인기몰이와 김대중 정권의 실정을 연결하면서 '신지식인' 비판과 '신자유주의' 비판으로까지 나아갔다. 그는 "영웅의 등장은 시대와 밀접한 관계 속에서 포착되어야 한다는 시드니 후크의 주장에 동조하는 나는, 도올이 뜨는 이유를 현 정권의 실정 및 그에 대한 국민의 환멸에서 찾는다. 결론부터 말한다면, '신지식인' 에 신물 난 사람들이 전통적 지식인을 다시 찾는 과정이라고 볼 수밖에 없다. 현 정권이 공식적 집무를 시작도 하기 전부터 전면에 내세운 단어 중에 가장 해괴망측한 것이 '신

지식인' 이라는 신조어다"라며 다음과 같이 주장했다.

"그 단어 바람에 지식인들은 모두 낡은, 그래서 쓸모없는 '구지식인' 이라는 상징 구도를 창출하는 어처구니없는 일이 진행되었다. 과거의 군인들은 총칼로 싹쓸이를 하더니만, 국민의 정부는 지식으로 싹쓸이를 하려는가. 벤처의 열풍을 탄 신지식인들이 경제계를 주름잡도록 세금까지 부어넣더니, 그자들이 벌이는 도적질 판이 꼬리를 잡혔다. 정치하는 자들이 '신' 자 좋아하다가 망하는 형국을 또 만들었다. YS는 '신한국' 으로 시작하더니만, DJ는 '신지식인' 으로 시작했다. 전자는 IMF로 망하더니 후자는 무엇으로 망하려는가. 상(賞)으로 망하려는가, 북(北)으로 망하려는가. 신자유주의라는 기로의 갈림길에서 선량한 시민만 고생할 일이 심히 걱정된다."

단지 '신지식인' 건 하나를 문제 삼으면서 도올이 뜨는 이유마저 DJ 정권의 실정 탓으로 돌리고 DJ가 "상으로 망하려는가, 북으로 망하려는가"라고 묻는 게 과연 온당한 수준의 비판이었을까? 이른바 '박정희 향수' 도 바로 그런 배경에서 일어난 것은 아니었을까?

문창극 미주총국장은 『중앙일보』 12월 4일자 칼럼 「박정희 향수(鄕愁)」에서 또다시 '박정희 찬양' 을 했다. 그는 박정희는 "군복에 검은색 안경을 낀, 무시무시한 중앙정보부를 만든, 종신 집권을 위해 유신헌법을 만든 얼굴"과 "땀 흘리는 얼굴, 고뇌하는 얼굴 …… 이 나라를 어떻게 하든 가난에서 구해내 배고프지 않는 나라를 만들기 위해 애쓴 얼굴" 이라는 두 얼굴을 가지고 있는데, "우리는 땀 흘리며 고뇌했던 대통령의 얼굴을 다시 보고 싶은 것" 이라고 주장하면서 "이것이 박 전 대통령에 대한 열풍, 향수의 본질" 이라고 주장했다.

이어 문창극은 "국민은 우리 대통령이나 야당 지도자가 박 전 대통령과 같이 비전을 갖고 땀을 흘림으로써 지금의 어려움에서 구해내주기를 바라고 있다. 국민은 박 전 대통령과 같은 리더십을 다시 보기를 원한다. 그런데 대통령이나 야당 지도자는 그 리더십의 본질에 도달하려는 생각은 없이 상징적 몸짓에만 열중하고 있다"며 다음과 같이 말했다.

"우리는 남은 2년을 이런 식으로 멍들며 계속 보내는 수밖에는 없는가. 아니, 혹시 2년 뒤에 정권이 바뀐다 해도 새 리더십은 국민이 원하는 땀 흘리는 리더십이 될 수 있을 것인가. 만일 그렇지 못하다면 우리의 절망은 더욱 커질 수밖에 없다. 이런 절망이 박 전 대통령의 무서운 얼굴이라도 받아들일 수밖에 없다는 체념적인 사회 토양을 만들어내지 않도록 특히 유념해야 할 것이다."

그러나 정권은 이런 비판으로 무너지거나 망가지는 건 아니다. 늘 적은 내부에 있는 법이며, 이 점에선 김대중 정권도 예외는 아니었다. 늘 문제는 부정부패였다. 총체적 부패 구조 아래에서 부패의 모든 책임을 정권에게 묻는 것은 온당치 않겠지만, 정권 핵심부의 일각이나마 부패한 모습을 보인다면 이야기는 달라진다. 김 정권의 부패는 좀더 나중에 본격적으로 터져 나오게 되지만, 사회 전반에 걸쳐 부패에 대한 염증이 끓어오르고 있었다.

2000년

우리는 부패의 사명을 띠고 이 땅에 태어났다 부정부패 공화국

우리는 부패의 사명을 띠고 이 땅에 태어났나?

2000년 3월, 1년 이상을 걸려 40여 명의 지식인들이 한국 사회 각계의 부정부패를 진단한 『우리는 부패의 사명을 띠고 이 땅에 태어났다』라는 책이 출간되었다. 이 책의 「머리글: 붕괴된 사회의 복원을 위하여」는 "개혁하자는 것은 무엇인가를 바꾸어보자는 소박한 바람이 아니다. 그것은 타락한 사회를 걷어치우고 무너진 사회를 되세우자는 절규다. 그것 없이는 한걸음도 앞으로 나아갈 수 없다는 절박한 외침이다. 정경유착과 부정부패의 순환고리 속에서 썩을 대로 썩어버린 사회를 근본적으로 바꾸어야 한다는 호소다"라며 다음과 같은 진단을 내렸다.

"이 책에 수록된 모든 글에서 구체적으로 표현되고 있는 것처럼 우리 사회는 철저하게 부패한 사회다. 슬프게도, 이 조각들을 모두 주워 맞추다 보면 우리의 사회적 시스템이 붕괴되었다는 결론에 이르지 않을 수 없다. 결국 우리가 이 작업을 통해 최종으로 확인한 것은 타락하고 붕괴된 우리 사회의 자화상이다. 그러나 사회적 현상을 파악하는 것이 우리의 궁극 목표가 아니다. 우리가 진정으로 추구하는 것은 타락한 사회의 개혁이요, 붕괴된 사회를 재구조화를 통해 정상으로 복원하는 일이다."[104]

이 책에 글을 쓴 상지대 교수 정대화에 따르면, "정경유착과 언론 부패를 말할지언정 우리 경제가 부패했다고 말하는 사람은 없을 정도로 부패 구조는 공고하게 일상화되어 있다. 부패보다 더욱 심각한 상태인 '부패를 부패로 느끼지 않는' 이른바 '부패 불감증'의 사회가 이미 형성되어 있는 것이다. 이런 사회구조에서 정치가 권력 투쟁 이상의 의미를 갖지 않는다는 것은 지극히 자연스러운 일이다."[105]

이러한 진단은 막연하게 감정으로 하는 소리는 아니었다. 무엇보다도 '법치'가 매우 어려운 사태에 처해 있었다. 2000년 6월 형사정책연구원이 실시한 서울 지역 성인 493명에 대한 설문 조사 결과 399명(80.9%)과 415명(84.2%)이 각각 "유전무죄(有錢無罪)·무전유죄(無錢有罪)라는 말에 공감한다", "동일 범죄에 대해서도 가난하고 힘없는 사람이 더 큰 처벌을 받는다"고 답한 것으로 나타났다.[106]

정치판과 법조계만 썩은 게 아니었다. 가장 깨끗해야 할 교육계와 언론계에서도 여전히 각종 비리 파문이 끊이질 않고 있었으며, 정치가 썩었다고 꾸짖는 전문가 집단도 크게 다를 게 없었다. 그쪽 역시 '백색 부패(부패 의식이 전혀 없는 상태에서 저질러지는 부패)'의 경지에 이르렀다.

---

104) 김상조·정대화·조희연, 「머리글: 붕괴된 사회의 복원을 위하여」, 김상조·정대화·조희연 외, 『우리는 부패의 사명을 띠고 이 땅에 태어났다』(삼인, 2000), 8~9쪽.
105) 정대화, 「국가의 주체는 국민이다」, 김상조·정대화·조희연 외, 『우리는 부패의 사명을 띠고 이 땅에 태어났다』(삼인, 2000), 305~306쪽.
106) 기획취재팀, 「'사법 저울'이 기울었다: 강한 자엔 '솜방망이' 약한 자엔 '쇠몽둥이'」, 『경향신문』, 2000년 12월 26일, 1면.

2000년 6월 6일, MBC의 시사고발 프로그램인 〈PD수첩〉에서는 사회 지도층의 탈세 행태를 보도한 바 있는데, 다음과 같은 인터뷰 내용이 프로그램을 통해 방영되었다.

"△세무사: 의사나 변호사가 금액의 다과(多寡)는 있겠지만 99%가 탈세를 하고 있지 않느냐고 생각하고 있습니다. △치과 의사: 정말 털어서 먼지 안 나는 사람 없다고, '완전히 깨끗합니다' 하고 손들어 보라고 하세요. 한 사람도 못 들어요. 사회 지도층이기 때문에 솔선수범해라, 그 얘기는 알겠지만 다른 사람들은 그대로 두고 무조건 솔선수범해야 한다, 나는 그런 것은 불합리하다고 생각해요. △공인회계사: 자기는 성실하게 내려고 하더라도 자기 친구나 동료, 혹은 옆 사무실에서나 옆에서 개업한 사람들이 자기랑 비슷한 수입을 가지고 있는데 자기만 터무니없이 세금을 많이 낸다는 걸 알게 되면 왜 나만 많이 내느냐, 그러면 나도 비슷하게 맞추자 해서 낮추는 거죠. 그래서 염라대왕 앞에서 떳떳한 사람이 없다고, 검사 출신이나 혹은 법을 다루시는 분도 처음에는 열심히 하려고 하고 정당한 세금을 내려고 하겠지만 주변에서 그렇지 않은데 왜 나만 그래야 되느냐, 그런 분들이 많이 생기는 거죠."[107]

한국은 총체적 부패 공화국

한신대 교수 윤평중은 『주간동아』 2000년 6월 8일자에 기고한 「비도덕적 사회와 윤리 교육」이라는 칼럼에서 "어떤 이는 우리나라를 '총체적

107) 박승관 · 장경섭, 『언론 권력과 의제동학』(커뮤니케이션북스, 2001), 28~29쪽에서 재인용.

부패 공화국'이라 부르기도 한다. 부정부패는 사회적으로 제도화되어 있다시피 하며, 그 현상에 대한 국민의 불감증 또한 우려할 만한 수준이다"라며 다음과 같이 말했다.

"요새 논란이 되고 있는 백두사업이나 고속철 문제는 그 생생한 사례일 것이다. 비도덕적 사회라는 자탄이 나올 수밖에 없는 것이다. 몸에 병이 생길 때 수술이나 대증요법도 써야 하지만, 원천적 저항력을 기르는 것도 한 방법이다. 사정 작업이나 구조 개혁도 필요하지만, 부정부패에 대한 저항 능력을 보통 사람들의 일상에서 키워나가는 실천도 그에 못지않게 중요한 것이다. 비도덕적 사회에 대항해 싸울 수 있는 궁극적 주체는 바로 민주 시민들이기 때문이다."[108]

문화평론가 김지룡은 2000년 6월에 출간한 『개인독립만세』에서 이렇게 주장했다. "독재 권력은 무너졌지만 여전히 이 나라의 부패 구조는 '철밥통'처럼 깨질 줄 모른다. 권력과 돈이 있는 인간들은 호의호식하며 군대도 빠지고 세금도 내지 않는데, 평범한 시민은 군대에서 꽃다운 청춘을 보내고 허리가 휘어지도록 세금을 내야 한다. 조금 배우고 조금 잘난 인간들이 으스대고 꼴값하며 돈과 명예를 거머쥐고 있다. 서민들은 다리를 지날 때마다 빌딩에 들어갈 때마다 불안에 떨어야 하고, 자기 아이가 어느 날 갑자기 시커먼 숯덩이로 변하지 않을까 끊임없이 걱정해야 한다. 그러면서도 이 나라에 태어난 것을 숙명이라고 생각한다. 하지만 국가가 개인의 숙명인 것은 20세기 유물로 바뀔 것이다."[109]

너무 절망한 탓일까? 김지룡은 '국적 변경'을 대안으로 내세웠다. "이

108) 윤평중, 「비도덕적 사회와 윤리 교육」, 『주간동아』, 2000년 6월 8일, 96면.
109) 김지룡, 『개인독립만세』(명진출판, 2000), 21쪽.

나라가 지금처럼 부조리와 비리와 모리배가 판을 치는 나라로 지속된다면, 능력 있는 젊은 사람들이 대량으로 퇴장하는 사태가 올 것이다. 내 딸도 그중의 한 사람이 될 것이다. 내 딸이 '한국인'으로 성장하고 '애국자'가 되는 것이 아니라, '세계인'으로 성장하고 '자유인'으로 크기를 바라는 이유다. 한국에서 태어난 것을 자랑스럽게 여기지도, 숙명이라고 체념하지도 않는, 국가라는 존재를 초월한 자유로운 개인으로 성장하기를 바란다. 독립적이고 자립적이고 주체적인 개인으로서, 국적으로 사람을 편 가르는 것이 아니라 국적과 관계없이 모든 이를 동등하게 대할 수 있는 세계인이 되기를 기대한다."[110)]

2000년 7월 홍익대 교수 장근호는 한국의 부정부패를 일본 수준으로 줄이면 실질 경제성장률이 1.4~1.5%p가량 높아질 것이라는 구체적인 수치까지 제시했지만, 경제 자체가 부정부패의 터전 위에 자리 잡고 있는 걸 어이하랴. 오죽하면 작가 박완서는 『한국일보』(2000년 7월 17일) 칼럼에서 "이 나이에 무릎 꿇으라면 엎드려서라도 진실로, 진실로, 간절히, 간곡히, 마음으로부터 겸손되어 빌고 싶다. 부정이 통하지 않는 투명하고 정직한 정치 한 번만 보고 죽게 해달라고"라고 호소했겠는가.[111)]

『한겨레21』 2000년 10월 5일자는 「부패 공화국의 깊은 뿌리 검은 돈 더 활개」를 표지 기사로 실었다. 이 특집은 "비리의 먹이사슬이 판을 치고 있다. 보이지 않는 압력에 의한 온갖 부패가 국가 경제에 치명타를 안기고 있는 것이다. 국제 교역과 투자마저 가로막는 검은돈. 부패의 자양

110) 김지룡, 『개인독립만세』(명진출판, 2000), 23~24쪽.
111) 박완서가 『한국일보』 2000년 7월 17일자에 쓴 칼럼; 홍종학, 『한국은 망한다』(이슈투데이, 2001), 94쪽에서 재인용.

사진은 내국인 출입이 허용된 첫 카지노인 '스몰 카지노 호텔'의 개장식 모습. 전국에서 몰려든 도박 마니아들로 대성황을 이뤘다.

분을 어떻게 잘라낼 것인가"라는 문제를 제기했다. 그러나 이 기사는 "정부나 정치권에는 더 이상 기대할 게 없다는 얘기다"라는 음울한 결론을 맺었다.

그렇다면 결국 민주 시민들에게 기대를 걸어야 한다는 결론이 도출되는 셈인데, 문제는 공직 사회의 비리에 대해 분노하는 시민들조차 자포자기하여 자신의 일상적 삶에선 부정부패에 쉽사리 무너진다는 점이었다. 2000년 10월 제2건국범국민추진위원회가 한국행정연구원에 의뢰한 '2000년도 국정 전반에 대한 부정부패 실태조사' 결과에 따르면, 국내에서 사업을 하는 사람 가운데 4명 중 1명꼴로 2000년 한 해 동안 공무원에게 뇌물을 준 것으로 드러났다. 이들의 절반 정도는 해당 분야 공무원에게 100만 원이 넘는 뇌물을 제공했으며, 제조업과 건설업 종사자들은 대부분 300만 원이 넘는 거액을 제공한 것으로 나타났다는 것이다.[112]

부정부패보다는 도박이 더 건전하다고 생각했던 걸까? 2000년 10월

28일 내국인 출입이 허용된 첫 카지노인 강원 정선군 '스몰 카지노 호텔' 이 개장해 전국에서 몰려든 도박 마니아들로 대성황을 이뤘다. 개장은 오후 3시부터였으나 오전부터 입장권을 끊으려는 내장객들의 행렬이 몇백 미터나 겹겹이 늘어서 있었다. 개장 30분 뒤 정원 초과로 출입이 통제되자 곳곳에서 고함이 터져 나왔고 대기자들과 직원들 사이에 실랑이가 벌어지기도 했다. 오후 늦게 도착한 내장객들은 평균 3시간 이상을 기다려야만 들어갈 수 있었으며 일부는 이튿날 새벽이 돼서야 출입이 가능했다.[113]

인맥 사회의 비극

2000년 11월 경실련 부정부패추방운동본부가 시민과 공무원을 상대로 한 설문 조사와 감사원, 검찰청 등 기관별 징계 자료를 토대로 산정한 전국 16개 시도에 대한 '부패 지수' 를 발표한 결과에 따르면, 공무원 1명이 월평균 13만여 원의 뇌물을 제의받은 것으로 나타났다. 이와 관련, 반부패국민연대의 정책위원인 연세대 교수 김형철과 서울시립대 교수 박정수는 『한국일보』 2000년 11월 4일자에서 다음과 같은 지상 대담을 나누었다.

△박정수: 올해 국제투명성기구가 발표한 투명성 지수를 보면 우리나라가

112) 정희상, 「4명 중 1명 "올해 뇌물 줬다"」, 『시사저널』, 2000년 10월 5일, 54~55면.
113) 김홍성, 「정선 카지노 개장 첫날-영업 30분 만에 '출입 통제' 북새통」, 『경향신문』, 2000년 10월 30일, 18면.

90개국 중 48위를 했습니다. 그리고 수출의존도가 높은 나라들을 대상으로 '어느 나라 공직자들이 더 뇌물에 거부 반응을 갖는가' 를 조사한 뇌물 인식도는 지난해 조사 결과 19개국 중 18위였습니다. 우리나라의 부패 정도는 그야말로 참담한 지경이지요.

△김형철: 어떤 사람들은 지금의 부패 정도가 우려할 만한 상황이 아니라고 합니다. 민주화가 진행되면서 과거 권위주의 정권에선 덮였을 사건들이 드러나는 것일 뿐이지 특별히 나빠진 것은 아니라고 하는데, 그건 천만의 말씀입니다. 저는 오히려 문제가 더욱 심각해졌다고 봅니다. 전에는 부정부패가 국가의 경쟁력에 별다른 영향을 끼치지 못했지만 지금은 다릅니다. 공정한 게임의 규칙을 중시하는 글로벌화 시대에 이를 어기는 부정부패는 치명적인 오점이 됩니다. 투명하지 않고는 살아남을 수 없는 구조에서 예전엔 더 심했는데 요즘은 그래도 나은 편이라는 식의 발상은 대단히 위험합니다.

△박정수: 특히 우리나라처럼 무역의존도가 80%가 넘는 나라에게 투명성은 생존의 문제로 다가옵니다. '저 나라는 부패한 나라다' 라는 이미지가 한 번 국제사회에 각인되면 '언제든 덤핑이나 뇌물을 트집 잡아 세계무역기구에 제소할 수 있다' 는 생각을 심어줘 세계 시장에서 늘 불리한 조건에서 거래를 할 수밖에 없습니다.

△김형철: 뇌물을 주고받는 행위를 각자 다른 방에서 취조를 받는 '수인(囚人)의 딜레마' 와 인질극이라고 생각합니다. 뇌물을 주는 기업가는 경쟁자가 혹시 줄까봐 주는 것이고, 그러다 보니까 뇌물을 받는 공직자는 당연히 할 일을 인질로 삼아 뇌물을 받아야만 해주는 것이지요. 따라서 뇌물을 받는 공직자뿐 아니라 뇌물을 주는 사람도 불이익을 받는다는 것을 보여줄 수 있도록 뇌물죄에 대한 처벌 강도를 높여야 합니다. 하지만 뇌물 거래라

는 것이 워낙 은밀하게 이루어져 대부분 내부고발자에 의지해 색출할 수밖에 없는데 우리나라엔 내부 고발자를 보호할 수 있는 법조차 제대로 마련돼 있지 않습니다. 내부 고발을 한 적이 있는 사람들에게 '내부 비리를 목격할 경우 또 고발하겠느냐' 고 물었더니 '다시는 하지 않겠다' 는 대답이 태반이었다고 하더군요. 조직에서 왕따를 당하고 협박을 받아 심리적 고통이 너무 컸기 때문이지요. 이런 풍토에선 내부 고발을 기대하기 힘듭니다.

△박정수: 위싱턴에서 EU에 근무하다 EU의 내부 문제를 고발했던 분을 만난 적이 있습니다. 그분 얘기는 그쪽 사회는 내부 고발자를 위한 법적 보호장치도 잘 마련돼 있고, 그들에 대한 사회적 존경도 대단하다고 하더군요. 우리는 내부 고발자가 나오면 그 사람을 조직에 적응하지 못하는 이상한 사람으로 매도해버리려고 하죠.

1년 후엔 나아졌을까? 『월간조선』(2001년 11월)은 여론조사에 근거해 "우리 국민들은 부패를 감시 · 적발해야 하는 기관을 오히려 부패의 원흉으로 지목하고 있다"는 결론을 내렸다. 가장 부패가 심한 곳은 검찰(82.0%), 여당 국회의원(78.2%), 야당 국회의원(76.7%), 국세청(76.4%) 순이었다.[114)]

요컨대, '부패의 악순환' 이었다. 부정부패는 정치를 권력투쟁으로 전락시키고 권력투쟁으로 전락된 정치는 부정부패를 온존시키거나 키우는 식이었다. 그래서 다시 문제는 정치로 돌아갈 수밖에 없었다. 그러나 학력과 학벌 중심의 인맥 만들기가 대중의 일상 문화로 자리 잡았으니

---

114) 김행, 「한국 사회의 부정부패: "우리 국민들은 부패를 감시 · 적발해야 하는 기관을 오히려 부패의 원흉으로 지목하고 있다"」, 『월간조선』, 2001년 11월, 202~208쪽.

그것도 기대하기 어려운 일이었다.

그 어느 나라에서건 인맥은 절대적으로 중요한 것이지만, 한국은 아예 인맥에 점수를 매기는 경지에까지 이르렀다. 같은 고향은 1점이지만, 대학 동문이면 2점이고 고교 동문이면 3점이고 고교 동기동창이면 5점이다. 인맥 사회의 비극이라고나 할까? 무슨 이야긴가? 『동아일보』 2000년 11월 11일자에 실린 「'법조 인맥' 사이트 논란」이라는 기사는 다음과 같이 말했다.

"소송이 붙었을 경우 변호사를 선택하는 문제는 쉽지 않다. 이런 때 도움을 주기 위해 인터넷 법률정보회사인 '로티즌'이 변호사와 판검사의 '친밀도'를 점수로 매겨 소개하는 '법조 인맥 찾기' 사이트를 열어 관심을 끈다. '친밀도'는 해당 법조인과의 지연, 학연 등에 부여한 점수를 합산해 높은 점수대로 우선순위를 정해놓았다. 같은 지역 출신이면 1점, 사법시험과 사법연수원 동기는 각각 1점, 같은 곳에서 근무한 적이 있으면 근무지별로 각각 2점, 대학 동문은 2점이 부여된다. 고교 동문 관계가 가장 큰 영향을 미치는 특성을 고려해 고교 동문이면 3점, 고교 동기동창은 최고점인 5점을 부여한다. 이 사이트는 이런 방식으로 전체 판사 및 검사 2000여 명의 친밀도 리스트를 작성, 법조계의 얽히고설킨 인연을 찾아낼 수 있도록 했다."

이렇게 극단적인 인맥 사회에선 좋은 학연과 학벌을 갖는 것만이 살길이었다. 학벌이 무덤까지 간다는 말이 나오는 이유였다. 한국에서 부정부패와 입시 전쟁은 동전의 양면처럼 분리하기 어려운 것이었지만, 많은 한국인들이 그 둘을 별개의 것으로 간주하고, 그 해법 마련에 골몰하는 것도 흥미로운 풍경이었다.

무덤까지 간다 당신의 학벌!
학벌 논쟁

비운(悲運)의 91학번

새 천 년의 시작은 적어도 심리적으로는 확실히 이전보다 나아진 경제 상황을 맞이했지만, 그 이익이 모든 이들에게 골고루 돌아가진 않았다. 『한겨레』 2000년 1월 21일자에 따르면, "대통령이 IMF 졸업을 공식 천명하고 증시 과열 · 벤처기업 육성 · 과소비 열풍 · 억대 샐러리맨 등장 등 최근 부쩍 나아진 경제 사정 때문에 졸지에 직장에서 쫓겨난 수많은 실업자들의 고통이 외면당하고 있다. …… 더구나 1년 전만 해도 법석을 떨던 실업 극복 운동의 열기도 이젠 식었다. 실업자들은 오늘도 '아는 사람의 연줄' 이나 '신문이나 생활 정보지의 구인 광고를 보고' 가 일자리를 찾아 헤매고 있다."[115)]

2000년 가을 취업 시즌을 앞두고 점집들이 호황을 누리기 시작했다.

115) 김현태, 「'축배' 뒤켠 신음하는 '실업고통'」, 『한겨레』, 2000년 1월 21일, 27면.

『한국일보』 2000년 11월 10일자에 따르면, "점집이 잘되면 세상살이가 그만큼 고달프다는 얘기. 최악의 실업난이 현실화하면서 대학가 점집들마다 전례 없는 호황을 누리고 있다. 서울 신촌의 K철학원은 복채가 5만원으로 상당히 비싼 편. 하지만 요즘은 일주일치 예약이 월요일 오전에 '마감' 된다. 물론 손님의 태반은 대학 졸업반이나 취업 재수생들이다. 원장 이 모 씨는 '신촌 지역 대학생뿐 아니라 차비를 들여 원정 상담을 오는 지방대생들도 상당수' 라고 전했다. 인근 D점집도 비슷한 상황. 주인 김 모 씨는 '간혹 연애 · 결혼점이나 보러오던 대학생들이 요새는 전체 손님의 절반을 넘는다' 며 '상담 내용도 대개는 취업, 진로 등 심각한 것들' 이라고 말했다."[116]

그런 상황에서 '비운의 91학번' 이라는 말까지 나왔다. 1970~1972년 사이에 태어나 1991년 대학에 입학한 세대들이 대학 졸업 땐 외환 위기와 구제금융에 막히고, 대학원 졸업 땐 제2의 경제 위기에 발목이 잡혔다고 해서 나온 말이었다. 시민단체 활동가 가운데 91학번들이 주축이 돼 만든 '91년을 생각하는 모임' 의 안진걸(참여연대 시민권리국 간사) 씨는 "91학번은 치열한 입시 경쟁 끝에 대학에 들어와 학생운동의 끝자락에서 혼란기를 겪었고, '바뀐 세상' 속에서 뒤늦게 취업 준비를 했지만 구제금융 때문에 청년 실업자로 전락한 세대"라며 "그 뒤 대학원에 몸담은 친구들조차 제2의 경제 위기로 사회 진출이 막힐 것 같아 안타깝다"고 말했다.[117]

---

116) 김용식, 「취업난 대학생들 "점 보러가요"」, 『한국일보』, 2000년 11월 10일, 25면.
117) 안수찬, 「대학 나오니 외환위기, 대학원 마치니 경제 위기/90년대 초 학번 '취업 악연'」, 『한겨레』, 2000년 11월 13일, 15면.

한국 사회의 패거리주의

『한겨레21』 2000년 11월 9일자는 「무덤까지 간다 당신의 학벌!: 현대판 카스트, 학력 차별」을 표지 기사로 실었다. 이 특집은 다음과 같은 결론을 내렸다. "기실 학력 사회 및 학벌 사회 철폐를 위한 방안은 이 밖에도 이른바 내로라하는 교육 전문가 등에 의해 수없이 제기되고 있다. 그럼에도 좀처럼 개선되지 않는 게 또 이 학력 사회의 풍조다. 문제는 실천이다. 진정 학력 사회가 얼마나 우리 아이들의 영혼을 짓밟고 있는지를 직시하고 이를 없애기 위해 당장 무언가 실천할 때 학력 사회와 학벌이란 계급은 서서히 균열이 일어나며 깨져나갈 것이다."

그러나 그런 희망은 기대하기 어려운 것이었다. 무엇보다도 '패거리주의' 가 가장 큰 문제였다. 교육부는 교육공무원 관계법령을 개정해 1999년 9월 30일 이후 교수 채용 때 '특정 대학에서 학사 학위를 받은 자' 가 3분의 2를 넘지 못하도록 했지만, 2000년 현재 모교 출신 교수 비율은 서울대 95.1%, 연세대 79.2%, 고려대 65.7%로 도무지 변화의 조짐이 없었다.

이와 관련, 『동아일보』 2000년 11월 9일자는 " '교수회의는 한마디로 선후배 모임이죠. 오죽하면 조교수는 선배 교수들 뒤치다꺼리나 하는 조교라는 농담까지 나오겠어요.' (경북 지역 한 대학 조교수) '선배 교수의 이론에 반론을 제기하기란 참 힘들어요. 개인적으로 은사다 보니……'. (서울대 한 전임강사) '원로 교수가 어느 제자를 택하느냐가 가장 중요하죠. 눈 밖에 나면 교수는 못 된다고 보면 돼요.' (서울대 출신 강사) 이제 막 본격적인 학문의 길에 접어드는 소장학자들은 '대학 내의 패거리 문화' 를 과감히 지적했다" 며 다음과 같이 말했다.

"'순혈주의는 제자나 후배를 채용해 자기 권위에 대한 도전을 막고 정년까지 보장받으려는 이기주의의 발로' 라는 것. 여기서 '견제와 균형을 통한 학문의 질적 도약' 이라는 명제는 설 땅이 없다. 이 같은 점을 인식한 교육부는 '실력 있는 사람이 임용되지 못할 역불공정의 폐단' 을 일부 염려하면서도 특정 대학 출신의 채용을 제한하는 쿼터제를 도입하기에 이른 것. 그러나 제도 시행 1년이 지난 지금껏 '내 사람 심기의 은밀한 메커니즘' 은 여전하다. …… 심지어 서울대는 올해 임용자 36명 가운데 단 한 명만 타교 출신이었고 법 시행 직전 이례적으로 3명씩 무더기로 채용한 학과도 있다. 특히 법대, 의대, 치대 등은 이런 경향이 더욱 심각해 거의 교수 전원이 '동문' 이다. 다른 대학들도 속사정은 비슷하다. 특정 학교 출신이 자리 잡고 여타 대학 출신은 발도 못 붙이게 하는 사례가 많은 것."

학생들이 그런 교수들로부터 무얼 배우겠는가? 김대성은 "나는 대학 내에 있는 동문회를 해체하자고 제안하고 싶다. 개강과 더불어 전국 어느 대학이나 캠퍼스를 뒤덮는 것은 동문회 모임 공고문이다. 대학까지 와서 고등학교에 목매다는 이유는 무엇일까? 대학마다 있는 고등학교 동문회는 출신 고교와 공식적으로는 무관하며, 자발적으로 결성된 것처럼 보인다. 그러나 우리 사회에서 자발적이란 말의 뜻은 '자발적인 것처럼 보인다' 는 것뿐이며, 인맥 짜기의 기본은 학연, 지연, 혈연에서부터 출발한다고 할 때 고등학교 동문회는 학연 구축의 기본 정석인 셈이다. 고교에서 대학으로 이어지는 동문회는 장차 인맥의 힘을 발휘할 수 있는 장기적 투자 전망을 가진다" 며 다음과 같이 말했다.

"그런데 운동권은 학생회 선거를 위해 동문회 조직을 이용하고 포섭

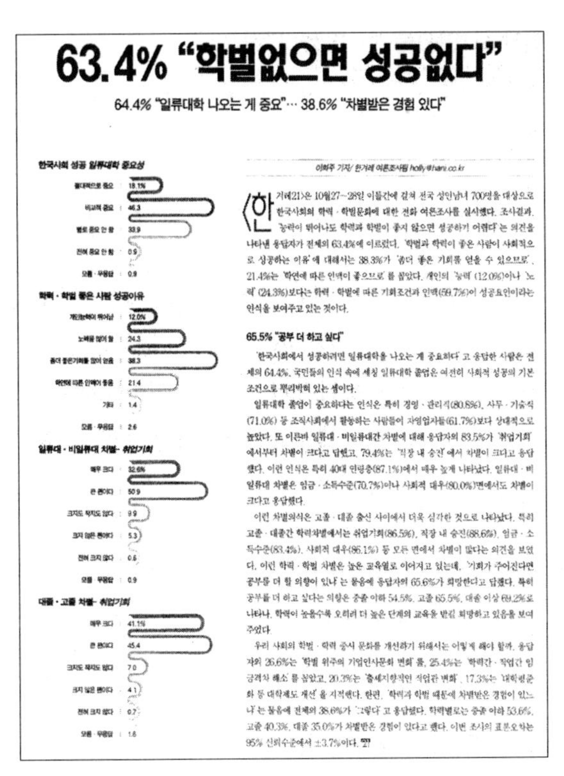

63.4% "학벌없으면 성공없다"

64.4% "일류대학 나오는 게 중요"… 38.6% "차별받은 경험 있다"

한국사회 성공 일류대학 중요성

절대적으로 중요 : 18.1%
비교적 중요 : 46.3
별로 중요 안 함 : 33.9
전혀 중요 안 함 : 0.9
모름·무응답 : 0.9

학력·학벌 좋은 사람 성공이유

개인능력이 뛰어남 : 12.0%
노력을 많이 함 : 24.3
좀더 좋은기회를 많이 얻음 : 38.3
학연에 따른 인맥이 좋음 : 21.4
기타 : 1.4
모름·무응답 : 2.6

일류대·비일류대 차별- 취업기회

매우 크다 : 32.6%
큰 편이다 : 50.9
크지도 작지도 않다 : 9.9
크지 않은 편이다 : 5.3
전혀 크지 않다 : 0.6
모름·무응답 : 0.9

대졸·고졸 차별- 취업기회

매우 크다 : 41.1%
큰 편이다 : 45.4
크지도 작지도 않다 : 7.0
크지 않은 편이다 : 4.1
전혀 크지 않다 : 0.7
모름·무응답 : 1.6

이희주 기자/ 한겨레 여론조사팀 holly@hani.co.kr

〈한겨레21〉은 10월27~28일 이틀간에 걸쳐 전국 성인남녀 700명을 대상으로 한국사회의 학력·학벌문화에 대한 전화 여론조사를 실시했다. 조사결과, '능력이 뛰어나도 학력과 학벌이 좋지 않으면 성공하기 어렵다'는 의견을 나타낸 응답자가 전체의 63.4%에 이르렀다. '학벌과 학력이 좋은 사람이 사회적으로 성공하는 이유'에 대해서는 38.3%가 '좀더 좋은 기회를 얻을 수 있으므로', 21.4%는 '학연에 따른 인맥이 좋으므로'를 꼽았다. 개인의 '능력'(12.0%)이나 '노력'(24.3%)보다는 학력·학벌에 따른 기회조건과 인맥(59.7%)이 성공요인이라는 인식을 보여주고 있는 것이다.

65.5% "공부 더 하고 싶다"

'한국사회에서 성공하려면 일류대학을 나오는 게 중요하다'고 응답한 사람은 전체의 64.4%. 국민들의 인식 속에 세칭 일류대학 졸업은 여전히 사회적 성공의 기본 조건으로 뿌리박혀 있는 셈이다.

일류대학 졸업이 중요하다는 인식은 특히 경영·관리직(80.8%), 사무·기술직(71.0%) 등 조직사회에서 활동하는 사람들이 자영업자들(61.7%)보다 상대적으로 높았다. 또 이른바 일류대·비일류대간 차별에 대해 응답자의 83.5%가 '취업기회'에서부터 차별이 크다고 답했고, 79.4%는 '직장 내 승진'에서 차별이 크다고 응답했다. 이런 인식은 특히 40대 연령층(87.1%)에서 매우 높게 나타났다. 일류대·비일류대 차별은 임금·소득수준(70.7%)이나 사회적 대우(80.0%)면에서도 차별이 크다고 응답했다.

이런 차별의식은 고졸·대졸 출신 사이에서 더욱 심각한 것으로 나타났다. 특히 고졸·대졸간 학력차별에서는 취업기회(86.5%), 직장 내 승진(88.6%), 임금·소득수준(83.4%), 사회적 대우(86.1%) 등 모든 면에서 차별이 많다는 의견을 보였다. 이런 학력·학벌 차별은 높은 교육열로 이어지고 있는데, '기회가 주어진다면 공부를 더 할 의향이 있나'는 물음에 응답자의 65.6%가 희망한다고 답했다. 특히 공부를 더 하고 싶다는 의향은 중졸 이하 54.5%, 고졸 65.5%, 대졸 이상 69.2%로 나타나, 학력이 높을수록 오히려 더 높은 단계의 교육을 받길 희망하고 있음을 보여주었다.

우리 사회의 학벌·학력 중시 문화를 개선하기 위해서는 어떻게 해야 할까. 응답자의 26.6%는 '학벌 위주의 기업인사문화 변화'를, 25.4%는 '학력간·직업간 임금격차 해소'를 꼽았고, 20.3%는 '출세지향적인 직업관 변화', 17.3%는 '대학평준화 등 대학제도 개선'을 지적했다. 한편, '학력과 학벌 때문에 차별받은 경험이 있느냐'는 물음에 전체의 38.6%가 '그렇다'고 응답했다. 학력별로는 중졸 이하 53.6%, 고졸 40.3%, 대졸 35.0%가 차별받은 경험이 있다고 했다. 이번 조사의 표본오차는 95% 신뢰수준에서 ±3.7%이다. 21

"학벌 없으면 성공 없다"는 『한겨레21』의 2000년 11월 9일자 기사.

하며, 이들과 거래하기도 한다. 그런 점이 두드러지는 게 지방대의 경우인데, 지방 소도시 출신 고교가 그 소도시의 학내 정치판에 세력화되어 있다는 것이다. …… 동문회를 없애는 방법은 의외로 간단하다. 학교에 있는 출신 고교별 대장(臺帳)을 없애버리면 된다. 어차피 출신 고교에서는 그런 데이터베이스를 구축하지 않기 때문에, 대학의 대장만 없애면 동문회에서 학생들에게 개별적으로 통보할 길이 봉쇄된다. 그러나 보다 중요한 것은 그런 운동의 목적과 취지가 어떤 것인지에 대해 학내의 공감을 얻는 것이다."[118]

"학력이 높을수록 연고를 더 따진다"

언론은 심심하면 한국 사회의 학력·학벌 차별을 비판하면서 그게 나라를 망친다고 주장하는 지상 캠페인을 벌이곤 했다. 「굿바이 20-버릴 것 이을 것: 실력 아닌 '간판' 우선 '학벌주의' 타파해야」(『한국일보』, 1999년 12월 17일),[119] 「21세기엔 낡은 허물을 벗자-학력 제일주의: 사회 진출-지위 상승 출신 학교부터 따져」(『세계일보』, 2000년 1월 24일)[120] 등과 같은 기사는 신문 지면에서 심심치 않게 볼 수 있는 것이었다. 그러나 과연 그게 언론의 진심이었을까?

1999년 3월 한국교육개발원이 발표한 '학교 교육 효과 분석 연구 보고서'에 따르면 학력이 높을수록 연고를 더 따지고 남녀 차별이 더 심하며 질서 의식은 더 낮은 것으로 나타났다. 이건 결코 가볍게 넘길 사안이 아니었다. 한국 사회의 학력·학벌주의는 학력·학벌이 좋은 기자들에 의해 부추겨지고 있었기 때문이다.

『미디어오늘』 2000년 8월 24일자는 한국언론재단 선임 연구위원 허행량이 지난 1960년대 이후 중앙지 편집국장 184명의 경력을 조사한 결과를 실었는데, 출신 대학별 통계 내역을 살펴보면 184명 중 180명이 대졸인 가운데 서울대 64%(110명), 고려대 7%(13명), 연세대 6%(10명), 한국외대 4명인 것으로 나타났다. 3개 대학 졸업자가 모두 77%로 사시 합격자의 71.4%, 언론사 합격자의 71.7%에 비해 높은 것이다. 그렇다. 바로 여기에 이유가 있지 않을까? 1960년대 이후 중앙지 편집국장의 64%가

---

118) 김대성, 「변방 소묘: 절망과 희망 크로키」, 이재원 외, 『오래된 습관 복잡한 반성 2: 학생 운동의 감추어진 일상 문화』(이후, 1998), 77~78쪽.

119) 『한국일보』, 1999년 12월 17일.

120) 『세계일보』, 2000년 1월 24일.

서울대 출신이었으며, 77%가 소위 '3개대 출신' 이었다는 데에 답이 있지 않겠느냐는 것이다.

1999년 서울대 졸업식에 참석한 국무총리 김종필은 서울대를 "타오르는 빛의 성전", "민족의 위대한 상속자", "나라의 미래가 서울대의 어깨에 달려 있다"는 아름다운 말씀을 했다.[121] 반면 지명관은 서울대의 '자기도취' 를 우려했다. 그는 "좀 가혹한 말일는지 모르지만 서울대학 캠퍼스에는 살아남은 자의 환호 소리가 넘쳐 있는 듯이 보인다. 이것은 세계적이고 현대적인 현상으로서 불가피한 것이고 그리하여 전국 대학에 모델로서 영향을 주고 있어도 하는 수없는 것이라고 할는지도 모른다" 며 다음과 같이 말했다.

"나는 『서울대 동창회보』라는 것을 받아볼 때마다 그런 느낌을 받고 사실 혐오하고 있다. 그것은 이긴 자들의 무도장과 같은 인상을 주기 때문이다. 정말 거기에는 인권 부재이다. 표지에 어느 날인가는 8명의 동창이 엄지손가락을 쳐들어 '공인 자격증도 서울대인 넘버원' 이라고 하는 사진이 나와 있었다. 그다음 한 번은 9명의 동창이 '첨단 벤처 산업도 우리가 주도' 라고 V자를 짓고 있었다. 이것은 당연한 모습이고 동창이나 후배를 격려하기 위한 순진한 포즈라고 할 수 있다. 그러나 어쩐지 살아남은 자의 환호가 거기에 넘치고 있고 '자기 보존의 원리' 만이 그 바깥시장에서처럼 대학 캠퍼스에도 넘치고 있다는 인상을 지울 수가 없었다."[122]

---

121) 『뉴스플러스』, 1999년 3월 25일; 김경근, 『대학 서열 깨기: 죽어가는 우리 아이들을 살려야 한다』(개마고원, 1999), 151쪽에서 재인용.
122) 김상철, 「서울대라는 의식 구조, BK21이라는 날줄」, 『모색 1』(갈무리, 2001), 25~26쪽에서 재인용.

강남 8학군의 부상

그러나 그런 '환호'의 기쁨을 누리기 위해 전국의 거의 모든 학부모가 자녀의 입시 전쟁을 위해 일로매진하는 게 현실인 걸 어이하랴. 2000년 4월 27일, 헌법재판소가 과외 금지에 대해 '위헌 판결'을 내림으로써 강남을 정점으로 삼는 사교육 시장이 요동을 치면서 학벌을 향한 무한 경쟁에 불이 붙기 시작했다. 그 와중에서 서울 강남의 대치동은 '학원 1번가'로 등장하였다. 2000년 연말께부터 주요 일간지들이 대치동의 사교육 시장에 대한 특집 기사를 연이어 내놓는 등 '대치동 띄우기'를 하면서 대치동의 위치는 확고해졌다.[123)]

예컨대, 『동아일보』 2000년 12월 7일자 기사 「교육/'과외 특구' 대치동이 뜬다 …… 밤을 잊은 '학원 1번지'」는 "대치동이 '과외 특구'로 떠올랐다. 학원 과외가 재학생 중심으로 바뀌면서 과거 재수생 중심의 대형 학원이 밀집해 있었던 서울 노량진이나 종로 일대는 상대적으로 불황인 반면 대치동이 고교생 중심의 '학원 1번가'가 됐다. 특히 4월 과외 자유화 이후 대치동은 '학원 특수'를 누리고 있다"고 했다.

"서울에는 구별로 평균 입시 학원 4개와 보습 학원 140개가 있다. 하지만 강남구에는 입시 학원 13개, 보습 학원 360여 개가 몰려 있고 이 중 입시 학원 7개, 보습 학원 127개가 대치동에 밀집돼 있다. 교육청에 등록할 필요가 없는 학생 9명 미만의 학원까지 포함하면 대치동의 학원 수는 총 400여 개에 이른다는 게 학원 관계자들의 얘기. 그러나 이 정도로도 넘쳐나는 수요를 감당하지 못한다. 겨울방학이 시작되는 이달 말 개강

---

123) 이범, 『이범, 공부에 반(反)하다』(한스미디어, 2006), 31쪽.

사교육 열풍을 말해주듯 한 상가 건물에 여러 학원들이 몰려 있다.

하는 유명 강사들의 강좌는 진작에 수강 신청이 끝난 상태다. 대형 학원 중 하나인 H학원 관계자는 '오후 6~9시 사회탐구 영역 강좌는 250명 정원에 서울 전역은 물론 제주도를 포함한 전국에서 1,000여 명이 몰렸다'며 '밤 9시~오전 1시 강좌도 빈 좌석이 거의 없다'고 말했다."

400여 개의 학원들이 밀집해 있는 대치동 학원가는 지방 학생들마저 흡수했다. 충주여고 3학년 박 아무개 양은 "수능이 끝난 뒤 학교에는 가지 않고 고속버스로 대치동 학원을 다니고 있다"며 "우리 학교 3학년 중 상위권 20여 명은 왕복 6시간을 마다하지 않고 대치동에 와 과외를 받는다"고 말했다. 경남 통영여고 3학년 김 아무개 양은 "수능이 끝나자마자 서울 송파구 오금동 큰아버지 댁으로 옮겨 대치동 학원 두 곳을 다니며 논술에 대비하고 있다"며 "고시원에서 자취하며 학원에 다니는 아이들도 있다. 서울에서, 그것도 대치동에서 과외를 받는다고 하면 급우들이

부러워한다"고 말했다.[124]

대치동이 학원 1번가로 등장하면서 강남의 명문대 진학률도 월등히 높아지기 시작했다. 2000년도 서울대 정시 모집에서 서울 출신 합격자 1,000여 명 중 강남 8학군 출신은 50.6%였다.[125] 서울 시내 25개 구별 일반 고교의 100명당 서울대 진학률은 강남구가 2.7명, 서초구가 2.5명으로 가장 높았고, 강북 지역의 한 구는 0.25명으로 강남구의 10분의 1에도 못 미쳤다.[126]

이런 현실을 반영하겠다는 듯, 언론의 대학 입시 관련 보도는 늘 명문대 중심으로만 이루어지고 있었으며, 그런 관행을 정당화하는 논조로 일관했다. 2000년 12월 23일자 신문들에 등장한 기사들을 보자.

「서울대 특차 만점자도 탈락」(조선), 「수능 만점 재수생 서울대 특차 탈락」(동아), 「수능 만점자 1명 서울대 특차 탈락」(중앙), 「수능 만점자 서울대 탈락」(한국), 「수능 만점 1명 서울대 탈락」(대한매일), 「수능 만점자도 서울대 특차 탈락」(경향), 「수능 만점자 서울대 특차 탈락」(문화), 「수능 만점 1명 서울대 특차 탈락」(국민), 「수능 만점자도 서울대 특차 탈락」(세계).

이 기사들은 모두 1면에 실린 것들이다. 유일하게 『한겨레』만이 1면이 아닌 18면에 「서울대 특차 수능 만점자 1명 탈락」이라는 기사를 게재했다. 그리고 재미있는 건 '조중동(『조선일보』·『중앙일보』·『동아일보』)'이 역시 이 기사를 1면에서도 크게, 눈에 잘 띄게 다루었다는 점이다. 한

---

124) 허문명, 「교육/'과외 특구' 대치동이 뜬다 …… 밤을 잊은 '학원1번지'」, 『동아일보』, 2000년 12월 7일, 24면.
125) 홍영애·조은주·유수정, 『강남의 부자들』(북라인, 2004), 46쪽.
126) 조명래, 「신상류층의 방주(方舟)로서의 강남」, 『황해문화』, 제42호(2004년 봄), 37쪽.

국에서 신문 팔아먹는 데에 가장 도움이 되는 게 '대학 입시 전쟁'이라는 걸 조중동이 모를 리 없었다. 입시 전쟁은 영어 전쟁으로 이어지기 마련이었다.

2000년

다른 집 아이에 뒤떨어지는 건 참을 수 없다
영어 열풍

복거일의 영어공용화론

1990년대 후반의 영어 열풍은 IMF 사태로 잠시 가라앉는 듯했지만, IMF 사태가 진정되면서 다시 달아오르기 시작했다. 1990년대 후반 복거일이 주장했던 영어공용화론에 대한 치열한 논쟁과 논란도 전개되었다. 복거일은 1998년 6월에 출간한 『국제어 시대의 민족어』에서 "이런 제안이 적잖은 이들에게 '신성모독적 발언'으로 느껴지겠지만, 이 세상의 여러 문명들이 하나의 '지구 제국'으로 통합되어가는 지금, 영어를 앵글로색슨족의 언어로 여기는 것은 비합리적이고 비현실적이다. 영어는 이제 인류의 표준 언어다. 그 사실을 외면하는 것은 누구에게도 도움이 되지 않는다"고 주장했다.

그는 "지금 우리 사회에서 시민들이 영어를 배우는 데 개인적으로 쏟는 자원은 엄청나다. 초등학생들 가운데 53만 명이 학원에서 영어를 배우고 거기 들어가는 비용은 3500억 원으로 추산된다. 그리고 내년부터는 초등학교 3학년부터 영어를 배우게 된다"며 다음과 같이 말했다.

"인도 · 필리핀 그리고 싱가포르처럼 이미 영어를 공용어로 채택한 사회들의 경험은 국제어를 공용어로 채택하는 일이 그렇게 어려운 것이 아님을 보여준다. 그런 사회들에서 영어에 대한 호감은 뚜렷하고 영어를 일상적으로 쓰는 데서 누리는 혜택은 언뜻 생각하기보다 훨씬 크다. 우리가 눈여겨보아야 할 대목은 그런 사회들에서 영어가 자리잡게 된 것은 그들이 영국이나 미국의 식민지였다는 사실 때문이다. 그래도 그들은 영어를 '식민 잔재'라고 여기지 않는다. 한 번 영어를 공용어로 채택하면, 영어에 대한 태도가 근본적으로 바뀐다는 사정도 큰 무게를 지닌다. …… 이제 우리는 영어라는 국제어를 우리의 것으로 받아들여야 한다. 그리고 선언해야 한다. 우리도 그 국제어를 다듬어 발전시키는 일에서 우리 몫을 하겠노라고."[127]

이 주장에 대해 격렬한 반론, 아니 비난이 쏟아졌다. 2년 후 어느 인터뷰에서 복거일이 밝힌 바에 따르면, "엄청 비난을 당했어요. 한글이 세계에서 가장 훌륭한 언어라고 생각하고 있는 사람들이 많이 있기 때문이죠. 이것은, 그런 사람들은 현상 유지, 아무것도 바꾸고 싶지 않다는 태도입니다. 때문에 그런 사람들로부터 비국민 취급을 당했죠. 우리 한국 언어에 대해, 우리 전통에 대해, 우리 문화에 대해, 배신자라는 겁니다."[128]

127) 복거일, 『국제어 시대의 민족어』(문학과지성사, 1998), 180~183쪽.
128) 후나바시 요이치, 홍성민 옮김, 『나는 왜 영어공용어론을 주장하는가』(중앙 M&B, 2001), 64쪽.

박노자의 '영어공용화론의 망상'

그런데 꼭 그런 이유 때문에 비판과 비난이 쏟아졌을까? 물론 그런 이유로 비판과 비난을 한 사람들도 있었겠지만, 이유가 그렇게 단순한 건 아니었다. 예컨대, 민족주의에 비판적인 박노자는 1999년 11월 "영어를 국가 차원에서 '제2국어'로 만들자는 말 그 자체가 논박할 가치가 없는 망상일 뿐이다. 그러나 최근 발표된 여론조사 결과를 그대로 믿는다면 대학생의 상당수가 이 '영어국어화론'을 지지한다는 것이다. 그리하여 말할 가치도 없는 문제지만 몇 가지 원론적인 이야기를 해야 할 것 같다"며 다음과 같이 주장했다.

"영어공용화론자들은 '영어 구사력이 바로 국력'이라고 주장하면서도 거꾸로 국민의 애국심을 이용하려고 한다. 그러나 사실 언어란 영어 구사 수준과 관계없이 오히려 한 나라의 국력 향상과 정비례하여 그 나라의 언어가 세계적으로 유포되는 것이 원칙이다. 영어공용화론자들은 보통 한국의 '선진화'와 '영어화'를 동일시하려고 한다. 서구의 비영어권 국가 국민들이 영어 구사력 분야에서 표준적으로 한국인들을 어느 정도 능가한다는 것은 부정할 수 없는 사실이다. 그러나 이 점에서 영어공용화론자들이 원인과 결과를 혼동한다. 유럽인들의 영어 실력은 높은 경제적 수준에 따른 심화된 외국어 교육의 산물이지, 경제적 발전의 원인이나 원동력은 전혀 아니었다."

이어 박노자는 "결론적으로 국민 각자가 경제적인 차원에서 결정해야 할 외국어 습득 문제까지 국가가 '영어공용화 정책'으로 결정한다면, 이는 '선진화'가 아니라 중세적인 부역 제도의 일종일 것으로 보인다. 이 영어공화국의 망상은 실천에 옮겨질 것 같지 않지만, 일단 옮겨진다면 몇 가지 심각한 결과를 분명히 낳을 것이다"며 다음과 같이 말했다.

"첫째 통일을 앞두고 있는 시점에서 영어를 배울 형편이 안 되는 북한 주민들과 '국제화된' 남한인들 사이의 이질성은 더 심화될 것이다. 실제적인 남북 간의 소외도 그렇지만, 사회심리상으로도, 북한 주민이 보기에는 주체사상의 '미제 식민지 남한론'이 증명될 것이다. 결국 역설적으로도 영어공용화론을 주장하는 남한의 친미파는 북한 주체사상의 들러리 구실을 하게 될 것이다. 둘째, 국내인들마저 한글을 등지면 해외 한인들의 현지 동화 과정이 더 촉진될 것이고, 세계 한인 공동체의 이상은 완전히 파괴될 것이다. 해외 한인 동질성 유지는 한글 교육 장려를 통해서만 가능한데 영어공용화론자들은 이를 무시한다. 셋째, 한국 공교육의 현주소를 고려하면 영어의 '국어화'로 고비용의 영어 학원 사교육과 현지 영어 연수는 모든 젊은이들에게 사실상 의무화될 것이다. 한국 학원가와 미국 대학가는 대호황이겠지만, 이 고비용을 부담치 못할 빈곤층은 삼류 시민으로 전락하게 될 것이다. 북한 사람과 빈민을 소외시키고 모국과 해외 동포 사이를 멀어지게 하는 '영어공용화'는 대체 누구를 위한 것인가? 한국 사회를 주름잡고 있는 영어권 유학파가 이러한 방법으로 그 특권적인 위치를 확인·영구화하려는 것인가? 어쨌든 이런 차원의 논쟁은 한국 지배층의 의식 상태를 잘 보여준다고 하겠다."[129]

129) 박노자, 「[서울돋보기] 영어공용화론의 망상」, 『한겨레』, 1999년 11월 30일, 9면.

기업이 선도한 '영어 열풍'

적어도 지식계에선 영어공용화론에 대한 반대가 압도적으로 높았지만, 현실은 영어공용화를 뺨치는 수준의 '영어 열풍' 속으로 빠져 들어갔다. 게다가 때마침 인터넷이 대중화되면서 영어의 필요성은 더욱 커졌다.

1999년 7월 유엔개발계획(UNDP)은 '인간개발보고서'에서 "인터넷이 부유한 나라, 그중에서도 백인, 남성, 고소득층의 전유물이 됐다"면서 "집단 · 지역마다 인터넷 접근 기회가 불공평한 정보의 빈익빈 부익부 현상이 심화되고 있다"고 지적했다. 예컨대, 경제협력개발기구(OECD) 29개 회원국은 세계 인구의 19%밖에 차지하지 않지만 전체 인터넷 사용자의 91%를 차지했다. 미국은 국민 중 인터넷 이용자가 26.3%나 된 반면, 남미 · 동유럽 · 아프리카는 각각 1% 미만에 그쳤고, 컴퓨터 한 대를 사기 위해 미국에서는 한 달치 임금만으로 충분하지만 방글라데시의 경우엔 8년치 임금을 쏟아부어야 했다. 또 영어를 모국어로 사용하는 사람은 세계 인구의 10%밖에 안 되지만 세계 웹 사이트의 80%는 영어로 돼 있기 때문에 언어에 의한 정보 불평등도 심화될 것으로 예측했다.[130)]

영어의 필요성에 가장 발 빠르게 대처한 집단은 기업이었다. 대기업들이 경쟁적으로 영어를 직장 내 의사소통 언어로 사용키로 하거나 영어 회화 능력을 승진의 잣대로 삼겠다고 나서면서 직장인들에게 영어는 생존 차원의 문제가 되었다. LG는 1999년부터 신규 임원 승진자들에 대해 자체 영어평가시험(LGA-LAP)을 치른 뒤 성적이 낮으면 탈락시키기로 했으며, SK 최태원 회장은 1999년 8월 직원들과 영어 간담회를 가진 뒤

130) 이동준, 「'인터넷이 빈부 차 심화'」, 『한국일보』, 1999년 7월 14일, 12면.

향후 3년 안에 사내의 공식적인 의사소통을 영어로 하겠다고 선언했다. 삼성은 1999년 9월 23일부터 그동안 해외 파견자만이 응시했던 회화능력테스트(SST)를 모든 직원들이 응시하게 해 인사고과에 반영토록 했다. 또 2000년 1월부터 전 계열사 임직원에 대해 SST를 통과해야 해외 근무를 갈 수 있도록 했다.[131)]

공무원들도 불안하기는 마찬가지였다. 1999년 가을 서울시청 내에서는 젊은 사무관들이 업무 시간에 영어 인터넷 사이트를 접속시켜놓고 영어 공부를 하거나 워크맨으로 듣기 연습을 하는가 하면 영어 소설을 읽는 장면도 심심찮게 목격되었다.[132)]

중고생 사이에서도 토익 열풍이 불기 시작했다. 국제교류진흥회 토익위원회에 따르면 중고생 토익 응시자가 1999년 9월까지 모두 1만 1,938명으로 1998년 2,775명의 4배를 넘어섰다. 강남구 대치동 J영어 학원의 경우 토익·토플반은 이미 20여 개를 넘어섰는데, 이 학원 측은 "올 여름방학에 처음 강좌를 개설할 때만 해도 중학교 3년과 고교 1년 1개 반씩이 전부였지만 지금은 중학교 1년부터 고교 1년까지 학년 당 5, 6개 반이 개설됐다"고 말했다.[133)]

아우들이라고 가만 있을손가. 1999년 11월 30일 '조기 유학 전면 개방 공청회' 이후 초등학생 대상 불법 영어 학원 과외도 극성이었다. 서울 목동 S학원 원장은 "우리 학원 출신 중 이미 토익 900점을 넘어 대학 특례입학 자격을 얻은 학생도 다수"라면서 "방학을 앞두고 '스파르타반'

---

131) 이인열, 「'스피킹 못하면 퇴출', 대기업 임원 영어회화 생존 필수」, 『경향신문』, 1999년 9월 30일, 9면.
132) 김선미, 「서울 시청 젊은 사무관 "미래 불안" 유학 열풍」, 『문화일보』, 1999년 10월 21일, 28면.
133) 권재현, 「중고생 토익 열풍 …… 14일 올 마지막 시험 10대 몰려」, 『동아일보』, 1999년 11월 15일, 31면.

에 입학하려는 초등 5, 6학년 학부모의 문의 전화가 많아 '설명회'를 1주일에 세 번씩 열고 있다"고 말했다.[134)]

토플과 토익만 잘해도 대학에 갈 수 있다

비단 영어뿐만 아니라 모든 교육 문제가 그렇지만, 가장 근본적인 딜레마는 '내부 경쟁'의 문제였다. 즉 영어공용화론에 반대하더라도 영어 실력으로 인한 계층 간 이해득실이라고 하는 문제가 있다는 것이다. 2000년 1월 한 신문 독자의 다음과 같은 주장은 그런 딜레마를 시사한다고 볼 수 있다.

"오늘을 살아감에 있어, 그리고 이 사회에 적응하기 위해 영어가 그토록 소중하다면 도대체 왜 초등학교 때부터 제대로 된 영어 교육을 시키지 않는 것인가. 현재 중학교 때부터 실질적으로 이루어지는 영어 교육이 총체적으로 부실한 나머지 얼마나 많은 돈이 학교 교육 이외의 영어 재교육에 쏟아부어지고 있는지 모른다. 영어를 업으로 하는 소수 기득권층과 영어 조기 교육이 국어를 혼란시킨다는 일부의 의견 때문에 국가 차원의 제대로 된 영어 조기 교육이 실시되지 않고 있는 현실을 개탄하지 않을 수 없다. 토익과 토플 시험을 치르기 위해 지출되는 외화는 실로 엄청나다. 교육부는 장기적인 차원에서 이에 대한 대책을 세워야 할 것이다. 이 사회 전체가 영어를 그토록 갈망하고 살아남기 위해 영어 실력이 중요하다면, 영어를 전 국민에게 철저하고도 강력하게 교육시켜야

---

134) 이학준 · 강영수, 「초등교생 대상 불법학원과외 극성」, 『국민일보』, 1999년 12월 8일, 23면.

한다."[135]

대학들은 대학들대로 영어를 대학 간 순위 경쟁의 도구로 보는 정책을 쓰기 시작했다. 예컨대, 경북대는 해외 연수를 다녀와야만 졸업장을 주겠다며 학칙 개정을 추진했고, 이화여대는 학과마다 1개 과목 이상을 영어로 강의하며 졸업 때 '영어소양인증제'를 적용하겠다고 나섰다.[136]

토익 수험서들. 초등학생부터 군인까지 영어 광풍에서 자유로울 한국 사람은 없을 것이다.

군인인들 영어로부터 자유로울 수 있으랴. 2000년 들어 '장교·부사관의 진급 심사에 자체 영어 평가 또는 TOEIC, TEPS 등 외부 기관의 평가를 단계적으로 반영한다'는 인사 방침이 공군, 해군, 육군의 순으로 잇따라 발표되면서부터 전군의 장교·부사관들이 '영어와의 전쟁'을 벌이기 시작했다. 국방부와 각 군 본부가 있는 계룡대는 물론 전국의 각급 일선 부대에서 대위 이상의 고급 장교들과 하사관들이 틈만 나면 이어폰을 끼고 영어 발음을 연습하는 모습은 익숙한 풍경이 되었다.[137]

영어 열풍은 일단 '토익 폭풍'으로 나타났다. 2000년 1~3월 중 토익 시험에 응시했거나 응시 원서를 제출한 사람은 모두 16만 5,283명으로

135) 김동욱, 「'독자편지' 英語 조기 교육 정부 지원을」, 『문화일보』, 2000년 1월 22일, 7면.
136) 정재숙, 「[취재파일] 영어 열풍 기름 붓는 교육부」, 『한겨레』, 2000년 2월 22일, 8면.
137) 강호식, 「장교들 '영어와 전쟁', '토익 등 진급 심사 반영'」, 『경향신문』, 2000년 2월 24일, 22면.

전년 같은 기간에 비해 무려 55.5%(5만 8,996명)가 늘었다.[138] 서울대, 경희대, 성균관대 등은 자체 개발한 영어 자격 시험이나 토익 시험 등의 결과를 수강 자격과 졸업 자격의 기준으로 삼았으며, 이는 다른 대학들로 급속히 퍼져나갔다.[139]

심지어 입학 자격까지 영어가 좌우했다. 2001학년도 대학 입시에서 토플과 토익 등 영어 특기자로 신입생을 선발키로 한 학교는 고려대·성균관대·경희대를 비롯해 총 72개 대학에 달했다. 이에 따라 '토플과 토익만 잘해도 대학에 갈 수 있다'는 인식이 확산되면서 서울 강남·종로 등지에는 이를 노린 전문학원이 우후죽순처럼 생겨나면서 때아닌 호황을 누렸다.[140]

다른 집 아이에 뒤떨어지는 건 참을 수 없다

정부의 조기 유학 전면 자유화 방침에 따라 학부모들이 앞다투어 유학 설명회에 몰려들었다. 초등학교 6학년인 아이를 미국으로 조기 유학 보내려는 김 아무개 씨는 "영어 하나만 제대로 배워오면 성공이지요"라고 말했다.[141] 이런 원리에 따라 젊은 주부들을 중심으로 태어난 지 2~3개월된 아기에게도 선생님을 고용, 과외를 시키는 것이 유행처럼 번져나갔다. 일주일에 한 번 방문하는 선생님에게 '장난감 갖고 놀기'를 지도받는 전 아무개 군은 생후 6개월인데, "좀더 일찍 시작하지 못한 걸 후회한

---

138) 홍성철, 「[집중추적] 다시 부는 영어 열풍/"영어=생존수단" 확산」, 『동아일보』, 2000년 3월 1일, 29면.
139) 정재숙, 「대학가 일그러진 '영어 열풍'」, 『한겨레』, 2000년 3월 7일, 17면.
140) 홍성철, 「빗나간 열풍…… 中, 高 영어 교육 멍든다」, 『문화일보』, 2000년 5월 12일, 31면.
141) 허엽, 「SBS '그것이 알고 싶다', '조기 유학 열풍' 함정 사례 통해」, 『동아일보』, 2000년 3월 11일, 20면.

다"는 어머니 김 아무개 씨는 "남편은 '아기에게 뭐 하는 짓이냐'며 나무라지만 주변의 아기에 비해 뒤떨어지는 건 참을 수 없다"고 잘라 말했다.[142)]

한국 영어 교육의 본질을 이처럼 잘 꿰뚫어본 말이 또 있을까? "다른 집 아이에 비해 뒤떨어지는 건 참을 수 없다"는 교육 원리에 따라 불법 조기 유학도 급증했다. 교육부에 따르면 2000년 5, 6월 두 달간 전국 1만여 개 초중고교 전체를 대상으로 실시한 '조기 유학생 실태 조사'에서 99학년도(1999년 3월~2000년 2월) 조기 유학생은 1만 1,237명이었는데, 유학 종류별로는 현행법상 허용된 예체능계 학생과 특수교육 대상자 등 정식 유학 인정서를 받은 유학생이 189명, 부모와 함께 해외로 이주한 유학생이 5,709명, 외교관, 기업체의 해외 주재원 등 부모의 해외 파견에 따른 유학생이 3,689명, 불법 유학생(추정)이 1,650명이었다. 불법 유학생 가운데 초등학생은 405명으로 98학년도 208명보다 두 배 가까이 늘었고 전체 불법 유학생 가운데 차지하는 비율도 24.5%로 1998년(18.4%)보다 크게 늘어났다.[143)]

유학이 여의치 않으면 방학을 이용한 어학연수라도 가야만 했다. 그래서 2000년 여름 김포공항 국제선 청사는 사상 최대의 해외여행 인파로 북새통을 이뤘다. 열세 살인 이다인 양은 "다니던 영어 학원의 15세 미만 영어 체험 프로그램에 접수, 90만 원을 내고 3주간 호주로 어학연수를 간다"면서 "영어를 배우기 위해 해외로 나가는 반 친구들이 많다"고 말했다.[144)]

142) 김용식, 「영어 과외 열풍 "아니 벌써……"」, 『한국일보』, 2000년 5월 5일, 29면.
143) 이인철, 「불법 조기 유학 급증 …… 작년 1,650명 전년比 46% 늘어」, 『동아일보』, 2000년 7월 3일, 30면.
144) 민태원, 「공항은 대 혼잡 …… 어학연수 · 배낭여행 초등생까지 열풍」, 『국민일보』, 2000년 7월 21일, 27면.

이런 영어 열풍을 타고 일반 유치원 과정을 100% 영어로 가르친다는 고가(高價) 영어 유치원들도 등장했다. 1999년 12월 문을 연 S영어 학원 계열의 서울 개포동 P영어 유치원의 한 달 수강료는 83만 원으로 10만 원대인 일반 유치원 종일반 가격의 7~8배 수준이었는데, 입학금 10만 원을 더하면 1년 유치원 교육비가 무려 1006만 원에 이르렀다.[145] 서민 자녀들을 위한 영어 학습지도 호황을 누렸다. 영어 교재 출판사 5곳의 회원 수만 모두 100만 명이나 되었다.[146] 유치원에 들어가기 전 나이인 영유아 학습 교재 시장도 연간 2조 원에 육박했다.[147]

민족주의자들이여! 당신네 자식이 선택하게 하라

2000년 1월 일본 총리 자문기관인 '21세기 일본 구상위원회'가 영어를 제2공용어로 삼을 것을 제언했으며 대만도 비슷한 움직임을 보이고 있다는 것이 국내에 알려지면서, 영어공용어론은 제법 힘을 얻게 되었고 이를 둘러싼 찬반 논쟁은 2000년대에도 계속되었다.

복거일은 『신동아』 2000년 3월호에서 "소위 민족주의자들이여! 당신네 자식이 선택하게 하라"고 외쳤다. 민족주의자들도 자식 영어 공부만큼은 남들처럼 똑같이 시킨다는 걸, 즉 그들은 위선을 떨고 있다는 걸 지적하고 싶은 뜻이었을까?

---

145) 이영미, 「[영어 교육 열풍] (3) 부촌에 번지는 '고액' 영어 유치원」, 『국민일보』, 2000년 10월 16일, 31면.
146) 이영미, 「[영어 교육 열풍] (4 · 끝) 회원 100만 명 확보 학습지 '파워'」, 『국민일보』, 2000년 10월 23일, 31면.
147) 박희제, 「육아/영유아 과외 열풍 분다 …… 조기 교육 붐 타고 급속 확산」, 『동아일보』, 2001년 1월 4일, 25면.

반면 2000년 10월 9일 한글날을 앞두고 복거일의 반대편에 있는 한림대 교수 김영명은 『나는 고발한다: 김영명 교수의 영어 사대주의 뛰어넘기』를 출간했다. 그는 이 책에서 영어공용어론의 주장은 ①영어는 국제어이므로 영어를 쓰지 않으면 국제사회에서 고립된다 ②영어를 쓰면 잘살게 된다 ③영어를 공용어로 하면 영어를 더 잘하게 된다 등으로 요약할 수 있다며, 이는 '해괴한 식민주의의 망령' 이라고 비판하였다.[148)]

복거일은 2000년 어느 인터뷰에서 '부의 세습제' 문제와 '기회의 균등' 을 내세워 영어공용어화론이 진보적 성격의 것임을 주장했다. "영어가 가능하면 유리하게 되죠. 그에 의해 부의 세습제가 생길 겁니다. 그렇지 않은 사람과의 불평등이 생길 겁니다. 영어를 공용어로 하는 한 가지 이점은 기회의 균등을 촉진하는 방향으로 작용할 것이라고 기대할 수 있는 것입니다. 영어가 공용어가 되면 학생은 대학 시험 때문이 아니라 좀더 자연스럽게 영어를 공부하게 될 것입니다. 정부도 영어 교육에 좀 더 투자하게 되겠죠. 교육 기회의 불평등을 줄이는 방향으로 작용할 것입니다."[149)]

복거일의 그런 주장에 공감한 것일까? 운동권 출판사로 이름을 떨쳤던 사회평론이 『영어공부 절대로 하지 마라』를 출간해 소위 '대박' 을 치는 희한한 사태가 벌어졌다. 물론 이 책은 제목과는 달리, 영어 공부를 위한 책이었다. 사회평론은 이 성공의 여세를 몰아 학습서 시장을 겨냥한 대대적인 변신을 시작했다.

『국민일보』(2001년 1월 17일)에 따르면, "사회평론은 이달 말 중학생을

148) 김영명, 『나는 고발한다: 김영명 교수의 영어 사대주의 뛰어넘기』(한겨레신문사, 2000).
149) 후나바시 요이치, 홍성민 옮김, 『나는 왜 영어공용어론을 주장하는가』(중앙 M&B, 2001), 63쪽.

대상으로 한 『영어공부 절대로 하지 마라. 중학 입문』에 이어 기본, 실력, 종합 편 등 4종류의 참고서를 낸다. 비슷한 성격의 고등학생, 초등학생용 영어 참고서도 연이어 발간한다. 이상빈 교재 개발 팀장은 'TOEIC 책도 꼭 낼 계획이며, 영어가 아닌 다른 과목 참고서 출판도 검토하고 있다' 고 밝혔다. 이미 『수학공부 절대로 많이 하지 마라』를 냈고, 『수절하 중학 편』 등 이에 대한 각 학년별 '파생 상품' 을 준비 중이다. 사회평론의 변신이 유달리 눈길을 끄는 것은 지난 1990년대 후반기 대학을 다닌 사람이라면 한번쯤 읽었음직한 진보 월간지 『사회평론 길』을 냈던 출판사이기 때문이다." [150]

운동권 출판사도 그런 변신을 하는 마당에, 영어 공부를 위해서라면 그 어떤 변신도 무죄일 수밖에 없었다. 매년 진화에 진화를 거듭한 영어 열풍은 방학 중인 초중학생들을 대상으로 함께 숙식을 하며 영어를 가르치는 월 수백만 원대의 캠프형 변형 고액 과외로까지 치달았다.[151] 조기 유학 열풍도 이제 더 이상 '일부 상류층' 에만 국한된 게 아니라 연봉 3000만~4000만 원을 받는 샐러리맨들도 참여하는 대중화의 길로 나아갔다.[152] 이런 풍경을 차미례는 다음과 같이 묘사했다.

"한국에서의 '영어에 관한 모든 것' 은 외국인들에겐 신비와 엽기 그 자체다. 학교에서 영어를 10년 배우고도 못하는 나라, 길 가는 사람에게 '영어 할 줄 아느냐' 고 물으면 반드시 영어로 못한다고 대답하는 나라, 취직 승진 등 모든 시험에 영어가 '필수' 이면서 공용어는 아닌 나라, 도

150) 남도영, 「사회과학 출판사의 명암」, 『국민일보』, 2001년 1월 17일, 21면.
151) 박선호 · 신보영, 「불법 고액 영어 캠프 성행」, 『문화일보』, 2001년 1월 8일, 31면.
152) 이동훈, 「[2001 한국인 이렇게 산다] (8)조기 유학 열풍」, 『한국일보』, 2001년 3월 2일, 24면.

방학을 맞아 해외로 영어 연수를 떠나는 아이들이 길게 줄지어 서 있다.

로표지판과 관광 안내의 영문 표기가 전국적으로 다르고 홍보 책자도 틀리는 나라, 그러면서 영어 교육열은 극에 달해서 아기들까지 과외 공부를 시키는 나라……."[153]

한국에서의 영어는 '찍기용 영어'라는 말까지 나왔다. 일부 학원에서

153) 차미례, 「[설왕설래] 외국인 영어강사」, 『세계일보』, 2001년 3월 9일, 2면.

는 토플 시험을 주관하는 평가기관인 ETS가 문제은행식 출제 방식으로 수험자들에게 중복된 문제를 사용하는 점을 악용, 경험담을 모아서 게시하거나 따로 '최신 문제집'을 만들어 강의했다. 모 학원에선 강사가 "찍기도 기술이다. 문제를 안 보고 답안만 보고도 답을 맞힐 수 있다"고 스스럼없이 얘기할 정도가 되었다.[154]

왜 그런 일이 벌어진 걸까? 물론 이유는 간단했다. 영어 열풍은 영어를 잘하기 위한 것이라기보다는 "다른 집 아이에 뒤떨어지는 건 참을 수 없다"는 내부 경쟁의 원리에 의해 생겨난 것이었기 때문이다.

154) 김경달, 「코리안 English/(중) 찍기용 영어로 세계화」, 『동아일보』, 2001년 3월 9일, 3면.

2000년

중앙 일간지 주식 투자 밝혀라
언론 개혁 논쟁

중앙 언론사의 주식 투자 논란

'부정부패 공화국'의 당연한 귀결이었을까? 늘 세상을 향해 입바른 소리를 쏟아내는 언론사들의 정당치 못한 투기 또는 투자 규모는 커져가고 있었다. 『미디어오늘』(2000년 1월 13일)에 따르면, "중앙 언론사의 주식 투자 사례가 속속 드러나고 있다. 언론사들은 지난 1996년부터 최근까지 코스닥 시장에 상장된 정보통신 주를 중심으로 주식을 매입해 적지 않은 수익을 얻은 것으로 확인됐다. 또 정보통신주를 중심으로 지분에 참여해 1000억 원대의 자산 가치 증액 효과를 본 것으로 확인됐다."[155]

왜 언론사들의 주식 투자가 문제가 되는가? 1999년 12월 19일 미국 『LA타임스』가 자사가 합작 투자를 하거나 파트너로 참여하는 사업이 있으면 이를 곧바로 편집인에게 통보하고 이 내용을 독자들에게 알리도록

155) 「중앙 언론사 주식 투자 '대박'」, 『미디어오늘』, 2000년 1월 13일, 1면.

하는 내용을 뼈대로 한 직원윤리규정을 신문 1면 사고를 통해 밝힌 것이 그 이유를 잘 말해주었다.

『LA타임스』는 사고를 통해 이사들은 다른 회사나 조직에 참여할 수 있지만 회사의 승낙을 받아야 하며, 이런 사실은 기자나 독자들에게 공표되어야 한다 △기사에 영향을 줄 목적으로 광고를 게재하려는 광고주와는 어떤 거래도 하지 않는다 △후원 사업은 무엇보다 공공성과 지역기여를 우선하며, 어떤 특정한 조직이나 단체를 후원함으로써 신문이 공정성을 훼손할 수 있는 사업은 후원하지 않는다는 조항도 함께 발표했다. 『LA타임스』가 이 같은 윤리 강령을 제정, 공표하게 된 것은 발행인인 캐서린 다우닝이 광고주인 스포츠업체 스테이플 센터가 신축한 스포츠 센터와 이윤을 나눠 갖는 계약을 비밀리에 추진하다가 발각되자 『LA타임스』 기자들이 발행인의 사과를 요구한 데 따른 것이었다.[156]

2000년 2월 언론사들의 주식 투자가 그들의 정치 · 경제 보도와 논평에 큰 영향을 끼칠 것이라는 점을 우려한 시민단체들이 일간지들의 주식 투자를 본격적으로 문제 삼고 나섰다. 민주언론운동시민연합은 중앙언론사들의 주식 투자 현황에 대해 금감원에 정보 공개 청구를 하였으며, 뒤이어 언론개혁시민연대는 중앙 언론사들의 주식 투자와 관련해 금융감독원에 5개 항의 공개 질의서를 보냈다.

언개련은 질의서에서 △언론 기업이나 언론 종사자가 주식 투자할 경우 주식과 관련된 공정 보도가 가능하다고 보는지 △언론 기업의 주식 투자가 헌법이 보장하는 국민의 알 권리를 침해한다고 보는지 △미공개

156) 「LA타임스, 투자 사업 독자에 고지」, 『미디어오늘』, 2000년 1월 13일, 7면.

정보가 많이 모이는 언론 기업의 주식 투자가 증권거래법의 불공정 거래 행위에 해당한다고 보는지 등을 물었다. 또 언론 기업의 주식 투기에 대해 조사한 적이 있는지, 없다면 조사할 계획이 있는지 △언론 기업의 주식 투자를 규제할 법적 근거가 있는지, 없다면 관련 법률 개정의 뜻이 있는지를 밝혀달라고 요구하고, 외국에서 언론 기업의 주식 투자 규제 사례가 있다면 알려달라고 촉구했다.[157)]

시민단체들이 우려한 일이 실제로 일어나고 말았다. 2000년 2월 1일 김유배 청와대 복지노동수석이 일정 기간에 걸친 주식 · 채권 등 유가증권 매매 차익에 대해 세금을 매기는 이른바 '자본이득세' 도입을 적극 추진한다고 밝히자, 주요 언론들이 약속이나 한 듯 한목소리로 딴죽걸이에 나선 것이다. 『한겨레』(2000년 2월 10일)에 따르면, "언론개혁시민연대 · 민주언론운동시민연합 등 언론 시민단체들은 주요 언론들이 자본이득세 도입에 적대적 태도를 보일 수밖에 없다고 지적한다. 『조선일보』, 『중앙일보』, 『동아일보』, 『한국일보』 등 중앙 일간지들이 LG텔레콤 · 한국통신프리텔 등 정보통신 주식에 투자해 막대한 시세 차익을 보고 있기 때문에 애초 공정한 보도는 기대할 수 없다는 것이다. 현재 OECD 대부분의 회원국이 시행 중인 자본이득세가 우리나라에 도입이 불가능할 것이라는 우려가 나오는 것도 이런 이유에서다."[158)]

157) 권혁철, 「"중앙 일간지 주식 투자 밝혀라" 언론 단체 공개질의 · 정보 청구」, 『한겨레』, 2000년 2월 10일, 9면.
158) 조준상, 「주식 양도차익 과세 주요 언론 반대 알고 보니……」, 『한겨레』, 2000년 2월 10일, 9면.

'벤언 유착'의 문제

벤처 기업과 언론이 유착하는 이른바 '벤언 유착'의 문제도 심각했다. 『미디어오늘』(2000년 11월 2일)은 "한국디지털라인 정현준 사장의 불법 자금 대출 사건으로 '벤·정', '벤·언' 유착 문제에 사회적인 관심이 쏠리고 있는 가운데 다수의 기자들이 동문 벤처인 모임인 '벤처 클럽' 특별 회원으로 들어 있어 논란이 일고 있다. 지난 6월 17일 고대 출신 IT 업계 386 세대가 주축이 돼 창립한 고대 벤처 클럽에 28명의 현직 기자가 회원으로 등록돼 있는 사실이 본지 취재 결과 확인됐다"며 다음과 같이 말했다.

"기자들의 벤처 클럽 가입에 대해 언론계는 '벤언 유착'의 고리가 될 수 있다고 지적하고 있다. IT 출입 기자가 같은 대학 출신 벤처업체 관계자들이 멤버십으로 운영하는 벤처 클럽에 가입한 경우 기사의 공정성을 해칠 수 있다는 것이다. 한 일간지의 기자는 '부장이 클럽의 발기인으로 참여했다면서 기사 뜯어고치고 비중 있게 다뤄 언쟁을 벌인 적이 있다'며 '세상에 대가 없는 것은 없다. 벤처 관련 기자들 사이에서 주식 같은 것들이 오고가는 것을 본 입장으로서 신문사 기자인 이상 나 같으면 회원 가입을 사양하겠다'고 말했다. 언론계의 이런 지적은 벤처 클럽에 가입한 기자도 인정하고 있다. 클럽에 가입한 한 기자는 '일면식도 없는 회원이 기사 청탁을 해오는 경우가 많았다'며 '고등학교 동문회에 가는 것처럼 당연한 일로 생각했지만 고민할 여지가 있었던 것 같다'고 말했다."

이런 수준의 언론이 여론을 좌지우지하는 나라에서 경제 위기가 발생하지 않는다면 오히려 그게 더 이상한 일이 아닐까? 그렇다고 해서 그렇게 자기들의 이해관계가 걸린 문제를 제외하곤 경제 보도를 제대로 했으면 모르겠는데, 그것도 전혀 아니니 그렇게 묻는 게 온당하지 않겠는가?

벤처 1번지라 불리는 테헤란로 사진. 벤처 기업과 언론이 유착하는 이른바 '벤언 유착'의 문제는 심각했다. 이러니 신문의 경제 기사가 부실해질 수밖에 없었다.

2000년 7월 고려대 경영학과 조명현 교수는 언론개혁시민연대가 주최한 '한국신문시장 개혁을 위한 연속 토론회'의 주제 발표문에서 신문의 경제 기사가 부실하다고 비판했다. 신문이 설(說)에 의존한 선정적 보도로 경제 불안을 가중시켰는가 하면 사실에 근거한 매우 중요한 사안을 의도적으로 배제함으로써 사회의 정보 공유를 저해하는 이율배반적 태도를 보였다는 것이다.

조 교수의 비판에 따르면, 투신 부문의 유동성 위기와 기업 신용 경색을 우려하는 '11월 금융대란설'에 대한 기사에서 신문들은 여러 가지 다른 변수를 무시한 채 단선적 가설을 앞다투어 기정사실화해 불안 심리를 부추긴 반면, 1999년 7월 언론은 대우 사태가 곧 현실화하리라는 것을 미리 알고 있었으면서도 마치 '고양이 목에 방울달기' 식 눈치 보기로 보도를 회피해 객관적 사실을 알기를 바라는 독자의 요구를 무시했다는 것이다. 한국엔 양심 있고 실력 있는 경제 전문가가 없는가? 없기는 왜 없겠는가? 조 교수에 따르면, "일부 신문의 경우 오피니언 면의 경제 칼럼에 자사의 논조에 부합하는 글만을 중점적으로 게재함으로써 외부 오피니언의 독립성을 외면하는 경향이 있다."[159)]

족벌 언론 황제, 브레이크가 없다

신문 유통도 심각한 문제로 지적되었다. 신문협회가 새로 강화한 '신문공정경쟁규약'에 따르면, 11월 1일부터 신문사들의 구독자 확보를 위한 경품 제공이 전면 금지되었지만, 이는 거의 지켜지지 않았다. 당시 신문들 간의 경품 경쟁은 매우 치열했다.

2000년 10월 어느 신문 독자는 "내가 사는 동네는 경기도 고양시 일산 새 도시다. 이곳에 이사를 온 지 1년 8개월째 들어선다. 처음 이곳으로 이사 왔을 때, 내가 살던 아파트에는 ㅎ신문이 들어오고 있었다. 그러던 어느 날, 어머니는 갑작스레 이 신문 대신 발행 부수 1, 2위를 다투는 ㅈ일보를 구독 신청했다. 항의성이 섞인 나의 말에 어머니는 단 한마디로 잘라 말하셨다. 'ㅈ일보에선 가족사진 촬영 5만 원 할인권하고 버너하고 6개월 무료 구독권을 줬다. 그런데 ㅎ신문에선 무료 구독도 없고, 아무것도 주지 않았잖냐.' 하긴 그랬다. 내가 살던 아파트 부녀회에선 모

159) 유성식, 「"신문 경제 기사 상당수 부실" 고려대 조명현 교수 제기」, 『한국일보』, 2000년 7월 25일, 7면.

(위) 신문사들의 경품 제공이 전면 금지되었지만 거의 지켜지지 않았다. 사진은 한 신문사가 경품으로 제공하는 자전거.
(아래) 공정거래위원회의 홈페이지 화면. 공정거래위원회는 신문의 과열 경쟁을 막기 위해 불법 경품 신고를 받고 있다.

든 신문 지국들을 대상으로 3개월 무료 구독권을 주지 않으면 아파트에 아예 발도 못 들여놓게 한다는 말도 들었다"며 다음과 같이 말했다.

"그렇게 시간이 지나고, 1년 6개월이 흐른 다음, 어머니는 다시 ㅈ일보 구독을 끊으셨다. 또 다른 ㅈ일보에선 전기 프라이팬을 준다나 뭐라나. 몇 해 전 신문 지국끼리 살인 사건까지 저질렀던 것을 떠올려보면, 일산에선 일어나고도 남겠다는 생각이 든다. 어느 신문에선 버너를 주네, 어느 신문에선 전기 프라이팬을 주네, 또 어느 신문에선 여름에 에어컨 선풍기까지 준다는 말이 돌고, 말만 도는 게 아니라 직접 그 지국장 같은 사람들이 집집마다 방문까지 한다. 내 상식으로는 2개월 무료 구독 뒤 더 이상 말이 없으면 신문을 넣지 못한다고 들었는데, 선물 같은 건 못하게 한다고 들었었는데, 그런 건 이곳 아파트촌에선 통하지 않는 말인 듯싶다. 정말 ㅎ신문이 아무것도 안 주는지는 모른다. 이 신문 역시 심심찮게 경품을 준다는 얘기를 들었기 때문이다. 어쨌거나 어머니와 싸우고 싸워서 다음 달부터는 ㅎ신문을 보기로 했는데, 아무래도 또 한 소리 들을 것 같다."[160)]

『한겨레21』 2000년 11월 16일자에 실린 「족벌 언론 황제 브레이크가 없다」는 표지 기사는 언론에 대해 이런 결론을 내렸다. "한국 사회에서 언론은 그 자체로 이미 확고한 권력이다. 엄청난 힘을 행사한다. 더 이상 정치권력의 지배를 받지 않으며 정치권력이 통제할 수도 없다. 되레 정치권력은 이제 언론 권력의 눈치를 보거나 그들에 의해 휘둘리는 형국이다. 한국 사회를 지배하는 가장 강력한 힘은 '지금, 여기'의 언론이다.

---

160) 조성아, 「독자 칼럼: 말 뿐인 '신문 경품제공 금지'」, 『한겨레』, 2000년 10월 21일, 8면.

아니, 정확히 말하면 무소불위의 파워를 행사하는 진짜 권력은 기자들이 아닌 언론사 사주들이다. 그러나 과연 그들은 그런 힘을 행사할 자격이 있으며 그들의 권력 행사는 정당한가? 심각한 의문이 제기되는 오늘이다."

이런 문제의식에 근거해 2000년 11월 24일 전국언론노동조합연맹이 '전국언론노동조합' 출범식을 갖고 산별노조 체제로 전환했다. 언론노조는 창립 선언문을 통해 "이제 특정 언론사에 속한 종업원 신분을 떠나 당당한 노동자로서 올곧은 언론과 정당한 노동자 권익을 위해 싸워나가겠다"고 밝혔다. 언론노조에는 언론노련에 소속된 79개 단위 노조 1만 6,000여 명의 조합원 가운데 24일 현재 45개 노조가 산별 전환을 결의해 80% 가량인 1만 3,000여 명이 합류했다.[161] 그렇지만 각 언론사별 생존의 문제가 발등의 불로 떨어진 상황에서 언론노조가 큰 힘을 쓰긴 어려웠고, 이는 곧 현실로 드러나게 된다.

통합방송법 시행

5년여 동안 500여 회에 달하는 세미나와 토론회에 수십억 원 비용이 투입되고 이루 헤아릴 수 없이 많은 성명서와 주장이 발표된 끝에, 통합방송법이 1999년 11월 30일 국회 문광위를 통과하고, 12월 17일 법사위를 통과했다.

시행령은 2000년 3월 7일 국무회의를 거쳐 최종 확정되었으며, 통합방

161) 박미영, 「언론산별노조 마침내 출범」, 『기자협회보』, 2000년 11월 27일, 1면.

송법은 2000년 3월 13일부터 시행되었다. 통합방송법은 방송법, 한국방송공사법, 종합유선방송법, 유선방송관리법 등으로 분산된 법 체계를 통합하였으며, 위성방송의 실시 근거를 마련하였다. 방송의 정의를 "방송프로그램을 기획, 편성 또는 제작하고 이를 공중에게 전기통신설비에 의해 송신하는 것"으로 하여, 지상파방송은 물론 중계 유선방송과 음악 유선방송 및 전광판 방송 등을 방송법의 적용 대상으로 포함시킨 것이다.

제도적 차원에서 통합방송법의 가장 큰 의미는 방송위원회의 위상 강화였다. 지상파방송(방송위원회), 케이블TV(종합유선방송위원회), 중계 유선방송(정보통신부) 등 다원화됐던 소관 부처가 방송위원회로 일원화됨으로써 방송위원회는 명실상부한 방송 총괄 기구로 격상되었으며 향후 실시될 위성방송까지 다루는 막강한 권한을 갖게 됐다.

또 그간 심의 기능만 갖고 있던 방송위원회는 적어도 형식상으론 문화관광부에 있던 방송정책권은 물론 방송 운영 · 편성 정책 · 방송 영상 진흥 정책 · 방송 기술 정책 등을 도맡게 됐다. 방송위원회의 권한이 막강해진 만큼 방송위원회의 방송위원 구성 방안을 놓고 여야는 막판까지 첨예한 대립을 보였는데, 결국 야당은 9명의 방송위원 중 국회의장 추천 몫 3명 중 1명, 문광위 추천 몫 3명 중 1명 등 2명을 확보하는 선에서 매듭이 지어졌다.

다음으로 중요한 변화는 KBS를 '국가기간방송'으로 명시한 점이었다. 통합방송법은 제44조에 공사의 공적 책임을 명시하였는바, 국회에서 KBS의 결산을 승인하고 확정토록 해 예산 집행의 투명성을 높이도록 했다. KBS의 수신료 징수 방식도 바뀌어, KBS 이사회가 심의 결정해 징수해오던 수신료는 법안에서 방송위원회를 거쳐 국회 승인을 얻도록 했

통합방송법이 1999년 11월 30일 문광부를 통과하고, 12월 17일 법사위를 통과했다. 논란이 되었던 MBC민영화는 백지화되었다.

다. 또 KBS의 업무에 EBS의 방송·송신 지원을 구체화했는데, EBS의 수신료 지원을 전체 수신료의 3%로 확정했다.

통합방송법은 기존의 공익 자금 대신 방송발전기금을 광고 매출액의 6% 선에서 징수하게끔 했는데, KBS는 향후 10년간 약 1조 300억 원이 소요될 것으로 예상되고 있는 지상파 디지털 전환사업의 추진을 위한 재원 조달에 대한 정책적인 지원으로 방송발전기금을 타 방송사의 2/3 수준으로 차등 납부토록 했다. 또 소외 계층 등을 포함하는 다양한 집단의 의견이 방송을 통하여 제시될 수 있도록 시청자 참여 프로그램의 편성을 공영방송의 채널에 월 100분 이상 의무적으로 편성토록 했다.

그간 논의되어 오던 MBC 민영방송화안은 백지화됐으며 예산권은

MBC가 갖는 대신 결산권은 MBC의 대주주인 공익 재단 '방송문화진흥회'에 돌아갔다. MBC 이익에 대한 강제 환수 조항도 만들어졌다. 방송문화진흥회법에 영업이익의 15%를 강제 출연토록 명문화하였다.

외주제작물 편성도 크게 강화되었다. 시행령 제58조는 외주제작물을 매월 전체 방송시간의 40% 이내서 방송위원회가 고시하는 비율 이상 편성할 것, 외주제작물의 30% 범위 안에서 방송위원회가 고시하는 비율을 초과하여 방송사의 자회사가 제작한 프로그램을 편성하지 말 것, 외주제작물을 매월 주 시청 시간대 방송 시간의 15% 이내에서 방송위원회가 고시하는 비율 이상 편성할 것 등을 규정하였다.

EBS는 숙원 사업이던 교육방송공사법 제정으로 기존의 국영에서 한국교육방송공사로 출범해 운영 자율권을 갖게 되었지만, EBS 노동조합은 수신료 3% 지원은 "한국교육방송공사의 정상적인 출범을 불가능하게 하는 규모"라고 반발했다.[162)]

통합방송법은 종합유선방송에 대해 프로그램 공급자(PP)의 승인제를 2001년부터 등록제로 바꾸었고 중복·교차 소유에 대한 제한을 없앴다. 중계 유선방송에 시스템 운영자(SO) 자격을 부여하기에 앞서 두는 유예기간은 1차 지역(1995년 허가)의 경우 1년, 2차 지역(1997년 허가)은 2년 6개월로 했다. 홈쇼핑 채널 난립에 따른 시청자 피해를 막기 위해 쇼핑 방송은 방송위원회 승인을 얻도록 제한했다.

그러나 시간이 흐르면서 방송 분야의 통합만으론 기술적인 '방송-통신 융합' 현상에 대처하기가 어렵다는 게 분명해졌다. 이에 방송과 통신

162) EBS 노동조합, 「공영방송 정상운영 외면해 '유감'」, 『PD 연합회보』, 2000년 3월 30일, 5면.

을 통합해 관리하는 방송통신위원회의 설립이 요청되었으며, 이는 2008년에 이루어지게 된다.

제2장

2001년: 한미 갈등과 언론 전쟁

나만이 이회창 이긴다
노무현의 대권 선언

노무현의 '두 마리 토끼'

2001년 1월 1일 『조선일보』는 2002년 대선 여야 가상 대결 여론조사 결과를 보도하면서, 한나라당 후보로 이회창 총재를 정하고 그 상대로 민주당 주자들을 번갈아 붙였으나 노무현 해양수산부 장관은 빼놓았다.(노무현은 2000년 8월에 입각했다.) 노무현에 대한 『조선일보』의 불편한 심기도 작용했겠지만, 아직까진 노무현이 유력 대권 후보로 떠오르지 않은 상태였다.

2000년 12월엔 이런 일도 있었다. 12월 21일, 노무현은 김중권의 민주당 대표 지명을 해양수산부 출입 기자들과의 간담회에서 비(非)보도를 전제로 비판했다가 그게 보도돼 말썽이 일자 23일에 사과문을 발표했다. 『한국일보』 2000년 12월 25일자 6면엔 「기자의 눈: 노 장관의 '치고 빠지기'」라는 칼럼이 실렸고, 『동아일보』 2000년 12월 26일자엔 「기자의 눈: '기회주의자' 노무현」이라는 칼럼이 실렸다. 물론 두 칼럼 모두 노무현에 대해 대단히 비판적이었다.

『한국일보』 칼럼은 "스스로를 대권 주자로 자리매김하는 그의 가벼운 처신도 문제지만 장관이라는 공직을 자신의 정치적 목적을 위해 이용하고 있다는 지적을 받고 있다"는 말로 끝을 맺었고, 『동아일보』 칼럼은 "노 장관의 경우는 그 또한 상황 파악에 능한 '기회적 전략주의자' 라는 평가를 자초한 측면이 없지 않다"는 말로 끝을 맺었다. 『시사저널』(2001년 1월 4일) 기사가 지적했듯이, 이 사건은 "DJ의 지원과 국민 여론의 지지, 이 두 마리 토끼를 모두 잡아야 하는 '장관 노무현' 의 처지를 압축해서 보여주었다" 고 볼 수 있는 것이었다.

노무현 팬클럽의 노무현에 대한 열광적 지지도 노무현의 '약점' 으로 해석되고 있었다. 예컨대, 『시사저널』(2000년 8월 24일)에 따르면, "정치인 노무현에게는 이들 젊은 세대의 열성적인 지지가 큰 자산이다. …… 그러나 노 장관의 목표는 '인기 스타' 가 아니라 '차기 승리' 다. 젊은 팬들은 많지만 정치권을 비롯한 우리 사회의 주류 집단으로부터는 아직 무게 있는 지도자로 인정받지 못하는 것이 노 장관의 약점이다."

또 『신동아』(2001년 1월)에 따르면, " '바보 노무현' 을 미는 팬클럽까지 생기고 젊은층과 보이지 않은 대중 사이에 노무현에 대한 잠재적 지지가 많다는 것은 역설적으로 현실의 정치 세력 내지 우리 사회 주류층에서는 노무현이라는 존재가 어디까지나 비주류요 '실험 정신' 에 머무를 수밖에 없을 것이라는 증거인지도 모른다."

노무현은 『한겨레』(2001년 1월 6일) 인터뷰에서 "노 장관은 이른바 대권 도전 의사를 여러 번 밝혔는데도 상당수 국민들은 유력한 대권 주자로 여기지 않는다. 왜 그렇다고 보나?" 라는 질문에 대해 다음과 같이 답한다. "그동안 국회의원을 한 번 반밖에 못했다. 정치 세력의 중심에 서거나 중요한 정치적 과정에서 주역 노릇을 못해봤다. 또 하나는 약점이면서도 강점으로 주장하고 싶은데, 지금까지 정치적 모험과 도전을 여러 차례 감행했다. 나는 정도 정치를 위한 헌신과 희생이라고 생각했는데 남이 보기엔 아슬아슬하고 위험한 일을 하는 사람, 신중하지 못하고 안정감 없는 사람으로 봤을 것 같다."

기자가 "어쨌든 앞으로는 자신 있나?" 라고 묻자, 노무현은 다음과 같이 답했다. "이 다음의 시대정신은 좀더 민주적, 개방적, 대중적 정서를 가진 리더십을 요구한다. 또한 어느 지역에서 극단적으로 배척받지 않는 지역적, 계층적 통합력이 필요하다. 정도와 원칙, 공정성, 신뢰 등의 가치가 중요하다고 생각하는데 그 잣대를 그대로 대주기만 하면 자신 있다."

노무현의 언론 개혁 발언

『경향신문』 2001년 1월 21일자에 실린 「주목받는 정치인: 노무현 해양부 장관」이라는 기사는 노무현에 대해 다음과 같이 말했다. "노 장관은 톡톡 튄다. 이 때문에 불안정하고 가벼워 보인다는 평이 따라다니고, 선뜻 차기로 꼽는 데 주저하는 사람들도 있다. 그럼에도 그는 '기존의 현실적 문제점을 지적하는 것을 보수적 사고로 보면 익숙지 않을 것이고, 튄다고 느낄 것' 이라고 개의치 않는다는 반응이다. '난 결코 망둥이가 아니다' 라거나 '끊임없는 도전만이 동력이다' 라는 말도 덧붙였다."

『한국일보』 2001년 1월 29일자에 실린 「2001 정치 이 사람에게 듣는

다: 노무현」이라는 기사도 노무현에 대한 '비토 그룹' 이야기를 했다. 이 기사는 노무현의 지역감정에 대한 도전을 긍정적으로 평가한 후 다음과 같이 말했다. "그러나 노 장관의 이 같은 고집이 두터운 비토 그룹을 키운 것도 사실이다. 6개월째 장관직을 맡으며 행정 경험을 쌓고 있지만 차세대 리더라는 평가 못지않게 '미덥지 않다'는 지적도 여전하다. 노 장관은 '집사람이 무게를 잡고 권위를 좀 키우라고 충고하는데 잘 안 된다'고 말했다."

2001년 2월 8일 노무현 해양수산부 장관이 언론 개혁을 역설하는 발언을 해 논란을 빚었다. 『조선일보』(2001년 2월 9일) 사설은 "한마디로 이는 언론이라는 것이 당장 압살해버리지 않으면 안 되는 무슨 '악마' 같은 존재라는 망상에서나 가능한 발상이며, 극단적 흑백론에 사로잡히지 않는 한 입에 담기조차 어려운 발언"이라고 비난했다.

노무현은 자신의 발언에 대해 해명을 한 것으로 알려졌지만, 이 또한 논란을 빚었다. 노무현은 『기자협회보』(2001년 2월 10일) 인터뷰에서 "9일자 『조선일보』에 해명 기사가 실렸는데"라는 질문을 받고 다음과 같이 답했다. "나는 정치적인 의도가 없다고 말했는데 『조선일보』는 정치적인 의도가 있는 것처럼 말한 것으로 보도했다. 자기들이 하고 싶은 얘기를 하는 건 좋은데 남의 말을 뒤집어가면서까지 그러는 것은 야비한 일이다. 그러니까 언론 개혁 얘기가 나오는 것이다."

노무현의 언론 개혁 발언은 비주류로서의 관심끌기용으로 해석되었다. 「노무현 장관의 "날 좀 보소": 잇단 돌출 발언은 관심 끌기용? …… 여권 인사들도 "김 대표 체제 이후 초초함의 발로" 추정」 노무현의 언론 개혁 발언을 다룬 『뉴스플러스』의 기사다. 진보적인 『내일신문』(2001년

2월 13일)마저도 기사 제목을 '노무현 장관의 좌충우돌 대선 겨냥한 몸값 올리기?'로 달고 그 제목에 어울리는 내용을 실었다.

한나라당 부총재 최병렬은 『시사저널』 2월 22일자 인터뷰에서 "노무현 장관의 발언은 어떻게 보십니까?"라는 기자의 질문에 이런 답을 했다. "어린애 같은 얘기지요. 대권을 의식해 좀 튀어보려고 그런 발언을 한 것 아닌가요. 뭔가 욕심을 가지고 있기 때문에 평상심이 부족하다고 봅니다. 저는 교육을 제대로 받은 사람, 평상심을 가지고 있는 사람과 그렇지 않은 사람은 진리를 보는 태도에 차이가 있다고 생각합니다."

나만이 이회창 이긴다

『월간중앙』 2001년 3월호에 실린 「5시간 심야 인터뷰/노무현 본격 대권 선언!/"나만이 이회창 이긴다"」는 제목의 인터뷰 기사를 쓴 기자는 "인터뷰하기 위해 노 장관 집으로 향하던 기자는 한마디로 꼬집어 말하기 어려운 미묘한 기분에 휩싸였다. 그의 문법에 따르자면 기자는 개혁해야 할 '일부 언론의 식구'로 분류될 터이다"라며 다음과 같이 말했다.

"어차피 서로 신경전을 벌이기 마련인 인터뷰 특성상 그런 정치권의 분류법에 개의치 않으면 그만이지만, 기자나 노 장관이나 홀가분한 상태에서 인터뷰하는 것과는 어쩐지 조금 다를 것이라는 생각이 들었다. 솔직히 말하면 기자는 망국적 지역감정에 정면으로 맞서온 그의 정치 역정에 심정적 지원을 보낸 적이 많았다. 반면 이번 일련의 대언론 발언은 정치인으로서 지켜야 할 선을 너무 나갔다는 생각을 지울 수 없었다. 한마디로 노 장관에 대해서는 다소 복잡한 생각을 갖고 있었다."

■ "정치권 불합리와 싸워온 나는 언론에 말할 자격 있다"
■ "민주당 영남후보만이 파멸적 동서 대결 막는 유일한 길"
■ "3당야합한 이인제씨는 당의 대선후보 될 자격 없다"
■ "본선경쟁력 가장 높은 내가 대통령 후보 되는 것은 당연"
■ "내가 후보 되면 부산·경남 YS 영향력 사라질 것"
■ "DJ는 정치노선을 계승한 정통성 있는 후보 지원할 것"

에서 자연스럽게 터져나온 것이죠. 그런 것입니다. 여러 가지 앞뒤 사정을 말하자면 저도 담아 두고 발설하지 않으려고 했던 얘기가 나온 것입니다. 상황이 그렇게 만든 것이죠."

— 전쟁 불사 발언이 보도된 뒤 평소 소신이라는 뜻을 밝혔지 않았습니까?

(한참 생각한 뒤) "말하려고 한 소신은 아니고, 마음 속에 갖고 있던 생각이라는 점에서 소신이라고 할 수 있겠죠."

— 노장관에서 동원한 용어 때문에 사안이 커진 측면도 있는 것 같습니다. 전쟁 불사 · 조폭언론 등은 아주 자극적인 표현이거든요.

"전쟁 얘기는 해양수산부 출입기자들과 논쟁을 하는 분위기 속에서 톤이 올라간 것입니다. 논쟁하다 보니 말이 절제되지 않고 톤이 올라간 것이죠. 뒤 '오마이뉴스' 인터뷰 건은 정연주씨의 칼럼 '조폭적 언론'에 대한 설명을 듣고 어떻게 생각하느냐고 묻길래, 질문을 그렇게 하니 공감한다고 대답한 것입니다."

— 전체 문맥이나 취지에 공감한다면 언론 개혁이라는 차원에서 그 자체가 논쟁이 될 수는 있겠습니다만, 언론을 조직폭력배와 동일시하는 시각은 또 다른 차원의 문제라고 봅니다. 그래도 지식인집단인데 회칼을 휘두르는 조폭과 동일시하는 것은…

"사실 한겨레 칼럼을 읽어보지 않았습니다. 불쑥 그런 질문을 받고 제 느낌에 동의할 만하다 이렇게 말했는데…. 순간적으로 이런 생각은 했습니다. 거기에는 일부 언론이 합리적 논리가 아니라 비합리적 요인에 의해 지배되고 있다. 메커니즘을 지배하는 논리가 다분히 비합리적이다 이렇게 생각한 것입니다. 언론이 그런 행태를 갖고 있다고 생각했습니다. 그래서 그만 동의한 것이죠."

— 발언에 대해 후회하지는 않습니까?

"그렇지는 않습니다. 역시, 그… 후회하지는 않습니다."

— 지금 심경은 어떻습니까? 아주 논쟁적인 인물이 되어 있는데요.

"앞으로 닥쳐올 험난한 시련을 어떻게 극복할 것인가, 걱정하고 있습니다."

— 험난한 시련이 올 것으로 예상하고 있습니까?

"예, 시련이 올 것입니다."

— 노장관은 언론에 대해 피해의식을 갖고 있는 점 못지않게 언론의 도움을 많이 받은 정치인 중 한 사람입니다. 청문회 스타 시절부터 언론의 주목을 받았구요. 특히 젊은 정치부 기자들은 노장관에게 매우 우호적이었습니다.

"맞습니다. 늘 인간적으로 고맙게 생각하고 있습니다.

노무현은 『월간중앙』과의 인터뷰에서 대선주자로서의 자신감을 보였다.

이 기자는 정치판이 언론판보다 나을 게 뭐가 있다고 언론 개혁을 말하느냐는 추궁성 질문을 던졌고, 이에 노무현은 다음과 같이 답했다. "우리 정치라고 언론보다 낫다고 얘기할 수는 없습니다. 우리 사회에는 여러 분야에서 후진성이 있는데 정치 역시 비판으로부터, 후진성으로부터 자유롭지 않습니다. 대신 정치는 열심히 두들겨 맞고, 특히 지식인들로부터 '상갓집 개' 취급을 받고 있습니다. 정치는 엄청난 견제를 받고 있는데 그와 비슷한 언론은 견제받고 있지 않지요. 저는 그 점을 지적한 것이죠. 정치가 고상하다고 말한 일은 없습니다. 다만 정치는 정치인들 스스로 그렇게 생각하고 있는데, 일부 언론은 과거로부터 현재에 이르기까지 스스로 반성하는 것을 보지 못했어요. 오히려 더 당당하게 막강한 권력을 휘두르고 있습니다."

기자는 노무현에게 다음과 같은 질문을 던졌다. "노 장관이 한국 사회의 과제인 동서 통합을 위해 노력해온 정치인이라는 점은 누구나 인정합니다. 그런데 우리 사회의 메인스트림이랄까, 주류 세력은 노 장관을 검증 안 된 인물, 받아들이기에는 거리감이 있는 인물로 인식하는 것 또한 사실입니다. 저는 정치인 노무현의 성공 여부는 아직 비토 세력으로 남아 있는 그들에게 신뢰감을 주고 안정감을 주고 국가를 맡겨도 괜찮은 사람이라는 인식을 심어주느냐 여부에 달려 있다고 보는 편입니다. 어떻게 생각하십니까?"

이에 대해 노무현은 "사실 저도 그런 얘기를 많이 듣습니다. 그러나 아무리 제가 스스로 그럴 듯하게 꾸며도 제가 변방에서 올라온 사람이라는 점은 숨길 수 없잖아요? 오히려 저는 그들에게 메인스트림이 바뀐다. 메인스트림에도 변화가 온다고 말하고 싶습니다. 한국 사회가 영원히 'KS(경기고-서울대)'가 지배하는 시대는 아니다 이것이죠. 권위주의 시대의 리더십 패턴이 영원히 관철되지는 않을 것입니다. 그리고 툭 까놓고 말해서 제가 그들보다 못한 것이 뭐가 있습니까? 말 나온 김에 오늘 한번 툭 터놓고 얘기해봅시다"라면서 다음과 같이 말했다.

"저도 부산상고 나와 고시에 합격했고 판사는 짧게 했지만 변호사로도 성공했고, …… 그 당시에 좋은 평가를 받았어요. 그 이후에 제가 민주화 운동을 하면서도, 서울 민주화 운동의 주류가 아니었을 뿐이지 부산에서 젊은 청년들에게 신망이 대단히 높았습니다. 또 국회에 들어와서도 …… 과거의 사고 틀에 잘 맞지 않는다는 점 말고 제가 국회의원으로서 잘못한 것이 뭐가 있습니까? 당에서 1993년도에 최고위원을 선거를 통해 당선됐고, 최고위원으로 지내는 동안에도 제가 나름대로 인정받았습니다. …… 제가 지금 장관이 되었습니다만, 장관으로서 제가 하는 일에 대해 지금은 자신만만합니다. 입각한 지 6개월 되었지만 …… 무엇이든 맡겨만 주시면 제대로 해냅니다. 순간순간 제가 이상하게 보이고 아슬아슬하게 보일지 모르지만, 1988년 청문회 스타로 떠오른 많은 분들 중에서 지금 정치적으로 살아남은 사람이 몇 사람이나 있습니까? 저는 당당하게 대응했고 살아남았습니다. 제가 무엇이 부족합니까? 맡겨줘보세요. 확실하게 합니다."

그 어떤 문제에도 불구하고 노무현이 여권의 강력한 대선 주자인 건 분명했다. 『월간 말』 2001년 3월호는 '운동권 세대' 200명의 정치·사회의식을 언론 매체 및 사회단체 접근도를 통해 조사한 결과를 실었다. 지지하는 정치인의 이름을 쓰라는 문항에 119명(59.5%)이 '없다' 고 대답하거나 아예 기입하지 않았으며, 나머지 피설문자 81명은 정치인 이름을 한 명 이상씩 썼는데, 가장 많은 지지를 받은 사람은 노무현 장관(39명)으로 나타났고 그밖에 김근태 새천년민주당 최고위원(26명), 권영길 민주노동당 대표(10명), 김민석 의원(9명), 임종석 의원(6명), 김대중 대통령(3명) 등이었다.

지지하는 정치인이 없다는 사람 중 일부는 의견란에 다음과 같이 썼다. "없음. 단 한 명도!", "정치인이 무언가 의미 있는 일을 할 수 있다고 기대 않는다", "정계 입문한 후엔 상대적 차이는 있지만 모두 똑같아지는 것 같다" 이제 노무현이 해야 할 일은 그런 불신과 체념의 벽을 넘어서는 것이었다.

2001년 3월

당신의 햇볕정책은 형편없다
북한을 둘러싼 한미 갈등

부시 행정부의 'ABC 법칙'

2000년 미국 대선에선 공화당 후보 조지 W. 부시가 당선되었는데, 새로 출범한 부시 행정부가 취하는 모든 정책의 근저엔 'ABC 법칙'이 자리 잡고 있었다. 전 대통령 빌 클린턴을 배격하는 'ABC(Anyone But Clinton: 클린턴만 빼고 누구든)'는 부시 행정부를 지배한 주요 원리 중의 하나였다.

사적 감정도 작용했던 걸까? 백악관 입성 후 부시 대통령과 직원들은 사무실 벽에 쓰인 음란한 낙서, 떨어져 나간 문고리와 잘려진 전화선을 보고 분통을 터뜨려야 했다. 60개 가까운 컴퓨터 키보드에선 부시 대통령의 중간 이름인 'W' 자판이 뽑아진 채였다. 클린턴 행정부 직원들의 복수였다. 연방총무청이 집계한 피해액은 1만 3,000~1만 4,000달러였다.[1)]

이런 일 때문에 ABC 법칙이 나온 건 아니었겠지만, 부시의 참모들은 수시로 "안 돼, 그것은 너무 클린턴식이야. 그렇게 하면 안 돼"라고 말하곤 했다.[2] 심지어 백악관 분위기마저 ABC 법칙의 지배를 받았다. 이와 관련, 뉴욕대 교수 마크 크리스핀 밀러(Mark Crispin Miller)는 다음과 같이 말했다.

"부시는 스스로를 클린턴과 달리 자신을 품격 있는, 자격 있는 대통령으로 칭하고 백악관에서 지켜야 할 의복 규정을 과장되게 선포했다. 그는 클린턴 시절의 자유로운 평상복 분위기를 백악관에서 제거하려고 백악관을 방문하는 여행자 의복 규정을 만들 정도였다. 부시 행정부는 클린턴과 비교하지 않고는 아무런 아이디어도 생각해낼 수 없는 것 같았다."[3]

그런 ABC 법칙의 지배를 받은 대표적인 이슈 중 하나가 바로 대북정책이었다. 클린턴 행정부 시절인 1999년 10월에 나온 '페리 보고서'는 북한 정권이 붕괴 직전 상태에 있다는 견해를 부정하면서, "미국의 정책은 희망하는 바가 아닌, 있는 그대로의 북한 정부를 다뤄야 한다"고 했다. 이 보고서는 미국에게 가장 중요한 것은 북한 미사일과 핵 프로그램의 '완전하고 검증 가능한 중지(complete and verifiable cessation)'이며, 이를 위해 고위급 회담을 통해 북한과 관계를 유지하면서 "한 걸음 한 걸음씩, 상호적인 방식으로, 북한이 위협이라고 인식하는 대북 압력을 완화하는 방향으로 움직이는 것"이라고 했다. 이와 동시에 북한이 협력하지 않으면 좀더 단호한 일련의 정책을 취해야 한다는 것을 분명히 했다.[4]

1) 엄기영, 「[오바마 시대 변화의 미국] "내 자리를 뺏다니" …… 미 정권 인수 잔혹史」, 『국민일보』, 2008년 11월 10일.
2) 밥 우드워드(Bob Woodward), 김창영 옮김, 『공격 시나리오』(따뜻한손, 2004).
3) 마크 크리스핀 밀러(Mark Crispin Miller), 김태항 옮김, 『부시의 언어장애』(한국방송출판, 2003).

즉 전 국방장관으로 미국 정부의 북한 정책 조정관이었던 윌리엄 페리(William Perry)가 미 의회에 제출한 페리 보고서의 접근법은 "더 큰 당근과 더 큰 채찍" 이었다. 그러나 이후 전개될 부시의 대북 정책은 "대화도, 당근도, 채찍도 없는 정책(no talks, no carrots, and no sticks)" 으로 바뀌었다.[5] 2000년 6월 김대중의 북한 방문과, 그 결과로 나온 '6 · 15 남북공동선언' 은 남북한 관계를 대립과 반목에서 화해와 상생의 관계로 발전시켜 나갈 것을 선언했지만, 부시 행정부는 그걸 다 무시한 셈이었다.[6]

한미 정상회담의 실패

게다가 한국에서의 남남 갈등이 심각한 것도 김대중 정권에겐 큰 부담이었다. 2001년 2월 19일 『경향신문』은 「미국 '전투기 사라' 한국 압박」이라는 기사로 콜린 파월 미 국무장관이 부시 행정부 출범 이후 가진 첫 한미 외무장관회담에서 사실상 미국산 무기를 구매하도록 압력을 넣었다는 내용을 특종 보도했다. 거의 모든 신문이 즉각 이 뉴스를 받아서 보도했지만, 『조선일보』와 『중앙일보』는 단 한 줄도 보도하지 않았다. 이에 대해 한 언론사의 '내부 정보 보고' 는 다음과 같이 설명했다.

"일부 『조선일보』 기자들에 따르면 '일본은 조지고 미국은 가급적 좋게 써라' 는 인식이 사내에 팽배해 있다고 함. 지금까지 보도 태도를 보

4) 마이크 치노이(Mike Chinoy), 박성준 · 홍성걸 옮김, 『북핵 롤러코스터: 전 CNN 전문기자가 쓴 북미협상 인사이드 스토리』(시사인북, 2010).
5) 위의 책.
6) 김창희, 『북한 정치사회의 이해』(법문사, 2006).

김대중의 북한 방문으로 남북한은 화해와 상생의 길로 나가려 했지만 부시 행정부는 그걸 다 무시하는 대북 정책을 추구했다.

면 미국에 부정적인 사안은 대체로 침묵하는 경향이 강했음. 정부의 대응을 지적하는 방식으로 비켜나갔음. 이번 건에 대해서도 '별거 아니다' 는 게 간부들의 반응이었다고 함. 미 대사관도 『조선일보』에 대해서는 '우호적 언론' 으로 성격을 규정하고 있음. 특히 대북 정책에 대해서는 미국을 '변수' 가 아닌 '항수' 로 보고 기사화하는 경향을 보임. 물론 미국이 대북 정책에서 절대적인 영향력을 갖고 있긴 하지만, 이런 시각을 바탕으로 한국 정부의 포용 정책을 비판하는 수단으로 삼고 있는 게 문제임. 대신 역사 교과서 왜곡 등 일본에 대해서는 게거품을 물고 있음. 일제시대 친일 행각에 나섰던 전력 때문에 자격지심을 갖는 것 같다는 게 일부 『조선일보』 기자들의 해석임."[7]

『조선일보』 2001년 2월 26일자는 미 국무부가 발표한 인권 보고서의

북한 주민들이 자전거에 싣고 가는 쌀 포대에 '대한민국'이라는 글자가 눈에 띈다. 하지만 김대중의 햇볕정책은 국내 보수 언론뿐만 아니라 미국의 반발도 샀다.

한국 부문을 인용 보도하면서 '한국 정부 언론 간접 통제'라는 제목을 달았다. 원문의 '간접적 영향력 행사'를 그렇게 해석한 것이다. 이건 '조작'이라기보다는 '왜곡'으로 봐줄 수 있겠지만, '잠재적(latent) 위협'을 '최근의 위협'이라고 한 것은 명백한 '조작'이었다. 또 『조선일보』는 그 보고서가 서두에서 지적한 "대부분의 정치적 발언은 제한받지 않고 있으나, 국가보안법 아래에서 한국 정부는 당국이 공산주의 혹은 친북한적이라고 간주하는 사상의 표현을 제한하고 있다. 국가보안법에 대한 폭넓은 해석은 평화적 이의 제기에 대한 제한도 허용한다"는 내용은 빼먹었다.[8] 이건 '조작적 왜곡'에 해당하는 것이었다.

2001년 3월 대통령 김대중의 미국 방문과 한미 정상회담은 완전한 실패작이었다. 온건파 콜린 파월 국무장관은 "햇볕정책을 치켜세우고 '위엄을 갖춘 동양의 노신사'에게 존경의 뜻을 보이기 위해 각별히 노력"했지만, 부시는 의자에 몸을 늘어뜨린 채 "우리는 김정일을 싫어한다.

7) 정지환, 「냉전 세력의 놀라운 변신술: '친일'에서 '친미'로?」, 『월간 말』, 2001년 4월.
8) 이영태, 「조선, 미 국무부 인권 보고서 '왜곡'」, 『미디어오늘』, 2001년 3월 1일, 8면.

당신의 햇볕정책은 형편없다"는 말만 늘어놓았다. 부시는 회담 후 기자 회견에서 김대중을 '이 양반(this man)' 이라고 부름으로써 김대중을 모욕하기도 했다.

훗날 당시 국무부 부장관이었던 리처드 아미티지(Richard L. Armitage)의 회고에 따르면, "고지식함과 무지, 외교력 결여, 한국에 대한 이해 부족에서 빚어진 실수다. …… 준비되지 않고 지독하게 교만한 텍사스 출신 카우보이 대통령이 우리의 동맹이 살해하려 했던 노벨 평화상 수상자를 만났던 것이다. 회담은 그 점에서부터 내리막으로 치닫게 되었다."[9]

대북 원맨쇼에 걸린 제동?

『조선일보』 김대중 주필은 3월 17일자에 「대북(對北) 원맨쇼에 걸린 제동」이라는 칼럼을 썼다. 이 칼럼은 많은 사람들을 분노케 했다. 서울대 사회학과 한상진 교수는 이 칼럼을 읽고 충격을 받아 3월 18일 『오마이뉴스』에 「계산된 용미당쟁(用美黨爭)의 해악」이라는 글을 기고했다. 한 교수는 김 주필의 칼럼을 읽고 "언론 권력의 무모함과 오만함을 넘어 『조선일보』가 미국을 국내 정치에 끌어들여 용미당쟁을 선도하고 있다는 느낌을 받았다"고 했다. 한 교수는 그 칼럼 안에는 "사대주의 전통과 함께 정보의 왜곡, 언론인의 권력 욕망, 시민사회의 파수꾼 역할보다 권력투쟁의 수단으로 변모한 언론 매체의 특징이 잘 드러나 있다"며 "우리 민족의 장래는 어차피 미국에 의존할 수밖에 없다는 숙명론으로 칼

9) 마이크 치노이, 박성준·홍성걸 옮김, 『북핵 롤러코스터: 전 CNN 전문기자가 쓴 북미협상 인사이드 스토리』(시사인북, 2010).

럼을 마치는 것을 보고 억장이 무너지는 비애를 아니 느낄 수 없다"고 말했다.

한상진 교수에 이어 재미 언론인 김민웅 박사도 『오마이뉴스』에 쓴 「"김대중 주필, 절필(絶筆)하십시오": 당신의 글은 어느새 '역사의 흉기'가 되었습니다」는 글에서 "우리가 마음먹기에 따라 미국의 대(對)한반도 정책은 도리어 결정적으로 영향을 받게 되어 있다. …… 우리 모두가 민족 문제는 남과 북이 알아서 한다고 명확하게 선을 그을 때, 미국은 자신의 대북 정책을 수정할 수밖에 없다"며 다음과 같이 말했다.

"바로 이 변화의 힘을 김대중 주필은 미국을 대신하여 앞장서서 가로막고 있는 것이다. 그래서 우리의 운명이 미국의 손에 달려 있으니 어쩌겠는가 하고 외세의 앞잡이 같은 비굴한 소리나 하고 있는 것이다. …… 이런 언론인을 주필로 두고 있는 『조선일보』란 결국 반민족적 사대주의의 온상일 수밖에 없다. …… 그의 글은 우리가 미국의 속국이거나 또는 51번째 주가 되고자 간절히 바라는 자나 쓸 수 있는 글이라는 점에서, 역사의 엄중한 심판 대상이 되어야 할 것이다."

이와 관련, 『오마이뉴스』 3월 23일자에 게재된 김영균 기자의 기사 「"YS는 하루 25시 삼아 청교도처럼, DJ는 슬로모션 보듯 총명함 잃어": 두 정권의 집권 3년째 '김대중 칼럼' 52개 비교 분석」은 주목할 만했다. 이 기사에 따르면, 김 주필은 YS의 집권 3년째(1995년 3월~1996년 3월)에 똑같이 26건의 '김대중 칼럼'을 썼는데 이 중 YS 비판은 2건에 불과한 반면 DJ의 집권 3년째(2000년 3월~2001년 3월)에는 절반이 넘는 15건을 DJ 비판에 집중했다는 것이다. 김영균은 비판의 내용도 현격한 차이를 보였다며 다음과 같이 말했다.

인천공항 전경. 인천국제공항이 개항을 하면서 동북아 중심축의 날개를 활짝 펴기 시작했지만, 김대중 정권은 대(對)언론 전쟁을 치르면서 점점 더 격렬한 남남 갈등의 수렁에 빠져들게 된다.

"DJ 정권에 들어와서는 끊임없이 DJ 개인에 대한 비판을 중심으로 두고 '대북 정책'과 '경제 문제'를 물고 늘어졌다. 또 DJ에 대한 인신공격도 서슴지 않는 모습을 보인다. …… 반면 YS에 대해서는 '김 대통령이 하루를 25시로 삼아 혼신의 힘을 다해 나라를 생각하고 국정을 이끌고 있는 것을 모르고 있는 사람은 거의 없다'면서 '어찌 보면 그는 나라와 국민을 위해 청교도 같은 정신으로 하루하루를 살고 있다'(1995년 7월 30일)고 치켜세우기도 한다. 또 '집권 후반기로 갈수록 대통령의 장악력이 점차 전 같지 않아질 것'이라며 '이미 내세웠던 목표와 구호들을 명실상부한 정권의 단일화된 업적으로 만들어가야 한다'(1995년 3월 26일)라든가 '마음을 비운 통찰이 요구된다'(1995년 4월 23일)는 등의 애정 어린

훈수가 주조를 이룬다."

대북 정책에 관한 한, 1998년 6월의 '소몰이 이벤트' 등과 같이 김대중 정권과 보조를 잘 맞추었던 현대그룹의 정주영 명예회장이 2001년 3월 21일 향년 86세로 사망했다. 김 정권으로선 재계의 든든한 햇볕정책 원군을 잃은 셈이었다. 3월 29일 인천국제공항이 역사적인 개항을 하면서 동북아 중심축의 날개를 활짝 펴기 시작했지만, 김 정권의 햇볕정책은 언론 개혁 논쟁, 아니 대(對)언론 전쟁을 치르면서 점점 더 격렬한 남남 갈등의 수렁에 빠져들게 된다.

2001년 3~5월

여론은 언론이 생산한다
언론 개혁 논쟁

이런 '언론 개혁' 실패한다

"우리 언론계는 지금 전쟁 상태에 있는 것 같다. 정치권력과 언론, 신문과 방송, 신문사들 간에 이렇게 극단적인 갈등이 표출된 일은 흔치 않았다." 고려대 신문방송학과 교수 임상원이 『조선일보』 2001년 3월 23일자에 쓴 칼럼 「이런 '언론 개혁' 실패한다」가 내린 진단이다. 임상원은 "이를 두고 일부에서는 정의롭지 못한 언론 권력의 정화 작업이며 언론 상호간의 비판이기 때문에 지극히 정상적인 일이라고 말한다"며 다음과 같이 말했다.

"그러나 걱정스럽고 참으로 민망스럽다. 그 이유는 첫째 이런 식으로는 언론을 정화하는 데 성공하지 못할 것이고, 둘째 오늘날 우리 언론계에서 진행되고 있는 상호 비판은 '비판' 이라기보다 거의 '비방' 에 가까운 것이기 때문이다. 언론의 말과 글은 적절하고 온당해야 한다는 것은 그 내용만이 아니라 형식도 마찬가지다. 그러나 지금 우리 언론계에서 일어나고 있는 일을 보면 그렇지 않다. 정치권력의 언론에 대한 견제, 언론 매체들 간의 갈등, 이들 모두가 도를 넘어섰다."

이어 임상원은 "우리는 지금 우리의 언론을 반사회적이고 반도덕적인 현상의 원천이라고 손가락질하면서 비판한다. 이 과정에서 언론 자유는 악(惡)의 산파처럼 취급되고 있다. 우리 헌법에서 언론 자유는 가장 기본적인 가치다. 언론 자유는 자유민주주의 사회에서 핵심적인 선(善)이고 질서의 기본 축이다"라며 다음과 같이 말했다.

"따라서 언론과 관련된 정부의 정책이나 이를 실천하기 위한 공권력 행사에 있어서, 그것이 만일 언론 자유를 위협하는 것이라면 그것을 우리는 정의로운 권력 행사라고 말할 수 없다. 언론에 대한 사회적 압력의 경우에도 마찬가지다. 정직하게 말해 지금 진행되고 있는 언론사와 언론인에 대한 세무 사찰과 공정거래위원회의 조사 역시 의구심을 갖게 한다. 어떤 사람들은 이 모든 것이 진정한 언론 자유를 위한 것이라고 말한다. 물론 그럴 수도 있다. 그러나 역사를 살펴보면 이는 연금술보다 더 나은 기술을 필요로 한다."

또 임상원은 "지금의 방식으로는 오히려 더 악을 낳을 가능성이 많다. 오래전(정확히 1644년) 존 밀턴은 출판의 자유를 주장하면서 이렇게 말했다. '죄를 낳는 문제 그 자체를 제거함으로써 죄를 제거할 수 있다고 상상하는 사람들은 숙성된 사고를 하는 사람들이 아니다. 왜냐하면 죄를 줄이려는 바로 그러한 행위 자체가 죄를 더욱 크게 하여 거대한 죄 더미를 만들기 때문이다. 그러한 노력이 한때 일부 사람의 죄를 부분적으로는 줄일 수 있을지 모르나 언론과 같은 모든 사람이 관련된 문제인 경우 그들 모두를 죄로부터 자유롭게 하지는 못한다"라며 다음과 같이 말했다.

"이러한 방법으로 죄를 추방할 수 있다고 가정해보자. 이렇게 해서 당신들이 추방하는 죄의 양과 그와 함께 추방되는 덕의 양을 생각해보아라. 당신은 똑같은 양의 덕을 제거하게 된다.' 우리는 이런 사실을 깨닫는 것이 좋다. 그것은 언론과 관련된 한 우리가 무엇을 개혁하고 바꾸는 데 법이나 강제가 그렇게 효과적이지 않다는 사실이다. 그런 의미에서 지금과 같은 세무 사찰이 과연 선이고 정의인가를 묻지 않을 수 없다."

이어 임상원은 "언론 개혁 문제를 이렇게 끌고 가서는 안 된다. 정부는 언론에 대한 정치권력의 개입이라고 생각될 수 있는 모든 공권력을 자제해야 한다. 그리고 우리 사회는 언론 개혁에 대한 논의를 새롭게 구성해야만 한다"며 다음과 같이 말했다.

"지금까지 언론 개혁에 대한 논의는 국민들에게 이성적으로 숙고하고 판단할 기회를 제공하였다고 말할 수 없다. 다만 문제점들을 나열하고 국민 정서에 호소하는 데 그치고 있을 뿐이다. 그 과정에서 진실이 밝혀진 것도 있겠지만 과장되고 왜곡된 것도 많다. 언론 자유의 정신이나 민주주의에서의 언론의 역할까지도 때로는 왜곡되고 있다. 비판적 작업을 할 때 사람들은 흔히 자신의 비판이 마지막 비판이라고 생각한다. 자신의 언명이 최종의 언명이기를 희망한다. 그런 사람들은 그의 텍스트가 최종의 것이고 그의 텍스트를 영원한 교재로 만들려 한다. 이렇게 되면 개혁은 실패한다."

여론은 언론이 생산한다

원론적으론 다 일리가 있는 말이지만, 문제는 원론과는 크게 다른 현실

『의사들도 할 말 있었다』 표지. 송호근 교수가 지목한 몇 개의 중앙 일간지라는 게 바로 조중동이다.

이었다. 한국 사회에서는 언론의 힘이 너무 큰 데다 그 힘의 방향이 보수 일변도로 기울어져 있다는 데에 근본 문제가 있었다. 서울대 교수 송호근은 2001년 3월에 출간한 『의사들도 할 말 있었다: 의사 파업에 대한 사회학적 분석』에서 "우리 사회의 여론은 언론기관이 만들어" 낸다고 단언하면서 다음과 같이 주장했다.

"'여론은 이미 언론기관 내부에' 있다. 다시 말해 여론은 언론기관이 생산한다. 그리고 시민들은 여론을 가장한 '생산된 의견' 을 전달받는다. 그 의견을 수용하든지 부정하든지가 독자와 시청자의 몫이다. 그러나 정보의 홍수 속에서 시민들은 직장의 일상사 때문에, 또 매일 매일 개인적 판단력을 행사하는 데 매우 많은 정신적 비용이 소요되기 때문에 해당 정보를 취사선택하기보다는 수동적으로 받아들이는 것이 보통이다.(술집에서 행해지는 샐러리맨들의 토론은 보통 몇 개 중앙 일간지의 해설 기사와 사설을 바탕으로 한 의견 진술일 경우가 많다.)"[10]

그 '몇 개 중앙 일간지' 라는 게 바로 조중동이었다. 언론 세무조사 정

10) 송호근, 『의사들도 할 말 있었다: 의사 파업에 대한 사회학적 분석』(삼성경제연구소, 2001), 232, 234쪽.

국에 대해서도 일반 대중이 조중동의 의견과 주장을 그대로 받아들이진 않는다 하더라도 "직장의 일상사 때문에, 또 매일매일 개인적 판단력을 행사하는 데 매우 많은 정신적 비용이 소요되기 때문에 해당 정보를 취사선택하기보다는 수동적으로 받아들이는 것이 보통"이라는 건 분명한 사실이었다.

이어 송호근은 "여론은 생산된 상품이다. 시민들은 직장 등에서 벌어지는 일상적 대화로부터 소외되지 않기 위해 매일매일 상품화된 여론으로 무장한다. 특히 한국 사람들은 그러한 경향이 심한 편이다. 그런데 일상적 대화가 직장과 직업인의 사회의식을 배양시키는 기제로 기능하는 경우도 있지만, 대부분은 직장의 영리 추구 목적을 달성하거나 경제 행위를 원활하게 하기 위한 통로로 활용되곤 한다"며 다음과 같이 말했다.

"이 경우 상품화된 여론은 낯선 관계나 막힌 통로를 트는 소모품으로 사용된다. 혹시 하버마스(Habermas)의 기대처럼 상품 교환 과정에서 상품의 품질과 내부에 숨겨진 단점들이 발견되리라 기대할 수는 있을 것이다. 그러나 보통 그 상품들은 훼손되지 않은 상태로 기억의 창고 속에 차곡차곡 쌓여간다. 그리하여 기억의 창고는 대체로 잘못된 정보와 왜곡된 의사(意思)의 저장고가 될 가능성이 높다."[11]

사실 한국 사회처럼 거의 모든 사회적 현안이 정쟁(政爭)으로 변질되고 지역 구도로 비화되는 사회에서 언론사 세무조사가 달리 취급되길 기대하기는 어려웠다. 조중동이 대주주 역할을 하면서 생산해낸 여론의 대세는 한마디로 이야기해서 '반(反)DJ' 였다. 세무조사 찬성이 '친

11) 송호근, 『의사들도 할 말 있었다: 의사 파업에 대한 사회학적 분석』(삼성경제연구소, 2001), 234~235쪽.

(親)DJ' 로 간주되는 상황에서 누가 감히 직장 등에서 벌어지는 일상적 대화로부터 소외될 수 있는 위험을 무릅쓰면서 그 찬성의 뜻을 역설할 수 있겠는가. '상품화된 여론' 의 경우, 더 말해 무엇하랴.

또 송호근은 "한국 사회만큼 언론이 구석구석에, 그것도 일시에 영향을 미치는 사회도 찾아보기 어렵다. 매스컴은 우리 사회의 의식과 관념 형성의 공간을 장악하고 있다. 이는 우리 사회가 정보의 단일권 내지 통합권으로 짜여 있기 때문이다. 예를 들어 강원도 골짜기에서 일어난 살인 사건이 전라도 끝에 위치한 해남의 도서 지역 주민에게 보도되어, 치안 문제에 대한 우려를 촉발시키기까지 걸리는 시간은 불과 몇 분이다. 다시 말해 시시콜콜한 사건 사고가 전국으로 전파되어 동일한 불안감과 우려를 동시에 발생시킨다. 외국의 경우, 특히 지방자치가 발달된 미국이나 독일에서는 여론 형성의 수평적 권역이 서로 대등하게 구성되어 있다. 그래서 한 지역의 사건 사고가 다른 지역 주민에게는 별다른 반향을 일으키지 못하거나 전혀 다른 감정을 촉발시킨다. 이에 반해 중앙집중도가 높은 한국의 경우, 일단 여론 형성의 중심부에 포착된 사건 사고는 아무리 하찮은 것일지라도 곧바로 주변부에 커다란 파장을 일으킬 만큼 위력적인 것으로 변모된다" 며 다음과 같이 말했다.

"여론 형성의 구조는 중심부와 주변부로 이루어지고, 중심부에 대한 주변부의 의존도가 대단히 높은 양상을 보인다. 그러므로 한국 사회에서 여론 형성의 기제를 장악하려면 수도권 중심의 여론 형성 공간만 점령하면 충분하다. 지방 주민들조차 주요 기사에 대한 의견을 중앙지로부터 입수하며, 지방지는 외식과 여가활동 정보 입수에 필요한 부차적인 것으로 취급한다. 이러한 풍토에서 지방지의 기능은 영원히 의사(擬

似) 여론 기관 또는 중앙지의 의견을 전파하는 송신탑 정도에 그친다. 여론이 중앙 공간을 장악한 몇몇 중앙 매스컴에 의해 주조되는 정도는 이러한 상황이 심화될수록 더욱 심각해진다. 앞에서 지적했듯이 중앙지가 여론의 향방을 포착하기 위해 각계각층의 시민들로부터 폭넓게 의견 조사를 실시할 필요는 없다. 중앙지는 나름대로 독자적인 여론을 생산하기 때문이다."[12]

이어 송호근은 이렇게 말했다. "언론기관의 권력은 바로 담론 세계의 선점 능력으로부터 나오는 것이다. 담론 세계의 선점이라는 관점에서 본다면, 한국 사회만큼 언론의 권력이 막강한 사례도 드물 것이다. 대통령도 신문 기사에 비상한 관심을 표명하고, 재벌 · 공공 기관 · 학계도 신문 논조에 신경을 곤두세운다. 우리 사회에서 언론은 영원한 권력기관이다."[13]

우리는 지금 내전 상태

송호근은 『의사들도 할 말 있었다: 의사 파업에 대한 사회학적 분석』라는 책의 논지를 뒷받침하기 위해 위와 같이 주장한 것이었지만, 그의 주장은 김대중 정권이 '유력 언론과의 전쟁'에서 이기기 어렵다는 걸 시사해주는 것이었다. 보수 신문들의 총력전을 무슨 수로 막을 것인가?

방송인 전여옥은 『조선일보』 2001년 4월 2일자에 기고한 「나는 왜 기자를 그만뒀나」라는 칼럼에서 "만일 어떤 언론이 대통령을 기쁘고 즐겁

12) 송호근, 『의사들도 할 말 있었다: 의사 파업에 대한 사회학적 분석』(삼성경제연구소, 2001), 235~236쪽.
13) 송호근, 위의 책, 238쪽.

고 행복하게 만든다면 그 언론사는 이미 미디어가 아니다. 아침에 신문을 읽고 대통령이 부르르 치를 떠는 것이 정상이다. 언론은 정부의 '예스맨' 이 아니다. 언론이 정부와 사이가 좋으면 그 사회는 '총체적 부패' 를 향해 시속 200km로 가는 것이다"라며 다음과 같이 주장했다.

"나는 수많은 예를 보았다. 그래서 대한민국 국민의 한 사람으로서 강심장이 되었다. 말 잘 듣는 언론과 정권의 불륜 관계 속에서 저질러진 웬만한 부정과 부패에도 눈 하나 깜짝하지 않게 되었다. 그리고 때로는 정의나 상식이란 말을 사치스럽게 여기기도 했다. 그동안 이른바 '언론 개혁' 은 우리 웬만한 정권이라면 뜨자마자 불러젖히는 단골 레퍼토리였다. 미디어라는 노래방에서 음정 박자 맞지 않아도 고래고래 소리만 질러대면 100점이 나오는 그 무식한 마당쇠를 만드는 것이 언론 개혁의 목표였다. 그 와중에 '언론과의 전쟁' 을 부르는 '돌쇠' 같은 엽기성 가수도 주가를 높인다. 아무리 곱고 달콤한 목소리로 발라드를 깐다 해도 나는 '언론 개혁' 의 노랫말을 믿지 않는다. 한때 그 '노래방' 에서 코러스를 넣던, 기자를 그만둔 나는 그 본질을 너무도 잘 알기 때문이다."

전 국무총리 노재봉은 『조선일보』 2001년 4월 3일자에 기고한 「대북정책, 야망과 무리수」라는 칼럼에서 "비판 언론에 대한 세무조사는 구조 개혁이란 명분에서 보면 '겁주기' 에 불과하지만, 햇볕정책 의도에서 보면 질식시켜야 할 대상 골리앗이다"라고 주장했다.

『조선일보』 논설 주간 류근일은 4월 7일자에 쓴 칼럼 「"우리는 지금 내전(內戰) 상태"」에서 "지금의 우리 사회는 총칼만 들지 않은 내전 상태에 있다. …… 여야 사이가 그렇고, 지역과 지역의 골이 그러하며, 이익집단과 또 다른 이익집단의 대립이 원수 간의 싸움 그 자체다. '의(醫)·

약(藥)', '의(醫)·정(政)', '교(敎)·정(政)', '권(權)·언(言)', '노(勞)·사(使)'. 그리고 요즘엔 이념과 이념 사이도 광복 직후 같은 사생결단의 분위기를 시뻘겋게 내뿜고 있다. 이런 험악한 '결사(決死)'와 '박살' 세태가 곧 내전 상태가 아니면 뭐란 말인가? 어떤 집권당 중진은 이미 '언론과의 전쟁'이라는 말로 그 내전 상황을 공공연하게 실토한 바 있다"며 다음과 같이 주장했다.

"그렇다면 도대체 나라가 왜 이렇게 돼가고 있는가? 칼 쥔 사람들이 사회 전체를 '개혁 주체와 개혁 대상'이라는 단순한 이분법적 대치선으로 첨예하게 갈랐기 때문이다. 개혁은 원래 중도 노선이지 극단 노선이 아니다. 그래서 개혁을 하자면 극단이 아닌 중간 지대에 서서 사회의 '흑백 두 토막 내기'를 극력 피해야 하는 것이다. 그것이 점진 개혁(gradual reform)과 과격주의의 차이인 것이다. 그런데 어찌된 영문인지 지금의 우리 사회에서는 극단적인 적대 논리가 각계각층을 넝마처럼 찢어놓고 그것이 교묘한 술수로 부추김을 받는 지경에까지 이르렀다. 바로 '칼'과 포퓰리즘의 합작에 의한 '타도' 선풍인 것이다. …… 김대중 대통령이 그렇게 의도해서인가 아니면 주변의 어떤 외곬들이 '윗분'을 그런 방향으로 끌고 가는 것인가? …… 누군가 '레임덕 막으려면 (타도) 노선밖엔 없습니다' 하는, 꼭 저승사자 같은 인물이 주변에 필시 있을지도 모른다. 그래서 나라를 떠내려가지 않게 하자면 먼저 집권 측 내부에서 '중도합리'의 목소리가 용기 있게 터져 나와야 한다. 대한민국은 지금 기로에 처해 있다."

MBC의 〈100분 토론〉

2001년 4월 12일 MBC의 〈100분 토론〉은 신문 개혁을 주제로 다뤘다. '신문 고시' 와 관련해 경기대 통일안보대학원 교수 김재홍은 "저는 우리 신문들을 지배하고 있는 가장 중요한 우선순위의 가치로 발행 부수 제일주의를 좀 말씀드리고 싶습니다. 그것은 물론 우선 신문 경영진, 신문 사주들의 이익을 극대화하기 위한 것이죠. 발행 부수 제일주의가 신문사를 지배하는 한 저는 판매 질서와, 판매 시장과 광고 경쟁이 공정하게 이루어질 수 없다고 생각합니다. 어떤 수단과 방법을 강구해서라도 발행 부수 올리려고 그럴 것이고, 그리고 또 다른 한편에는 어떤 수단을 써서라도 독자들 많이 확보하기 위해서 말하자면 지면 구성이나 기사나 논조도 어떻게 하면 독자들의 관심을 극단적으로 자극하느냐, 말하자면 센세이셔널리즘이죠. 옳고 그름을 정확히 가려주는 것이 아니고 정론보다도 센세이셔널리즘을 중시하는 것, 이것도 발행 부수 경쟁 제일주의에서 왔다고 생각이 되는데 발행 부수 제일주의를 깰 수 있는 것이 저는 바로 판촉 경쟁의 질서를 바로 잡는 것이라 생각이 듭니다" 라면서 다음과 같이 말했다.

"판매 질서의 자율 규제는 발행 부수 제일주의가 깨지지 않는 한은 잡을 수 없는 거라고 생각이 되구요. 그래서 수적 경쟁보다도 정확한 보도와 논조를 가지고 질적 경쟁을 벌일 수 있는 풍토를 만들기 위해서도 저는 판매 경쟁은 무질서해서는 안 된다고 생각이 됩니다. 예를 들면요, 미국에서도 저는 『뉴욕타임스』 같은 신문은 발행부수에 있어서는 다른 대중지, 예를 들면 『USA투데이』 같은 신문의 약 반밖에 안 되는 것이죠. 그러나 아주 질적인 신문을 만들기 때문에 영향력 있는 식자층이 주로 구

발행 부수를 공개하는 ABC 제도의 마크. 발행 부수 제일주의가 깨지지 않는 한 판매 질서를 바로잡을 수 없다.

독해서 보고 적극적으로 신문을 구독하는 것입니다. 그거는 무단투입이 없는 것이죠. 또 프랑스의 『르몽드』 같은 신문도 마찬가지죠. 발행 부수는 절대 상위권이 아닙니다. 그러나 아주 질적인 신문을 만들기 때문에 영향력 면에서는 매우 좋은 신문이죠. 그런 신문을 창출하기 위해서도 저는 판매 경쟁을 견제하고 질서를 바로잡는 개혁이 필요하다고 생각합니다."

김재홍의 이 발언에 대해 명지대 교수 안영섭은 "저는 김 교수께서 말씀하신 걸 들어보면 지금 판매, 이런 경쟁의 불공정성이 신문의 어떤 내용을 결정하는 것 같은 말씀을 하시는데 이거는 어떻게 보면은 급진 개혁주의적인 어떤 그런 사고 같이 들려요. 저한테는…… 경제적인 존재 양식이 무슨 인간성을 결정한다든가 그렇게 지금 돼 있지 않다는 겁니다. 이것은 대단히 대립적인 것으로 볼 수 있기 때문에 이렇게 적어도 단정해서 얘기할 수 없다, 그 말씀을 드리고 싶고요. 그다음에 지금 어거지로 신문을 넣는다, 저도 그거 다 알고 있습니다. 여기 있는 분들 아마 누구나 다 한 번씩은 겪은 그런 문제일 겁니다. 그러면 그런 불공정, 어떻게 보면 좋지 못한 그런 일들이죠"라면서 다음과 같이 말했다.

"그런 일들이 신문에만 일어나고 있느냐, 우리 아파트에 갖다가 이렇게 무슨 붙이는 여러 가지 각종의 스티커들, 이런 것들부터 시작해서 차에다 뭘 갖다 하는 이런 것부터서 …… 저는 오히려 신문보다도 실생활인으로서 그런 것이 훨씬 더 어렵습니다. 실생활의 장애물이에요. 장애적인 요소예요. 그러면 또 하나 말씀드리겠는데 『뉴욕타임스』 말씀을 하시고 그랬는데 지금 이 사회의, 우리가 지금 이 사회의 성숙도를 봐야 됩니다. 그러니까 우리하고 지금 직접 비교를 해가지고 우리 한국이 지금 이렇게 되고 있는데 미국은 이렇게 되지 않나, 이런 비교는 안 되는 겁니다. 우리가 지금 민주화가 몇 년 되었습니까, 지금 13년밖에 안 됩니다. 민주화가 시작된 지가…… 근데 지금 수백 년 민주주의 전통을 갖고 있는 나라, 또 특히 시장 질서 자본주의 가치관이 이렇게 뿌리박은 그런 나라들하고 지금 직접적으로 얘기한다는 것은 그것은 논리의 비약이다, 일단 여기까지 말씀드리겠습니다."

이에 김재홍은 다음과 같이 말했다. "안 교수님께서는 외국의 사례를 우리나라와 맞지 않는 경우가 많기 때문에 인정해서는 안 된다는 말씀을 했는데 지금은 또 무가지 문제를 말씀할 때 미국의 예를 드셨지 않습니까? 저는 미국이나 유럽 같은 선진국들한테 배워올 것은 민주주의의 본질 문제나 언론의 본질 문제는 배워야 된다고 생각합니다. 그 이외에 주변적인 문화나 전통이나 역사나 환경 문제는 배우지 않아도 된다고 생각합니다. 더군다나 미국같이 자원이 많은 나라, 경제 부국이 무가지를 만들 수 있게 놔두는 그거하고 우리 같이 자원 빈국, 아주 제한된 경제를 가진 나라가 국가 경제에 소모를 빚으면서까지 무한경쟁을 벌여야 되느냐, 그것은 정말 비교해서는 안 될 점을 비교한다고 생각이 됩니다. 미국과 우리는 진짜 그런 점은…… 본질적인 것은 배워야 되는 것이고…… 그런 것은 정말 배워서는 안 된다고 생각합니다."

세 사람 죽인 복숭아 두 개

2001년 5월 1일 오전 북한의 금강산에서는 분단 이래 처음으로 민주노총과 한국노총의 조합원을 포함한 남북 노동자 1,000여 명이 참가한 가운데 남북 공동 노동절 행사가 열렸다. 이 대회에서 남북의 노동자들은 "외세의 무력적 위협에 반대하고 남북의 평화 체제를 확보하기 위해 공동으로 투쟁해야 한다"고 주장했다.[14]

그러나 남북 화해 이전에 남남 화해조차 기대하기 어려운 실정이었다. 소설가 최인호는 『중앙일보』 2001년 5월 5일자에 기고한 칼럼 「세 사람 죽인 복숭아 두 개」를 다음과 같은 옛날 이야기로 시작했다.

"제나라의 안영(晏嬰)은 춘추시대를 대표하는 뛰어난 정치가였다. …… 당시 제나라의 임금인 경공(景公)에게는 세 무사가 곁에 있어 호위를 맡아보고 있었다. 그런데 이 무사들은 임금의 신임과 백성들의 존경으로 날이 갈수록 안하무인이 돼 제멋대로 행동했다. 그들을 그냥 두어서는 큰 화근이 되겠다 싶어 안영은 경공에게 그들을 제거할 것을 권유

---

14) 김주환, 「분열된 노동과 삶의 하청화를 넘어서」, 『당대비평』, 제15호(2001년 여름), 48쪽.

했다. 경공도 그 제안에는 찬성했지만 그들의 힘이 워낙 강성해 제어하는 과정에서 난동을 부릴 것이 두려워 망설이고 있었다. 그러자 안영이 묘한 꾀를 냈다. 즉 세 명의 무사에게 복숭아 두 개를 하사하고는 서로 공을 따져보아 그중 공이 많은 두 사람이 한 개씩 나눠 먹도록 어명을 내린 것이었다. 그러자 세 무사는 서로 자기의 공이 훨씬 더 많다고 다투다가 결국은 세 사람 모두 죽어버리고 말았다. 일이 이렇게 되고 보면 꾀를 낸 안영이 뛰어난 인물인지, 아니면 한갓 과일에 불과한 복숭아를 가지고 결국 목숨을 잃은 세 무사가 어리석다고 할지 모를 일이다. 어쨌든 '복숭아 두 개로 세 사람을 죽인다'는 '이도살삼사(二桃殺三士)'란 성어는 여기에서 태어났으며 이는 곧 교묘한 꾀로 손 하나 대지 않고 상대방을 자멸시키는 일을 비유하는 말인 것이다."

최인호는 이 고사를 한국의 언론 개혁 논란에 그대로 적용시켰다. 그는 "최근 국세청의 세무조사와 맞물려 행정 규칙으로 신문 고시를 시행하는 것은 엄연한 언론 탄압이라는 주장으로 도하 각 신문은 강력하게 반발하고 있으며, 이에 정치 공세까지 가세해 언론 개혁이냐, 아니면 사상 유례없는 언론 탄압이냐 하는 공방은 점점 가열되고 있다. 그러나 이 와중에서 도저히 이해할 수 없는 것은 신문사와 신문사 간의 비난 또는 TV 방송과 신문사 간의 상호 비방·고소와 같은 전에 볼 수 없는 극단적인 현상들이 나타나고 있다는 점이다"며 다음과 같이 말했다.

"A신문은 B신문을 차마 입에 담을 수 없는 기사로 비난하고 있으며, C방송에서는 노골적으로 D신문을 비방하고 있는 것이다. D신문은 또한 E방송을 물어뜯고 있어, 결국 소금 역할로 사회의 공동선을 이끌어 나가야 할 언론 매체들은 서로를 치고받는 난투극으로 누가 피해자이고 누가 가해자인지 알 수 없을 만큼 만신창이가 되고 있는 것이다. 이는 마치 서로 공이 많다고 주장하면서 복숭아를 먹으려고 싸우다가 결국 모두 죽어버리는 어리석은 세 사람의 무사와 다름이 없는 행위인 것이다."

이어 최인호는 "오늘날의 언론은 막강한 힘을 가졌던 세 사람의 무사 입장과 다르지 않을지 모른다. 또한 그 무사들의 호위 덕분으로 왕위에 오른 경공이 그들을 그냥 두어서는 큰 화근이 있을지도 모른다고 생각했던 것과 결국 언론의 덕으로 최고 통치자가 될 수 있었던 오늘날의 정치권이 막강한 힘을 가진 세 무사와 같은 언론을 약화시키려는 방법으로 복숭아 두 개를 서로 나눠 먹게 하는 안영의 꾀를 연상시키는 방법을 쓰는 것은 크게 다르지 않을 것이다"며 다음과 같이 말했다.

"복숭아 두 개를 쟁취하려는 신문사와 방송국 간의 싸움들은 결국 제2의 정부라고 할 수 있는 언론의 신뢰를 한없이 동반 추락시키는 돌이킬 수 없는 우를 범할지도 모른다. 사회를 정화시키는 소금 역할을 하고 있는 언론이 짠맛을 잃으면 무엇으로 다시 짜게 만들 것인가. 그런 소금은 아무 데도 쓸데없어 밖에 내버려져 사람들에게 짓밟힐 따름이 아닐 것인가. 서로를 비난하고, 물어뜯고, 고소하고, 상해함으로써 결국 손 하나 대지 않고 세 무사 모두를 자멸시킨 복숭아 두 개, 그 복숭아의 실체에 대해 이제 전 매스컴은 이전투구의 싸움에서 벗어나 직시할 때가 찾아온 것이다. 그렇다. 그 두 개의 복숭아는 다만 복숭아에 불과할 따름이다. 더 이상 안영의 꾀에 넘어가서는 안 될 것이다."

'한나라당 국가혁신 자문회의' 논란

대세는 이미 한나라당 정국으로 넘어간 걸까? 언론 개혁 논란의 와중인 5월 중순 '한나라당 국가혁신 자문회의' 논란이 일었다. 『조선일보』(2001년 5월 16일)는 "한나라당 이회창 총재가 국정 비전 및 대안 제시를 위해 출범시킨 국가혁신위원회 첫 자문위원 회의가 15일 극비리에 소집됐다. 국가혁신위는 이날 남덕우 전 국무총리를 비롯해 19명의 전직 고위 관료 및 각계 전문가들을 서울의 한 음식점으로 초청, 상견례를 겸한 첫 자문위원 회의를 계획했다가 언론에 노출되자 장소를 바꾸기도 했다"며 다음과 같이 말했다.

"실제 참석자는 확인되지 않았으나, 국가혁신위 측이 이날 모임에 초청한 인사는 남 전 총리 이외에 정관계 출신으로는 이승윤 전 경제 부총리, 한승주 전 외무부 장관, 김진현 전 과학기술처 장관, 김숙희 전 교육부 장관, 김경원 전 주미 대사, 김명호 전 한국은행 총재, 박세일 전 청와대 정책기획수석, 최재삼 전 해양경찰청장 등이다. 학계 인사는 김경동 서울대 사회학과 교수, 김기환 전 세종연구소장, 송복 연세대 교수, 손봉호 서울대 사회교육과 교수, 안병영 연세대 행정학과 교수, 이상우 서강대 정치외교학과 교수, 정정길 서울대 행정대학원 교수 등이 초청됐다."[15]

이에 『한겨레』 5월 18일자는 "정치에 간여하는 전문가 집단의 도덕성은 자신의 전문성과 정치적 신념을 일치시키는 데 있다. 그들이 정치적 야심에 따라 행동할 때, 정치는 오염될 따름이다. '얼굴을 감춘 정치 행

---

15) 「야(野), 국가혁신 자문회의 극비모임」, 『조선일보』, 2001년 5월 16일, 5면.

위' 는 지식인의 전형적인 기회주의적 행태라는 비판을 받아 마땅하다. 정파를 넘나들면서 자신의 전문성을 파는 행위와 다를 바 없기 때문이다. 나약한 지식인의 전문성을 활용해 권력을 잡거나, 권력 기반을 다지는 것은 정통성이 빈약한 독재 권력이 애용하는 정략의 표본이기도 하다. 정치적 기회주의는 죄악이다. 신념 없는 정치는 목표 없는 항해와 다르지 않다"라고 비판했다.

© 박재환

이회창은 극비리에 국가혁신 자문회의를 소집했다. 이미 대세는 한나라당으로 기울었다는 것을 말해주는 사건이었다.

이런 비판이 시사하듯, 한나라당의 국가혁신위 자문위원 명단을 놓고 적잖은 파문이 일어났다. 『한국일보』(2001년 5월 26일)는 "한나라당 이회창 총재가 최대 역점 사업으로 추진하고 있는 국가혁신위의 자문위원 면면이 보다 분명하게 드러나고 있다. 한나라당이 외부 전문가 및 명망가 그룹을 중심으로 선정했던 자문위원 후보는 모두 52명. 이 가운데 25일 현재 자문위원직을 수락한 인사는 24명인 것으로 밝혀졌다" 며 다음과 같이 말했다.

"남덕우 · 강영훈 · 노신영 전 총리, 권오기 전 통일 부총리, 김경동 서울대 교수, 김경원 전 주미대사, 김기환 세종연구소장, 김명호 전 한국은행 총재, 김숙희 전 교육부 장관, 김영작 국민대 교수, 김진현 전 과학기술처 장관, 박세일 서울대 교수, 박영철 전 청와대 경제수석, 배무기 울산대 총장, 손봉호 서울대 교수, 송복 연세대 교수, 안병영 전 교육부 장관, 이경숙 숙명여대 총장, 이상우 서강대 교수, 이승윤 전 경제부총리, 이영탁 전 경제기획원 예산실장, 정정길 서울대 교수, 진덕규 이화여대 교수, 한승주 전 외무장관 등이 그들이다. 이들 중 남덕우, 김경동, 김명호, 김숙희, 김영작, 김진현, 박영철, 손봉호, 진덕규, 한승주 씨 등 10명은 15일 이 총재가 여의도 한 음식점에서 극비리에 소집했던 상견례를 겸한 1차 회동에 참석했던 것으로 최종 확인됐다. 나머지 자문위원 후보 28명은 아직 제대로 접촉이 이루어지지 않았거나 최종 결심을 미루고 있는 상태다. 자문위원직을 수락한 인사들은 한결같이 철저한 보안 유지를 당 측에 요구하고 있다. 정치권, 특히 야당과 관계를 맺고 있다는 사실이 외부에 알려질 경우 운신의 폭이 제한될 수밖에 없다는 게 주된 이유다."[16]

2001년 6월 7일 민주당 의원 이윤수는 한 시사 주간지에 공개된 201명의 국가혁신위원회 자문위원 및 분과위원 후보 중 136명을 분석한 결과 영남 출신이 47명(34.6%)인데 비해 호남 출신은 단 2명(1.5%)에 불과하며 출신 학교별로도 경기고(26명, 19.1%)와 서울대(91명, 66.9%) 출신이 압도적으로 많다고 지적하였다.

이미 2002년 대선의 대세는 한나라당 쪽으로 크게 기울었다는 걸 말해주는 '사건'이었다. 얼마 후 국세청이 23개 언론사에 대한 세무조사를 통해 5056억 원의 세금을 추징하겠다고 발표한 것은 김대중 정권 쪽

---

16) 「야(野) 혁신위 자문위원 윤곽: 후보 52명 중 24명은 수락 나머진 "고민"」, 『한국일보』, 2001년 5월 26일, 5면.

의 그런 체념에서 비롯된 것은 아니었을까? 아니면 보수 신문들의 주장 대로 그건 '언론 장악 음모' 였을까?

2001년 6~8월

정권의 언론 장악 음모인가?
언론사 5056억 원 세금 추징

정권 재창출용 언론 길들이기인가?

2001년 6월 20일 국세청은 23개 언론사에 대한 세무조사를 통해 1조 3594억 원의 소득 탈루 사실을 적발하고 5056억 원의 세금을 추징하겠다고 발표했다. 다음 날인 21일 공정거래위원회도 13개 신문사와 3개 방송사에 대한 부당 내부 거래 조사 결과 이들 언론사가 5434억 2000만 원의 지원성 거래를 해온 사실을 적발하고 241억 5500만 원의 과징금을 부과했다. 또 국세청은 6월 29일 6개 신문사의 탈루 소득이 6335억 원이며 추징 세액은 3048억 원이라고 발표했다. 신문사별 추징 세액은 조선일보 864억 원, 중앙일보 850억 원, 동아일보 827억 원, 국민일보 204억 원, 대한매일신보 155억 원, 한국일보 148억 원 등이었다.

한나라당은 이 세무조사를 '정권 재창출용 언론 길들이기' 또는 '정권의 언론 장악 음모' 라고 주장했지만, 내심 환호했다. 『내일신문』(2001년 6월 25일)에 따르면, "'언론사 세무조사는 정말 멍청한 짓이다. 빅3(조

국세청의 언론사 세무조사는 한나라당에 반사이익을 가져다주었다. 이미 언론은 재갈을 물릴 수 없을 만큼 막강한 권력을 쥐고 있었기 때문이다.

중동)를 죽이지도 못하면서 우리 편으로 몰아주는 결과를 낳을 것이다.' 한나라당 이회창 총재 한 측근 의원의 말이다. 언론인 출신인 이 측근 의원은 '세무조사 결과 발표로 한나라당에 호박이 넝쿨째 굴러들어올 것'이라는 기대를 밝혔다. '빅3' 언론사가 생존을 위해 정권과 싸울 수밖에 없고, 이는 한나라당에 큰 반사이익을 가져다줄 것이라는 계산인 것이다."

조중동의 생각도 비슷했다. 언론인 남시욱은 『동아일보』 2001년 6월 25일자에 기고한 「그래도 언론은 죽지 않는다」는 칼럼에서 "이미 한국의 언론은 재갈을 물릴 수 있는 단계를 지났다. 이번 세무조사 결과로 한국 언론이 권력 앞에 무릎을 꿇을 수는 없을 것이다. 지금은 그런 시대가 아니다"고 했다.

그러나 세무조사를 환영하는 사람들도 많았다. 6월 25일 민주노총은

"노동자의 정당한 생존권 투쟁을 악의에 찬 왜곡 · 허위 · 편파 보도로 매도한 『조선일보』에 대해 구독 중지 운동을 벌이겠다"고 선언했다. 가톨릭대 교수 안병욱은 『한겨레』(2001년 6월 26일) 칼럼에서 "세 신문은 세무조사로 밝혀진 결과를 전달하기보다는 세무조사를 실시한 배경을 정치적 음모로 몰아가는 데 주력하고 있다. 으레 사용하던 수법에 따라 야당 의원들의 나팔수 같은 발언을 유도해내고 이를 다시 확대 보도하는 식이다"며 다음과 같이 말했다.

"해외 언론을 자의적으로 인용하고 관계 학자들을 동원하여 독자들을 현혹시키는 일도 빼놓지 않았다. 그러나 막상 언론학자 107명이 지난 22일 발표한 언론 개혁 성명에 대해서는 한마디 언급도 하지 않았다. 자사 이기주의에 입각한 철저한 각색과 취사선택이다. 언론 보도라기보다는 언론사의 영업 홍보지이고 언론사주의 대변지에 지나지 않아 보인다. 이로부터 언론과 족벌 사주의 이익을 구별하지 못하는 저질 신문이 만들어지고 오늘날 언론 개혁 요구가 나오게 된 것이다."[17]

시사 주간지 『시사저널』 7월 5일자와 『한겨레21』 7월 5일자가 '빅3'의 보도 행태를 검증한 결과도 다르지 않았다. 『시사저널』은 "우격다짐식 보도 행태", "남들은 '양아치'여도 자기만은 '핍박받는 영웅'이라는 식의 자기 합리화", "보스에 대한 변함없는 충성 경쟁" 등 세 가지를 지적했다. 『한겨레21』은 "본질 흐리기", "한통속 만들기와 편 가르기", "남의 입 빌려 확대재생산하기", "쭉정이만 고르고 알맹이는 쏙 빼기", "나의 로맨스와 너의 스캔들" 등 '5대 기교'를 지적했다.

---

17) 안병욱, 「진실 비틀기」, 『한겨레』, 2001년 6월 26일, 3면.

'저 사람들이 제정신인가'

김동길은 『조선일보』 2001년 6월 27일자에 기고한 「저 사람들이 제정신인가」라는 칼럼에서 " '언론과의 전쟁' 이 그것도 이 정권의 말기에 이르러 이렇게 표면화된다는 것은 정말 뜻밖의 일이다. '국민의 정부' 의 하늘에도 석양이 비끼었는데 어쩌자고 이 전쟁을 이제 선포하고 나서는지 나는 그 동기를 잘 이해할 수 없다. 오늘의 집권층이 야당 시절에 언론 때문에 호되게 당해서 그 원한이 뼈에 사무쳤던 것일까. 그렇지는 않을 것이다. 민주화 투사로 알려졌던 김영삼 씨와 김대중 씨가 청와대의 주인이 되기까지에는 언론의 도움이 적지 않았을 것이다. 그런데 어찌하여 김대중 대통령은 이런 전쟁의 사령탑에 서게 된 것일까"라면서 다음과 같이 주장했다.

"물론 앞에 나선 투사들은 따로 있다. 야전 지휘관들은 국세청장이나 공정거래위원장의 직함을 가진 사람들이다. 청와대에서는 누가 나오고, 국회에서는 누가 자원했는지 잘 모르지만 어쨌건 국민의 정부에 충성을 맹세한 병사들인 것만은 확실하다. 23개 신문·방송사에 대한 국세청의 세금 추징액이 총 5056억 원이고 공정거래위원회의 조사 결과에 따른 과징금도 총 242억 원이나 된다는데 그 돈을 다 내라고 하는 것은 신문사나 방송사를 향해 문을 닫으라는 말이나 다름이 없다. 국세청은 세밀하게 조사했다 할 것이고 공정위는 공정하게 부과했다 하겠지만 추징금·과징금을 언론사별로 검토해보면 근자에 정부의 경제 정책이나 대북 정책을 다소 신랄하게(독자의 입장에서는 좀 시원하게) 비판해온 집들이 호되게 당하고 있다는 느낌이 든다."

이어 김동길은 "그동안에도 언론을 두고 웃기는 일이 많았다. 대한민국이 민주공화국인데 어떤 신문사의 논조가 마음에 안 맞는다고 그 신문을 규탄하는 시위를 벌이는 나라가 문명 세계의 어디에 있는가. 진보가 살기 위해서는 보수도 살아야지, 보수는 다 죽고 진보만 살면 나라는 무슨 꼴이 될 것인가"라면서 다음과 같이 말했다.

"대북 정책을 비판하면 당장 보수·반동으로 몰리는 이 한심한 정치적 현실의 책임이 누구에게 있는가. 김대중 대통령에게 있다. 여당인 민주당은 지난 25일 세무조사와 관련하여 '언론은 최후의 독재 권력으로 남아 있다' 고 했다는데 나는 개인적으로 '저 사람들이 제정신인가' 의심하지 않을 수 없었다. 최근에 발표된 '언론학자 107인 선언' 을 읽고도 그런 사람들이 여기에도 있구나 나는 생각했다. 국고가 비어서 언론사로부터 추징금·과징금 명목으로 4억 657만 달러를 거두려는 것은 아니겠지만 북에 퍼주기만 중단해도 그만한 재원은 쉽게 마련될 수 있다. '언론과의 전쟁' 에서 누가 이길 것 같은가. 뻔한 일이다. 두고 보라."

신문과 싸우는 정부

소설가 복거일은 『조선일보』 6월 28일자에 쓴 칼럼 「신문과 싸우는 정부」에서 "우리 사회가 여러 가지 어려움들을 맞은 지금, 정부와 주요 신문들이 처절하게 싸우는 모습은 무척 걱정스럽다. 한쪽으로는 그동안 정치적 자산들을 거의 다 써버린 현 정권이 얼마 남지 않은 정치적 자원을 주요 신문들과의 싸움에 바치면 정말로 중요한 사회적 과제들은 소홀히 다루어질 수밖에 없다. 다른 편으로는 권력의 잘못들을 용감하게 파헤친 우리 신문들이 '금전적으로는 나무랄 데 없는 『프라우다』' 들로 바뀌는 것은 끔찍한 재앙이다"라며 다음과 같이 주장했다.

ПРАВДА

Орган Центрального Комитета КПСС

ЗАЯВЛЕНИЕ СОВЕТСКОГО РУКОВОДСТВА

ОБРАЩЕНИЕ К СОВЕТСКОМУ НАРОДУ

УКАЗ вице-президента СССР

ПОСТАНОВЛЕНИЕ № 1 Государственного комитета по чрезвычайному положению в СССР

구소련 공산당 기관지 『프라우다』. 복거일은 『조선일보』가 『프라우다』처럼 변할까봐 걱정했다.

"어쩌다 이 지경이 됐는가? 아마도 가장 큰 원인은 현 정권이 우리 사회 체제에 대해 그리 호의적이 아니라는 사실일 것이다. 우리 체제를 따스한 가슴으로 보지 않았으니, 우리 체제의 본질을 깊이 이해하지 못했고, 자연히 우리 체제에 어긋나거나 해로운 정책들을 많이 추진했다. 말을 바꾸면 현 정권은 우리 사회의 병폐들만을 보고 그 너머에서 약동하는 생명력은 보지 못했다. 그들이 도처에 적을 만들었다는 사정도 깊이 캐면 우리 사회의 본질에 대한 그런 애착과 이해의 결여에서 비롯됐다."

이어 복거일은 "자유민주주의와 시장경제를 구성 원리로 삼은 사회는 경쟁을 통해서 늘 진화한다. 이 사실은 모든 제도들과 주체들이 과거의 자취를 많이 지닐 수밖에 없다는 것을 뜻한다. 사람이 원시 생물에서 어류와 파충류를 거쳐 진화해온 자취들이 우리 몸속에 또렷이 남아 있는 것처럼. 진화의 맥락에서 떼어내면 그런 과거의 자취는 흔히 필연적이지도 않고 건전하지도 않은 것처럼 보인다. 가슴에 따스함이 없는 사람들이 개혁이나 혁명을 내세워 그런 자취들을 말끔히 씻어내겠다고 나서는 것이 이상하지는 않다. 역사가 거듭 보여주었듯이, 그러나 그것은 참으로 위험한 생각이다"라며 다음과 같이 말했다.

"이번 일은 그 사실을 또렷이 보여준다. 우리 언론 기업들은 흠들이 많고 고쳐야 할 관행들도 많다. 왜 많지 않겠는가? 압제적 정권들로부터 극심한 통제를 받았고 공급 과잉에 시달려온 산업이 정상적 모습을 지녔다면, 그것이 이상할 터이다. 그러나 우리 사회에서 그런 흠들과 잘못된 관행들이 언론 기업들에 국한된 것은 아니다. '압축 성장' 을 한 때문에 우리 사회는 어디를 봐도 너무 거칠고 혼란스럽다. 법규대로 운전하다간 '너만 혼자 법 지키냐?' 고 시비를 걸어오는 운전자들에게 봉변당한다는 세상이다."

또 복거일은 "따라서 정부는 법을 신중하게 적용했어야 했다. 법이 제대로 지켜지지 않고 법에 어긋나는 관행들이 실존하는 상태에서 갑자기 법을 엄격히 적용하면, 그런 적용을 받은 사람들과 기업들은 지나치게 큰 벌을 받게 되어 풀기 어려운 형평의 문제가 나온다. 그러나 정부는 언론 기업들이 받을 타격을 덜어주려 애쓰는 대신 정부에 비판적인 주요 신문들에 되도록 큰 타격을 주려고 애썼다. 가슴에 따스함 대신 미움을 품은 그런 태도는 정의를 덜 정의롭게 만들었고 법의 권위를 손상시켰다"라며 다음과 같이 말했다.

"압제적 정권들의 통제 속에 기자들은 금지된 소식들을 어렴풋하게나마 알리려 애썼고 독자들은 그런 기사들의 행간을 읽었던 시절이 바로 얼마 전이었다. 그 사실은 신문사들의 재정적 바탕을 허물어 독립성을 훼손하는 조치는 아무리 법적으로 타당하다 하더라도 '언론 개혁' 의 본질을 해친다는 점을 우리에게 일깨워준다. 그런 재앙을 막으려면 무엇보다도 현 정권이 이 세상을 따스한 가슴으로 바라보아야 한다. 갑자기 따스함을 지닐 수 없다면 가슴에 품은 미움이라도 덜어내야 한다. 그래야 비로소 우리 사회의 바람직하지 못한 모습 너머에서 약동하는 생명력이 보일 것이고 병을 고치려다 불구로 만드는 어리석음을 피할 것이다."

『조선일보』 주필 김대중은 6월 29일자에 쓴 「"너, 조선일보에 아직 있냐"」라는 칼럼에서 "나는 여기서 오랜만에 하고 싶은 말을 하고 있다. 이 순간만은 언론 자유를 느끼고 있다. 이제는 권력과 언론과의 관계가 갈 데까지 갔고 인식 전환의 여지가 없어졌기에 더 이상 겁이 나지도 않고 불안하지도 않기 때문이다. 차라리 편안한 기분이다. 이제부터 쓸 것은 써야겠다"고 했다. 언제는 쓸 것을 안 썼단 말일까?

"제2의 유신"이라는 박종웅

이런 일련의 공세 속에서 가장 흥미로운 건 김영삼 정부 때 언론 개혁을 소리 높여 외쳤고 2000년까지도 다소나마 그런 기조를 유지했던 한나라당 의원 박종웅이 언론사 세무조사를 비난하는 선봉에 섰다는 사실이었다. 그는 "전 언론의 어용화", "전 신문의 기관지화"라고 했다.[18] 또 그는 "최근 무리하게 가해지고 있는 언론에 대한 압박 조치는 일종의 '긴급조치 상황'으로 이해가 되고 있는 실정"이라며 "제2의 유신" 운운하는 비판을 퍼부었다.[19]

박종웅은 이미 2개월 전인 4월 16일 국회 문화관광위에 출석해 '신문고시' 부활에 대해 "현 정권의 언론 장악 음모가 드러난 것"이라며 "신

18) 김정훈, 「"전 언론의 어용화 음모 드러낸 망언"」, 『동아일보』, 2001년 6월 25일, A3면.
19) 송동훈, 「"언론 압박은 긴급조치 상황 …… 제2유신 우려" 박종웅」, 『조선일보』, 2001년 6월 28일, 5면.

문 고시 부활의 논리대로 한다면 경쟁이 있는 모든 업종에 대해 '방송 고시', '잡지 고시', '병원 고시' 처럼 모든 분야에 고시가 제정되어야 한다" 고 비난했다. 이에 대해 『부산일보』(2001년 4월 16일)는 "평소 언론 개혁을 소신이라고 주장하던 한나라당 박종웅 의원이 현 정부가 추진하는 언론 개혁에 대해서는 '언론 탄압' 이라며 초강경 태도를 보이는 등 앞뒤가 안 맞는 태도를 보이고 있다" 며 다음과 같이 말했다.

"이러한 박 의원의 태도는 지난해 7월 언론 개혁을 위한 국회언론발전위 설치 결의안 제출을 주도했을 때와의 모습과는 딴판이라는 지적이다. 당시 박 의원은 언론발전위 설치를 주도하며 '일부 언론사의 여론 독과점 형성과 일부 신문사의 1인 사주 중심의 소유구조 및 이에 따른 경영의 불투명성을 바로잡아야 한다' 며 △여론 독점 규제 △언론 전담 법원 설립 △언론관련법 제 · 개정 등을 언론발전위의 주요 사업으로 추진했다. 따라서 정부의 언론 개혁이 본격화된 올해 초부터 언론 개혁에 대한 태도를 바꾼 박 의원에 대해 '내가 하면 개혁, 남이 하면 탄압' 이라는 식의 논리라는 지적이 제기되고 있다. 즉 지난해 추진한 '언론 전담 법원 설립' 이나 여론 독과점 규제 등을 위해 언론관련법 제 · 개정도 박 의원의 논리라면 '언론 탄압' 의 여지가 있었다는 지적이다." [20]

6월 28일 MBC의 〈100분 토론〉은 다시 언론 개혁 문제를 다뤘다. 사회자 유시민이 박종웅에게 "연일 세무조사가 언론 길들이기, 언론 탄압이라고 맹공을 퍼붓고 계신데 그렇게 판단하시는 이유를 한번 말씀해주시죠" 라고 질문을 던졌다. 박종웅은 "한마디로 말해서 정부가 현 정권이

20) 서준녕, 「'어제는 개혁하라더니 오늘은 탄압이라고?' : 오락가락 언론정책 박종웅 의원 '빈축'」, 『부산일보』, 2001년 4월 16일, 4면.

언론을 장악하겠다, 언론에 재갈을 물리겠다는 하는 그런 것입니다. 또 내일은 언론사하고 사주를 갖다가 6~7명을 갖다가 고발을 한다고 그랬는데 이것이야말로 비판 언론 죽이기고 언론 말살 정책입니다"라면서 다음과 같이 주장했다.

"한마디로 말해서 현 정권이 언론과 죽느냐, 사느냐 하는 사생결단의 전쟁을 하고 있다. 이것은 정말 잘못된 것이다. 그렇게 생각을 합니다. 이 정권이 왜 이렇게 합니까. 지금 지지율이 10%대로 떨어지고 여론이 하도 안 좋고 내년 대선에 자신이 없으니까 언론을 장악해서 비판을 못하게 하고 정권을 재창출하겠다 하는 그런 게 뻔한 거 아닙니까. 이렇게 될 때 어떻게 됩니까. 이 국민 사이에 불신과 불안이 심화되고 이 국론에 분열이 더욱더 심해지게 됩니다. 나라에, 국익에 전혀 도움이 안 됩니다. 이런 식으로 한다면 정권도 망하고 나라도 망하는 그런 길로 가고 있다. 절대 이것은 즉각 시정을 해야 된다. 전 그렇게 주장합니다."

세무조사는 김정일 답방 사전 정지용?

야권 인사들은 누가 더 과격 발언을 하는가 하는 경쟁을 하는 것처럼 보였다. 이틀 후인 6월 30일 한나라당 홍사덕 의원은 KBS 〈심야토론〉에 출연해 언론사 세무조사가 북한 김정일 국방위원장 답방을 대비해 비판 언론에 재갈을 물리려는 것이라고 주장했다. '지식인들 사이에 그런 속삭임이 있다' 라는 것이 그가 내세운 근거였다. 홍 의원의 주장은 즉각 언론 정국의 새로운 쟁점으로 떠올랐다.

한나라당은 대변인 논평과 지도부 발언을 통해 그의 주장에 동조했고, 세무조사에 강력 반발하고 있는 『조선일보』와 『동아일보』는 7월 1일자 신문에 '세무조사는 김정일 답방 사전 정지용'이라는 한나라당 주장을 대서특필했다. 이에 『시사저널』은 "한나라당 홍사덕 의원이 탈세 언론의 '수호천사'로 등장했다"며 "홍 의원이 수세에 몰린 한나라당과 언론에 '색깔론'이라는 전가의 보도를 제공한 셈이다"고 평가했다.[21)]

스스로 생각해도 발언 수위가 너무 높았다고 생각한 걸까? 홍 의원은 7월 5일 '언론사 세무조사가 김정일 위원장 서울 답방의 정지 작업을 위한 의도'라고 보는 근거를 묻는 기자에게 "그런 말을 한 적이 없다"고 강력하게 부인했다. "다시 한번 봐라. 오해가 있다. 언론들이 좀 정확하게 파악했으면 좋겠다." 그러나 인터넷을 통해 방송 내용을 다시 확인한 결과 홍 의원은 "……누가 먼저랄 것도 없이 아, 이것(언론사 세무조사)은 아마 대통령 선거 염두에 두고 하는 일인가보다 생각을 했는데, 저는 그 이상이라는 예단을 가지고 있다. 그보다 훨씬 더…… 김정일 위원장이 답방할 때, 전 언론사에 완전히 재갈을 물리지 않으면 도저히 돌파할 수 없는 무슨 합의를 계획하고 있는 게 아닌가. 이 이야기는 일부 지식인들 사이에 귓속말로 퍼지고 있고, 몇몇 언론인들 사이에 논의되기 시작했다. 왜 그런 의심을 가지는지 근거랄까, 심증 같은 것은 차차 말씀드리겠다"고 했다. 이와 관련, 『한겨레21』은 "홍 의원이 그럼에도 자신의 발언 내용을 부인한 것은 당 안팎에서 '언론사 세무조사를 색깔론으로 연결짓는 것은 지나친 논리의 비약 아니냐'는 지적이 나오는 것과 관련이 있는 것으로 보인다"고 분석했다.[22)]

---

21) 「색깔론으로 무장한 '탈세 신문' 수호천사?」, 『시사저널』, 2001년 7월 12일.
22) 「색깔론 흘리고 오리발 내미네」, 『한겨레21』, 2001년 7월 19일.

이문열 곡학아세 논쟁

2001년 7월 2일 소설가 이문열은 『조선일보』에 「'신문 없는 정부' 원하나」라는 칼럼을 썼다. 그는 이 칼럼에서 "근래 몇 년처럼 정치적 수식어와 화장술이 발달한 적도 없었으며, 홍보의 탈을 쓴 정치적 프로파간다와 소수에 의한 다수 사칭 여론 조작 그리고 논의를 앞세운 언어적 폭력이 공공연하게 자행된 적도 없었다. 논리는 오래전부터 무력해졌고, 대중의 이성은 혼란에 빠졌다"며 다음과 같이 주장했다.

"거기다가 더욱 고약한 것은 이미 그런 것을 따지기에는 너무 늦었다는 느낌이다. 혁명이 일쑤 파괴적이고 폭력적인 양상을 띠는 것은 패퇴한 세력의 잔여 에너지와 승세를 탄 세력의 농축 에너지가 모두 극대화한 상태에서 충돌하기 때문이다. 그런 혁명의 비극적 소모를 피하기 위해 모색된 것이 점진적 변혁 혹은 개혁일 것이다. 그런데 1980년대 이후 우리 사회가 선택한 것은 후자로 보인다. …… 국세청이 언론 기업의 탈세 혐의를 검찰에 고발하는 것을 3개뿐인 방송사가 모두 생중계하고 종일 그 뉴스로 화면을 뒤덮는 걸 보면 유태인 학살을 정당화하는 나치의 대국민 선전 선동을 연상시킨다. 그런가 하면 아직 검찰과 법원의 판단이 남은 상태에서 그걸 바로 여당의 정권 재창출 음모로 단정하고 사생결단으로 나오는 야당에서도 단순한 정략 이상 어떤 방향의 사회력 결집이 느껴진다. 어쩌면 지난 10년 우리 사회는 순화되고 발전해온 것이 아니라 피할 수 없는 비극을 유예해온 것에 불과하지 않은가 하는 두려운 자문(自問)이 일기도 한다."

이문열은 나중에 『조선일보』 인터뷰에서 "도저히 참을 수 없었다. 6월 29일 아침을 먹고 TV를 보는데 국세청 세무조사 발표 생중계를 했다.

〈우리들의 일그러진 영웅〉 포스터. 『오마이뉴스』는 이문열 씨야말로 우리들의 일그러진 영웅이라고 비판했다.

조금 보다 채널을 돌렸더니 거기도 마찬가지였다. MBC, SBS, KBS 세 개가 똑같았다. …… 이건 방송국을 총동원한다는 느낌이었고, 마치 나치의 요제프 괴벨스 같다는 생각이 들었다"고 말했다.[23)]

7월 3일 민주당 추미애 의원은 당4역 회의에서 이 씨를 겨냥, "인터넷신문 『오마이뉴스』에서 '이 소설가야말로 우리들의 일그러진 영웅'이라고 비판한 글을 흥미롭게 읽었다"면서 "지성인들이 일부 신문의 지면을 통해 성장한 뒤 언론에 곡학아세해서야 되겠느냐"고 비판했다.

추 의원은 4일에도 "이문열 씨 개인을 비판하려는 것이 아니라 기득권 언론을 통해 성장한 지식인들이 자신의 지식을 팔아 권력에 아양 떠는 것을 비판하려 했던 것"이라면서 "이 씨가 '브레이크를 밟아라'라며 언론과 정부의 충돌을 피하라고 주문한 것은 애매한 말로 국민의 판단

23) 김광일 · 어수웅, 「[인터뷰] '신문 없는 정부 원하나' 기고 이문열 씨」, 『조선일보』, 2001년 7월 13일.

을 흐리게 하는 것이며 이 씨는 차라리 말을 하지 말았어야 했다"고 자신의 입장을 재확인했다.

이에 대해 이문열 씨는 "정치인이 얘기한 것에 개입하고 싶지 않으며 대응할 필요성도 느끼지 않는다"고 전제하면서도 "내가 아첨을 하려고 한다면 정부나 시민단체 쪽에 붙는 게 낫지 왜 특정 언론의 편을 들겠느냐. 나는 그 글을 써달라고 부탁받은 일도 없고 내가 그 글을 안 썼다고 해도 그 신문과의 관계가 끊어지는 것도 아니다"고 반박했다.[24)]

이문열의 인터뷰 내용에 대해 소설가 장정일은 "선생님이 노벨 문학상을 수상하신다면 같은 일이 벌어질 것입니다. 까닭은 그만큼 국민의 관심이 집중된 사건이기 때문입니다. 정작 도저히 참을 수 없어서 펜을 들어야 했다면, 세 개의 방송에서 생중계를 하기 훨씬 이전, 김영삼이 동경에서 '내 재임 시절에 언론사 세무조사를 했으나 너무 놀랄만한 불법이 자행되고 있어서, 그만 덮으라고 했다'는 요지의 발언했을 때, 바로 그 같은 작당에 분노를 표현해야 하는 것 아니었던가요?"라고 물으면서 다음과 같이 말했다.

"선생님이 옹호하시는 신문을 제가 비난하는 것은 그들의 정론에 대해서가 아닙니다. 그것은 그들이 당연히 누려야 할 언론의 자유에 속하겠기에 말입니다. 제가 그 신문에 대해 분노하는 것은, 선생님과 똑같은, 한 사람의 성실한 납세자로서입니다. 선생님이 우려하시는 것처럼 세무조사가 공권력에 의한 언론 길들이기라면 거기에 대해서는 거기에 맞는 감시와 대응이 필요하지, 구더기가 무서워 장 못 담근다는 식으로 공정

---

24) 한종호 · 오남석, 「曲學阿世 논쟁/이문열 "아첨 한 적 없다……" 추미애 "말을 말았어야……"」, 『문화일보』, 2001년 7월 4일, 4면.

한 세무조사 자체가 집행되지 말아야 하는 것은 아닙니다."[25)]

『조선일보』보다 더 미운 정권

"이번 언론 말살 사태야말로 바로 독재자 김대중 씨가 음모하고 있는 재집권 쿠데타의 서막이다." 2001년 7월 3일 YS가 자기 집에서 가진 기자회견에서 한 말이다. 조중동은 신이 나서 YS의 기자회견 내용을 큼지막하게 보도했다. 「"언론 말살은 재집권 쿠데타 서막 이 나라 민주주의는 죽음 고했다"」(조선), 「"재집권 쿠데타 서막"」(중앙), 「"재집권 쿠데타의 서막"」(동아) 등과 같은 기사 제목이 흥미롭다.

과연 진정한 민심은 무엇이었을까? 국민의 절대다수는 DJ 정권에 대해 큰 반감을 갖고 있긴 했지만, 그간 한국 사회의 절대 성역이었던 언론사를 대상으로 한 세무조사에 대해서만큼은 '잘했다'는 판단을 내리고 있는 것처럼 보였다. 그러나 그들은 엉거주춤한 자세를 취하고 있었다. '미운 놈이 잘하는 일'에 대해 느끼는 곤혹스러움 비슷한 거라고나 할까?

이와 같은 정서는 『조선일보』 7월 3일자 [의견]난에 실린, 「『조선일보』보다 더 미운 정권」이라는 독자 투고에서도 잘 드러났다. 부산시 해운대구에 사는 변호사 박영주 씨는 그 투고에서 "솔직히 나는 『조선일보』 논조에 동의하지 않는다. 어찌 보면 『조선일보』를 미워한다고도 할 수 있다. 『조선일보』 논조는 지나치게 보수적이고, 사설에서 얘기하는 국가관이나 사회관은 내가 수용할 수 있는 것이 아니다"라며 다음과 같이 말했

---

25) 장정일 외, 『장정일: 화두, 혹은 코드』(행복한책읽기, 2001), 107~109쪽.

다. “하지만 나는 『조선일보』가 정권을 비판한다는 이유로 신문사 간판을 강제로 떼어내려는 이 정권을 더욱 미워한다. 그리고 『조선일보』 등 메이저 신문사를 증오한다는 이유로 편파적인 세무조사를 두둔하는 방송이나 몇몇 군소 언론사와 같은 ‘정권의 나팔수’ 들을 또한 더욱 미워한다.”

박영주 씨가 ‘신문사 간판을 강제로 떼어내려는’ 이라거나 ‘정권의 나팔수’ 운운하는 발언을 한 것엔 문제의 소지가 있지만, 박영주 씨의 주된 생각은 이렇게 요약할 수 있겠다. “『조선일보』가 밉지만 DJ가 훨씬 더 밉다.”

명지대 교수 안영섭은 『조선일보』 2001년 7월 4일자에 쓴 칼럼 「권력 감시 ‘틀’ 무너지나」에서 “국민의 정부라는 현 정권은 지금 국민들을 향해 언론을 ‘탈세와 불공정거래 등을 일삼는 범죄 집단’ 으로 매도하고 있다. 언론의 생명이라고 할 수 있는 권위가 크게 훼손되고 있는 것이다. 민주주의 선진국 미국의 언론 역사도 수많은 부정과 위선 등으로 가득 차 있다. 『뉴욕타임스』로부터 ‘오늘날 살아 있는 가장 중요한 지식인’ 으로 찬양을 받은 노엄 촘스키지만 그는 오늘날도 『뉴욕타임스』를 비롯한 모든 언론을 위선 덩어리라며 비판한다. 우리 같이 일천한 신생 민주주의 언론일수록 문제는 더욱 많다” 며 다음과 같이 주장했다.

“민주주의 제도 개혁에 속하는 언론 개혁은 선 · 후진국을 막론하고 민주 자본주의 안에 자리 잡고 있는 체제적 모순을 개혁하겠다는 것으로 이만저만 어려운 과제가 아니다. 특히 신생 민주국가 집권층은 역대 정권들이 제한된 자원을 공정한 룰에 의해 배분해오지 못한 결과의 누적으로 언론도 바람직하지 못한 상태에 이르게 됐다고 전제하고 개혁의 칼을 뽑기 때문에 더욱 그렇다. 따라서 사회 개혁의 큰 틀 안에서 언론 문제에 접근하지 못할 경우 민주 사회의 유일한 권력 견제 감시 장치인 언론은 중대한 위기를 맞을 수밖에 없다. 정치권력이 언론을 개혁하려면 어떤 전제 조건들이 충족돼야 하느냐 하는 매우 원천적이면서도 광범하고 복잡한 문제들에 대한 충분한 논의가 이루어져 개혁 방향에 대한 국민적 합의가 도출돼야 하는 것이다."

이어 안영섭은 "그런데 지금 여야는 언론 문제에 대해 첨예한 의견 대립을 보이고 있다. 언론 개혁의 어려움과 관련된 한 가지 예를 들어보자. 가령 신문사의 세금 관련 문제와 영상 매체의 선정성 가운데 어느 것이 먼저 개혁되어야 하는지를 묻는다면 어떤 결과가 나올까? 어떤 이는 신문의 도덕성을 말하겠지만 방송의 선정성을 드는 사람도 그에 못지않을 것이다. 그런데도 오늘날 방송은 온갖 선정적인 화면을 총동원해 신문을 마치 무슨 탈법 집단이라도 되는 듯 매도하는 데 총력을 기울이고 있다. 정치학자 더글러스 켈러 등 많은 학자들은 텔레비전이 민주주의의 위기를 낳고 있다고 지적한다. 언론학자 제리 맨더는 『텔레비전을 없애야 할 네 가지 주장』이란 저서까지 발표하고 있는데 신문을 없애야 한다는 주장은 없다"며 다음과 같이 말했다.

"민주 발전이란 이상적인 경로만을 밟지 않았다는 점을 세계 역사는 잘 보여준다. 그러기에 새뮤얼 헌팅턴 같은 정치학자는 용서와 망각(forgive and forget), 기소와 처벌(prosecute and punish) 접근 가운데 배타적 선택으로는 민주주의 제도가 현실적으로 잘 성장 못하는 속성을 지적한다. 보편적 가치는 부단히 추구해야 하지만 핵심 민주 제도의 권위 자체가 취약해지지 않도록 이성적이고 실현 가능한 개혁의 틀 안에서 그 가치들을 설득력 있게 추구하는 지혜가 아쉬운 시점이다."

추미애와 김문수

이런 공방의 와중에서 이른바 '추미애 사건'이 터졌다. 추미애가 7월 5일 저녁, 기자들과의 사적인 술자리에서 신문사주와 기자를 비난하는 발언을 한 것을 『조선일보』(2001년 7월 7일)가 대서특필하고 나선 사건이다. 그냥 얘기나 하자며 사적으로 만들어진 자리에서 한 이야기를 몰래 녹음해 1면에 대서특필한 『조선일보』 기자와 『조선일보』를 과연 어떻게 보아야 할 것인가?

한신대 사회학과 교수 김종엽은 "흥미로운 것은 추미애 의원과 정작 말다툼을 하며 '사주 같은 놈'이라는 말을 들은 사람은 『동아일보』 기자라는 점이다. 그렇다면 그때의 장면은 이렇게 추정할 수 있다. 추미애 의원과 『동아일보』 기자가 험한 말을 주고받았다. 그 순간 그 자리에 있던 『조선일보』 기자는 즉각 이것이 '특종'이라는 감을 잡고 그것을 휴대전화로 녹음해서 재빨리 본사에 '송고'했다.(이것이 데스크가 아니라 『조선일보』 일선 기자들의 몸에 밴 감각이라는 사실, 참 경악스럽기는 하다.) 그렇다면 사건의 당사자인 기자가 몸담고 있는 『동아일보』는 어떻게 했는가? 다음 날 보도하지 않았다. 그러다가 7월 7일 아침 판부터 『조선일보』도 혀를 찰 정도로 흥분하며 이 사실을 대서특필하기 시작했다"며 다음과 같이 말했다.

"이 하루 늦은 『동아일보』의 흥분은 무엇을 의미하는가? 그 경과에 대해 합리적으로 이해하는 길은 이렇다. 처음에 『동아일보』 야간 데스크

추미애 사건은 왜 『조선일보』가 문제이고 왜 『조선일보』가 전략적으로 고립된 비판 대상이어야 하는지 다시 한 번 보여준 사례였다.

는 그 사실을 술자리의 가십거리 정도로 여겼지, 신문의 제1면을 차지할 가치가 있다고 판단하지 않았다. 그러나 『조선일보』가 그 사건을 대서특필하자, 『동아일보』는 자신의 판단이 '잘못된' 것이라고 생각했고, '자성' 하듯이 『조선일보』를 따라 그것을 대서특필한 것이다. 이런 사례는 무수히 많다. 신문의 판수를 눈여겨볼 정도의 예민한 독자라면 설령 같은 날에 발간된 신문이라고 해도 『동아일보』나 『중앙일보』가 어떻게 『조선일보』를 추종하고 있는지 알아챌 수 있다. 그리고 이런 사실은 『조선일보』가 가장 수구적이고 냉전적인 신문일 뿐 아니라, 『동아일보』나 『중앙일보』의 논조를 사실상 지배하고 있는 뱀의 머리임을 말해준다.

추미애 사건은 왜 『조선일보』가 문제이고 왜 『조선일보』가 전략적으로 '고립된' 비판 대상이어야 하는지, 『조선일보』의 영향력 축소가 왜 그토록 필요한지를 다시 한 번 보여준 사례다."[26]

반면 민중당 출신 한나라당 의원 김문수는 언론 개혁을 주장하는 시민단체들에 대해 "제정신이 아니다"고 욕하고 유신 시절 『동아일보』 해직 기자인 민주언론운동시민연합 이사장 성유보에 대해 "『조선일보』에 한이 맺힌 사람"이라고 폄하함으로써 논란이 벌어졌다.[27]

민언련 사무총장 최민희는 『오마이뉴스』 기고를 통해 "변절은 크게 두 가지로 나눌 수 있습니다. 소극적 변절과 적극적 변절이 그것입니다. 한나라당 입당자를 예로 들어 설명하자면 살기 힘들어서 운동 그만 두고 한나라당에 들어가 조용히 먹고사는 것은 소극적 변절이고, 자기의 과거를 부정하며 한나라당에서 '뜨기' 위해 안간힘을 쓰는 것은 적극적 변절입니다. 자기가 살아남기 위해 함께 일했던 동지들을 매도한다는 비판을 면치 못한 김 의원의 행동에 비난에 앞서 비애가 느껴집니다"라면서 다음과 같이 비난했다.

"김 의원의 과거 동지들 중에는 아직도 재야 운동, 시민운동계에 몸담고 민주화와 통일을 위해 애쓰는 사람들이 많이 있습니다. 물론 그 사람들은 김 의원처럼 국회의원도 아니며 보좌진을 몇 명이나 두면서 국고를 타다 쓰는 처지에 있지 않지요. 그러나 최소한 과거의 동지들을 팔고 보수 집단에 빌붙어 생존하기 위해 '남'을 매도하는 따위의 행동은 결코 하지 않습니다. 그렇게 국회의원 보존하는 것이 중요한 것입니까. 김

---

26) 김종엽, 「추미애 욕설 파문으로 드러난 뱀의 머리」, 『월간 말』, 2001년 8월, 240쪽.
27) 「김문수 한나라당 의원 언론 전쟁 참전했다 부상하고 '울상'」, 『시사저널』, 2001년 7월 19일, 17면.

문수 의원! 세상을 다 속여도 자신과 하늘은 못 속입니다. 그리고 김 의원이 김 의원의 자식이 있다면 자식 앞에서 당신의 과거와 오늘을 떳떳하게 말할 수 있습니까. 아이들에게는 도대체 어떻게 당신을 설명합니까. 김 의원, 아무리 어려운 와중에서도 똥과 된장은 구별할 수 있어야지요. …… 김 의원, 우리는 제정신입니다!"

송호근-이정덕 논쟁

『동아일보』 7월 10일자 A7면을 통째로 차지한 좌담 「사회통합 시급하다/원로지성 시국대담/김태길-김용준 명예교수/"남북-언론문제 편 가르기 국론 분열 초래"」에서 고려대 명예교수 김용준은 "정권 초기에 지지도가 높을 때 이랬으면 문제가 덜 될 수도 있었겠죠. 결국은 공공의 이익보다는 편의적으로 개혁 카드를 이용한다는 느낌이 강합니다"라면서 다음과 같이 주장했다.

"전체를 봐야 하는데 자기들이 보고 싶은 것만 보고, 그것을 전부라고 생각하거든요. 이것이 이 사회 갈등의 근본적인 원인일 겁니다. 이럴 때 지식인의 비판이 필요한데, 이제는 어느 신문에 글을 쓰느냐에 따라 시비를 붙는다니 우스운 일이지요. 제가 대통령과 면담할 기회가 생긴다면 꼭 물어보고 싶은 말이 있습니다. 대통령도 했고 노벨 평화상까지 받았는데 무엇을 더 바라는 것이냐고요. 북한과는 화해하려고 하면서 왜 남쪽에서는 대화와 통합에 신경을 쓰지 않는지 말입니다."

4개월 전에 출간한 『의사들도 할 말 있었다: 의사 파업에 대한 사회학적 분석』에서 "여론은 언론기관이 생산한다"고 주장했던 서울대 사회학과 교수 송호근은 『동아일보』 2001년 7월 11일자에 기고한 「비판받을 일 해놓고……」라는 칼럼을 통해 언론사 세무조사를 강하게 비판했다.

이에 전북대 교수 이정덕은 『한겨레』(2001년 7월 13일)에 기고한 칼럼에서 "송 교수는 정부가 하는 것은 항시 정치적 성격을 지닌 것이라며 이번 세무조사의 정치적 성격이 있다고 강조하고 있다. 나도 정부가 하는 일들이 정치적 성격을 띠고 있다는 것을 안다. 그러면 정부가 하는 일들은 무엇이든 정치적 성격을 띠었으니 하지 말자는 이야긴가? 세무조사를 1998, 1999년 또는 2002년에 한다고 한들 한나라당이나 거대 신문사들이 정치적 의도를 지녔다고 공격하지 않겠는가? 그렇다면 언론사들에 대한 세무조사를 하지 말라는 것인가? 아니면 김영삼 정권 때처럼 세무조사하고 서로 좋은 것이 좋은 것이라며 세금 깎아주고 타협하라는 말인가?"라고 물으면서 다음과 같이 주장했다.

"나는 송 교수가 사실까지 편파적으로 설명하면서 왜 언론의 비리와 탈세에 눈감고 있는지 그것이 영 찜찜하다. 수많은 언론사들을 조사했는데 왜 이들 거대신문들은 이렇게까지 썩었는지 철저히 밝혀야 한다. 그리고 불공평한 세무조사가 이루어졌는지 그리고 정치적 의도가 얼마만큼 있는지도 물론 철저히 밝혀야 한다. 이 둘은 아울러 밝혀내야 한다. 그러나 송 교수처럼 정치적 의도를 일방적으로 강조하면서 언론사의 비리와 탈세에 침묵하는 것은 옳은 일이 아니다."

전 국무총리 노재봉은 『동아일보』 7월 12일자에 기고한 「언론 파동은 '정치 드라마'」라는 칼럼에선 "그동안 총체적인 국가 경영에 중요한 영향력을 갖는 전략적 요충지들은 모두 자유민주주의 역사 뒤집기에 연관되는 세력으로 점거되고 유일하게 고도처럼 남아 큰 대항적 영향력을 유지해온 것이 비판 언론이었다"며 다음과 같이 주장했다.

"이것(비판 언론)만 제압하면 천하 평정이 이루어지는 셈이다. 이 전략에 따른 전술도 지지율이 낙엽처럼 떨어져가던 시점을 택했다. 인천상륙작전을 보는 듯 절묘하다. 그러나 물론 집권 세력도 이것으로 비판 언론 기업이 빈사 상태에 빠진다하더라도 비판 언론 자체가 사라질 것이라고 볼 만큼 우둔하지는 않을 것이다. 다만 앞으로 2년여에 걸쳐 전개될 소송 기간에 예리한 붓끝은 무뎌질 것이고, 그 조건에서 얻어진 시간으로 정치적 목적을 충분히 달성할 수 있다는 계산인 듯하다. 그 정치적 목적이란 어떤 것인가. 지금 상황에서 이것을 밝혀줄 바보는 없을 것이다. 정권 재창출, 연방제 또는 연합제 개헌, 김정일 답방 등이 목적이라고 하는 소리들이 무성하지만 검증할 수 없는 얘기들이다. 그러나 그동안의 행적으로 봐서 한 가지는 분명하다. 대북 정책을 생각대로 밀어붙인다는 것이다. 여기에 이 정부는 모든 것을 걸어왔고 그것에 정치적 운명도 걸어왔다. 이를 위해 어떤 희생도 각오하고 있는 것으로 보이는 것이 이번 언론 사태다."

7월 14일 오후 『동아일보』 김병관 명예회장의 부인 안경희 씨가 고층 아파트에서 몸을 던져 숨지는 비극적인 사건이 발생했다. 『동아일보』의 발표에 따르면 안 여사는 국세청 조사와 검찰 수사로 신경쇠약 증세를 보이고 심적 부담을 느껴왔다고 했다.

조갑제는 『월간조선』 2001년 8월호에 쓴 [편집장의 편지] 「신문은 독자가 무서워 용감해진다」에서 위 사건과 김대중-『동아일보』의 오랜 인연을 거론하면서 이승만-박정희-전두환 정권 시절의 언론에 대해 "이들 정권 시절의 대부분의 기간에 있어서 언론의 자유는 상당히 보장되었다. 대통령과 그 친인척 및 정보기관에 대한 비판 말고는 자유로웠다. 이 시기가 언론 자유의 암흑기라고 주장하는 것은 과장이다"라며 다음과 같이 주장했다. "『조선일보』·『동아일보』가 민족과 함께, 국가와 함께 만들어온 역사의 덩어리가 가진 무게를 김대중의 1.5년짜리 권력이 당해낼 것인가? 그러고 보니 권언 대결의 본질은 '대한민국 대 김대중' 이란 생각이 든다."

또 조갑제는 『한겨레』를 겨냥해 "한국 현대사의 금자탑이 만들어진 과정에 숟가락 하나 놓은 적이 없는 신문사가 『조선일보』·『동아일보』·『중앙일보』의 과거사 중에서 사소한 약점을 과장하여 공격하고 있는데, 이는 인큐베이터에서 금방 나온 조산아가 자신의 결백성을 자랑하면서 부모를 향해 손가락질을 하고 있는 격이다" 고 주장했다.

위기의 지식인 사회

이런 일련의 공격으로 인해 이념적·정치적 공방이 격렬해지자, 이런 사태에 큰 기여를 한 『조선일보』는 짐짓 딴전을 피우는 '위기의 지식인 사회' 라는 지상 캠페인을 전개하기 시작했다. 『조선일보』 7월 18일자 1면을 보자. 머리기사 제목이 '긴급진단/위기의 지식인 사회: "동지 아니면 적" 극단적 편 가르기' 다. 이 기사의 일부를 인용해보자.

"전상인 한림대 사회학과 교수는 '요즘 지식인 사회의 진영 대립은 좌우익이 치열하게 맞섰던 광복 직후와 유사하다' 고 지적한다. 임지현 한양대 사학과 교수는 '선배 학자들의 얘기를 들으면, 당시에는 좌익·우익으로 입장이 달라도 한데 어울리고 대화는 이뤄졌다' 고 말한다.

…… 박길성 고려대 사회학과 교수는 'YS 정부 때부터 지식인의 정치 참여가 정당화되면서, 정권 창출에 참여한 지식인과 배제된 지식인 간의 갈등이 본격화되고 있다' 며 '이런 현상은 DJ 정권이 출범하면서 한층 심화됐다' 고 진단한다. 차하순 서강대 사학과 명예교수는 '지식인은 자기주장은 확실해야 하지만, 상대방의 입장도 인정하는 관용을 가져야 하는데, 요즘 지식인은 너무 편협하다' 고 비판한다. …… 송호근 서울대 사회학과 교수는 '특히 IMF 위기를 겪으면서 그동안 사회를 이끌어온 일류들은 무엇을 했느냐며 그들에 대한 책임 추궁과 부정이 강해진 것 같다' 고 분석했다."

7월 18일자 3면에는 계명대 철학과 교수 이진우가 쓴 「특별기고/위기의 지식인 사회: ①자기 무덤 파는 양극화/이념 대신 공격적 언어만…… 생각하고 말하는 지식인 본래의 책무로 돌아가야」라는 칼럼이 실렸다. 7월 19일자 3면에는 숭실대 국문과 교수 조규익이 쓴 「특별기고/위기의 지식인 사회: ②공존 파괴하는 언어폭력/칼럼에서도 독설 …… 욕설 …… 상대방의 항복만 강요 '대중주의' 함정 벗어나야」라는 칼럼이 실렸다. 조규익은 "상대방이 나와 다를 수 있음을 기꺼이 받아들일 줄 아는 '똘레랑스(tolerance)' 의 미덕" 이 필요하다고 했는데, 이거야말로 『조선일보』에게 가장 필요한 건 아니었을까?

7월 20일자 3면에는 연세대 교수 정과리가 쓴 「특별기고/위기의 지식인 사회: ③일류 · 권위 배척하는 천박/진지함도 깊이도 없는 쪼가리 지식들이 판쳐 …… 구호 아닌 실질 지식 복원을」이라는 칼럼이 실렸다. 7월 21일자 3면엔 소설가 복거일이 쓴 「특별기고/위기의 지식인 사회: ④폐쇄성 부추기는 풍토/지식인들이 한술 더 떠 '우리 것', '남의 것' 나누기 폐쇄의 뿌리 성찰할 때」라는 칼럼이 실렸다.

7월 24일자 19면엔 '위기의 지식인 사회'라는 연재를 총마무리하는 의미에서 마련되었다는 「긴급좌담/위기의 지식인 사회: "욕지거리 수준의 토론 …… '지적 편식' 개선해야"」라는 기사가 실렸다. 전 서울대 교수 정명환, 서울대 명예교수 차인석, 서강대 명예교수 차하순 등 세 사람이 출연한 이 좌담회에서 나온 발언들을 감상해보자.

> 차하순: 광복 직후 좌우가 갈라져 맹렬한 공방을 펼쳤는데 완전히 이데올로기적 대립이었다. 하지만 요즘처럼 치사한 싸움은 없었다. 지식인들이 시정배들이나 주고받는 폭력적 언어를 쓴다. 차량 접촉 사고가 났을 때 길거리에서 욕지거리하는 식이다. 1990년대를 전후해서 동구 사회주의가 몰락하면서 청산됐어야 할 이데올로기의 찌꺼기가 지식인 사회에 아직 남아 있다. 일종의 절대주의가 지적인 기반을 무너뜨리고 있다.
>
> 차인석: 4·19부터 1990년대 초까지 지식인들은 민주주의와 평등주의를 놓고 정치권력과 대립했다. 정통성 있는 문민정부가 들어서면서 지식인들의 역할은 줄어들 것으로 생각했는데, 안 그렇다. 문민 독재라는 말이 나올 정도로 정통성이 약화됐다. 국민의 정부는 통일 정책을 독점하고 제멋대로 하는 바람에 '통일 독재'란 말이 나온다. 그 탓에 지식인 사회에 치사한 싸움이 벌어지고, '홍위병'이란 말까지 나왔다. 일부 지식인들이 치열한 내적 반성 없이 수구니 반동이니 반통일 세력이니 하는 말을 뱉어냄으로 해서 '홍위병'이라는 비판이 나오는 것이 아닐까. …… 현 정권은 통일 정책에 문제가 있기 때문에 정통성이 많이 약화됐다. …… 사회주의 체제로 통일할 수 있다고 믿는 사람들이 있는 것 같다.

차하순: 1990년부터 지식인을 깎아내리는 움직임이 나왔다. 대학이 지식을 독점하는 현상에 대한 반동으로 지식의 대중화가 강조됐다. 하지만 지식의 대중화가 아니라, 지식의 저속화가 이뤄진 게 문제다. 문화는 수준 있는 사람에 의해 형성되고 선도돼야 가치가 유지된다. 20세기 들어 대중민주주의가 우세하면서 문화의 수준이 떨어졌다.

차인석: 1970~80년대에는 진보적 사상을 가졌다고 생각했고, 학교에서도 그런 강의를 했다. 요즘 한국에 진보적 지식인이 있는지 모르겠다. …… 요즘은 민중 편에만 서면, 다시 말해 포퓰리즘 입장만 취하면 진보적이라고 얘기한다. 히틀러도 민중을 위한다고 나서지 않았는가. 진보적 지식인은 전체주의와 타협할 수 없다.

정명환: 국회의원까지 수구, 극우, 반동이란 용어를 쓰고, 냉전 이데올로기에 사로잡혀 민족 통일의 성업을 방해하고 있다는 발언을 서슴지 않는다. 어떤 대가를 치러서라도 통일을 이뤄야겠다는 통일 지상주의자들이 있다. 자유민주주의를 배반하는 통일은 있을 수 없다. …… 초등학교 때부터 학생들이 '왜' 라고 질문하는 것을 장려하면서 이성의 훈련이 이뤄져야 한다. 인류 역사상 여러 정치 · 사회 체제를 시험해온 결과, 우리가 따라야 할 이념은 그래도 자유민주주의밖에 없다.

고려대 사회학과 교수 조대엽은 『시민의 신문』 2001년 7월 30일자에 기고한 칼럼 「극단의 시대, 중간의 목소리」에서 "신문 지면과 전파를 통해 난무한 지식인들의 공방이 떠오르고 다시 확장되는 추미애 의원과 이문열 씨의 독기 서린 설전이 겹쳐 떠오른다" 며 다음과 같이 말했다.

"언론 개혁 나아가 개혁 전반의 과제가 아무리 중대한 사안이라 하더라도 지식인을 이렇게 내몰아도 되는 것인가? 또 지식인들은 이렇게 내몰려도 되는 것인가? 나아가 한편에서는 개혁의 이름 아래, 다른 한편에서는 언론 탄압과 굴절된 개혁을 빌미로 우리 사회 구석구석을 이처럼 극단의 균열로 내몰아도 되는 것인가? (중략) 이제 다시 공론의 영역을 양극적으로 주조해내는 정치적 지휘봉 아래 지식인과 여론과 각개의 조직들이 무차별적으로 휘둘려야만 하는 것인가? 극단의 목소리가 아니라 중간의 목소리가 필요한 시점이다. 온건의 논리를 허용하는 풍토가 복원되어야 한다. 서로의 목소리를 들어줄 수 있는 관용의 정치 문화가 무엇보다 절실한 때이다."

115인 공동성명 논쟁

2001년 8월 2일 '사회 원로' 와 시민단체 인사 32명이 '최근 언론 문제에 대한 우리의 입장' 이라는 성명을 발표한 데 이어 8월 14일에는 사회 각계 '원로' 115명으로 구성되었다는 '성숙한사회가꾸기모임' 이 '광복의 날에 즈음하여 오늘의 난국을 생각한다' 는 성명을 발표하였다. 조중동은 '32인 공동성명' 을 1면에 대서특필하였고, 『조선일보』와 『동아일보』는 '115인 공동성명' 을 1면에 사진까지 크게 박아가면서 3면에 걸쳐 대서특필하였다.

『조선일보』 보도에 따르면, 박이문 전 포항공대 교수는 "현재 지식인 사회는 고약할 정도로 양분화돼 있다" 며 "이번 성명에는 현 정부를 비판적으로 바라보는 지식인의 입장이 스며 있다" 고 밝혔다.[28] 115명 가운데엔 구여권을 지지했던 지식인들이 여러 명 포함돼 있어 이들의 성명이 표면적으론 '중립' 을 내세웠을망정 김대중 정부 비판의 성격이 강하다는 건 분명했다. 그럼에도 8월 16일 『조선일보』와 『동아일보』의 사주는 구속되었다.

32인 공동성명과 115인 공동성명은 26년 전의 상황과 비교하여 기이한 느낌을 주었다. 26년 전 자유언론실천운동을 하다가 『동아일보』에서 해직된 기자의 수가 113명이며, 『조선일보』에서 해직된 기자의 수는 32명이었다. 2명의 차이는 있지만, '역사의 아이러니' 라는 느낌이 드는 건 어인 이유에서일까?

동국대 교수 홍윤기는 이들의 성명서야말로 "최근 전개된 여러 사태들의 본질을 호도한다는 점에서 바로 그 지적인 위기의 압권" 이라고 했다.[29] '학벌없는사회를위한모임' 사무처장 김상봉은 115인 공동성명에 대해 다음과 같이 말했다.

"지난 광복절날 참으로 우스꽝스러운 기사를 보았다. 그것은 '성숙한사회가꾸기모임' 이라는 사대부 클럽에서 '헝클어져가는 조국의 현실을 아픈 마음으로 생각' 하면서 낸 성명서에 관한 기사였다. 참으로 모호한 설교의 요지는 신문사 세무조사를 적당히 하라는 것이었는데, 나를 슬프게 한 것은 그네들이 내건 6가지 실천강령이었다. 예의 싸구려 도덕률 가운데 하나가 '정당한 세금 납부' 였기 때문이다. 그래, 당신들 '각계 원로들' 께서는 언제까지 이런 식의 사기 행각이 우리에게 통하리라고 생각하는가? 먼저 당신들의 친구들에게 정당한 세금을 내라고 꾸짖으

---

28) 최재혁 · 이길성, 「각계 원로들 현 시국에 '고언' : '성숙한사회모임' 115인 성명 나오기까지」, 『조선일보』, 2001년 8월 15일, 3면.
29) 홍윤기, 「허구의 위기론, 퇴행하는 지식인」, 『교수신문』, 2001년 8월 27일, 7면.

라. 그러면 당신들이 애쓰지 않아도 성숙한 사회가 올 것이므로."[30)]

115인 공동성명에 참여한 것으로 보도된 전북대 교수 이석영은 『한겨레』(2001년 8월 23일) 기고를 통해 "이 시점에서 '사회 원로'가 발표하는 시국 성명은 언론사의 사주 비리에 대해서 호되게 야단치고, 지역감정과 색깔론의 시시비비를 가려주고, 일본의 교과서 왜곡은 물론, 우리나라 교과서의 일제 잔재를 말끔히 씻어내야 한다는 내용이 들어가야 할 것이다"며 다음과 같이 말했다. "추상적이고 막연한 양비론으로 의도와는 상관없이 결과적으로 특정 신문 편들기에 나선 셈이 된 이 성명은 한국 사회의 이념과 가치를 둘러싼 혼란상을 극복하는 데 전혀 도움이 되지 못하고, 오히려 이를 가중시키고 있다. 이에 필자는 '이 성명서'에 서명한 적이 없음과 더 이상 이 모임의 회원이 아니라는 점을 분명히 밝히고자 한다."[31)]

8월 28일 『대한매일』 주필 김삼웅은 "과거 행적으로 보아 '사회 원로'로 대접받기 어려운 사람들까지 포함된 지식인들이 급조 단체를 만들고 '옛 역사의 낡은 장부를 뒤적이면서 적과 동지의 이분법으로 세상을 가르는' 운운하는 시국 성명을 발표했다. 매명주의 속성의 지식인들은 탈세 언론의 비호에 나서고, 평양 8 · 15 통일축전에 참석했던 또 다른 지식인들은 돌출 행위로 남남 갈등을 촉발시킨다. 이래저래 지금 '얼빠진 지식인'의 공해가 심각하다"며 다음과 같이 주장했다.

"족벌 언론의 탈세를 꾸짖고 색깔론 따위의 시대착오를 질책하고 남북 화해를 기피하는 북측의 태도를 비판하면서, 사회정의와 민족 화합

---

30) 김상봉, 「탈세 얼버무리는 '원로들'」, 『한겨레』, 2001년 8월 23일, 9면.
31) 이석영, 「'8 · 15 원로성명' 잘못된 인식에 기초」, 『한겨레』, 2001년 8월 23일, 8면.

김삼웅은 급조된 지식인 단체를 가리키며 '얼빠진 지식인'의 공해가 심각하다고 꼬집었다.

을 주도하는 것이 '원로'나 지식인의 도리이고 책무다. 친일도, 헌정 파괴도, 탈세도, 곡필도, 용공 음해도 묻어두자는 무책임한 반지성의 목소리야말로 '적과 동지의 이분법으로 세상을 가르는 칼춤'이 아닐까. 진실을 밝히고 양심 세력을 옹호하고 정의를 수호하는 것이 지식인의 본령일진대 칼 뺄 때와 붓 잡을 때를 분별하지 못하고, 선악 시비도 가리지 못하면서, 먹구름 덮이면 단시론(單是論), 햇볕 들면 양비론, 안개 끼면 양시론을 펴는 허명의 군상들이 날뛴다. 면암의 선비 정신을 아는가 모르는가. 위당 정인보는 왜정시대 다수 지식인들의 정신 상태를 '얼빠진 상태'라 규정하면서 '얼을 남이 빼앗아가는 것이 아니라 자기 자신이 스스로 잃는 것이라' 지적했다. 그렇게 '얼빠진' 지식인의 전통이 지금도 활개 치는가."[32]

언론에 의한 국가의 검열

서울대 교수 박승관과 장경섭은 2001년에 출간한 『언론 권력과 의제 동학』에서 '언론에 의한 국가의 검열' 이라는 개념을 제시했다. "권위주의 정치 체제하에서 한국 언론이 가졌던 가장 중대하고 고질적인 문제가 '국가에 의한 언론의 검열' 이었다면, 오늘날 민주주의적 정치 변동을 경험하고 난 이후의 국면에서 한국 언론이 새롭게 당면하고 있는 가장 근본적인 문제는 '언론에 의한 국가의 검열' 이라고 말할 수 있을 것이다. 즉 권위주의적 정치 질서 아래에서 횡행하던 '언론에 대한 검열' 이, 새롭게 전개되는 민주주의적 정치 변동 과정에서는 '언론에 의한 검열' 로 전환, 역전되는 양상이야말로 한국 언론 현실에서 나타나고 있는 가장 중요하고도 두드러진 문제점이라는 것이다."[33]

『창작과 비평』 2001년 가을호에 실린 「좌담: 언론 개혁, 어디로 갈 것인가」에서 인터넷신문 『프레시안』 편집국장 박인규는 "저는 사실 초년 기자 시절부터 우리나라 언론에 대해서 이런 비유를 많이 했는데요. 아무것도 모르는 대여섯 살 먹은 어린애가 엄청나게 큰 칼을 들고 휘두른다는 것입니다. 우리 언론의 지적 수준은 상당히 떨어지는데 정치 · 사회적 파워는 엄청나거든요. 서울대 장경섭 교수와 박승관 교수의 『언론 권력과 의제 동학』 요약글이 『신문과 방송』 7월호에 실렸는데, 이를 보면서 많이 공감했어요. 우리나라 언론의 위기랄까 문제점은 언론이 지나치게 권력화가 된 것이고, 그에 따라서 기능적 과부하가 생겼다는 거예요"라면서 다음과 같이 말했다.

---

32) 김삼웅, 「최익현과 '얼빠진' 지식인들」, 『대한매일』, 2001년 8월 28일, 6면.
33) 박승관 · 장경섭, 『언론 권력과 의제 동학』(커뮤니케이션북스, 2001년), 18~19쪽.

"언론의 권력화라는 것이 뭐냐면, 우리나라가 압축적 근대화를 하는 과정에서 서양의 문물을 학문적인 소화를 거쳐서 들여온 것이 아니라 저널리즘의 형태, 정보의 형태로 들여왔고, 그렇다 보니까 언론의 역할이 커졌다는 것이죠. 그리고 박정희 정권 이래로 사법부와 입법부의 기능이 전혀 이루어지지 못해 그나마 유일하게 비판 기능을 수행할 수 있었던 데가 언론이었다는 거죠. 그래서 사회의 감시 · 비판 세력으로서 언론에 대한 기대가 많았고, 그렇다 보니까 언론이 상당히 많은 권력을 축적했다는 겁니다. 기능적 과부하란, 사회가 다양화 · 세계화 · 전문화됨에 따라 지적 수준이 매우 낮은 언론이 자꾸 여러 문제를 다루다보니까 감당을 못하게 됐다는 거죠. 그런 측면에서는 출판이라든가 전문인, 학계가 역할을 해줘야 하는데, 우리는 모든 것을 신문에 보도된 것을 가지고 판단한단 말입니다."[34]

언론을 둘러싼 갈등뿐만이 아니었다. 8 · 15 민족통일대축전을 둘러싼 갈등도 복잡하거니와 뜨거웠다. 그리고 이러한 갈등은 급기야 임동원 통일부 장관의 해임 문제로 비화되었다. 9월 3일 임 장관의 국회 해임건의안이 자민련의 찬성 가세로 통과됨에 따라 민주당과 자민련의 공조체제가 DJP 공동 정권 출범 3년 7개월 만에 붕괴됐다. 민주당 전용학 대변인은 해임안 가결 직후 논평을 통해 "우리는 공조를 통한 정국 운영을 포기한다"고 밝혔으며, 자민련 이완구 총무는 "민주당이 DJP 공조가 끝났다고 밝힌 데 대해 이의를 달지 않는다"고 말했다. 청와대 박준영 대변인도 해임안 가결에 유감을 표시하며 "민족적 대사에 공조할 수 없다

34) 「좌담: 언론 개혁, 어디로 갈 것인가」, 『창작과 비평』, 2001년 가을, 47쪽.

면 다른 국정에 공조하는 것은 무의미한 만큼 공조는 사실상 끝났다고 본다" 고 말했다.[35]

이와 관련, 이승환은 "남한 사회 내의 정당 간 각축 구도(여야, 공동 정권 내의 갈등), 언론과 권력 및 시민사회의 상호 관계, 햇볕정책을 둘러싼 사회적 논란, 보수와 진보, 친북과 반북, 권력으로서의 북한의 대남 정책과 남한 민간 통일 운동, 남한 사회 내에서의 민간 통일 운동과 정부와의 관계, 그리고 이러한 복잡한 문제를 둘러싼 남한 통일 운동 내부의 혼선 등" 을 지적하면서 다음과 같이 말했다. "이 갈등은 실재하는 남한 사회 내의 대부분의 갈등들이 상호 중첩된 것이었다. …… 통일 운동 내부에서는 이런 상황을 놓고 '통일 운동 역사상 이렇게 오랫동안 통일 운동과 관련된 이슈가 신문의 톱을 장식한 일은 처음' 이라든가, '통일 운동이 정치 정세에 이렇게 큰 영향력을 가지고 있는 줄 몰랐다' 는 자조적인 탄식이 흘러넘쳤다."[36]

투표와 여론의 괴리 현상

이런 남남 갈등뿐만 아니라 '언론에 의한 국가의 검열' 문제는 그 타당성 여부는 불문하고 이후 오랫동안 지속될 한국 사회의 주요 이슈가 된다. 이는 본질적으로 '투표와 여론의 괴리 현상' 때문에 빚어진 일로, 한국 민주주의를 혼란스럽게 만들고 있는 가장 큰 이유 중의 하나였다. '투표와 여론의 괴리 현상' 이란 쉽게 말해서, 투표는 김대중에게 한 유

35) 이병광, 「'林 해임' 가열 DJP 붕괴 新여소야대 정국 재편」, 『경향신문』, 2001년 9월 4일, 1면.
36) 이승환, 「누가 통일을 꿈꾸고 말하는가」, 『황해문화』, 제33호(2001년 겨울), 157쪽.

권자들이 신문은 김대중에 비판적인 보수 신문을 구독하는 걸 말한다.

'투표와 여론의 괴리 현상'은 대통령 선거 시의 투표 행위는 그 어떤 시대정신이라거나 큰 정치적 바람에 큰 영향을 받기 때문에 언론의 영향력으로부터 비교적 자유로울 수 있는 반면, 대선 후의 국정 운영에 큰 영향을 끼치는 일상적 여론은 언론의 영향력에 크게 의존하기 때문에 빚어지는 괴리 현상을 의미한다. 물론 이러한 괴리 현상은 한국 신문 시장을 보수의 목소리가 지배하고 있다는 현실과 맞물려 있다.

지식인들도 마찬가지다. 보수 신문과는 다른 색깔을 갖고 있는 지식인들도 기고나 인터뷰의 형식으로 보수 신문의 지면에 참여하는 것이 아주 자연스러운 관행으로 통하고 있었다. 이건 매우 이상한 일이었다. 서울대 교수 강명구가 지적했듯이, 일본에선 "『요미우리』에 기고하는 지식인이 『아사히신문』에도 칼럼을 쓰는 일은 거의 없다. 이런 상황이 바람직한지는 별개로 하더라도, 우리와는 비교할 수 없을 정도로 이념적 분포가 안정돼 있다."[37]

바로 이런 이유 때문에 이른바 '안티조선 운동'이 벌어지기도 하지만, 이런 운동이 한국인의 독특한 이중 심리 구조를 넘어서는 데에는 명백한 한계가 있다는 게 밝혀진다. 한국인은 물질적 삶과 정신적 삶에 있어서 상호 융합하기 어려운 2개의 각기 다른 패러다임을 갖고 있는데, 이를 해소하기가 쉽지 않다는 뜻이다.

투표·여론 괴리가 너무도 자연스러운 현상으로 통용되고 있기 때문에 다른 생각을 해보는 것이 어렵겠지만, 이런 가정을 한번 해보자. 보수

---

37) 강명구, 「경기장에서 나오되 이념적 스펙트럼 넓혀야: 언론의 당파성」, 『신문과 방송』, 2005년 1월, 43~47쪽.

신문의 색깔에 맞는 사람만 보수신문을 이용하고 구독함으로써 '투표와 여론의 괴리 현상'을 극복한다면 어떤 일이 일어나겠느냐는 것이다. 무엇보다도 현재 한국 사회를 지배하고 있는 '분열과 증오'가 크게 약화될 것이다. 왜? 피차 너그러워질 것이기 때문이다.

『안티조선 운동사』 표지. '투표와 여론의 괴리 현상'은 신문 시장을 보수 신문이 지배하고 있는 현실과 맞물려 있다.

사람은 무턱대고 남의 것을 탐하진 않지만, 자신이 누려 마땅하다고 생각하는 것을 누리지 못할 땐 분노하는 법이다. '신문과의 전쟁'을 벌였던 김대중 정권도 보수 신문의 색깔에 맞는 사람들만 그 신문을 구독했다면 보수 신문의 기사에 대해 과도한 피해의식을 갖는 일은 없었을 것이다. 보수 신문도 조금은 더 겸허해졌을 것이다. 양쪽 모두에게 이 얼마나 좋은가!

신문 시장이 투표 결과를 대체적으로 반영하는 구조를 갖고 있다고 가정해보자. 정치 세력화되지 않은 중간파 신문들이 가장 많은 발행부수를 갖고 있고 정파지들은 그 좌우에 비슷한 규모로 자리 잡고 있는 모습을 그려봐도 좋겠다. 물론 그렇다고 해도 정쟁은 일어나겠지만, 정쟁이 극단으로 치닫거나 정쟁의 악순환이 발생하는 건 막을 수 있을 것이다. 적어도 공정한 심판관이 있고 싸우는 양쪽 모두 부당하다거나 억울하다는 느낌은 갖지 않을 테니까 말이다. 이는 훗날의 노무현 정권이 과잉 피해의식에 사로잡혀 몸부림치느라 일을 그르친 경우가 많았기에 매우 중요한 의미를 갖는 것이다.

이건 누가 옳고 그르냐의 문제를 떠나, 어떤 성향과 취향을 가진 사람뿐만 아니라, 모두를 위해 도움이 되는 일이다. 이 문제의 본질은 과대평가와 과소평가의 부작용에 있기 때문이다. 예컨대, 소설가 이문열은 김대중 정권과 노무현 정권을 모두 '터무니없는 소수 정권' 이라고 간주하여 그들이 부당한 몫을 누리고 있다고 분개했다.[38] 그러나 이문열과는 정반대로 생각하는 사람들도 많았다. 그러니 어느 쪽이 옳건 그르건 이런 '과대평가' 와 '과소평가' 문제를 원천적으로 해소하기 위해 적어도 식자층에서부터 '투표와 여론의 괴리' 를 줄여나가는 데에 기여하는 쪽으로 행동을 하면 얼마나 좋겠느냐는 것이다.

국민이 진정 정쟁에 몸서리를 친다면 자신의 투표 행위에 부합하는 색깔을 가진 신문이나 중간파 신문을 구독해주는 것이 바람직하다. 그러나 다수 국민은 그렇게 하지 않는다. 그들에게 있어서 신문은 '정치 상품' 이상의 것이기 때문이다. 그들은 이념 · 정치 이외의 다른 기능 · 서비스를 보고 신문을 구독한다. 그걸 탓할 수는 없을망정, 그런 구독 행위의 총합이 궁극적으로 정쟁을 유도하는 효과를 갖는다는 건 분명하다.

그런데 엉뚱한 의문이 든다. 한국인은 진정 정쟁을 혐오하는가? 혹 욕하면서 즐기는 건 아닌가? 정쟁을 넘어서 이전투구에 앞장서는 신문을 열심히 구독하면서 입만 열면 정쟁을 저주하는 게 영 어울리지 않아서

---

38) 이문열, 『신들메를 고쳐매며』(문이당, 2004), 41쪽.

갖게 되는 의문이다. 싸움 구경만큼 재미있는 게 어디 있겠는가만서도 정치를 엔터테인먼트 산업으로 여겨도 좋을 만큼 세상이 편안치 않은 게 문제였다.

2001년 9월 11일

이제 우리는 모두 미국인이다!
9 · 11 테러

이화여대 석좌교수 이어령의 고별 강연

2001년 9월 7일 오후 3시 이화여대 국제교육관에서는 한 석좌교수의 고별 강연이 열렸다. 그 석좌교수는 바로 '세계적인 지성의 거봉'[39]이라는 평가를 받기도 한 이어령이었다. 신문들은 그의 고별 강연을 다음과 같은 기사로 크게 보도하였다.

「이어령 교수 고별 강연: '극단의 시대 난 회색 지대 걸어왔다'」(경향신문 9월 8일), 「이어령 이화여대 석좌교수 고별 강연: "친 · 반체제 강요되는 세상서 비체제 새 답안 만들어야 했다"」(국민일보 9월 8일), 「이어령 이대 석좌교수 42년 강단 고별 강연: "흑백사회 …… 그레이존은 어디에"」(대한매일 9월 8일), 「이어령 이대 교수 고별 강의: "시 의미마저 OX 강요하는 사회 그 '극단'과 싸운 게 내 평생의 삶"」(동아일보 9월 8일),

39) 「오효진의 인간 탐험: '마지막 수업' 예고한 '말의 천재' 이어령의 마지막 인터뷰」, 『월간조선』, 2001년 7월, 172쪽.

「이어령 교수 고별 강연: "이분법 강요에 맞선 게 내 문학"」(조선일보 9월 8일), 「이어령 이대 석좌교수 은퇴 강연: "흑백 대결 속에선 진리를 얻기 힘들어"」(중앙일보 9월 8일), 「'열정적 창조자'의 일생 …… 오늘 퇴임 강연하는 이어령 이대 석좌교수: "회색 지대야말로 창조의 공간"」(한국일보 9월 7일)

이와 같은 기사 제목들에서 엿보이듯이, 이어령은 지난 수십 년간 '회색지대' 또는 '비체제'의 위치를 역설해온 인물이었다. 이어령은 『월간조선』(2001년 7월) 인터뷰에서 이렇게 말했다. "적어도 나는 그렇게 훌륭한 사람은 아니지만 나에게 애정이 있고, 저 사람은 보통 사람하고는 다르다고 인정해준다면, 나의 많은 결점, 남을 별로 배려하지 않는다, 친구하고 잘 사귀지 않는다, 어디 가서든지 제 얘기만 떠든다, 독창성 있는 사람이 남의 얘기를 어디 귀중하게 듣겠어요. …… 그런 걸 받아줄 수 있는 사회에서는 내가 역할을 할 수 있는데, 대단히 미안한 얘기지만 이 사회는 지금 나를 받아주지 않는다 이거요. 이 정도 받아준 게 기적이지요."[40]

이어령이 과연 '회색 지대' 또는 '비체제'의 위치를 고수해왔는가에 대해선 논란의 소지가 있겠지만, 그런 위치가 소중하다는 데엔 두말할 나위가 없었다. 그런데 세상은 점점 더 그런 위치를 용납하지 않는 쪽으로 흐르고 있었으니, 적어도 미국에서 이런 흐름에 결정적 계기가 된 사건이 4일 후에 일어났다.

40) 「오효진의 인간 탐험: '마지막 수업' 예고한 '말의 천재' 이어령의 마지막 인터뷰」, 『월간조선』, 2001년 7월, 191쪽.

9 · 11 테러

2001년 9월 11일 오전 8시 45분, 그리고 20분 후, 미국 뉴욕의 세계무역센터에 오사마 빈 라덴이 주도하는 테러 조직 알카에다가 납치한 비행기 두 대가 충돌함으로써 쌍둥이 빌딩은 무너지고 3,000여 명이 사망하는 전대미문의 끔찍한 테러 사건이 발생했다. 비슷한 시각에 또 다른 제트기가 국방부 건물의 일부를 부수었고 넷째 비행기가 펜실베이니아 주에 추락했다.

9 · 11 테러는 할리우드 영화를 능가했다. 박선이는 "미국 경제와 국방의 심장부를 터뜨린 이번 테러 사건은 단번에 할리우드 영화를 떠올리게 만든다. …… 4대의 대륙 횡단 여객기를 납치, 자살 공격에 쓴 실제 테러 현장은 백악관을 날려버린 〈인디펜던스 데이(Independence Day)〉의 상업적 상상력마저 왜소하게 만들었다. 무역센터가 폭발 화염에 휩싸이는 장면은 〈아마게돈(Amargeddon)〉을 베낀 듯 흡사하다. 맨해튼 거리를 내달리는 사람들의 공포 어린 표정은 〈고질라(Godzilla)〉에서 본 대로다. 테러리스트의 목표는 자신들의 뜻을 최대한 널리 선전하는 것. 그런 점에서 전 세계로 전파를 탄 CNN의 생중계는 〈트루 라이즈(True Lies)〉에서 고층 빌딩을 점거한 아랍 테러리스트들이 CNN 방송팀을 불러 성전(聖戰)을 선전하는 것 그대로다"라며 다음과 같이 말했다.

"할리우드는 오래전부터 테러리즘을 대형 오락 영화 소재로 삼아왔다. 세계 최강의 군사 대국 미국이 가진 테러에 대한 강박적인 두려움이 그런 식으로 드러나는 셈이다. 이슬람 과격파와 탈레반 등 아랍 테러리스트들이 가장 자주 등장하는 주인공이지만 러시아 극우파, 동구권 공산주의 잔당들도 종종 등장한다. 가장 즐겨 무대가 된 곳은 바로 이번에

© TheMachineStops

9 · 11 테러로 쌍둥이 빌딩이 화염에 휩싸여 있다. 세계를 위해 자신을 희생한다고 생각하던 미국인들은 엄청난 충격을 받았다.

테러 희생이 컸던 뉴욕 맨해튼이다. 초고층 빌딩의 스펙터클을 노리는 것은 영화감독이나 테러리스트들이나 마찬가지다. ……〈파이트 클럽(Fight Club)〉은 고층 빌딩들이 폭삭폭삭 줄지어 무너져 내리는 데서 저항의 쾌감을 유도했지만, 텔레비전이 밤새도록 거듭 방영한 세계무역센터 폭발, 붕괴의 이미지는 어떤 영화도 이뤄내지 못한 폭력과 비극의 스펙터클이었다. 영화 속 장면과 너무도 흡사하기에, 그것을 즐겼던 경험은 오히려 더 전율스럽다."[41]

9 · 11 직후 프랑스의 『르몽드』(9월 13일자)는 헤드라인으로 "이제 우

---

41) 박선이, 「미 테러 사건과 비교해본 '테러 영화' 할리우드 영화 속 테러와 꼭 닮았다」, 『조선일보』, 2001년 9월 13일자.

리는 모두 미국인" 이라고 선언하며 미국에 강력한 유대감을 표현했다. 『르몽드』 사장 장-마리 콜롱바니(Jean-Marie Colombani)가 밝힌, '우리 모두가 미국인' 인 이유는 다음과 같다.

"테러 사태의 충격을 표현하기에 적당한 말을 찾을 수 없는 이 비극적인 순간에 우선 떠오르는 생각은 다음과 같은 것이다. '우리는 모두 미국인이다! 우리는 모두 뉴욕 시민이다.' 이는 마치 케네디 대통령이 1962년 베를린에서 '우리 모두는 베를린 시민이다' 라고 선언한 것과 같다. 인류의 역사에서 가장 비극적인 이 순간에 미국이라는 나라와 그 국민들과 마음속으로부터 굳게 맺어져 있다고 어떻게 느끼지 않을 수 있겠는가. 우리와 아주 가깝고, 우리가 자유를 획득할 때, 그러니까 우리의 내적 단결을 강화할 때 우리가 커다란 빚을 졌던 미국에 대해서 말이다."[42]

9 · 11 테러의 공식 사망자 수는 3,016명이었다(한국인 사망 30명). 세계를 위해 자신을 희생한다는 착각과 환상으로 수많은 전쟁을 해온 미국인들이 테러의 표적이 된다는 건 미국인으로선 감히 상상할 수조차 없는 일이다. 그러니 2001년의 9 · 11 테러에 대해 미국인들이 느꼈을 충격과 공포는 엄청났을 것이다. "미국이 공격받다(U.S. ATTACKED)." 9 · 11 테러 다음 날 발행된 미국 유력지 『뉴욕타임스』의 1면 전단 제목은 이 두 단어였다. 이 신문은 이후 '도전받은 나라' 라는 부제의 섹션을 따로 만들어 매일 '테러와의 전쟁' 과 관련한 전황을 상세히 보도하기 시작했다.[43]

42) 자크 포르트(Jacques Portes), 변광배 옮김, 『오늘의 미국, 여전히 세계의 주인인가?』(현실문화, 2009).
43) 윤국한, 「[미국 패권의 명암] 제1부 새 제국 건설을 꿈꾼다」, 『한겨레』, 2002년 1월 1일, 10~11면.

조지 W. 부시 대통령은 9·11 테러 직후 "우리는 기도를 통해 전능하신 신에게 우리의 슬픔을 감당해달라고 간구한다"고 말했다. 테러 직후 가진 한 기자회견에서 '십자군전쟁(crusade)'이라는 말을 쓴 일은 즉각 거센 논란을 불러 일으켰다. 팔레스타인 비르제이트대학의 로저 히코크 교수(역사학)는 "무엇이든 문자 그대로 이해하려는 습성의 중동인들에게 부시 대통령의 '십자군' 발언은 곧바로 7만여 명의 무슬림이 학살된 1099년의 예루살렘 정복을 의미하는 것이었다"고 말했다.[44)]

부시 독트린의 탄생

2001년 9월 20일 대통령 조지 W. 부시는 상하 양원 합동 회의에서 행한 연설에서 이렇게 주장했다. "미국인들은 묻습니다. 왜 그들은 우리를 증오하는가? 그들은 바로 여기 이 회의장에서 우리가 보고 있는 것을—민주적으로 선출된 정부를—증오합니다. 그들의 지도자들은 자기 스스로 임명된 사람들입니다. 그들은 우리의 자유—우리의 종교의 자유, 우리의 표현의 자유, 투표하고 집회하고 서로 다른 의견을 표할 수 있는 우리의 자유—를 증오합니다."[45)]

부시는 이 연설에서 대테러 전쟁과 관련, △테러 조직뿐 아니라 비호국가로까지 확대 △전 세계 테러 조직을 근절할 때까지 지속 △지원 여부에 따라 동맹국과 적국을 가른다는 등 3가지 원칙을 제시했다. 콘돌리자

44) 정은령, 「근본주의자 부시」, 『동아일보』, 2003년 3월 14일.
45) 한기욱, 「9·11 사태와 미국 고전문학의 통찰」, 『안과 밖(영미문학연구)』, 제12호(2002년 상반기), 140~157쪽.

라이스(Condoleezza Rice) 백악관 안보보좌관은 이를 '부시 독트린'으로 명명하고 향후 미국 외교의 기본이 될 것이라고 밝혔다.[46)]

『워싱턴 포스트』는 부시 독트린에 대해 전 세계를 양분해 선악으로 가르는 냉전 이전의 전통으로 돌아갔다는 의미에서 '흑백논리적 이분법'이라는 비판을 가했지만, 부시의 연설이 미국인들이 느낀 충격을 잘 대변해준 건 분명하다. 다음과 같은 연설 내용은 부시가 미국이라는 종교(宗敎)를 역설하는 종교 지도자 같다는 느낌을 주지 않는가?

"미국이 단호하고 강력하게 존재하는 한 이 시대는 결코 공포의 시대가 되지 않을 것입니다. 그와 반대로 이제 미국과 세계는 자유의 시대를 맞게 될 것입니다.(박수) …… 슬픔과 분노 속에서 우리는 우리의 소명과 그 이유를 보았습니다. 이제 자유는 두려움과의 전쟁을 시작했습니다. 이 시대의 위대한 성취이며 모든 시대의 위대한 희망인 인류의 자유를 진보시키는 것은 우리 미국의 어깨에 달려 있습니다. 우리 미국 국민, 즉 이 시대의 미국 국민은 이제 어두운 폭력의 위협을 우리와 우리의 미래로부터 걷어낼 것이며, 우리의 노력과 용기로써 전 세계를 함께 동참시킬 것입니다. 우리는 결코 지치지도, 멈추지도, 실패하지도 않을 것입니다.(박수)"

그래도 이건 매우 점잖은 편이었다. 이후 부시는 노골적인 선악 대결 구도를 역설하면서 이라크 침략을 정당화하는 수사법을 구사하게 된다. 아니, 그건 수사법 이상의 것이었다. 그건 미국의 오랜 전통이자 국민성이기도 했다. 권용립은 다음과 같이 말한다.

---

46) 유승우, 「[미국을 다시 본다] 제1부 미국 일방주의의 뿌리(1)」, 『한국일보』, 2002년 3월 19일, 9면.

“‘테러와의 전쟁’ 에서 미국의 편에 서지 않으면 미국의 적으로 간주한다는 단세포적 선악관이나 국제적 테러 조직에 대한 음모론적 강박관념은 미국 정치와 외교의 역사에 비춰볼 때 전혀 새로운 것이 아니다. 미국 정치 문명의 속성을 제대로 알고 나면 ‘9 · 11’ 은 ‘세계를 구원할 자유와 소명’ 을 스스로 부여해온 미국의 전통적 자의식을 다시 일깨운 것이며 ‘9 · 11’ 이후 조지 W. 부시 행정부의 공격적 외교 정책은 이 자의식의 적나라한 표현에 지나지 않음을 알 수 있기 때문이다.”[47]

그래도 지도자가 누구냐에 따라 그런 ‘표현’ 에 어느 정도의 가감은 있을 텐데, 부시는 극단으로 치달았다. 로버트 쉬어의 분석에 따르면, “아들 부시는 아버지와 달리 전쟁을 경험하지 않았다. 명백한 공격 행위인 9 · 11에 대한 그의 대응은 계산된 대결이라기보다는 화들짝 놀라 부리는 허세에 가까웠다. ‘본때를 보여줘’ 라는 말은 신중한 외교정책이라기보다는 경솔한 수사로 들렸다. …… 점차 복잡해지는 세계 문제에 부시가 개입하는 방식을 이해할 때 주목할 점은 그가 외국을 여행한 경험이 거의 없다는 사실이다. 멕시코에서 난장판을 벌이고 중국 주재 대사인 아버지를 따라 중국에 갔을 때는 문화대혁명 때문에 데이트 상대를 구하지 못했다며 불만을 늘어놓은 게 고작이다.”[48]

---

47) 권용립, 『미국의 정치 문명』(삼인, 2003).
48) 로버트 쉬어(Robert Scheer), 노승영 옮김, 『권력의 포르노그래피: 테러, 안보 그리고 거짓말』(책보세, 2009).

북한의 대응

부시의 9 · 20 연설 이후 사실상 모든 나라들이 테러의 반대편, 즉 미국과 한편에 서겠다고 다짐했다. 9 · 11 테러 한 달 만인 10월 7일 미군은 테러리스트 오사마 빈 라덴을 잡는다는 명분 아래 탈레반 근거지인 칸다하르와 잘랄라바드 등 아프가니스탄 주요 지역들에 대한 공습을 시작했다. 이에 오사마 빈 라덴은 알자지라(Al-Jazeera) 방송에서 방영된 비디오테이프를 통해 이렇게 주장했다.

"미국이 오늘날 맛보는 것은 우리가 수십 년 동안 맛보아온 것에 비하면 아주 작은 것이다. 우리 민족은 80년 이상이나 이런 수모와 경멸을 맛보아왔다. 그러나 80년이 지난 후, 정작 미국에 칼이 떨어진 경우에는 위선이 그 추악한 고개를 치켜들고 이슬람교도의 피와 명예와 성지를 함부로 더럽힌 이런 살인자들의 죽음을 애도한다. 이런 사람들에 대해 최소한으로 말할 수 있는 것은 그들이 타락한 사람들이라는 것이다."[49]

미군은 최첨단 전투기와 모아브(MOAB) 폭탄, 집속탄을 앞세워 아프간 전역을 초토화했으며, 한 달 뒤부터는 미 지상군을 투입해 칸다하르를 접수했다. 테러리스트들의 의도와는 달리 아이러니하게도 9 · 11 테러는 '유일 초강국' 미국의 위상을 오히려 강화해주었으며, 이에 따라 '신제국주의' 논란이 가열되었다. 신보수주의를 표방한 '새 미국 세기를 위한 프로젝트(PNAC: Project for the New American Century)'의 톰 도널리 사무부총장은 "미국은 문서를 만들어 다른 나라의 복종을 강요하지 않는다"면서 미국의 가치를 세계에 보급하는 것이 미국의 새로운 운명

49) 한기욱, 「9 · 11 사태와 미국 고전문학의 통찰」, 『안과 밖(영미문학연구)』, 제12호(2002년 상반기), 140~157쪽.

아프가니스탄에서 작전을 수행 중인 미 해병대. 9·11 테러는 미국의 일방주의를 최고조에 이르게 만들었다.

이라고 주장했다.[50]

2001년 7월 말 국방부 차관 폴 월포위츠는 CNN과의 인터뷰에서 "미국은 북한을 주적으로 본다"며 "당장 내일이라도 한반도에서 전쟁이 일어날 수 있다"고 말했다. 눈치 빠른 북한이 이런 분위기를 놓쳤을 리 없다. 9·11 테러 후 24시간 뒤 북한 외무성은 테러를 "매우 유감스럽고 비극적인 사건"이라면서, 북한은 "어떤 형태의 테러리즘에도, 테러리즘을 지지하는 그 무엇도 반대하며, 이런 입장은 변함이 없을 것"이라는 내용의 성명을 발표했다. 그러나 이미 결심을 굳힌 부시 행정부에겐 아무런 효과가 없었다.[51]

50) 이승철, 「9·11테러 3개월 …… 떠오른 '신제국주의'-위세등등한 美」, 『경향신문』, 2001년 12월 11일, 3면.

9·11 테러는 국제 관계에서 미국의 '일방주의'를 최고조에 이르게 만들었다. 부시 행정부는 2001년 12월 탄도탄요격미사일(ABM) 협정 탈퇴를 선언했으며, 핵실험금지조약(CTBT), 생물무기금지협정(BWC), 화학무기금지협정(CWC)과 같은 다자간 국제 군비통제 체제에 대한 불신을 노골적으로 표명했다. 이어 2002년 1월 대통령 연두교서에서 부시 대통령은 이라크, 이란, 북한을 '악의 축(axis of evil)'으로 규정함으로써 대북 관계는 물론 한국의 남남 갈등을 심화시키는 결과를 초래하게 된다.

---

51) 마이크 치노이, 박성준·홍성걸 옮김, 『북핵 롤러코스터: 전 CNN 전문기자가 쓴 북미협상 인사이드 스토리』(시사인북, 2010).

2001년 10~11월

DJ는 왜 지역 갈등 해소에 실패했는가? 알몸 대한민국 빈손 김대중

'제1회 재경 경남향우 한마당 큰잔치'

2001년 10월 14일 '제1회 재경 경남향우 한마당 큰잔치'가 서울 잠실 올림픽공원 잔디마당에서 1만여 명이 참석한 가운데 열렸다. 이를 가장 상세히 보도한 『조선일보』에 따르면, 이 자리에서 "한나라당 의원들은 차기 대선에서 경남도민들의 단결을 호소, 큰 호응을 받았"으며, 김종하 부의장은 "4년 전 경남인들이 분열되는 바람에 정권을 뺏겨 지금 고통받고 있는데, 다시는 '제2의 이인제'가 나와서는 안 된다"고 말했다.

이 기사에 대해 한일장신대 교수 김동민은 "아직 각 정당의 후보도 결정되지 않은 상태에서 경상도 사람들은 무조건 한나라당 후보를 찍어달라! 이것은 경상도 사람들에 대한 모독이기도 하다. 정치인들이야 그렇다고 치자. 신문이 이것을 받아 부추겨서야 되겠는가? 모름지기 바른 언론이라면, 이 대목에서는 정치인들을 꾸짖고 군중심리를 다독여야 정상일 것이다. 적어도 신문들이 지역감정을 부추기는 정치인들을 호되게 나무란다면 지역감정은 발을 붙이지 못할 것이라고 믿는다"며 다음과 같이 주장했다.

"4년 전 경남인들이 이인제에게 표를 많이 주는 바람에 정권을 뺏겨(?) 고통을 당하고 있단다. 뺏기다니. 정권이 원래 저들의 전유물이었던가? 게다가 경상도 사람들이 투표를 잘못해서 고통을 받고 있단다. 이것은 국민주권에 대한 모독이 아닐 수 없다. 지역감정을 악의적으로 부추기고 있는 것이다. 그리고 『조선』은 이것을 천연덕스럽게 경상도 독자들에게 주지시키고 있는 것이다. 다른 신문들은 어땠을까? 『조선』처럼 영남 지역의 정서를 자극하는 신문은 단 하나도 없었다. 『동아』는 유일하게 YS가 당초 불청객이었음을 밝혔으며, 『중앙』은 '모임에선 지역 정서가 노출됐다'는 표현으로 우회적으로나마 비판적인 평가를 내렸다. 기사의 비중은 크지 않지만 이렇게 작은 기사라도 『조선일보』는 노골적으로 지역감정을 부추긴다. 큰 기사는 큰 기사대로, 작은 기사는 작은 기사대로 독자를 세뇌시키는 데 여념이 없는 것이다. 잔 펀치라도 지나치게 많이 맞으면 캔버스에 드러누울 수밖에 없다. 매 앞에 장사 없는 것이다. 『조선일보』가 건재하는 한 망국적인 지역감정은 사라지지 않을 것이다."[52]

전라도 놈들이 나라 망쳤다!

『한겨레』 기자 성한용은 2001년 10월 22일에 출간한 『DJ는 왜 지역 갈등

52) 김동민, 「조선은 지역감정 조장 '1등 신문': 조선일보 건재하는 한 지역감정 만발」, 『오마이뉴스』, 2001년 10월 15일.

해소에 실패했는가』라는 책에서 DJ가 지역 갈등 해소에 실패한 이유를 집중적으로 다뤘다. 대전 출신인 성한용은 "DJ의 대통령 당선으로 사정이 바뀌었다. 호남 사투리를 쓰는 사람들이 조금씩 상류 계층으로 진입하기 시작한 것이다. 특히 바로 자기가 다니는 회사에서 별 볼일 없었던 호남 사람이 DJ 집권 이후 관리 이사나 총무부장 등 요직에 들어앉는 것을 경험한 많은 수도권 사람들은 정서적 혼란과 질투를 느끼기 시작했다"며 다음과 같이 말했다.

"물론 호남 출신들의 사회 각계각층 요직 독점은 분명히 DJ 정권과 호남 사람들의 잘못이다. 1997년 대선에서 DJ에게 투표한 많은 사람들은 '정권 교체'라는 명분에 동의한 것이고 '준비된 대통령'에게 표를 던진 것이지, 호남 정권을 만들어주기 위해 그렇게 한 것이 아니다. '서울 사람'들이 호남 출신들의 신분 상승에 유별나게 저항감을 느끼고 있는 것도 나름대로 이유가 있다. '그동안 경상도 놈들 해먹는 것 지켜본 것도 지겨운데, 이제 전라도 놈들 해먹는 것까지 봐야 하느냐?' 내가 아는 많은 '서울 사람'들이 하는 말이다. 이들의 말은 양비론의 형식을 갖추고 있다. 그런데 이들이 지칭하는 '전라도 놈들'이란 표현 앞에는 '목욕탕 때밀이나 하던'이라는 대목이 생략돼 있다."[53]

호남인들에 대한 편견은 김대중으로 개인화되면서 더욱 강해졌다. 앞서도 소개했지만, 대구에서 태어나 1983년부터 2000년까지 대구효성가톨릭대학 역사교육과 교수를 지낸 최상천은 2001년 11월 12일에 출간한 『알몸 대한민국 빈손 김대중』에서 "지난 9월 하순 어느 날, 문상을 하러

---

53) 성한용, 『DJ는 왜 지역 갈등 해소에 실패했는가』(중심, 2001), 158쪽.

울산에 갔다. 이튿날 장사를 보고 가기 위해, 나는 문상 온 가까운 친척 한 분과 함께 여관에 들었다. 그분은 오리지널 경상도 양반 출신인데 지금은 서울에 살고 있다"며 다음과 같이 말했다.

"친척의 주장을 들어보자. 김대중은 입만 떼면 거짓말을 한다. 『조선일보』, 『동아일보』, 『중앙일보』 빼면 한국에는 신문도 방송도 몽땅 쓰레기다. 정치는 '박통'이 잘했다. 가난을 벗어난 건 순전히 '박통' 덕분이다. 우리 역사에서 박정희만 한 지도자는 없었다. 김대중이 한 일이라고는 이회창과 『조선일보』 조진 것밖에 없다. 민주주의 한다더니 투표함 깔고 앉는 게 민주주의인가? 친척은 법 없이도 사는 사람의 전형이 될 만한 분이다. 평소에는 절대 큰소리도 내지 않는 분이다. 그런데 김대중 이야기를 꺼내면서 사람이 180도 바뀌어버렸다. 그는 열변을 토하다가 기어이 본심까지 토해버렸다."

이어 최상천은 "전라도 놈들이 나라 망쳤다! '박통' 반대하고 대중이 지지하는 놈은 모조리 전라도 놈들이다. 시민운동 하는 것들도 전라도 놈들이다. 얘기의 결론은 하나, 전라도 놈들이 나라 망쳤다는 것이다. 호남 사람들이 이 이야기를 들으면 심정이 어떨까? '용가리 통뼈'들에게 얻어터진 죄밖에 없는데 왜 나라 망친 죄까지 뒤집어써야 하나? 시민운동 하는 사람들은 억장이 무너지지 않을까? 고난의 세월을 돌아보며, 그래도 시민운동을 계속해야 하는지 자문하지 않을까? 김대중은 어떨까?"라면서 다음과 같이 말했다.

"외환위기를 극복하고 외환 보유고 세계 5위를 실현한 공로는 온데간데없다. 외환위기가 '6·25 이래 최대 국난'이라는 말이 진실이라면, 이 국난을 일으킨 박정희, 전두환, 노태우, 김영삼은 역사의 죄인이다. 최대

전라도와 경상도의 지리적 경계인 소백산맥. 산맥은 아직도 높기만 하다.

국난을 극복한 김대중은 대한민국의 최고 공로자가 틀림없다. 그런데도 나라 망친 전라도 놈들의 대장이라니 …… 김대중의 눈에는 피눈물이 나지 않을까?…… 내가 알기로 대구 · 경북에 호적을 둔 사람 중 50% 이상이 이 분과 비슷한 정서를 가지고 있다. 김대중을 '저거' 라고 부르는 사람도 제법 많다."[54]

호남이 똘똘 뭉치면 우리는 왕창 뭉치자!

최상천은 언론의 책임을 물었다. 그는 "언론이 영남 사람들을 지역주의

54) 최상천, 『알몸 대한민국 빈손 김대중』(사람나라, 2001), 255~256쪽.

의 포로로 만드는 방법은 아주 교활하다. 놀라지 마시라! '지역감정' 을 '망국적 작태' 라고 피를 토해가며 욕하는 것, 이것이 가장 확실한 방법이다. '지역감정' 의 진짜 뜻이 무엇인지 알면, 한국 언론, 특히 조중동의 악랄한 음모가 보인다. '지역감정' 이란 말은 호남과 영남 주민 사이에 '나쁜 감정' 이 있다고 전제한다. 다시 말해서 영남과 호남 사람들이 서로 '나쁜 놈' 이라고 욕하면서 싸운다는 것이다. 이게 악랄한 음모의 핵심이다" 라며 다음과 같이 말했다.

"정말 싸웠거나 싸우고 있을까? 그렇지 않다. …… 김대중과 호남 사람들이 경상도 출신 '용가리 통뼈' 들에게 일방적으로 당했을 뿐이다. '용가리 통뼈' 의 이름은 박정희와 전두환이다. '지역감정' 이라는 말은 이런 사실을 아주, 너무, 매우 교활한 방법으로 왜곡하고 있다. 진실은 '용가리 통뼈' 의 무한 폭력에 김대중과 호남 사람들이 당한 것이다. 그런데 왜 이게 엉뚱하게 영남과 호남의 '지역감정' 으로 둔갑하는가? …… '지역감정' 이란 말은 영남과 호남이 상대에 대해 똑같이 '나쁜 감정' 을 가지고 있는 것처럼 이야기한다. '그놈이 그놈' 이라는 것이다. 이건 사실이 아니다. 내가 보기에 영남 사람들은 호남 사람들에 대해 '나쁜 감정' 을 가진 사람들이 아주 많다. 그러나 호남 사람들은 그렇지 않다. 설사 호남 사람들이 '나쁜 감정' 이 조금 있더라도, 그걸 드러냈다가는 호남이 박살난다는 것을 너무나 잘 알고 있다. 워낙 덩치가 딸리다보니 호남 사람들은 '지역감정' 이야기가 나올 때마다 가슴이 두근대고 뒷골이 쑤실 수밖에 없다. 반면에 영남 사람들은 '지역감정' 이야기가 나오면 반드시 '영남 대동단결' 로 가게 되어 있다. '호남이 똘똘 뭉치면 우리는 왕창 뭉치자!' 는 소리 없는 구호가 이심전심으로 퍼져나간다."[55]

이어 최상천은 "내가 보기에 40대 이상 영남 사람들의 호남 사람들에 대한 우월감과 혐오감은 정신병 수준이다. 거의 대부분 영남 사람들은 호남 사람들을 만나본 적도 없다. 만났더라도 기껏해야 군대 경험 정도다. 그런데도 우월감과 혐오감을 가지는 까닭은 무엇일까?"라고 물으면서 다음과 같이 말했다.

"일본 '천황'의 졸개들이 조선 사람을 조센징으로 욕했던 이유를 생각해보시라. 두목한테 당한 놈이 집에 와서 마누라 패는 심리를 추리해보시라. 호남 사람들은 광주학살 진상규명 요구, 독재 정권 타도 운동, 미국 비판, 김대중 대통령 만들기 등 민주주의 실현을 위해 힘을 모았다. 다시 말해서 '긍정적 가치'의 실현을 위해 전진했다. 영남 사람들은 김대중 빨갱이 몰기, 호남 욕하기, 광주학살 외면하기, 김대중 떨어뜨리기를 위해 단결했다. 다시 말해서 '부정적 가치'를 위해 과거로 뒷걸음쳤다. 이회창이 기득권 편이라는 걸 뻔히 알면서도 김대중 반대를 위해 줄줄이 표를 던졌다. 그게 자기 눈 찌르는 짓이라는 것도 모르고."[56]

또 최상천은 "왜 언론과 지식인들은 '그놈이 그놈'이고 '그게 그거'라고 욕할까? 뭐든지 우습게 봐야 빼어난 지성인일까? 차이를 분간할 줄 모르는 탁월한 바보일까? '그놈이 그놈'이니 '뻔할 뻔 자' 투표는 하지 말라는 뜻일까? 아니면 다른 깊은 뜻이 숨어 있는 것일까? …… '그놈 공식'을 기획·제조·유통시키는 첫째 목적은 악당의 범죄 은폐다. '김구와 박정희는 다 같은 한국사람이다'는 말이 무엇을 노릴까? 박정희의 민족 배반 범죄를 은폐한다. 이런 사기에 동원되는 방법은 '차원 올리기'

55) 최상천, 『알몸 대한민국 빈손 김대중』(사람나라, 2001), 176~178쪽.
56) 최상천, 위의 책, 187쪽.

와 '차원 내리기' 다. …… 우선 문제를 독립운동, 민족 배반이라는 정치 행위 차원보다 한 차원 높은 한국 사람이라는 인종 차원으로 끌고 가서 김구와 박정희를 동일화한다. 이런 과정을 거치고 나면 김구와 박정희는 똑같은 한국 사람이 되어버린다. '정치인은 그놈이 그놈이다' 는 말도 전형적인 '차원 올리기' 다. 이런 말이 통하면 학살 주모자 전두환과 민주 지도자 김영삼, 김대중은 똑같은 '그놈이 그놈' 인 정치인이 되어버린다" 며 다음과 같이 말했다.

"'차원 내리기' 는 더 교묘하다. 전두환, 김대중, 김영삼은 모두 기업으로부터 정치자금을 받았다. 이걸 두고 언론은 셋 다 '부패 정치인' 이라고 규탄한다. 그러면 민주주의자 김영삼, 김대중은 독재자 전두환과 똑같은 놈이 되어버린다. 낮은 차원의 부패 문제를 가지고 높은 차원의 정치적 성격을 가려버리는 것이다. 이렇게 '차원 올리기' 와 '차원 내리기' 를 거듭하면 대중은 오락가락하다가 결국 '정말 그놈이 그놈이네' 라며 정신착란을 일으킨다. 이때부터 대중은 언론과 지식인의 '정신적 노예' 가 되어버린다. …… '그놈 공식' 의 둘째 목적은 정치적 허무주의를 유포시키는 것이다. '그놈이 그놈' 이니 정치에 뭘 기대하는 놈이 얼간이다. '그놈이 그놈' 이라는 생각이 머리와 가슴까지 꽉 차면 정치 혐오증이 발병한다. 정치만 보면 아랫도리가 후들대고, 입이 벌어지고, 머리가 띵하고, 눈앞이 캄캄하고, 오장육부가 뒤틀린다. 이런 정치 혐오증은 정치권에 대한 무차별 욕설과 정치 외면을 불러온다. 무차별 욕설은 어느 놈이 '나쁜 놈' 이고 어느 놈이 '좋은 놈' 인지 가리지 않는다. …… '그놈 공식' 의 셋째 목적은 대중을 일차원적 인간으로 끌고 가서 기득권을 유지하는 것이다. 정치인과 정당이 '그놈이 그놈' 이라고 믿는 한,

계급이나 이념은 선택 기준이 아니다. 계급 정책도 이념도 '그놈이 그놈' 이기 때문이다. 그래도 꼭 선택을 해야 한다면 당신은 어떤 선택을 하겠는가? 무의식 중에 나하고 가까운 사람을 선택할 것이다. 자연스럽게 혈연, 지연, 학연을 좇아갈 것이다."[57]

지방이 단결하여 중앙 독점 박살내자!

최상천은 "영남 사람들이 '원초적 당파' 에서 벗어나지 못하는 데에는 그럴만한 이유도 있다. 지방은 중앙(서울)을 차지해야 국물이라도 마실 수 있기 때문이다. 이런 사정은 호남, 충청, 강원, 제주도 마찬가지다. 이렇게 보면 영 · 호남 문제의 근원은 중앙 독점이다. 서울을 차지하지 못하면 낙동강 오리알이 되거나 목포의 눈물을 삼키지 않을 수 없다. 50년 넘는 두목주의 정치는 지독한 중앙 독점 체제를 만들었다. 인재도 권력도 돈도 서울에 몰려 있다. 힘 있는 정치 기관, 재벌 본사, 금융기관 본사, 유력한 언론은 몽땅 서울에 있다. 대학마저 서울대학(서울 소재 대학), 수도권 대학, 지방대학으로 나누는 형편이다. 서울은 중앙이고 지방은 변두리에 지나지 않는다. 아니, 서울은 삼팔광땡이고 지방은 삼팔따라지다. 서울은 일류, 수도권은 이류, 지방은 삼류다. 이런 사정을 웅변하는 것이 지방대학이다"라며 다음과 같이 말했다.

"한국의 근본 문제는 오랜 두목주의와 그 결과인 중앙집권 체제에 있다. 이런 독점 체제를 극복하기 위한 정치적 대안은 연방제 수준의 지역

57) 최상천, 『알몸 대한민국 빈손 김대중』(사람나라, 2001), 173~176쪽.

© Craig Nagy

고층 빌딩이 숲을 이루고 있는 서울 시내 전경. 수도권은 더욱 비대해지고, 지방은 피폐해져 간다.

자치와 주민자치뿐이다. 절대 호 · 영남 사람들이 지리산에서 화합의 노래를 부르고 고사를 지낸다고 될 일이 아니다. 연방제 수준의 지역자치와 함께, 국회를 대전으로, 대법원을 부산으로, 대검찰청을 광주로, 한국은행을 대구로 옮기는 정도의 '혁명적 개혁' 을 단행하지 않으면 영남이나 호남이나 충청도나 간에 지방은 따라지 신세를 벗어날 수 없다. 호적정치 청산의 길도 여기에 있다. 인터넷 시대에는 국토와 정치 개념도 달라져야 한다. …… 나는 진정한 민주주의, 진정한 주민자치를 위하여 '지방' 사람들에게 다음과 같이 호소하고 싶다. '지방이 단결하여 중앙 독점 박살내자! 영 · 호남이 똘똘 뭉쳐 연방제를 쟁취하자!' "[58]

'지방이 단결하여 중앙 독점 박살내자!' 는 말이 가슴에 와 닿지만, 이를 원초적으로 불가능하게 만들려는 시도가 끊임없이 이루어지고 있었다. 2001년 1월 전국 232개의 시장 · 군수 · 자치구청장 중 195명이 정당 공천 배제를 요구하는 서명을 한 것도 그런 관점에서 볼 수 있지 않을까? 그들은 왜 그런 서명을 했을까? 공천을 받지 못할 것 같은 두려움 때문에 그랬을까?

국민대 교수 김병준은 "이들이 서명한 가장 큰 이유는 오히려 다른 곳에 있다. 드러내놓고 말을 못하지만 바로 앞서 이야기한 고민, 즉 선거 비용 문제가 이들을 괴롭히는 것이다. 공천을 받기 위해 써야 하는 비용과 선거 과정에서 부담해야 할 조직 운영비, 그리고 잡다한 선거 비용을 생각하면 앞이 캄캄한 것이다. 부정을 할 수도 없고, 안 할 수도 없는 상황에 어떻게 한 푼이라도 줄여볼 수 없을까 하는 심정이 195명의 서명에 반영되어 있는 것이다"며 다음과 같이 말했다.

"우리는 시장 · 군수 · 자치구청장들의 이러한 고민을 이해해주어야 한다. 이들을 위해서가 아니라 이 나라 지방자치의 발전과 나라 전체의 앞날을 위해서다. 부정부패와 부조리로 잡혀가는 시장 · 군수들을 보고 욕이나 하고 말아서야 시민으로서의 도리를 다했다고 말할 수 없다. 공자 같은 운전자를 원하면 공자 같은 운전자가 살아날 수 있는 환경을 만들어주어야 하고, 깨끗한 시장 · 군수를 원하면 그러한 사람들이 살아날 수 있는 환경을 만들어주어야 한다. 밑 빠진 독에 물 붓기 식으로 퍼부어야 되는 선거제도와 관행을 그대로 두고, 또 다른 한편으로는 후원금 한 푼 거둘 수 없도록 해놓고, 어떻게 깨끗한 시장 · 군수를 기대하겠는가?

58) 최상천, 『알몸 대한민국 빈손 김대중』(사람나라, 2001), 188~189쪽.

시민사회부터 제대로 볼 수 있는 눈을 가져야 한다."[59)]

연방제 수준의 지역자치를 가로막는 또 하나의 이유는 영호남의 지역 격차였다. 최상천의 책이 출간된 지 열흘 후인 11월 22일 국토연구원이 발표한 바에 따르면, 전국 총경제력에서 영남이 차지하는 비율은 27.2%인 반면 호남은 8.3%에 지나지 않았다.(수도권 52.6%, 충청 9.1%, 강원 · 제주 2.7%) 호남인들은 중앙 정치를 통한 지역 격차 해소를 시도하지 않은 채 곧장 연방제 수준의 지역자치로 들어갈 경우 지역 격차 해소의 가능성마저 차단되고 종국엔 호남이 못 사는 책임을 호남인들이 뒤집어쓰게 된다는 걸 우려했다. 물론 중앙 정치를 통한 지역 격차 해소도 거의 불가능하다는 것이 김대중 정권 집권 기간을 통해 입증되었기 때문에, 그건 괜한 우려이긴 했지만 말이다.

59) 김병준, 『김병준 교수의 지방 자치 살리기』(한울, 2002), 119~120쪽.

2001년 11월

술단지와 잔을 끌어당기며
이문열 · 복거일 논란

술단지와 잔을 끌어당기며

2001년 11월 3일 오후 '이문열돕기운동본부' 소속 회원 40여 명이 경기 이천시 마장면 장암리에 있는 이문열 씨의 문학사숙 '부악문원' 앞에서 책 반환 행사를 열었다. 이들은 이 씨의 저서 733권을 쌓아놓고 발표한 성명서에서 "신문 칼럼을 통해 일부 시민단체를 홍위병으로 몰아붙인 이 씨의 발언은 변형된 색깔 공세"라고 주장했다. 이들은 이 씨 측 대리인이 나서 책 인수를 거부하자 "고물상에 팔겠다"며 도로 가져갔다. 이 씨는 3~4일 대구에서 열리는 문학 행사에 참석하느라 이날 부재중이었으며, MBC 라디오 프로그램과의 인터뷰를 통해 "책 반환 행사 주도자들은 순수한 시민이 아니라 운동권이기 때문에 책을 받을 수 없다"고 밝혔다.[60)]

---

60) 임영주, 「이문열 씨 책 반환 모의 장례식, 이천 부악문원서 40여 명 참여」, 『경향신문』, 2001년 11월 5일, 27면.

한 시민에게 짓밟히는 이문열의 책들.

이와 관련, 『조선일보』는 11월 5일자 문화면에서 '어린 소녀'가 이문열 씨의 책 표지 사진을 모아 만든 '영정'을 들고 있는 사진과 함께 게재한 기사(「국민작가의 책을 독극물이라니……」)를 통해 책 반환 행사를 '전대미문의 문화적 참사'로 규정했다. 또 "한때 국민들의 영혼을 살찌운 '국민작가'의 책이 이제 '독극물'이 됐다"며 "한국 문화의 장래를 절망케 하는 어두운 그림자가 드리우고 있다"고 우려했다.

『조선일보』는 이튿날 사설(「이문열 책의 '장례식'」)에서는 "작가 이 씨가 어떤 생각과 이념을 가졌든, 그가 일부 신문이나 매체에서 어떤 글을 썼고 무슨 말을 했건 그것은 부차적인 문제"라며 "엽기적이고 그로테스크한 방식으로 세인의 이목을 끌기 위한 이런 식의 '저주'는 결코 다수 국민의 공감을 사기 어려울 것"이라고 꾸짖기도 했다.

『중앙일보』와 『동아일보』도 각각 6일자 사설(「문화적 히스테리 '책 장례식'」)과 '기자의 눈'(「책 장례식이라니……」)을 통해 각각 "한 문학가의 장례를 치르는 듯하여 섬뜩하기조차 하다" "집단행동으로 지식인의 표현의 자유를 위협한다면 누구에게 도움이 되는 일일까"라며 주최 측의 행동 양식을 문제 삼았다.

그러나 '이문열돕기운동본부' 대표 화덕헌 씨는 "지난 7월 한 달 간 줄기차게 '홍위병' 발언을 일삼은 이문열 씨의 언론 플레이와 비뚤어진 자만심 등에 대한 독자들의 분노감을 직접 이 씨에게 전해주고 싶어서 행사를 마련했다"고 밝혔다. 이들 신문의 보도에 대해 화 씨는 "애당초 큰 기대는 안 했지만 아이가 영정을 들고 있는 모습만 집중 부각하며 우리들을 무슨 폭력 집단처럼 몰아가는 간교함에는 혀를 내둘렀다"고 말했다. 화 씨는 또 "우리와 이문열 씨 지지 세력의 충돌 가능성을 흘린 신문은 『조선일보』(3일자)였다"며 "이를 본 경찰이 이미 두 달 전에 집회신고를 마친 평화적인 행사에 2개 중대를 부악문원 인근에 배치하는 웃지 못할 풍경이 빚어졌다"고 덧붙였다. 이날 행사를 취재한 일간지의 한 기자도 "폭력적이고 엽기적인 행사가 아니라 진지하면서도 짜임새 있는 행사였다"며 "행사 취지를 무색케 하는 일부 신문의 선정적 보도가 오히려 폭력적이며 홍위병적인 것"이라고 말했다.[61]

박완서 · 노혜경의 주장

이 사건에 대해 소설가 박완서는 『문예중앙』(2001년 겨울호) 인터뷰에서 "그렇게까지 문학이 모독당하는 일이 생겨야 하는지 모르겠어요. 내가 이문열 씨와 같은 생각을 하거나 같은 방향으로 가는 것은 아니지만 작가에겐 최소한 그런 상처를 받지 않을 권리가 있는 것 아닌가요? 그리고 수많은 문학 단체의 침묵은 또 뭡니까. 나는 이런 상황에 대해 어떠한 발언도 없이 그냥 넘기는 건 문학하는 사람들의 도리가 아니라고 생각해요"라고 개탄했다.[62]

그러나 이 사건에 앞서 시인 노혜경은 이문열이 오히려 문학을 모독했다는 의견을 제시했다. 2001년 10월 이문열이 단편소설 「술단지와 잔을 끌어당기며」에서 곡학아세 논쟁과 관련한 여성 국회의원의 언행을 풍자하고 여러 시민단체를 비난한 것과 관련해서 한 말이었다.

노혜경은 『대한매일』 2001년 10월 11일자에 「문인 재능은 공동체의 것」이라는 칼럼을 기고했다. "만일 어떤 문인이 사적 복수심의 충족을 위하여 문학을 이용한다면 그래도 그것을 문학이라 불러주어야 할까. 슬프게도, 한국 문학 안에서 그런 일들이 자꾸 일어나고 있다. 최근 이문열이 「술단지와 잔을 끌어당기며」를 발표한 것을 보며 시인 박남철에 의한 '욕시' 사건을 떠올린 것이 나 혼자만은 아닐 것이다"며 다음과 같이 말했다.

"이문열은 추미애 의원과의 '곡학아세' 공방으로 비판의 도마에 오르

---

61) 권재현, 「책 반환 행사 '이문열 감싸기', 일부 신문 선정 보도 주최 측 흠집 내기」, 『경향신문』, 2001년 11월 7일, 19면.
62) 이경철, 「문학을 불 질러도 문단은 왜 말이 없는가」, 『중앙일보』, 2001년 11월 17일.

자, 이미 충분한 지면을 통해서 추미애 의원을 원색적으로 비난했음에도 불구하고 '소설' 의 형식 안에서 추미애 의원을 '개' 라고 지칭하면서 누가 보기에도 분명한 사적 복수심을 풀어낸다. 그 일이 물의를 빚자 '소설' 은 어디까지나 소설로 보아달라고 변명한다. 이들에게 문학은 사유재산인가? 문인이라는 이름은 그들이 공동체의 언어를 위한 고뇌와 노력으로 낳은 글들이 아닌 오로지 자기에게만 중요한 복수와 모욕의 글조차도 문학으로 불러주어야만 할 어떤 무소불위의 면허증 같은 것인가?"

이어 노혜경은 "이러한 일들을 접하면서, 나는 내가 이 땅에서 문학을 하고 있다는 일이 너무나 끔찍하게 느껴졌다" 며 다음과 같이 말했다. "박남철과 이문열은 근대 백 년의 문학사가 애써 갈무리해온 문학성의 이름에 똥칠을 했다. 공동체가 위임한 언어를 손끝 재주로 더럽혀 놓았다. 이러한 문인들을 우리 문단이 용납하는 한 한국 문학의 장래는, 단언컨대 없다. 문인들은 문학이라는 불멸의 예술에 종사하기를 자임했다는 이유만으로 자동으로 영광을 누리는 것이 아니다. 문학이 지닌 '아우라' 가 문인들의 불철저함과 안이함과 유치함과 자폐증을 저절로 문학적인 것으로 교환하지 않는다."

고향이 전라도가 아니냐

'책 모의 장례식' 행사를 주도했던 사람 중의 한 명인 화덕헌은 부산에서 사진관을 운영하는 평범한 시민이자 이문열의 문학을 사랑했던 사람으로서 이문열의 '언어폭력' 에 문제의식을 갖고 그 일을 추진했다고 한다. 이문열은 그 일이 있기 전 강연 차 부산에 들렀을 때에 자신이 연락해서 화덕헌을 만났는데, 이문열은 그 자리에서 상식 이하의 발언을 했다고 한다. 화덕헌은 『오마이뉴스』 기자 김영균과의 인터뷰에서 다음과 같이 말했다.

문: 만난 자리에서 이문열 씨가 직접 "전라도가 아니냐" 고 물었다는데.
답: 이문열 씨가 나를 보더니 대뜸 "당신, 고향이 어디냐" 고 묻길래 '대구' 라고 했다. 그러나 이 씨는 "당신 부모의 고향은 어디냐" 고 물었다. 화가 났지만 "경북 선산과 경남 진양" 이라고 대답했다. 그는 "정말, 전라도 사람이 아니냐" 고 거듭 물은 후 "당신과 함께 일하는 사람들은 전라도가 아니냐" 고 되물었다. 그래서 "아니다. 셋 모두 토박이 경상도" 라고 밝혔다. 그랬더니 그가 이런 말을 했다. "그렇다면 당신들 배후에 전라도가 있을 것이다." 사실 이 씨로부터 만나자는 전화가 걸려왔을 때 많은 부담감을 느꼈다. 한때 존경하는 작가였고, 아직도 많은 이들이 그를 국민 작가로 부른다. 그러나 끝까지 출신지를 물고 늘어지는 모습을 보며 한 나라의 양식과 교양을 대표한다는 소위 '국민 작가' 가 이런 것인가 하는 자괴감이 들었다.
문: 행사를 준비하는 과정에서 어려움은?
답: 이문열 씨가 부산에 내려와 지역 문인들 앞에서 "일러바칠 것이 있다. 행사를 주도하는 사람들은 부산 사람이 아닐 것" 이라고 말했다. "고향이 전라도가 아니냐" 는 전화도 몇 통씩 걸려왔다. 자신도 사진관을 운영한다며 신분을 끝내 밝히지 않은 한 사람은 "경상도가 고향이라고 하는데, 집에 전화하니까 아버님 발음이 이상하더라" 고 슬쩍 나를 떠보기도 했다. 그래서 "아버지는 내가 초등학교 5학년 때 돌아가셨다. 지금 집안에서 가장 나

이가 많은 사람은 나인데, 그런 전화를 받은 적이 없다"고 했더니 말을 못 했다. 웃지 못할 희극들이 많았다. 행사 다음 날에는 동네 사람과 삿대질을 하며 언성을 높이는 일도 있었다. 평소에 안면 있던 동네 사람이 대뜸 욕을 하며 "김대중 앞잡이"라고 하기에 일어난 일이었다. 우리 주위에 넓고 깊게 뿌리내린 지역감정의 망령을 실감할 수 있었다.[63]

복거일의 '목성잠언집'

2001년 11월 하순 소설가 복거일이 『문예중앙』 2001년 겨울호에 발표한 중편소설 「목성잠언집(木星箴言集)」도 논란의 대상이 되었다. 햇볕정책과 언론사 세무조사 등 김대중 정부의 정책 전반을 강도 높게 비판한 패러디 소설이었기 때문이다. 복거일은 "어떤 식으로 읽는가는 독자의 몫"이라고 전제한 뒤 "언론에 대한 압제와 이문열 씨를 둘러싼 책 장례식 등 현 상황에 직면해 칼럼니스트가 아니라 작가로서 반응해야겠다는 생각이 들어 쓰게 됐다"고 설명했다.[64]

목성의 위성 '개니미드'에 나타난 미래의 인류 사회를 그린 이 SF 소설에서 개니미드 문명은 이념 차 때문에 동서로 분단되었는데, 이스트 개니미드의 골드슈타인 대통령은 웨스트 개니미드를 끌어안기 위해 '햇살정책'이라 불리는 유화책을 동원한다. 그러나 소설 속 논자들과 해설자들에 따르면 "유화정책은 상대방의 무리한 요구들을 계속 들어

63) 『월간 인물과 사상』, 2001년 12월호, 123~124쪽.
64) 우상균, 「준비 안 된 대통령이 '햇살정책' 편 탓에 나라가 분열되고……: 복거일 씨 패러디 소설 '목성잠언집' 발표」, 『중앙일보』, 2001년 11월 21일, 12면.

주는 것에 지나지 않기" 때문에 "처음부터 성공할 가능성이 적었다." 게다가 골드슈타인 대통령은 "야당 지도자들을 거세하고 비판적 신문들을 핍박했다." 그것은 그가 "정치를 줄곧 독재자들에게서 배웠다는 사실"과 무관하지 않다.

골드슈타인의 소수파 정권은 "시민단체들을 동원해서 야당과 비판적 신문들을 몰아세웠"다. "법의 자의적 집행으로 신문들을 억압할 수 있을 만큼 강력한 정부"와 "작은 허물들이 있지만 독립성을 지닌 신문들" 사이에서 "어느 쪽이 작은 악인가는 자명하다"는 것이다. 문맥으로 보아 『한겨레』를 가리키는 것이 분명한 『통일 개니미드』에 대해 복거일은 "극단적 민중주의 신문"이자 "골드슈타인 대통령의 영향 아래 있는 신문"이라고 주장했다.[65] 이 소설의 한 대목을 좀 자세히 감상해보자.

"429 '사회적 악한'을 만들어내는 일은 어느 사회에서나 번창하는 산업이다.—헬렌 소로트스킨 (해설) 티모시 골드슈타인이 집권하자, 세력이 갑자기 커진 민중주의 세력은 극단적 민중주의 신문 『통일 개니미드』를 창구로 삼아서, 재벌, 다국적기업, '족벌 수구 언론', 자유주의 세력을 사회악의 근원으로 몰아붙였다. 그때 '족벌 수구 언론'의 대표적 신문으로 지목되어 민중주의 세력의 거센 공격을 받은 『개니미드 타임스』의 발행인 헬렌 소로트스킨(2832~)이 한 말이다.

430 감시하는 자들은 중요하다. 그러나 정말로 중요한 것은 감시하는 자들을 감시하는 자들이다.—헨리 파인먼 (해설) 1세기 후반에서 2세기 전반에 걸쳐 활약한 구지구 로마의 풍자시인 유베날리스의 '지키는 자

65) 최재봉, 「최재봉 기자의 문학통신: 우리들의 일그러진 '순수' 문인들」, 『한겨레』, 2001년 12월 17일, 27면.

들을 누가 지킬 것인가?' 라는 구절을 염두에 둔 얘기다. 티모시 골드슈타인 정권이 소수파 정권의 한계를 절감하게 되자, 어려운 정국을 헤치기 위해 취한 방책들 가운데 하나는 시민단체들을 동원해서 야당과 비판적 신문들을 몰아세우는 것이었다. 그런 시민단체들 가운데 가장 거친 수법들을 동원했던 단체들이 정부와 여당의 자금 지원을 받은 것이 밝혀지자, 시민단체들의 행동에 대해 걱정하는 여론이 일었다. 『개니미드 타임스』의 정치 평론가였던 헨리 파인먼(2817~)의 발언은 그런 여론을 잘 표현했다."

이 소설에 대해 『한겨레』 기자 최재봉은 "작가 자신의 정치적 견해를 노골적으로 드러낼 뿐만 아니라 그를 위해 사실의 왜곡과 논리의 곡예를 서슴지 않은 이 '소설' 은 저급한 정치 팸플릿의 전형과도 같다" 고 평가했다.[66] 『월간 북 매거진 텍스트』(2001년 12월) 기자 조은영은 "분명 동시대의 독자들도 함께 겪은 사건을 지나치게 노골적이고 직접적으로 게다가 자의적으로 배치하고 있는 탓에 『목성잠언집』은 굳이 패러디의 미적 효과를 노리고 있는 것으로 보이지는 않는다. 차라리 작가는 하나의 정치 파일을 만들어놓은 셈이다" 며 다음과 같이 말했다.

"물론 문학은 얼마든지 정치에 관해서 말을 할 수도 있지만, 그것은 어디까지나 문학적 가치에 위해를 가하지 않은 경우에만 정당성을 얻는 것이 아니던가. 문학의 외피를 두르고 문학 자체에 상처를 내는 것보다는 다른 식의 방법—신문 기고와 같은—으로 자신의 정치적 입장을 밝히는 게 낫지 않았을까? …… 문학은 문학일 때 비로소 정치를 풍자하고

66) 최재봉, 「최재봉 기자의 문학통신: 우리들의 일그러진 '순수' 문인들」, 『한겨레』, 2001년 12월 17일, 27면.

사회에 경고를 내릴 수 있다. 김지하의 「오적」을 아무나 쓸 수는 없다. 아니, 흉내 내기조차 때로는 어렵다."

복거일이라는 원군을 만나 힘을 얻은 걸까? 2001년 12월 19일 소설가 이문열은 부산의 대형 서점인 영광도서에서 열린 독서 토론회에서 "『조선일보』를 먼저 폭파하겠다고 한 것은 북한이었다"며 "안티조선의 원조는 북한이었고, 결국 안티조선은 친북 세력이 분명하다"고 주장했다. 그는 "솔직히 말하자면, (안티조선에 대해) 더 심하게 쓰고 싶었는데, 소설에서는 조금 약화시킨 것"이라고 부연했다.

그러나 토론회의 말미에 가서 이문열은 약간 말을 바꾸었다. "내 말은 북한이 『조선일보』에 대한 반대를 먼저 했으니까 안티조선이 북한과 무관하지 않다는 것이다. 그 말은 안티조선이 곧 빨갱이라는 것과는 다르다. 홍위병이라는 말에 대해서도 그렇다. 안티조선의 행태에서 홍위병을 연상시키는 바가 있다는 것이다." 그러면서 그는 "안티조선 진영이 '문화 권력'이라는 말을 즐겨 쓰는데, 거기서는 중국의 문화혁명 당시 유행했던 '반동 학술 권력'이라는 말이 연상된다. 내가 폭력적이고 매카시적으로 안티조선을 몰았다고 비판하지만, 내가 그렇게 몰았을 때는 그럴 만한 근거가 있었다"고 덧붙였다.[67]

이와 같은 이문열·복거일 논란도 상당 부분은 앞서 지적한 '투표와 여론의 괴리 현상' 때문에 빚어진 것이었다. 모두가 다 각자 정당한 자기 몫만을 누린다면 각자의 목소리를 존중해줄 수 있을 텐데, 왜곡된 언론 구조상 부당하게 큰 힘을 누리는 현실 또는 그렇게 보는 인식이 갈등

67) 「이문열-노혜경 독서 토론회서 설전」, 『한겨레』, 2001년 12월 21일.

을 키운 면이 있다는 것이다. 이는 2000년대 내내 지속되는 문제이기에 각별히 주목해둘 필요가 있겠다.

2001년

우리가 교육 정책의 모르모트입니까
'이해찬 세대'의 분노

자녀 인맥 만들기

"서울 동작구 A초등학교 4년생 박 아무개 군은 3년 전부터 매주 토요일 같은 학교에 다니는 또래 친구 일곱 명과 함께 축구를 하고 있다. 2학년이 되던 1998년 봄 어머니들이 나서서 짠 축구 클럽 멤버들이다. 박 군의 아버지는 대학교수. 다른 여섯 명도 고위직 공무원·변호사·의사 등 소위 '잘나가는 부모'를 둔 아이들이다. 전담 코치를 둔 이 팀에는 물론 다른 아이들은 낄 수 없다. 박 군의 어머니 신 아무개 씨는 '어릴 때 인맥이 평생을 간다는 생각에 집안 환경이 비슷한 엄마들끼리 모여 팀을 만들어줬다'고 말했다. 서울 강남에 사는 주부 최 아무개 씨는 올해 일곱 살이 된 둘째 아들을 사립 명문 M유치원에 들여보내려고 동분서주한다. 최 씨는 '요즘 초등학교에선 명문 급이라는 서너 개 유치원 출신들끼리 따로 어울린다는 말을 듣고 지난해에 다닌 동네 유치원에서 옮기기로 했다'며 '어릴 때부터 우수한 아이들과만 어울리도록 할 생각'이라고 했다.”

『중앙일보』 2001년 1월 29일자는 「초등생 빗나간 ‘인맥(人脈) 쌓기’」라는 기사에서 위와 같이 말했다. 한국의 학벌 전쟁은 인맥 전쟁이기도 하다는 걸 말해주는 사례로 볼 수 있겠다. 위 기사는 이어 “이처럼 일부 학부모들의 ‘자녀 인맥 만들기’가 극성이다. 학연·지연 등 사회의 인맥 중시 풍조가 부른 현상이다. 초등생은 물론 미취학 어린이들까지 부모들 손에 이런 저런 연줄로 그룹 지어지는 일이 곳곳에서 벌어진다. 혼자 동떨어져 학교에서 ‘왕따’가 되는 경우를 막겠다는 심리도 작용한다”며 다음과 같이 말했다.

“경기도 성남시 분당구 S초등학교 4년생 정 아무개 군은 겨울방학을 맞아 미국 캘리포니아에서 3주간 어학연수를 하고 왔다. 이번이 세 번째다. 어머니 박 아무개 씨는 ‘애들이 외국 연수를 몇 번 갔다 왔느냐에 따라 같은 반에서도 편이 갈린다’며 ‘한 번 보내는 데 300~400만 원 정도 들지만 좋은 친구들만 사귈 수 있다면 돈이 문제냐’고 반문했다. 인맥 만들기는 심지어 출생 때부터 시작되기도 한다. 유명 인사들이 찾는 것으로 소문난 서울 강남의 C, 강북의 S산부인과 등엔 부모들이 출산 직후부터 같은 병원 출신 자녀들의 모임을 만드는 사례가 적지 않다. C산부인과 관계자는 ‘일부 사립 초등학교의 경우 우리 병원 출신 아이들 모임까지 있다’고 말했다.”

부유층이 많이 가는 산부인과 병원에서 아이를 낳은 부모들이 자기 자식의 줄을 만들어주기 위해 ‘병원 동창회’까지 조직하고 있다니 두 손 들지 않을 수 없다. 이 개그 같은 이야기는 한국 사회에서 ‘줄 만들기’가 모든 일상적 삶의 기본이 되고 있다는 걸 말해준다고 보아도 무방

할 것이다.

'줄 만들기'는 평생 지속되었다. 『한국일보』 2001년 4월 10일자 29면에 실린 「서울대 고위 인사 대상 공개 강좌 수강료 6~8배 더 받아」라는 기사는 "서울대가 정치인, 고위 공직자, 기업체 임원, 군 장성 등을 대상으로 '공개 강좌'를 운영하면서 수강료 이외에 '학생자치회비' 명목으로 거액을 거둬 강사료 등으로 편법 운영하고 있는 것으로 드러나 물의를 빚고 있다"며 다음과 같이 말했다.

"국회의원과 기업체 임원, 2급 이상 공무원, 군 장성 등을 대상으로 운영 중인 6개월 과정 A강좌의 경우 명목상 수강료(입학금+수업료+기성회비)는 88만 원가량이지만 실제로 수강생들이 납부한 금액은 8배 가까운 650여만 원이나 되는 것으로 확인됐다. 금융기관과 기업체 간부를 대상으로 개설한 6개월 과정의 B강좌도 학교에 신고한 명목상 수강료는 160여만 원이지만 수강생들의 납부액은 6배가 넘는 1000여만 원이나 됐다. 이에 따라 올해 1학기에 서울대가 운영 중인 24개 공개 강좌 가운데에는 학교에 신고한 운영 자금과 실제 강좌 운영 자금이 한 학기에 많게는 5억 원까지 차이가 나는 경우도 있었다. …… 특히 서울대는 공개 강좌 강사진의 70% 이상을 해당 단과대학 교수들이 맡도록 규정하고 있어 결국 공개 강좌에서 편법 운영되는 자금의 상당액이 교수들의 '부수입'이라는 지적이 많다."

서울대를 다시 생각한다

시민운동 단체인 참여연대가 발행하는 『참여사회』 2001년 3월호는 「논

쟁: 학벌 사회, 서울대를 다시 생각한다」는 특집을 마련했다. 이 특집에는 성공회대 교수 김동춘의 「서울대 혁신적 재편이 필요하다」, 한국 사회과학연구소 연구위원 정태인의 「단과대별로 분리해 지방 국립대로」, 국민대 법학과 교수 김동훈의 「서울대 더 이상 국립일 필요 없다」 등 세 편의 글이 실렸다.

경원대 경제학과 교수이며 경실련 재벌개혁위원장인 홍종학은 2001년에 출간한 『한국은 망한다』에서 "서울대 졸업생의 경우 1980년대 이전에는 독점적 지위가 있었다고 보기 어렵다. 서울대학교가 설립된 지 그래 오래되지 않았으며 졸업생의 수가 그리 많지도 않았기 때문에 스스로 경쟁에서 살아남아야 했다. 그러나 1980년대 이후에 사회 지도층의 최상층부가 서울대 졸업생들로 채워지고, 졸업정원제로 인해 졸업생의 수가 대거 늘어나면서 서울대의 독점적 지위는 공고해졌다. 급기야 지난 대통령 선거 때 집권 여당의 후보가 모두 서울대 졸업생으로 채워지는 기현상을 연출하게 되었다"며 다음과 같이 말했다.[68]

"이제 한국 사회의 최상층부는 서울대인들이 완전히 장악했다. 지난 20년간 그들은 끊임없이 서울대의 독점력을 강화해왔고, 서울대의 공룡화를 추구해왔다. 강화된 독점력을 이용하여 서울대인들이 받는 특혜를 늘이도록 주장해왔다. 그런 그들이 필자의 이야기에 귀를 기울이기는 어려울 것이다. 그래서 지금으로서는 희망이 보이지 않는다."[69]

희망이 보이지 않는 이유 가운데 가장 큰 것은 그런 문제 제기를 하는 사람을 아주 이상한 사람으로 만들어버리는 한국 사회의 엽기적인 풍토

68) 홍종학, 『한국은 망한다』(이슈투데이, 2001), 186쪽.
69) 위의 글.

홍종학은 '한국 사회의 최상층부는 서울대인들이 장악'했다고 말했다.

에 있었다. 연세대를 나온 홍종학이 '덧붙이는 글'에서 다음과 같이 말하는 걸 보면 쉽게 이해할 수 있을 것이다.

"필자는 서울대학교를 졸업하지 못했다. 그래서 다른 사람의 모교를 깎아내리는 것만 같아 송구스럽고, 한국 최고의 지배 집단을 비난하는 인상을 주는 것이 부담스럽다. 그러나 필자의 의도는 결코 어느 특정 학교를 비방하고자 한 것이 아니었음을 인식해주기를 바란다. 경쟁자를 허용하지 않고 기득권자만을 보호하는 제도는 결국 모두에게 도움이 되지 않는다는 구조적인 문제를 지적했을 뿐이다. 서울대가 워낙 동경과 경원의 대상이 되다보니 서울대 관련 이야기를 할 때마다 오해를 받는다. 얼마 전에는 무슨 열등감이 있느냐는 질문도 받았다. 열등감이 있는 사람도 자신이 열등감이 있다고 이야기하지는 않기 때문에 해명도 할 수 없는 질문이다. 정신과 의사가 구절구절 해석해서 열등감의 소산이라고 주장하면 무슨 할 말이 있겠는가?"[70]

『조선일보』 등 보수신문들은 서울대 비판을 '나쁜 평등주의'로 몰아 붙이면서 비판적인 자세를 보였지만, 『월간조선』(2001년 6월)은 특집 기사를 통해 "본교 출신 교수가 95%, 이런 동종교배 학풍이 세상의 변화를 따라잡을 수 있나"라는 의문을 제기하였다.[71]

국립대 협력 및 개방화 방안

2001년 4월 서울대 물리학과 교수 장회익은 '국립대 협력 및 개방화 방안'을 제안하고 나섰다. 이는 서울대를 포함한 국립대 사이에 상호 보완 협력 체제를 구축하기 위해 한시적으로 학부 과정에서 서울대 이름으로 입학생과 졸업생을 내지 말자는 것이다. 서울대의 학부 입학 정원을 협력 대학에 배정해 이들 대학에서 교육시키고, 서울대는 가능한 범위에서 이들 대학에 입학한 학생들을 대상으로 새로운 열린 교육을 해보는 것이 곧 서울대를 정점으로 한 대학의 서열 구조를 깰 수 있는 정책 대안이라는 게 장회익의 고민이었다. 그러나 이에 대한 서울대 교수들의 반응은 시큰둥했다.

『교수신문』 2001년 4월 16일자에 따르면, "교수들은 대부분 '너무 이상적인 안'이라고 일축했다. 신용하 교수는 '실현 가능성이 거의 없으며, 오히려 전체 대학 교육을 하향 평준화하는 방향으로 흐를 수 있다'

---

70) 홍종학, 『한국은 망한다』(이슈투데이, 2001), 197쪽.

71) 이홍, 「서울대 위기론의 실체: 본교 출신 교수가 95%, 이런 동종교배 학풍이 세상의 변화를 따라잡을 수 있나」, 『월간조선』, 2001년 6월, 240~251쪽.

고 비판했다. …… 조동일 교수만이 '이상적이긴 하지만 취지와 아이디어를 살릴 수 있는 방안을 찾아봐야 한다' 며 긍정적인 반응을 보였다. 이날 토론에서 확인된 장 교수와 다른 교수들 사이의 간극은 결국 '모두 잘살 것인가', '혼자 잘살 것인가' 하는 인식의 차이에서 비롯됐다고 할 수 있다. 장 교수의 제안은 서울대를 넘어선 것이었지만, 다른 교수들의 생각은 여전히 서울대를 벗어나지 못한 것이었다. 장 교수의 제안은 어느 사회대 교수의 지적처럼 서울대 밖에서 논의될 때 그 뜻을 살릴 수 있는 방안 모색이 가능할 것으로 보인다."[72]

신용하는 장회익의 제안을 '실현 가능성 없는 몽상가적 발상' 이라며 "망국적 교육열의 원인을 서울대 탓으로 돌리는 기본 전제가 잘못됐기 때문에 일고의 가치도 없다" 고 비판했다. 그는 "지난 3월 교수협의회 설문 조사 결과에서 보듯 교수 84%가 현재 서울대가 심각한 위기 상황에 처해 있다고 응답할 만큼 위기감이 높은 것은 사실" 이라면서도 "교수들 대부분은 이러한 위기가 서울대의 자율성을 저해하는 부당한 교육 당국의 간섭 때문이라고 인식하고 있다" 고 반박했다.[73]

서울대 교수 백낙청은 '창작과비평' 게시판에 올린 글에서 4월 20일에 열린 『교수신문』 창간 9주년 기념 심포지엄과 관련해 다음과 같이 말했다. "장회익 교수는 이 자리에서 20인 명의로 발표하려던 내용이 마치 장 교수 개인의 제안인 것처럼 미리 보도된 점을 몹시 언짢아했습니다. 실제로 언론 매체들이 장 교수 한 사람의 외로운 목소리가 아니라 비록 서울대 전체 교수 중 극소수이긴 해도 여러 단과대학을 망라하는 교수

72) 안길찬, 「'서울대' 에 묻힌 '서울대 개혁론'」, 『교수신문』, 2001년 4월 16일.
73) 『조선일보』, 2001년 4월 19일.

들의 집단적인 제의라는 점을 부각시켰더라면 사회적인 효과는 더 좋았으리라는 생각이 듭니다.(참고로 명단을 가나다순으로 적으면 강명구, 고철환, 곽광수, 김영식, 김인걸, 노오현, 백낙청, 서정선, 소광섭, 안경환, 안삼환, 이애주, 장회익, 조동일, 최갑수, 최무영, 최우갑, 한기상, 한상진, 황상익 이렇게 20명입니다.)"

장회익의 제안이 '실현가능성 없는 몽상가적 발상' 이라면 그건 혹 '서울대 이기주의' 가 주된 원인이 아니었을까? '대학별 특성화' 방안을 하향 평준화라고 주장하는 건 수도권 인구 집중을 좀 억제하자고 했더니 그걸 가리켜 전 국민의 하향 평준화를 초래한다고 억지 쓰는 거나 다를 바 없는 게 아니었을까? 장회익도 "정부는 지방 국립대에도 골고루 투자해 명문대가 5개, 10개가 되도록 함으로써 서울대 편중 현상을 시정해야 한다" 고 말했을 뿐이다.[74]

'이해찬 세대' 의 분노

2001년부터 시작된 대입 수시모집의 특별전형 유형이 다양해지면서 해괴한 일들이 벌어지기 시작했다. 학교에서 전략적으로 수시 응시생들에게 각종 상과 경시대회 참여를 몰아주는가 하면 선행증(善行證)을 사실상 돈 주고 사다시피 하는 일들이 벌어졌다.[75]

이즈음 고3을 가리켜 '이해찬 세대' 라는 말이 유행하기 시작했다. 1998년 10월 교육부 장관 이해찬이 '2002 새 대입 제도' 개선안을 발표

74) 장지영, 「"학부과정 선발 중단하라"」, 『국민일보』, 2001년 4월 19일, 30면.
75) 윤영아, 「대입 특별전형 편법이 판 친다」, 『세계일보』, 2002년 8월 19일, 1면.

할 당시 이들은 중3이었다. 당시 교육부는 "현 중3부터 적용되는 새 대입 제도는 '무시험 전형'에 가까울 만큼 수능 성적보다는 다양한 전형 요소를 사용한다"고 과장했고 이들은 이에 따라 공부를 상대적으로 도외시해왔다. 그 결과 이들이 고2 때 치른 수능 모의고사 성적을 전년도 생과 비교해보면 400점 만점에 평균 20~30점씩 떨어지는 경우가 많았다.[76]

2001년 11월 7일에 치러진 2002년도 수학 능력 시험은 엄청난 사회적 분노와 혼란을 불러일으켰다. "정말 어이가 없습니다. 우리가 교육 정책의 모르모트입니까……." "공부 안 해도 대학 갈 수 있다고 해놓고 수능을 무지막지하게 어렵게 내다니, 세상이 미워요." 어렵게 출제된 '고난도' 수능 시험을 치른 고3 수험생들이 교육 당국을 향해 퍼붓는 분노의 목소리였다. 수험생들은 "특기와 적성만으로 대학 갈 수 있다"고 큰소리쳤던 '이해찬 교육 정책'의 최대 피해자라며 울분을 쏟아냈다.[77]

2005학년도 대입 요강은 더욱 복잡해져 2002년부터는 입시 컨설팅 산업이 붐을 이루게 되었다. 대학 입시가 너무 복잡하고 다양해져 일선 학교에서 진학 상담을 해주는 것이 어려워졌기 때문에 일어난 현상이었다.[78]

기존 학벌주의를 바꾸지 않고선 사교육비 부담 완화와 고교 교육 정상화는 불가능하다는 것이 명백해졌음에도 불구하고 자꾸 대입 제도만

76) 이광일, 「현 高3은 '이해찬 세대'」, 『한국일보』, 2001년 3월 22일, 28면.
77) 김성호 · 김기철, 「'이해찬 1세대'의 분노 "공부 안 해도 대학 간다 해놓고……"」, 『한국일보』, 2001년 11월 9일, 30면.
78) 정현목, 「입시 관리도 과외 시대: 2005학년도 요강 대비 '대입 컨설팅' 등장」, 『중앙일보』, 2002년 9월 10일, 31면.

바꾸는 '쇼'를 반복하는 건 새로운 변화에 강하게 저항하는 기득권 세력이 있느냐 없느냐 하는 차이 때문이었을 것이다. 아니, 어쩌면 기존 체제를 바꾸는 건 불가능하다고 본 체념의 지혜 때문이었는지도 모르겠다. 그렇게 긍정적인 자세를 갖기로 하자. 영어 전쟁도 그렇게 보아야 하지 않겠는가?

요람에서 무덤까지 '영어 스트레스'
영어 자본-영어 권력 시대

영어 자본-영어 권력 시대

"세계화 시대에 미국은 영어 한 가지만으로 온 세상을 지배한다. 영어 제국주의는 미국 패권주의의 당연한 짝꿍인 것이다. 이에 따라 최근 비영어권 사회에서는 영어 열풍이 휩쓸고 있다. 우리나라의 사정은 광풍(狂風)이라 부를 수 있을 정도다. 이미 장년이 다 된 나이에 세계화의 날벼락을 맞아 늦깎이 영어 공부에 뛰어든 어른들의 모습도 애처롭기는 하지만, 특히 세계화를 피할 수 없는 평생 운명으로 감수할 수밖에 없는 어린이나 청소년의 경우에는 영어가 생존의 수단이자 경쟁의 무기로 인식되고 있다."

한림대 교수 전상인이 『문화일보』(2001년 3월 19일)에 쓴 「영어 자본-영어 권력 시대」라는 제목의 칼럼에서 내린 진단이다. 그는 "그런데 흥미로운 것은 사회계층별로 '영어 외압'에 대한 대응이 다르게 나타난다는 점이다. 먼저 최상류 계급은 대체로 자녀들의 조기 유학을 선택하는 경향이 높다. 일시적으로 불편한 가족 해체를 감수하더라도 탄탄한 재력을 활용하여 자녀들로 하여금 현지에서 영어를 배워 다시 돌아오게 만들고자 하는 전략은, 모름지기 우리 사회 안에서 그들이 이미 확보한 기득권을 유지 · 재생산하겠다는 발상의 결과일 것이다. 한편, 중산층의 경우는 가족 이민의 형태로 반응하는 추세가 높다. 이는 기왕 '무너지는 중산층' 의 입장에서 아파트를 팔고 떠나서라도 남은 인생의 승부를 자신이 아니라 자녀의 영어 교육에 걸어보는 것이다" 며 다음과 같이 주장했다.

"이제 남은 것은 '영어 외풍' 에 대한 대비를 국내에서 할 수밖에 없는 대다수 서민들이다. 지금 현재 그들은 영어 과외 시장에 고통스럽게 내몰리고 있다. …… 더욱더 우리를 슬프게 하는 것은, 그럼에도 불구하고 자녀를 위한 영어 사교육비 지출이 아깝지 않다고 응답한 비율이 매우 높게 드러났던 이유다. 부모의 경제력이 학력과 학벌에 의한 사회적 불평등을 고착화하는 우리 사회의 현 실정하에서, 영어라고 하는 '문화자본' 을 자녀에게 제공하는 일이야말로 계층 상승을 위해 그들이 쓸 수 있는 마지막 카드라고 생각하고 있는 것이다. …… 지금 현재와 같은 모습으로는 영어가 우리 사회의 계급적 양극화를 가속화할 공산이 높다. 정보화 시대의 '디지털 격차' 못지않게 세계화 시대의 '영어 격차(English divide)' 도 심각하게 논의되어야 한다."[79)]

2001년 4월 한양대 교수 조진수는 "영어 열풍은 어제 오늘만의 일이 아니다. 필자가 중학생이던 30여 년 전에도 영어 학원과 과외가 모든 학

79) 전상인, 「영어 자본-영어 권력 시대」, 『문화일보』, 2001년 3월 19일, 6면.

생과 학부형을 괴롭혔고 취직이나 유학 시험을 위한 AFKN반, 타임반, 뉴스위크반 등을 내세운 학원들이 즐비했었다. 이제는 전국의 골목마다 영어 학원 차량들이 학생들을 실어 나르고, 우리말도 제대로 못하는 유아를 위한 영어 놀이방까지 등장했다"며 다음과 같이 주장했다.

"도대체 우리나라의 경쟁력에 영어가 얼마나 중요하기에 온 국민이 영어 열병에 시달려야 하는가? 모든 국민이 영어를 잘해야 된다는 논리는 어디서 생겼을까? 정부가 앞장서서 영어 교육에 쏟아붇는 엄청난 국민적 투자가 경제에 얼마나 보탬이 돼서 우리를 잘살게 해주고 있는가? 이쯤 되면 영어가 나라를 망치고 있는 것은 아닌지 의구심을 가져볼 만하다. …… 영어로 말할 일이 거의 없는 국민에게까지 영어에 대한 투자를 강요하는 것은 경제적으로도 비논리적이다. 이제는 정부가 대다수 국민에게 큰 정신적 압박을 주고 있는 맹목적 영어 열풍을 진화하도록 노력해야 한다."[80]

영어와 대중문화

2001년 4월 관광 확대와 무역 진흥을 위해 제주도를 국제 자유 도시화하고 영어를 제2공영어로 하는 방안이 발표되자 학계는 물론 정부 내에서도 논란이 일었다. 김한길 문화관광부 장관은 "영어 사용국의 식민지가 아니었으면서도 자진해서 영어를 공용어로 택한 경우는 지구상에 단 한 나라도 없다"며 반대 입장을 명확히 했다. 학계에서도 '국민의 언어 정

80) 조진수, 「[여론마당] '묻지마 영어 투자' 나라 망친다」, 『동아일보』, 2001년 4월 10일, 5면.

체성과 국가 이미지가 걸린 문제이고 성급한 시행은 시행착오만 낳을 것' (고려대 서지문 교수)과 '영어 공용어는 경제적 경쟁력 차원이 아닌 서구 인문주의의 가치를 제대로 소화하기 위해서도 논의 자체를 거부해선 안 된다' (연세대 함재봉 교수) 등 논란이 제기됐다.[81]

영어는 이미 실용의 문제를 떠나 사회적 분위기와 문화의 문제가 되었고 이에 따라 내부 구별짓기의 첨병으로서의 위상을 부여받았다. 대중가요는 그런 현실을 선도적으로 반영했다. 2001년 여름 초등학생이면 누구나 '밥쓰미, 밥~쓰미' 하며 따라 부르는 인기 댄스 그룹 'DJ DOC' 의 히트곡 'Run To You' 의 노래 가사 일부를 옮겨보면 이랬다.

"Yeah baby, (Yeah baby), Bounce with me, Bounce with me, Bounce with me, Bounce, Bounce, Bounce, Bounce. 외로울 땐 날 불러, 뭐가 니 맘에 걸려, 내가 원한다는 걸 넌 알고 있잖아. I need you I want you I will run to you. Yeah baby, Yeah baby. 니 마음의 문을 열어 나를 허락해줘……"

이와 관련, 마태운은 "그룹 이름도, 노래 제목도 영어지만 노랫말도 한글과 영어가 뒤섞여 있다. 후렴구의 영어(Bounce with me)를 따라 부르는 초등생들의 목소리는 강한 메아리처럼 울려 퍼지지만 그 뜻은 알지 못하고, 알 필요도 느끼지 못한다"며 다음과 같이 말했다.

"청소년들을 주 시청층으로 하는 각 방송국의 인기 가요 프로그램이나 쇼 프로그램을 댄스 그룹들이 장악한 지는 이미 오래 됐고 어른들은 채널 선택권마저 빼겼다. 알아듣기 힘든 랩 가사는 TV 화면에 자막까지

---

81) 마태운, 「국 · 영문 퓨전 시대/(하) 국가적 열풍 바람직한가」, 『문화일보』, 2001년 7월 11일, 3면.

넣어주지만 영어가 반을 차지하고 있다. 이를 두고 일부 중장년층은 '공중파 방송에서 너무 심한 것 아니냐' 는 반응을 보이지만 현재 각 방송국 가요 심의는 영어 가사의 경우 그 내용만을 심의 기준으로 삼고 있다. …… 미디어 매체나 인터넷 그리고 일상생활에서도 10대 청소년층뿐만 아니라 취학 전후의 어린이들에게도 영어는 공기처럼 필수 불가결한 것이다. 내년에 초등학교에 입학하는 홍정우 군의 또 다른 이름은 '브라이언 홍' 이다. 조기 영어 교육붐을 타고 취학 전후 어린이들을 대상으로 한 영어 전문학원들이 붐을 이루면서 다니기 시작한 영어 학원의 강사가 붙여준 이름이다. 강사는 물론 미국인이다. 학원에서는 우리말을 한 마디도 못하게 하고 집에 가서도 할 수 있는 말은 모두 영어를 쓰도록 교육받는다."[82)]

이러한 영어 열풍의 일환으로 이른바 '미드(미국 드라마) 열풍' 도 서서히 그 모습을 드러내기 시작했다. '미국 드라마를 사랑하는 사람들 (cafe.daum.net/dramainusa)' 의 운영자는 "케이블TV가 보급되고 영어 교육열이 높아지면서 외국 문화, 좀더 정확히 말하면 미국 문화에 대한 관심이 커져 미국 드라마 마니아도 점점 늘어나는 것 같아요" 라고 말했다.[83)]

영어! 영어! 영어! …… 요람에서 무덤까지 '영어 스트레스'

'영어! 영어! 영어! …… 요람에서 무덤까지 '영어 스트레스'' 2001년 10월 『한국일보』는 이런 제목을 내건 심층 분석 기사를 연재했다. 이 기사

82) 마태운, 「국 · 영문 퓨전 시대/(상) 일상에 범람하는 영어」, 『문화일보』, 2001년 7월 9일, 3면.
83) 윤민용, 「'외화 보기' 동호회 열풍-'미국 사람들 이럴 때 웃는다'」, 『경향신문』, 2001년 9월 4일, 30면.

에 따르면, "모두가 영어의 바닷속에 빠져 허우적댄다. 이제 겨우 입을 떼기 시작한 아기부터 은퇴를 앞둔 중·노년들까지 영어의 광풍 속에서 도무지 헤어날 방법이 없다. 그 속에서 교육이 죽고, 사고와 창의성이 마르고, 어마어마한 시간과 돈이 부질없이 스러진다. 그러나 어쩌랴. 실제 효용성이 어떻든 혀를 굴려야 공부깨나 한다는 소리를 듣고, 아이비리그에 입학 허가를 받을 정도의 토플(TOEFL)·토익(TOEIC) 점수를 받아야 변변치 않은 직장에라도 취직이 가능한 것을. 어느새 영어만이 유일한 능력이 돼버린 우리 사회에서 이 끔찍스런 영어 스트레스는 그야말로 요람에서 무덤까지 이어진다."[84)]

전문가들은 "영어에 대한 관심이 어제 오늘의 얘기가 아니지만 최근의 이상 열풍은 과거보다 훨씬 절박한 이유에서 비롯됐다"며 인터넷과 경제의 글로벌화를 지적했다. 인터넷을 통해 전파되는 정보의 80% 이상이 영어로 돼 있어 영어를 못하면 지식정보사회에 낙오자로 전락할 것이라는 위기감이 확산되고, 소위 '국경 없는 경제 시대'를 맞아 외국인과의 직간접 교류가 일상화한 때문이라는 것이다.[85)]

그런 배경하에 한국 특유의 쏠림 현상이 나타난 것일 텐데, 역시 이런 유행 전파에선 강남이 선도자였다. "세 살배기 우리 아가, 미국인 영어 선생님 없나요?" 유아 영어 학습 열풍으로 영어 유치원에 이어 원어민으로부터 직접 영어를 배우는 개인 과외가 강남과 분당 등 일부 지역을 중심으로 유행했다.[86)] 있는 집 아이만 골라 뽑는 이른바 '귀족 유치원'

---

84) 유성식 외, 「포커스/영어! 영어! 영어! …… 요람에서 무덤까지 '영어 스트레스'」, 『한국일보』, 2001년 10월 23일, 33면.
85) 김진각, 「포커스/영어! 영어! 영어! …… 영어 강박증의 원인은?」, 『한국일보』, 2001년 10월 23일, 33면.
86) 김상훈, 「유아 원어민 과외 '열풍'」, 『문화일보』, 2001년 12월 21일, 31면.

도 등장했고, 이에 따라 가랑이가 찢어지는 '뱁새' 들도 나타났다.

『경향신문』 2001년 12월 20일자에 따르면, "서울 강남에 사는 주부 김 아무개 씨는 인근의 한 의사 집에 파출부 일을 하고 있다. 평범한 회사원의 부인인 김 씨는 남편이 출근한 뒤 오전 9시부터 하루종일 이 집에서 궂은일을 해주고 있다. 김 씨가 한 달에 받는 돈은 120만 원 정도. 김 씨는 이 돈을 고스란히 5살짜리 아들의 유치원 비용으로 충당하고 있다. …… 서울 서초구 ㅇ유치원에 딸을 보내려고 찾아간 조 아무개 씨는 유치원 관계자와의 면접에서 망신만 당했다. 조 씨는 회사원인 남편의 직업, 사는 곳과 평수 등에 대한 질문만 들었을 뿐 딸에 대한 말은 단 한마디도 듣지 못했다."[87]

서울 시립청소년직업체험기관인 '하자센터' 의 전효관 부소장은 "강남의 사교육 열풍은 사이비 교주에 대한 맹종을 연상케 합니다. 교육 효과가 검증되지도 않았는데 마치 그걸 안 하면 종말이라도 맞을 것처럼 불안해하며 이리저리 몰려다니기 때문입니다"라고 개탄했다.[88] 그렇게 살아가는 자유도 존중받아야 하는 것이겠지만, 문제는 그런 불안이 전국으로 파급되는 데에 있었다.

반면 서울대 경영학과 교수 주우진은 "과연 대한민국의 모든 학부형들이 비이성적으로 행동하고 있는 것인지, 그리고 왜 이런 현상이 나타날 수밖에 없는지 다시 한 번 생각해볼 필요가 있다. 왜냐하면 기업을 하는 사람이라면 누구나 아는 사실이지만 소비자는 결코 어리석지 않으며

87) 조현철, 「있는 집 아이만 골라 뽑고 중국 · 일본어까지 교육, 강남 '귀족 유치원' 열풍」, 『경향신문』, 2001년 12월 20일, 27면.
88) 홍성철 · 오남석 · 강연곤, 「'강남 공화국' (2)私교육 1번지」, 『문화일보』, 2002년 1월 11일, 1면.

파주에 있는 경기영어마을. 마치 유럽에 온 듯한 착각을 일으키는 이곳에서는 오직 영어로만 대화해야 한다.

자신에게 가장 높은 효용을 주는 제품과 서비스에 돈지갑을 열게 되기 때문이다"고 주장했다. 그는 외국 자본의 국내 진출, 한국 경제에서 서비스 비중의 증대, 인터넷의 발달 등 세 가지 이유를 들면서 "이러한 요인들을 생각할 때 학부형들이 자녀들에게 영어 과외를 시키는 것은 당연하며 경제적으로 봤을 때도 하나의 중요한 투자라고 할 수 있다"며 다음과 같이 말했다.

"문제는 이러한 시장경제의 원리가 교육에 있어서 불평등을 초래하고 있다는 것이다. 해외 연수, 조기 유학과 같은 효과적인 영어 교육은 경제적으로 부유한 계층만이 향유할 수 있기 때문이다. 그런데 이러한 불평등을 이유로 조기 유학, 해외 연수, 사교육을 비난하거나 금하며 부모들의 행동을 과열이라고 폄하하는 것은 바람직하지 않다. 왜냐하면 외국인의 국내 기업 인수, 한국 경제의 서비스화 그리고 인터넷의 발달로 인하여 우리 사회는 영어를 잘하는 인적 자원을 많이 필요로 하고 있는 것이 엄연한 현실이기 때문이다. 이러한 수요를 채우지 못할 경우 우리 경제는 그 잠재력을 충분히 발휘하지 못할 것이며 국제 경쟁력도 약화될 것이다. 그러므로 우리는 영어 교육의 기회 평등과 사회의 수요 충족이라는 두 마리 토끼를 동시에 잡기 위하여 공교육으로서의 영어 교육을 강화하여야 한다." [89]

영어 열풍을 부정적으로만 볼 일은 아니었다. 앞서 지적한 대로 영어 열풍은 "다른 집 아이에 뒤떨어지는 건 참을 수 없다"는 내부 경쟁이 키운 것이었지만, 동시에 '인구는 많고 자원은 없는 나라'의 국민이 가진 '강박증'으로 이해할 수도 있잖은가. "기름 한 방울도 안 나는 나라" 운운하는 표현이 잘 말해주듯이, 한국인들은 세계 최고 수준일 정도로 높은 대외 의존도 때문에 만성적인 불안감을 갖고 있는 동시에 국제적 상황에 매우 민감하게 반응하지 않을 수 없다. 그러니 어찌 영어를 외면할 수 있으랴. 한국인들의 이른바 '한류 열풍'에 대해 환호한 것도 그런 관점에서 이해할 수 있지 않을까?

89) 주우진, 「조기 영어 교육은 시장 원리」, 『문화일보』, 2002년 1월 14일, 6면.

2001년

왜 한국 문화가 인기를 끄는가? 한류 열풍

아시아를 잇는 대중문화

한국 대중문화가 1997년부터 중국에 진출해 성공을 거두기 시작하면서 중국 언론은 '한류(韓流)' 라는 말을 쓰기 시작했다. 중국 월간 『당대』 편집부 국장 홍칭보에 따르면, "그때 〈사랑이 뭐길래〉라는 한국 텔레비전 드라마가 중국에서 선풍적 인기를 끌었다. 그전까지 중국 시청자들은 유럽이나 미국, 홍콩이나 대만의 드라마를 많이 봤다. 〈사랑이 뭐길래〉가 대박을 터뜨리자 중국 시청자들은 마치 신대륙을 발견한 듯 한국 드라마에 빠져들었다. 1998년 한국 그룹 HOT가 중국 청소년들의 머리를 노랗게 물들였다. 1999년엔 베이징 도심 상업지구에 한국 상품을 전문적으로 파는 대형 쇼핑센터가 문을 열었다. 2003년엔 현대자동차 베이징 합작공장이 생산을 시작해 단숨에 유럽과 미국, 일본의 자동차 열강들과 어깨를 나란히 했다."[90]

가요에 국한하긴 했지만, 신현준은 한류의 태동이 1997년 말에 한국을 강타한 이른바 'IMF 환란' 직후라는 것은 우연이 아니라고 주장한다. 경제 위기로 구조적 침체에 빠진 한국 음악 산업은 '디지털화'와 '아시아화'라는 전략을 취함으로써 한류를 생존의 자구책으로 삼았다는 것이다.[91]

'한류'보다 앞선 '일류'는 어떠했는지 살펴보는 것도 좋겠다. 일본 학자 이와부치 고이치는 1995년에서 1998년에 걸친 연구 끝에 2001년 2월에 출간한 『아시아를 잇는 대중문화』에서 이런 결론을 내렸다. "일본 미디어 산업은 일본의 문화적 영향력이 역사적 · 정치적 · 경제적인 맥락이나 문화 상황에 따라 또 지역마다 크게 달라짐을 알게 되었다. 그리고 이를 통해 일본 미디어 산업은 다른 아시아 나라나 지역이 능동적인 주체성을 가지고 일본과는 다른 방식으로 전 지구적 문화 왕래와 교섭하고 있음을 알게 되었다."[92]

의미심장한 결론이다. 1972년에 설립된 일본재단(Japan Foundation)이라는 일본 문화 수출 사령탑을 앞세워 아시아 지역에서 문화적으로 미국 행세를 하려 했던 일본의 전략에 근본적인 차질이 생겼다는 말이다. 일본은 한동안 아시아 지역에서 USA(US OF ASIA)라는 별명을 얻을 정도로 문화 수출에서 성공을 거두었지만, 1990년대 후반부터 다른 양상이 나타나기 시작한 것이다. 이는 한국이 할 역할이 있다는 걸 말해주는 건 아니었을까?

---

90) 홍칭보, 「한류 10년」, 『한겨레』, 2007년 11월 26일.
91) 신현준, 「K-pop의 문화 정치(학): 월경(越境)하는 대중음악에 관한 하나의 사례 연구」, 『언론과 사회』, 제13권 3호(2005년 여름), 7~36쪽.
92) 이와부치 고이치, 히라타 유키에 · 전오경 옮김, 『아시아를 잇는 대중문화: 일본, 그 초국가적 욕망』(또하나의문화, 2004), 271쪽.

2000년 한국을 찾아온 외국인 관광객 수가 처음으로 500만 명을 돌파하여 532만 명에 이르렀는데, 이와 같은 한국 관광 붐을 견인한 것은 일본 관광객들이었다. 외국인 관광객 중 일본인은 절반(48.3%)에 가까운 247만 2,000여 명으로 집계되었다. 한국을 찾은 일본인들은 "심야에도 잠들지 않은 서울의 활력과 사람 냄새가 좋다"고 했다.[93] 이제 곧 일본에서 본격적으로 불게 될 한류를 예고한 것이었을까?

글로벌 지각 변동의 징후인가?

민간 부문에서 먼저 시작된 한국의 문화 수출, 즉 한류에 대해 정부가 주목하기 시작한 건 2001년부터였다. 물론 김대중 정부는 1998년 출범부터 문화의 산업적 가치에 주목하여 문화 산업 정책들을 활발히 추진해왔지만, 한류를 '지속적이고 안정적인 경향을 보여주는 어떤 실체'로 보기까진 시간이 좀더 필요했다.[94]

문화관광부 장관 김한길은 『대한매일』(2001년 7월 21일) 인터뷰에서 한류는 "한국 문화의 저력이 세계를 무대로 활발히 뻗어나갈 수 있는 가능성을 보여주는 것"이며 "한류 열풍을 수출과 직결시키도록 지혜를 모아야 할 때"라며, "우리 문화의 해외 진출을 적극 지원하겠다"고 밝혔다. 또 그는 "이는 아시아 지역에서 일본, 미국 문화가 차지하던 독점적 지위를 우리 문화가 서서히 무너뜨리면서 아시아인들의 문화적 유사성과

---

93) 정순태, 「한일 교류 400만 명 시대의 충격: "심야에도 잠들지 않은 서울의 활력과 사람 냄새가 좋다"」, 『월간조선』, 2001년 5월, 380~399쪽.
94) 하종원 · 양은경, 「동아시아 텔레비전의 지역화와 한류」, 『방송연구』, 2002년 겨울, 68쪽.

우리 문화에 대한 친근감을 바탕으로 반만년 역사 속에 농축된 한국문화의 저력이 세계를 무대로 활발히 뻗어나갈 수 있는 가능성을 보여주는 것입니다"라고 말했다.

김한길의 이런 발언에 대해 조한혜정은 「글로벌 지각 변동의 징후로 읽는 '한류 열풍'」이라는 논문에서 "경제 이윤을 남길 수 있는 호기를 최대한 활용하자는 수출제일주의, 미국 문화의 독점적 영역을 이제 우리가 점거하기 시작했다는 식의 제국주의적 근대화주의, 그리고 '반만년 역사'를 거론하는 본질적 민족주의를 읽어낸다면 지나친 비약일까?"라고 논평했다.[95] 결코 비약은 아니었다. 다만 일부 비판적 지식인들을 제외하곤, 제국주의적 근대화주의와 본질적 민족주의는 한국인 대다수가 적극 포용한 것으로 이후 한류 담론의 주된 흐름이 되었다는 것은 분명한 사실이다.

홍사종은 『문화일보』 2001년 8월 31일자에 기고한 「한류 열풍 실체 있나」라는 글에서 "대중문화예술 시장에 관한 한 한국이 문화 주변부가 아닌 그야말로 동아시아권에서만은 중심부에 서 있다는 자긍심을 일깨워준다"고 말했다.

반면 이동연은 『문화일보』 2001년 9월 8일자에 기고한 「한류, 정말 문화 맞니?」라는 칼럼에서 "작가들의 평균 월수입이 40만 원도 안 되고 인구 12만 명당 도서관이 하나인 나라에서 한류를 '문화 국책'으로 삼을 만큼 지금 문화관광부는 여유로울 수 있는가?"라는 의문을 제기하면서 다음과 같이 말했다.

---

95) 조한혜정, 「글로벌 지각 변동의 징후로 읽는 '한류 열풍'」, 조한혜정 외, 『'한류'와 아시아의 대중문화』(연세대학교 출판부, 2003), 1~42쪽.

"한국의 대중음악 시스템이 개혁되지 않는 한, 문화 민주주의를 실현하는 문화 행복지수가 높아지지 않는 한, 한류는 불행한 우리의 자화상으로 기억될 것이다. 한류는 지배적 문화 유행 형식이 생산해낸 또 하나의 오리엔탈리즘이고, 천박한 B급 문화 자본의 파생물이며, 문화를 정치외교상의 교두보로 환원하고 문화적 콘텐츠를 화폐의 총량으로 환산하려는 산업적 국가주의의 산물이다. 오, 한류, 너 정말 문화 맞니?"

이런 견해에 대해 조한혜정은 " '한류 열풍' 현상은 우수한 문화의 저급한 문화로의 전파 현상으로 보기보다는 국경을 넘나드는 초국적 자본과 미디어의 이동, 그리고 사람의 이동으로 일어나는 복합적이고 역동적인 '초문화화' 현상의 일부이자 '권력 재편' 의 고정으로 파악될 현상이다" 고 진단하면서 이렇게 말했다.

"그런 면에서 한류의 주인공인 문화 상품이 B급의 천박한 상업주의 문화임을 그렇게 가슴 아파할 필요는 없을 것이다. 이런 우려를 하기 전에 우리는 현재 세계시장을 제패하고 있는 미국식 상업주의 문화 상품 역시 대부분 B급의 천박한 문화라는 점을 인식할 수 있는 여유를 가져야 한다. 자국의 상품에 대해서 지나치게 허용적이거나, 지나치게 비판적인 '결벽성' 의 자를 들이대는 태도를 뒤집어볼 수 있어야 한다는 말이다. 그러면서 문화 상품의 생산 과정과 유통망에 대해 생각하는 사유의 훈련이 필요하다."[96]

96) 조한혜정, 「글로벌 지각 변동의 징후로 읽는 '한류 열풍'」, 조한혜정 외, 『'한류' 와 아시아의 대중문화』(연세대학교 출판부, 2003), 1~42쪽.

왜 한국 문화가 인기를 끄는가?

원용진은 『한겨레』 2001년 9월 26일자에 「한류 뒤집어 보기」라는 칼럼을 기고하였다. 조한혜정의 해설에 따르면, "원용진은 20년 전에 서양 가수들이 오면 흥분하던 10대 팬클럽 청소년들을 매우 못마땅해하던 '어른' 들이 이제 가수를 수출하는 입장에서는 '한류' 상품들이 어떤 내용들인지 뻔히 알면서도 팔아야 한다는 일념만 보이는 '아류 문화 제국주의자' 가 되고 있다면서 한국 사회의 성찰성 부재 현상을 지적한다. 그러면서 그는 이 기회를 아시아권에서 서구나 미국의 문화를 막을 수 있는 문화적 블록 형성의 기회로 활용하고 싶어 한다."[97]

김현미는 『한겨레21』(2001년 10월 30일)에 기고한 칼럼에서 한류 현상을 아시아 지역의 '욕망의 동시성' 이란 개념으로 분석했다. 한류는 한국 대중문화의 질적인 우수성이나 문화적 고유성 때문에 생겨난 것이라기보다는 급격한 산업자본주의적 발전을 겪은 아시아 사회 내부의 다양한 갈등들—성별 정체성이나 세대 간 의사소통의 불능성 등—을 가장 세속적인 자본주의적 물적 욕망으로 포장해내는 한국 대중문화의 '능력' 덕분에 생긴 것이라고 해석한 것이다.

한류에 대한 대중매체의 열띤 논의는 2001년 가을부터 서서히 사그라들기 시작했다. 이즈음 조한혜정은 한류 연구를 위해 2001년 2월부터 10월까지 활자 매체에 발표된 글과 텔레비전에서 보도된 기사들을 모아 분석하는 작업에 착수했는데, 그는 당시의 심경에 대해 이렇게 말했다.

"IMF 통화 위기와 마찬가지로 급작스럽게 불어닥친 '한류 열풍' 소식

---

97) 조한혜정, 「글로벌 지각 변동의 징후로 읽는 '한류 열풍'」, 조한혜정 외, 『'한류' 와 아시아의 대중문화』(연세대학교 출판부, 2003), 1~42쪽.

을 접했을 때, 한국의 문화 변동에 계속 관심을 가져온 나로서는 나 자신의 무지에 대해 상당히 당혹스러운 감정이 앞섰다. 그러고는 곧 연구에 들어갔다. 나는 한류 열풍 현상을 통해, 서구 중심의 글로벌리즘만이 아닌 다른 글로벌리즘의 가능성을 찾아보고 싶었다. 아시아 지역에서 일고 있는 '탈경계적' 문화 생산과 유통 상황이 서구 중심적 전 지구화 국면에 새로운 대안을 내놓을 수 있을지 알고 싶었던 것이다."

조한혜정은 "왜 한국 문화가 인기를 끄는가?"에 대해 초기 칼럼니스트들이 내놓은 답은 ①아시아 주민이 가진 공통적 감수성을 강조하는 것 ②미국이나 일본 선진국 대중문화의 폭력성과 선정성을 거론하는 논리 ③아시아 지역에 팽배한 반일 감정과 관련된 것 등이었다고 분류했다.[98]

'전복적 모방'의 전략은 없는가?

한 달 간 한류의 현장을 탐사하고 온 PD 서현철은 2002년 5월 31일 제34회 한국문화인류학회 전국 대회에서 "우리의 댄스 음악은 여전히 미국과 일본을 모방하지만 그런 과정에서 필연적으로 한국의 정서가 묻어날 수밖에 없다"면서, "우리 대중을 염두에 두고 국내 시장을 겨냥해서 만든 음악, 즉 한국 정서가 녹아 있는 한국어로 되어 있는 음악을 저들이 그렇게 좋아하는 것이다. …… 한류 열풍은 우리가 모르고 있었던 한국 대중문화의 힘을 확인시켜주었으며 자신감을 찾도록 해주었다"고 말했다.

이런 유형의 주장에 대해 조한혜정은 "한류가 뜬 것은 한국적 정서 때

98) 조한혜정, 「글로벌 지각 변동의 징후로 읽는 '한류 열풍'」, 조한혜정 외, 『'한류'와 아시아의 대중문화』(연세대학교 출판부, 2003), 1~42쪽.

열정적으로 춤을 추고 있는 동방신기. 조한혜정은 한류 열풍을 '터보 자본주의화'의 결과라고 설명했다.

문이 아니라 '터보 자본주의화' 과정에 화끈하게 몸을 맡김으로써, 다시 말해서 '전통'이나 '한국적인 것'을 버림으로써 획득한 결과로 볼 수 있다"며 다음과 같이 말했다.

"오로지 경제 성장을 위해 과거는 없고 미래만 보고 달려가는 대중들을 위해, 대중들의 동의 아래 만들어진 내수용 상품이기에, 그렇게 소비자가 많은 것이며, 현재 중국이 역시 그렇게 '막 나가고' 있기에 중국의 젊은이들이 열광하는 것이라는 말이다. …… 댄스 음악을 앞으로도 계속 경쟁력 있는 상품이 될 수 있게 하려면, 그것이 춤과 리듬에 강한 한국인의 독특한 정서와 창의력이 만들어낸 것이라는 결론을 내리기보다, 한국인이 춤과 리듬에 강하게 된 배경에 대해 좀더 생각해보는 것이 도움이 될 것이다. 곧 현재 중국 청소년들을 열광케 하는 댄스 음악은 한국의 압축적 근대화가 만들어낸, 열정적 춤으로 일상을 망각하고 싶은 욕망을 가진 대중들이 만든, 더욱 정확하게 말하면, 그들로 하여금 망각의 대중이 되기를 '욕망' 케 한 거대한 시스템의 작품이라는 점을 인식해야 할 것이라는 것이다."

조한혜정은 연구의 결론 삼아 "전 지구의 총체적 위기 상황에서 대안적인 전 지구화 문화 국면은 어떻게 찾아낼 수 있을까? '종속적 모방' 이 아닌 '전복적 모방' 의 전략은 없는가?" 라는 질문을 던지면서 다음과 같은 답을 제시했다.

"다행히 이 질문은 내(우리)가 처음으로 묻는 질문이 아니다. 데리다는 이 복합적인 전환기를 두고 '국가적 주권이 초국가적 자본주의 권력 집중에 저항할 수 있다는 점을 잊지 않으면서 국가적 주권 개념을 해체할 것' 을 제안하였다. '변방' 에서 새 기류가 일고 있고, 우리는 자본의 흐름, 과학기술의 흐름, 미디어의 흐름, 이미지의 흐름 속에 부유하고 있는 자신을 발견한다. 이 흐름을 사람과 사람의 흐름으로 파악할 수 있는 연구들이 나와야 할 때가 오지 않았는가?" [99)]

'아줌마' 와 '친구'

국내로 눈을 돌려보자면, 2001년에 가장 인기를 누린 대중문화는 TV 드라마 〈아줌마〉였다. 이 드라마는 무엇보다도 지식인의 허위성을 통렬하게 풍자함으로써 큰 화제를 불러 일으켰다. 아줌마들의 '의식 고양' 을 역설한 것도 주목할 만했다. 〈아줌마〉의 작가 정성주는 『한겨레』(2001년 3월 17일) 인터뷰에서 다음과 같이 말했다.

---

99) 조한혜정, 「글로벌 지각 변동의 징후로 읽는 '한류 열풍'」, 조한혜정 외, 『'한류' 와 아시아의 대중문화』(연세대학교 출판부, 2003), 1~42쪽.

"나를 포함해서 아줌마는 능멸당해 싼 요소가 너무 많다. 왜냐하면 아직도 극우 보수가 가장 이용하기 쉬운 만만한 집단이다. 분유 광고를 보면, '이거 안 먹이면 너네 아이 바보 돼' 라는 식으로 거의 공갈 협박을 하는데도, 그걸 싹 무시하지 못해 전전긍긍하고, 내 자식은 반드시 '메인스트림, 거기에 낑겨들게 하리라' 하고 남몰래 다짐하지를 않나……. 그래서 교육 개혁이 안 되잖냐……."

영화 쪽에선 3월 31일에 개봉된 〈친구〉(곽경택 감독)가 818만 명의 관객을 동원해 순이익 230억 원을 거둘 정도로 '대박' 을 터트렸다.[100] 2000년 9월 9일 개봉돼 25일 만에 150만 명(〈쉬리〉는 36일 만에)을 돌파한 〈공동경비구역 JSA〉의 인기를 능가했다.

『국민일보』는 "영화 〈친구〉 열풍이 거세다. 각종 모임에서의 화제 중심은 온통 〈친구〉 얘기다. 친구끼리 모이면 주인공 유오성의 부산 사투리 대사가 어김없이 등장한다. '개안타(괜찮다) 친구 아이가' …… 작품성보다는 오락성이 뛰어난 〈친구〉의 예기치 않은 흥행 돌풍에는 복고 바람이 크게 작용했다. 교복을 입은 까치머리의 배우들에게선 학창 시절의 빛바랜 사진을 보는 듯한 향수를 불러 일으킨다" 며 다음과 같이 말했다.

" '부산의 힘' 도 바람몰이의 원동력. 부산에서, 부산 사투리로만 찍은 〈친구〉는 부산 시민들의 적극적인 도움에 힘입었다. …… 여기에다 잇단 멜로드라마에 식상해 있던 관객들에게 모처럼 만에 끈적끈적한 액션을 선사한 것도 적중했다. …… 이와 더불어 진정한 '친구' 가 없는 세상에 의리와 우정의 의미를 되새기게 하는 스토리가 관객을 붙든 요소. 그

100) 우승현, 「'친구' 니 억수로 벌었제」, 『문화일보』, 2001년 5월 31일, 19면.

러나 부작용도 많다. 말끝마다 상스런 욕설을 내뱉는 대사는 듣기 거북할 정도다. …… 유오성이 부하들에게 사시미칼로 사람을 '확실히 죽이는 법' 을 가르치는 대목도 논란거리. '건달들은 음지에서 양지를 지향한다' 는 중간 보스의 대사는 검은 조직을 미화하는 측면도 없지 않다. 또 '남성을 위한 남성의 영화' 라는 평가를 받고 있는 이 영화의 여성 비하도 문제다. 의리의 화신으로 묘사되는 친구들에게 여주인공은 제멋대로 갖고 노는 대상일 뿐이다. 대박 영화라고 해서 멋모르고 휩쓸리다가는 개운치 않은 뒷맛을 남길 수도 있다."[101]

곽경택 감독의 영화 〈친구〉가 대박을 터트리며 '친구 신드롬' 을 몰고 왔다.

이성욱은 "한 달여 만에 500~600만 명 이상의 사람을 감염시킨 〈친구〉를 전염병이라 부르지 않으면 어떤 단어가 그 현상을 감당할 수 있을까" 라면서 "이 영화가 제시하는 '친구 관계' , 의리의 영웅화는 결국 한국 사회의 문제 상황에 대한 무자각적 · 무반성적 추인으로 요약될 뿐이다" 고 했다.[102]

101) 이광형, 「개봉 10일 만에 관객 200만 돌파 신기록 …… 영화 '친구' 뜻밖의 흥행몰이」, 『국민일보』, 2001년 4월 11일, 21면.

이 영화는 2009년 텔레비전 드라마로도 만들어지는데, 텔레비전에선 참패를 당하고 말았다. 『조선일보』(2009년 7월 6일)의 분석에 따르면, "원작을 감안하면 학교 폭력, 성인 조폭들의 이야기를 적나라하게 다뤄야 하는데 '19세 이상 시청가' 등급을 붙였다고 해도 영화처럼 '리얼'한 화면이 나올 수가 없었다는 것이다. 시청자 게시판에는 '뿌옇게 처리된 화면이 너무 많아 몰입을 할 수 없다'는 불만이 쏟아진다. 최양숙 씨는 '이렇게 모자이크할 거면 왜 찍었고 왜 방송을 하는지 이해할 수 없다'고 글을 올렸다. 이 드라마는 첫 회에만 2분여에 걸쳐 칼, 방망이, 깨진 병, 피, 문신 등을 뿌옇게 처리했다."[103] 텔레비전 드라마 〈친구〉도 연출한 곽경택은 "무엇보다 방송 심의가 불편했다"면서도 "역시 리모컨은 여자들이 들고 있음을 새삼 깨달았다"고 했다. 영화와는 다른 방송 환경이 시청률 부진으로 이어졌다는 것이다.[104]

국내외를 막론하고 한국 대중문화가 뜨거운 인기를 누린 데에는 여러 이유들이 있겠지만, 한 가지 빼놓을 수 없는 건 한국인들의 역동성과 그에 따른 '위험을 무릅쓰는 문화(a risk-taking culture)'다. 자기 발전을 위해선 실험과 더불어 모험을 두려워하지 않는다. "억울하면 고쳐라"라는 좌우명을 앞세워 대대적인 성형수술 붐이 일게 된 것도 그런 관점에서 보아야 하지 않을까?

---

102) 이성욱, 「'의리'만이 살 길이다?: '친구' 현상에 관하여」, 『당대비평』, 제15호(2001년 여름), 395~404쪽.
103) 송혜진, 「'대박 난 영화'가 드라마 되면 죽 쑤는 까닭은……」, 『조선일보』, 2009년 7월 6일.
104) 라제기, 「"영화서 못 다한 이야기 시작, 부진한 시청률 걱정 안 한다": '친구' 드라마로 리메이크 곽경택 감독」, 『한국일보』, 2009년 7월 14일.

억울하면 고쳐라
성형수술 붐

TV는 성형외과 영업 사원

이미 1990년대 후반부터 불기 시작한 성형수술 붐은 새 천 년 들어 더욱 강해졌다. 성형수술에 대한 인식 변화는 여론조사에서도 확연히 드러났다. 한국갤럽이 1994년 조사한 결과 '성형수술을 고려해본 적이 있다'는 응답이 13.9%에 불과했으나, 1999년엔 59%로 4배 이상 늘었다.[105)]

1999년 『경향신문』 매거진X가 PC통신사 네티즌을 대상으로 실시한 설문 조사에선 "아름다워질 수 있다면 성형수술을 하는 것도 괜찮다"는 견해에 네티즌 10명 중 7명이 동의했다. 여성은 77.1%, 남성은 61.3%가 찬성했다. 연령별로는 20대 초반이 74.7%로 가장 높고 그다음이 20대 후반(73.6%), 30대 초반(63.6%), 30대 후반(57.9%), 10대 후반(52.1%) 순으로 나타났다. 특히 25~29세 여성은 10명 중 8명이 "예뻐질 수만 있다면

105) 고재학, 「성형수술 "나를 업그레이드 이젠 선택 아닌 필수"」, 『한국일보』, 2001년 1월 20일, 18면.

성형수술을 하겠다"는 의사를 밝혀 외모에 가장 민감했다. 이 결과에 대해 『경향신문』은 다음과 같이 말했다.

"새로운 밀레니엄에는 '본래 얼굴'을 갖고 있을 사람이 얼마나 될까. 부모로부터 물려받은 신체를 훼손치 않는 게 효도의 시초라는 동양적 도덕관과는 양립할 수 없는 성형수술. 그러나 지금 많은 젊은이들에겐 자기 얼굴을 뜯어고치는 것이 더 이상 금기가 아니다. 이들은 오히려 성형과 치장을 일종의 '전략'으로 여긴다."[106]

새 천 년 들어 TV는 '성형외과 영업 사원'이냐는 말까지 들을 정도로 그런 '전략'의 상품화에 적극 나섰다. 2000년 5월 27일 MBC는 '미스코리아 선발대회 전야제' 방송에서 61명의 후보자 가운데 40여 명이 성형수술했다는 조사 결과를 소개했으며, 31일 〈섹션TV 연예통신〉은 이문세의 인터뷰를 통해 '성형수술을 자신 있게 말하는 후보자들의 당당함' 등을 긍정했다.

이에 김희연은 "TV에서 '미인 분석' 등의 제목을 달고 성형 미인을 등장시키는 것은 이제 예삿일이다. 일부 연예인들이 성형수술 한 사실을 숨기지 않았다고 해서 호들갑 떨며 '용기 있는 신세대'라고 부추기는 것이나 우리 모두가 성형수술로 '심은하의 눈, 전도연의 이마'를 가져야 할 것처럼 외쳐대는 꼴이 마치 강남 모 성형외과의 홍보물 같기만 하다"고 꼬집었다.[107]

106) 김형기, 「'새천년 새 한국인을 찾아서' 성형수술」, 『경향신문』, 1999년 3월 15일, 27면.
107) 김희연, 「TV는 성형외과 영업 사원?」, 『경향신문』, 2000년 6월 15일, 29면.

'억울하면 고쳐라'

2000년 10월 유인경은 "오락 프로는 물론 주부 정보프로그램에서도 성형수술의 모든 것, 성형외과 가이드 등을 충실히 전달해준다. 또 미모가 아니거나 조금만 얼굴이 큰 연예인이 등장하면 '대갈장군', '큰바위 얼굴' 등의 인신공격을 서슴지 않는다. 한 여자 연예인에겐 사회자가 걱정스럽다는 표정으로 '성형수술을 생각해본 적이 없느냐' 는 진지한 질문을 던지기도 했다"며 다음과 같이 말했다.

"최근에 인기인 『미녀는 괴로워』란 만화책을 보면 이런 세태를 알 수 있다. 못생긴 용모 때문에 늘 수모와 푸대접을 받던 여주인공은 수천만 원을 들여 발끝에서 머리끝까지 뜯어고친다. 졸지에 미인이 된 주인공은 갑자기 쏟아지는 남성들의 구애와 단골식당에서조차 밑반찬을 더 주는 등 달라진 대접에 적응 못해 자신이 성형했다는 것을 잊고 좌충우돌 말썽을 일으킨다는 내용이다. 미인과 추녀는 그야말로 하늘과 땅만큼의 차별을 받는다는 걸 보여준다. 그러나 현실은 만화보다 훨씬 가혹하다. '과거는 용서해도 못생긴 건 용서 못 한다' 는 말도 절대 농담이 아니다. 미팅에 못생긴 여자가 참석하면 폭탄이라고 놀려대며 폭탄 제거반까지 등장해 서둘러 집에 보낸다."[108]

이어 유인경은 "아무리 성형수술이 유행병처럼, 신흥종교처럼 번진다고 해도 의사들이 마냥 즐겁지만은 않다. 솔직히 성형외과 전문의들이 드물었던 1980년대에서 1990년대 초반만 해도 성형수술 비용은 부르는 게 값이었고 특수를 누려 초기의 의사들은 확실한 명성과 부를 누렸

---

108) 유인경, 「성형수술의 희비 쌍곡선」, 『월간조선』, 2000년 10월, 500~514쪽.

『미녀는 괴로워』 만화책 표지. 이 만화는 영화와 뮤지컬로도 만들어졌다.

다. 하지만 요즘은 성형외과 전문의들이 해마다 100여 명 이상 배출되고 일반 의원에서도 성형외과 수술을 하여 경쟁이 극도로 치열해졌다. 최근에는 성형외과, 피부과 등 인근 전문의들이 모여 합동으로 토털미용클리닉 병원을 세우는 것이 유행이어서 주위 동료나 재력이 없는 의사들은 도태될 수밖에 없다"며 다음과 같이 말했다.

"사무장을 20여 명이나 두고 지방에서까지 환자를 유치하는 병원도 있고 미장원, 피부 관리실, 의상실과 연합 작전으로 손님을 끌어들이는 병원도 있다. 물론 환자 한 명당 얼마씩의 배당금을 준다. 여성 잡지를 통한 불법 광고도 난무하고 있다. 의료법을 지키지 않는 기사나 칼럼 형식의 광고를 내보내는 것이다. 광고 표시가 없지만 엄연히 한 페이지에 100만 원 이상의 돈을 지불하는 것으로 알려졌다. 병원 문을 막 연 초보 의사들은 어떻게 해서라도 신문, 잡지나 방송에 나와 지명도를 얻고 싶어 수단 방법을 가리지 않는다. 동창들도 동원하고 친지들에게도 수소문한다. 의학 프로는 물론 아침 주부 프로그램, 연예 프로그램에까지 연사로 참가해, 성형외과 의사들 가운데는 연예인처럼 얼굴이 잘 알려진 이들이 많다. 이런 절박한 이들에게 달려드는 것이 의료 브로커. 전직 의학 전문 기자, 언론사 광고국 직원, 현직 기자들도 너무나 당당하게

'얼마를 주면 ○○잡지에 기사를 내주고 의학 프로그램에도 내보내 주겠다' 며 흥정을 붙인다. 돈을 받고 확실히 기사를 내주는 충실한 브로커도 있지만 대부분은 약속을 지키지 못한다."[109]

성형수술은 허영심의 문제라기보다는 생존경쟁의 문제가 되었다. 유인경은 "심지어 구청에서 실시하는 공공근로에서도 용모가 중시된다. 한 여성 공공 근로자는 올해 초 서울 강남구청 인터넷 홈페이지에 '담당 공무원들이 예쁘고 늘씬한 여성들은 편한 일만 시키고, 못생긴 여성들은 힘들고 어려운 3D직종에 자리를 준다' 는 글을 띄워 화제가 되기도 했다" 며 " '억울하면 출세하라' 란 말은 이제 '억울하면 고쳐라' 로 바뀌었다. 여성들은 빚을 내서라도, 목숨을 걸고서라도 외모로 인한 불이익을 감수하지 않으려 한다" 고 했다.[110]

미용실은 성형수술 중개소

2001년 1월 20일 고재학은 " '자연스러운 게 가장 아름답다' 라는 말은 2001년 한국 사회에서는 이제 고전이다. '생긴 대로 살아라' 라는 말은 '당신은 얼마든지 예뻐질 수 있다' 라는 말로 대체되어야 하는 시대가 왔다" 며 "당신은 오랜만에 만난 여성이 무언가 인상이 변하고 얼굴이 긴가민가 싶으면 그 이유를 금방 알아챌 것이다. 얼굴과 몸에 칼을 대고 싶은 유혹에 이 시대 수많은 여성들은 몸살을 앓고 돈을 모은다. 아무리 자연미를 부르짖어도 '잘생긴 외모' 는 전문 지식이나 어학 실력처럼 우

---

109) 유인경, 「성형수술의 희비 쌍곡선」, 『월간조선』, 2000년 10월, 500~514쪽.
110) 위의 글.

리 사회에서 필수적인 '경쟁력' 이 돼가고 있다" 고 했다.[111]

성형 미인에 대한 거부감도 크게 줄었다. 결혼정보회사 듀오가 조사한 자료에 따르면 '미팅이나 맞선에서 마음에 드는 여자가 성형수술을 했다고 하면 계속 만나겠느냐' 는 질문에 79.8%가 긍정적 답변을 했다.[112] 이에 맞장구를 치듯, 『월스트리트저널』(2001년 2월 21일)은 한국 여성들은 성형이라면 부위를 마다하지 않아 최근엔 장딴지 근육 제거와 처녀막 복원 수술 붐이 일고 있다고 보도했다.[113]

아파트처럼 성형수술 시장에서도 '강남' 이 위세를 떨치는 위계질서가 형성되었다. 2001년 3월 말 현재 성형외과 전문의 수는 1,020명으로 이 가운데 성형외과개원의협의회에 등록된 전국 개업의 수는 560여 명이었는데, 이 가운데 3분의 1이 넘는 200여 명이 서울에서 개업했고 서울 개업의의 4분의 3인 150여 개가 압구정동, 청담동, 신사동, 논현동 등 강남구에 몰려 있었다. 특히 '성형수술의 본산' 으로 불리는 압구정동은 광림교회 앞부터 갤러리아백화점 도로변까지 상가에는 한 집 걸러 한 집씩 성형외과가 있는 진풍경을 연출했다.[114]

경쟁이 치열해지면서 성형외과마다 '차별화' 시도를 하다보니 성형수술 종류도 150여 가지로 늘어났다. 과잉 수술, 덤핑 수술, 환자 사고팔기 등도 만연했다. 일부 성형외과에서는 사무장 등 영업 사원들을 고용, 강남, 신촌 등 대형 미용실 업주와 헤어 디자이너를 상대로 수술비의 30%를 사례비로 주고 손님 유치 로비를 벌이고, 무료 상담과 경품 행사

111) 고재학, 「성형수술 "나를 업그레이드 이젠 선택 아닌 필수"」, 『한국일보』, 2001년 1월 20일, 18면.
112) 위의 글.
113) 김창엽, 「시장의 과잉, 위협받는 건강」, 『당대비평』, 제15호(2001년 여름), 39쪽.
114) 장지영, 「서울로…… 강남으로…… 성형외과 '개업 쏠림'」, 『국민일보』, 2001년 4월 2일, 27면.

를 통한 손님 끌기도 다반사로 발생했다.[115] 미용실이 '성형수술 중개소'[116]가 됨으로써 미용과 성형의 합일화 현상이 일어난 셈이다.

그러나 성형수술 붐을 '공급' 쪽의 마케팅 공세나 대중매체의 부추김만으론 설명할 수 없었다. 2001년 6월 유인경은 "꼭 매스컴만 탓할 것도 아니다. 대중들의 횡포도 크다. 요즘 인터넷을 보면 성형수술을 비난하면서도 오히려 성형수술을 유도하는 이들이 많다"며 다음과 같이 말했다.

"시청자 참여란을 보면 토론 프로 출연자들에게도 '그런 편협한 의견은 문제 있다'는 논지보다 '뚱땡이 아줌마, 더 이상 화면에 나오지 마슈', '못생긴 게 말도 못하네' 등 인신공격형 의견이 많다. 이뿐인가. 스타 혹은 미스코리아 당선자들의 자상한(?) 친구들은 연예인들의 학창 시절 혹은 성형수술 이전의 얼굴 사진들을 친절하게 올려놓는다. 그걸 보면 '과거에 이런 참담한 얼굴이었군' 하는 생각보다 '수술하면 나도 이렇게 예뻐지겠구나'란 유혹을 느낀다. 물론 성형수술을 '용기와 개척, 새 시대를 위한 도전과 응전의 자세'로 받아들일 수도 있다. 하지만 그런 도전은 남들의 시선이 아니라 자신을 위한 것, 진정한 자기만족을 위해서 필요한 것이 아닐까."[117]

2002년 봄엔 민주당 대통령 후보 노무현이 시술받았다고 밝혀 보톡스 주사의 인기가 치솟았다. 보톡스는 근육을 마비시키는 보툴리눔 독소를 희석한 것으로 원래 얼굴 경련 증상이나 사시 치료에 쓰였으나 이젠 주름을 없애는 약으로 더 많이 쓰이게 된 것이다. 보톡스 수입 판매회사인

115) 장지영 · 이용훈, 「성형수술 상혼 심하다」, 『국민일보』, 2001년 4월 2일, 31면.
116) 이정숙, 「독자편지/미용실은 성형수술 중개소?」, 『동아일보』, 2002년 5월 30일, 7면.
117) 유인경, 「유인경 기자의 수다마당/성형 미인 부추기는 사회」, 『경향신문』, 2001년 6월 18일, 33면.

D사는 1999년 120억 원이었던 시장 규모를 2002년엔 720억 원으로 잡았는데, 액수로만 따질 경우 매달 1만여 명이 보톡스 주사를 맞는 셈이었다.[118)]

긍정적인 측면에서만 보자면, 성형 붐은 그간 '정신'에 눌려 지내온 '몸'의 복권 또는 재발견을 의미하는 것이기도 했다. 이와 관련, 2001년 6월 가수 박진영의 6집 음반 발매 논란도 주목할 만한 사건이었다. 박진영은 섹스를 음악의 콘셉트로 내세웠다고 밝혔는데, 보수 단체들은 이런 발상 자체를 발칙하게 여겼다. 6월 21일 기독교윤리실천운동을 포함한 52개 단체는 '대중가요 음란 저질화를 우려하는 시민사회단체 일동'의 명의로 성명서를 발표하면서 박진영 음반의 판매 중지를 촉구했다. 이들이 지적한 '해괴망측한' 부분은 "머리에서 발끝까지 입 맞추고 싶어", "흐름 속에 널 맡겨봐" 등이었다. 그러나 6월 29일 문화연대 등 33개 시민단체가 그런 '기독교윤리실천운동'에 반대하는 성명서 발표함으로써 '몸'의 복권 또는 재발견은 진보적 이슈이기도 하다는 것을 보여주었다.[119)]

학생들의 두발 규제 반대 운동

'몸'의 복권과 재발견을 위한 대열에 어찌 고교생이라고 빠질 수 있을손가. 2000년대가 열리면서 교육계의 주요 이슈 중의 하나로 떠오른 건

---

118) 장지영 · 황세원, 「세태기획/"보톡스 맞아봤나요?"……주름살 펴는 주사 '열풍'」, 『국민일보』, 2002년 5월 28일, 31면.
119) 신현준, 「2001년 여름의 한국 대중음악, 엽기와 섹스로 기독교 윤리에 도전하다」, 『황해문화』, 제32호 (2001년 가을), 377~383쪽.

1990년대 내내 간헐적으로 지속되었던 고교생들의 두발 규제 반대 운동이었다. "학생에게도 인권이 있다"는 구호로 시작된 두발 규제 반대 운동 또는 '노컷(no-cut) 운동'은 전국적인 서명 운동과 텔레비전 토론을 거치며 큰 사회문제로 떠올랐다.

2000년 9월 중고생 전용 사이트 '틴플라자닷컴'이 서울시 내 남녀 중고생 430명을 대상으로 조사한 결과 한국인으로 다시 태어나고 싶다는 학생은 22.1%에 불과했으며, 만약 교육부 장관이 된다면 가장 하고 싶은 일로는 '두발 자유화'(36.3%)를 꼽았고 그다음으로는 '남녀 공학'(17%) '내신 평가제 폐지'(14.7%) '학교 선택의 자유'(12.1%) 등을 들었다.[120]

2000년 10월 4일 교육인적자원부는 "학생·학부모·교사들의 의견을 수렴해 학교별로 새로운 규정을 만들라"고 했다. 이는 학생들이 인터넷을 중심으로 벌인 반대 운동의 성과이기도 했다. '사이버 유스', '채널텐', '아이두' 등 안티스쿨 사이트가 뭉친 청소년 연대 '위드(With)'는 2000년 5월 '두발제한반대서명운동 사이트(www.idoo.net/nocut)'를 개설해 10월 4일 교육부의 두발 규제 완화 발표 때까지 9만 8,900여 명으로부터 지지 서명을 받아냈다.

'인권과 교육 개혁을 위한 전국중고등학생연합'은 홈페이지를 통해 '두발 규제는 학생 인권 침해'라는 주장을 펴는 한편 가상공간을 박차고 나와 세 차례에 걸쳐 서울 명동과 대학로에서 시위를 벌였다. 또 아이헤이트스쿨, 하늘천사, 엔시팔 등 안티스쿨 사이트의 게시판에는 연일 '귀밑 3㎝의 규정으로 우리의 정신을 억압하지 마라', '두발 규제는 일

120) 이준희, 「설문조사 …… 중고생 78% "한국이 싫다"」, 『국민일보』, 2000년 9월 14일, 25면.

제시대의 잔재' 등의 글이 줄기차게 올라왔다.[121]

학생들은 교육부의 방침에 따라 학칙 개정 운동을 전개했다. 전국중고등학생연합과 인권운동사랑방은 2001년 5월까지 '인권을 찾자, 교칙을 찾자' 라는 이름의 캠페인을 벌이고 반인권적인 학칙을 분석한 뒤 공청회 등을 거쳐 '민주 교칙' 을 만들어 일선 학교에 권장하겠다고 밝혔다.

청소년 웹 연대 위드의 대표 박준표는 "두발 규제 반대 운동은 단순히 머리카락을 길게 기르고 염색을 허용하라는 것이 아니다" 며 "학생 · 교사 · 학부모 등이 대화를 통해 머리카락 길이 기준을 정하고 이를 지키는 민주적 훈련을 하자는 것이다. 일시적인 부작용이 있더라도 학생들의 판단력과 책임에 맡겨 자율적으로 해결해야 한다" 고 주장했다.[122]

학생들이 '노컷 운동' 에 몰두하는 동안, 성인들 사이에선 '최지우컷' 과 '배용준컷' 이 유행했다. 홈페이지 접속건 수 1000만 건을 돌파하는 등 폭발적 인기에 힘입어 20대 시청자들 사이에서 '유행의 샘' 이 된 KBS2 드라마 〈겨울연가〉(2002년 1월 14일~3월 19일 방송) 때문이었다. 이 드라마의 주인공 최지우와 배용준의 패션 따라잡기 중 가장 유행한 것이 최지우와 배용준의 헤어스타일이었다. 서울 이화여대 앞 J미용실 미용사 조유진은 "남녀 합쳐 하루 20명은 최지우와 배용준의 머리 모양을 주문한다" 며 "예전에는 드라마가 인기를 끌면 여성이 주로 여 주인공의 헤어스타일을 따라했지만 이제는 남성도 예외가 아니다" 고 말했다.[123]

인터넷은 노컷운동 뿐만 아니라 일반 성인들의 헤어스타일에도 큰 영

---

121) 이진영, 「사이버 '안티스쿨' 운동 …… 중고생 자유 토론 활발」, 『동아일보』, 2000년 10월 6일, 29면.
122) 안창현, 「3cm의 사회학」, 『창작과비평』, 2001년 봄, 305쪽에서 재인용.
123) 김수경, 「'겨울연가' 신드롬……"최지우 헤어스타일로 잘라주세요"」, 『동아일보』, 2002년 2월 7일, 46면.

© 김한울

한 중학교 건물 외벽에 "두발 자유, 학생 인권"이라고 써 있다. 두발 규제는 기본적으로 학생 인권의 문제였다.

향을 끼치기 시작했다. 비영리로 운영된 '두발자유(www.dubaljayu.com)'는 '헤어 전문'을 표방하는 사이트로 한국과 일본의 최신 유행 스타일에서부터 머리를 관리하는 법, 연출하는 법까지 폭넓은 정보를 제공했다. 1996년 11월 문을 연 두발자유는 네티즌들의 호응을 얻어 2003년 12월 현재 회원수가 11만 4,000여 명, 하루 방문자가 4,000여 명을 넘었다. 운영자 고용주는 "가족들의 반대로 이루지 못한 헤어디자이너의 꿈을 사이버 공간에서라도 이루고 싶었다"고 말했다.[124]

고교생들의 두발 문제는 2000년대 내내 지속된다. 단발령(1895년) 사태가 벌어진 지 100년이 훨씬 지난 시점에서도 머리카락을 둘러싸고 열

124) 유지혜, 「[화제의 사이트] www.dubaljayu.com」, 『서울신문』, 2003년 12월 18일, 21면.

띤 논란이 벌어지고 있다는 게 흥미롭다. 한국인은 개성을 표현하고 유행을 따르기 위한 '생활 예술'의 차원에서만 머리카락에 집착한 건 아니었다. 단발령 시대부터 머리카락은 전통과 개화가 충돌하는 지점이었다. 머리카락은 통제와 자율의 충돌 지점이었고, 억압과 저항이 동시에 표출되는 마당이자 상징이었다. 개인적인 심경과 결단의 표현 매체이기도 했다. 오늘날의 우리가 단발령 사태에 대해 어이없어 하듯이, 100년까지 갈 것도 없이 수십 년 후의 사람들은 2000년대의 이런 논란을 비슷한 시각으로 바라볼지도 모르겠다.

2001년

한국은 '접대부 공화국' 인가?
미시촌과 '아방궁' 룸살롱

룸살롱의 양지화인가?

2000년대 들어서 경기회복에 따른 과소비 풍조에 편승해 룸살롱 등이 급증했다. 국세청의 사업자등록현황 집계에 따르면 5월까지 주점 개설을 위해 사업자등록을 한 사업자 수는 모두 4만 808명으로 전년 같은 기간의 1만 6,435명에 비해 148.3%나 늘었다. 주점별로는 룸살롱 신규 사업등록자가 5,204명으로 전년에 비해 314.7%, 호프와 소주방 등은 1만 3,080명이 개업해 197.7%의 증가세를 보였다.[125]

이런 증가세에 대해 이기백은 "원래 폐쇄된 회원들의 모임인 '살롱(salon)' 이 우리나라에서 방(房)을 의미하는 영어 단어와 어울려 전혀 다른 개념인 '룸살롱' 으로 진화한 것은 돌연변이 현상이다. 최고급 술집의 대명사로 불리는 룸살롱은 대리석 바닥과 카펫 등 기죽이는 최고급

125) 「룸살롱 개업 작년보다 314% 늘어」, 『문화일보』, 2000년 6월 21일, 10면.

시설에다 수입 양주와 접대부 서비스로 두세 사람 정도의 술값이 서민 한 달 치 월급보다 많기 일쑤라고 한다. 룸살롱이 과소비 장본인으로 지목받는 것도 이 때문이다"며 다음과 같이 말했다.

"이 같은 경향은 경기가 다소 회복되자 돈 있는 사람들이 춤추며 노래하고 접대부와 어울릴 수 있는 룸살롱으로 몰려 유흥업소의 대종을 이루던 단란주점들이 룸살롱으로 바뀌고 있기 때문이란다. 살롱 원조인 프랑스에도 없는 룸살롱이 우리나라에서 전성기를 맞고 있는 것은 이상 증세다. 우리 사회에 소비 목적만의 복수 표시 룸살롱만 존재하는 것은 일부 고소득층의 불건전한 과소비가 부추긴 병폐라고 하겠다."[126]

룸살롱 등 유흥업계와 관(官)과의 유착도 문제였다. 룸살롱 업주 전 아무개 씨는 "단속 직원과 업주는 사실상 한 가족"이라고 표현했다. "룸살롱은 무허가 영업과 미짜(미성년자의 속어) 고용 두 가지가 주로 단속 대상입니다. 이 두 가지가 모두 담당 공무원들은 훤히 꿰뚫어 보고 있는 사안이기 때문에 그들이 묵인해주지 않으면 사실상 영업이 불가능하죠." 전 씨는 "서울 중구 북창동처럼 업소들이 모여 있는 곳에 단속이 뜨는 날 한 번 가보시라. 그 근처 다방과 오락실에 미짜들이 득실득실한 모습을 볼 수 있을 것"이라고 말했다. 미리 단속 정보를 입수한 업주들이 단속일에는 미성년자를 업소 밖으로 피신시키기 때문에 갈 곳 없어진 이들이 시간을 때우기 위해 다방과 오락실에 몰려든다는 설명이었다.[127]

2000년 8월 서울에서는 룸살롱 등 유흥업소 여종업원만을 대상으로 '황진이 선발대회'라는 미녀 선발대회가 열렸다. 주최 측은 "황진이를

126) 이기백, 「[외언내언] 룸살롱」, 『서울신문』, 2000년 6월 27일, 7면.
127) 이완배 · 최호원, 「단속死角 강남유흥가/(중)끈끈한 '돈줄 유착'」, 『동아일보』, 2000년 8월 8일, 21면.

'복원' 해 유흥업소 여종업원의 역할을 바로잡아 룸살롱 문화를 건전하게 바꾸겠다"고 주장했다.[128] 룸살롱, 단란주점 등 '밤 문화' 에 관한 정보를 온라인상에서 소개하는 조이헌트란 업체 주최의 이 행사에는 참가 의사를 밝힌 106명의 유흥업 종사 여성 중 네티즌의 예선 투표를 거쳐 통과한 16명의 후보가 참가했다. 유명 MC의 사회로 휘황찬란한 레이저쇼, 멀티큐브 영상쇼로 막이 열린 뒤 참가자들은 드레스 차림으로 무대에 걸어 나와 자기소개를 했고 그 뒤로 멀티큐브에는 수영복 모습과 몸매 등 신체 정보를 담은 글이 영상으로 나왔다. 이어 '황진이 후보자' 들은 핫팬츠 차림으로 준비한 춤과 노래를 부르며 자신의 장기를 뽐내는 코너도 마련됐다. 즉석에서 투표를 통해 뽑힌 '황진이상' 수여자에게는 5000만 원이 부상으로 지급되는 등 모두 5명의 수상자에게 1억 원의 상금이 나갔다.[129]

룸살롱의 양지화가 필요하다고 생각했던 걸까? 아니면 이미 사실상 양지화된 현실을 널리 알리겠다는 뜻이었을까? '황진이 선발대회' 에 이어 2000년 9월엔 토피아정보기술(주)이 유흥업소 전문 검색 사이트 'OK!마담' 을 개설했다. 전국의 룸살롱, 단란주점, 나이트클럽, 요정 등 유흥업소와 업소 종사자에 대한 정보를 제공하는 '밤 문화' 전문 사이트였다. 전국 1만여 유흥업소에 관한 정보를 제공했으며, 회원으로 가입한 업소에 대해서는 홈페이지 제작과 고객 관리 프로그램까지 제공했다. "일반 술집도 아니고 접대부들이 나오는 퇴폐업소에 대한 정보를 제공하는 것은 국민 정서에 엄청난 해악을 주는 일"이라고 비난하는 목소

128) 박건승, 「[외언내언] 서울 황진이?」, 『서울신문』, 2000년 8월 25일, 7면.
129) 고민구, 「취재파일/빗나간 性상품 '황진이'」, 『문화일보』, 2000년 8월 28일, 29면.

리도 있었지만, 회사 측은 "21세기 지식 정보화사회를 맞아 인터넷 문화와 건전한 유흥 문화를 접목해 양성적인 술 문화를 구현하자는 뜻"이라고 주장했다.[130)]

미시촌과 '아방궁' 룸살롱

술과 여성 접대를 전제로 한 '건전한 유흥 문화'가 가능한 것이었을까? 여성의 입장에선 돈이 원수가 아닌가. 이른바 '미시촌'이 급증하게 된 것도 건전해지겠다고 그런 건 아니었을 게다. 미시촌은 룸살롱에 일자리를 잡기 어려운 30, 40대 여성들이 나오는 술집으로, 그 원조는 과부촌이었다. 『동아일보』(2000년 10월 21일)에 따르면, "미시촌 상호를 가진 유흥업소가 갑작스럽게 번성하기 시작한 것은 경제 위기가 몰려와 서민들의 삶이 어려워진 무렵이었다. 'IMF 미시'라는 말까지 생겨났다. 경기 성남의 미시촌 화재 사고로 숨진 여 종업원 6명 중 4명이 자녀를 부양하는 주부들이었다. 이들은 자녀의 학비를 벌거나 컴퓨터를 사주기 위해 유흥업소에 나왔다는 안타까운 소식도 들려온다."[131)]

빈부 양극화는 룸살롱 업계 내부에서도 나타났다. 연면적 1000평에 룸 90개, 접대부 350명, 마담 40여 명, 하루 매출 3억 원. 서울경찰청이 2000년 11월 중순부터 벌인 대형 호화 룸살롱 일제 단속에서 윤락 알선으로 적발된 논현동 H호텔 D룸살롱의 규모였다. 이 '아방궁' 룸살롱은 이탈리아제 대리석으로 바닥과 벽을 장식했고 소파와 탁자 등 가구도

130) 김태균, 「룸살롱 검색 사이트 利? 害?」, 『서울신문』, 2000년 9월 26일, 25면.
131) 황호택, 「[횡설수설] 'IMF 미시'」, 『동아일보』, 2000년 10월 21일, 6면.

고급 인테리어로 치장된 룸살롱 내부. 이곳에서는 상상을 초월하는 술판이 벌어진다.

온통 외제였다. 그림과 도자기가 곳곳에 진열돼 있었고 바닥에는 고급 양탄자를 깔았다. '별천지' 를 눈으로 확인한 단속 경찰관들은 하나같이 "상상을 초월하는 호화 술판에 충격을 받았다" 고 입을 모았다.

D룸살롱의 접대부는 미인 대회 참가자, 여대생, 대기업 출신 등 고학력자가 상당수였다. 이들은 테이블팁 10만~30만 원을 챙기고 손님과 이른바 '2차' 를 갈 경우 30만~50만 원을 따로 받았다. 인기 있는 접대부는 수천만 원의 선금을 받고 스카우트됐으며 이들을 관리하는 마담 중 일부는 연봉이 1억 원이 넘었다. 손님들은 재벌 2세나 벤처기업가를 비롯해, 의사, 변호사 등 전문직이 대부분이었다. 단골은 1주일에 1~2회 찾아와 한 번에 1000만 원 이상을 뿌린다고 했다.[132]

132) 장지영, 「'아방궁' 대형 호화 룸살롱 실태」, 『국민일보』, 2000년 11월 30일, 24면.

D룸살롱은 호텔 9~13층 4개 층 객실을 통째 전세 내 전용 엘리베이터를 통해 손님과 접대부의 윤락을 알선했다. 삼성동 N호텔 G룸살롱도 연면적 600평에 접대부가 250명이나 됐는데, 호텔 2~3층에 룸 40개를 만들고 5~6층 객실을 전세 내 윤락행위를 주선해왔다. 그런데 검찰은 서울경찰청 방범부가 매매춘 알선 혐의(윤락행위방지법 위반)로 신청한 룸살롱 업주 6명의 구속영장을 모두 기각해 논란을 빚었다. 검찰은 "업주들이 적극 매춘을 알선하지 않았고 그리 사안이 중하지 않다"는 등의 이유를 들었다. 검찰 관계자는 "표적 수사처럼 보이는 데다, (단속에 걸리지 않은) 다른 동종 업주들과의 형평성을 고려했다"고 덧붙였다. 한 단란주점 업주는 "단란주점의 경우 접대부를 소개했다가 매매춘이 적발되면 구속되는 예가 적지 않다"며 "매매춘 알선 범죄에도 유전무죄가 적용되는 것 같다"고 말했다.[133]

2000년 연말 부유층의 룸살롱 홍청망청은 최고조에 이른 것처럼 보였다. 『서울신문』(2000년 12월 20일)에 따르면, "지난 주말인 15일 밤 서울 강남 일대의 고급 룸살롱과 단란주점은 망년회 모임으로 흥청거렸다. 유흥업소 주변은 벤츠, BMW, 볼보 등 고급 외제 승용차들로 붐볐다. 이 일대에서 '잘 나간다'는 평을 듣고 있는 R룸살롱과 B클럽은 예약하지 않으면 자리를 잡지 못한다. 3인 기준으로 하룻밤 술값이 100만 원을 넘는다. 전국의 술집에서는 한 병에 30~40만 원을 호가하는 '밸런타인 17년'이 올 들어 지난 10월까지 22만 1,628병이나 팔려나갔다."[134]

---

133) 이수범, 「'매매춘 룸살롱' 처벌 검·경 갈등」, 『한겨레』, 2000년 12월 9일, 19면.
134) 조현석·전영우, 「부유층 '홍청 연말'」, 『서울신문』, 2000년 12월 20일, 22면.

강남 나이트 클럽의 '룸잡기' 추첨

강남 룸살롱과 단란주점에는 여고생 접대부가 몰려들기 시작했다. "돈 벌고 어른들과 장난치고 재미있잖아요. 그게 뭐 큰 잘못인가요?" 2001년 1월 3일 여고생 등 미성년자를 고용한 유흥업소를 무더기로 단속한 서울 서초경찰서에 참고인 자격으로 불려온 10대 접대부 8명의 반응이었다. 이들은 모두 아버지가 건축설계사, 벤처업체 사장 등인 넉넉한 가정의 아이들이었다.

『한국일보』(2001년 1월 5일)에 따르면, "분당의 50평짜리 아파트에 산다는 Y양은 '하루 용돈 2,000원으로는 도저히 생활이 안 돼, 지난여름부터 일주일에 두세 번씩 강남의 룸살롱이나 단란주점에 나가 매달 100만 원도 넘게 벌었다' 고 자랑스럽게 말했다. Y양은 '자정 넘어 집에 가면 부모님이 주무시기 때문에 아무 탈 없다' 며 '들키더라도 심야영화를 보고 왔다고 하면 그만' 이라고 태연히 말했다. 이들은 형사를 가리키며 '지난번에 와서 술값 · 팁값 안 내고 가셨죠. 저분도 낯이 익네요. 다른 경찰서 서장님도 우리가 모셨지요' 라고 농담을 건네는가 하면 '나이 많고 지체 높은 손님들은 욕을 해도 봐주시는 등 재미있는 일도 많다' 고 자기들끼리 까르르 웃음을 터뜨리기도 했다. 경찰 관계자는 '인신매매단에 잡혀와 일한다는 것은 옛말' 이라며 '요새는 스스로 보도방이나 업소를 찾아가는 경우가 대부분' 이라고 말했다. O양은 '늦으면 업소 배정을 못 받기 때문에, 수업이 끝나면 바로 보도방을 찾는다' 며 '번 돈은 옷 사고 맛있는 것 사먹는 데 다 썼다' 고 말했다." [135]

---

135) 강훈, 「여고생 접대부 '도덕불감증'」, 『한국일보』, 2001년 1월 5일, 25면.

룸, 룸, 룸! 룸에 미쳐 돌아가는 '룸 열풍' 은 나이트클럽 안에서도 벌어졌다. 『한국일보』(2001년 1월 11일)는 "요즘 서울 강남의 J · B · S 등 '잘나가는' 3대 나이트클럽은 주말마다 몰려드는 손님들을 감당하지 못해 영업 전에 추첨 행사를 연다. 객석보다 룸을 선호하는 젊은이들이 많아지자 10여 개의 한정된 방을 차지하기 위해 치열한 경쟁이 벌어져 아예 예비 손님들이 나이트클럽에 모여 젓가락 뽑기, 카드 뽑기 등 추첨을 통해 결정하고 있다. 경쟁률도 10대 1에 이르러 웬만한 대학 입시나 취업 경쟁률과 맞먹는다" 며 다음과 같이 말했다.

"최근 J나이트클럽 추첨에 참가했던 김 아무개 씨는 '오후 3시 30분께 100여 명이 나이트클럽에 모여 추첨하는 모습이 정말 가관이었다' 며 '당첨돼 기뻐하는 표정이 마치 대학에 붙은 수험생을 연상케 했다' 고 전했다. 이 아무개 씨도 '치열한 추첨 경쟁에서 살아남기 위해 친구들과 짜고 복수 지원과 교차 지원을 하는 건 예사' 라며 '심지어 친한 웨이터에게 줄을 대 추첨 비리를 저지르는 경우도 있다' 고 귀띔했다. 취업 준비 중인 김 아무개 씨는 '가물에 콩 나듯 들어오는 입사 원서를 얻기 위해 선후배 간에 눈치를 보며 추첨을 하는 처지인데 경제난에 아랑곳없이 여유를 만끽하는 사람들 이야기를 들으면 왠지 우울해진다' 고 씁쓸해했다." [136]

---

136) 고찬유, 「가관……기특……요즘 젊은이들 두 모습: 강남 나이트 룸잡기 '추첨' '나이트클럽 출입을 추첨으로!'」, 『한국일보』, 2001년 1월 11일, 26면.

한국은 '접대부 공화국'인가?

그러나 한국인의 지극한 '룸 사랑'은 강남에만 국한된 건 아니었다. 『국민일보』(2001년 6월 18일)는 "최근 들어 경제가 어려운데도 퇴폐 · 향락 문화의 상징인 룸살롱이 크게 늘고 있다. 접대부를 둔 술집이 장사가 잘되자 단란주점 등이 합법적으로 접대부를 고용할 수 있는 유흥 주점으로 업태를 바꾸고 카페, 레스토랑 등 일반 음식점에서조차 접대부를 두는 실정이다. 18일 경찰청 방범지도과에 따르면 5월 말 현재 유흥주점은 모두 2만 1,214개로 지난해 5월 말 1만 8,865개에 비해 1년 사이 무려 3,000개 이상 늘었다. 또 1995년 1만 2,909개에 비해 6년 동안 배 가까이 늘었다. 이는 우리나라 성인 남자(1470여만 명) 750명당 1개의 룸살롱이 있는 셈이다"며 다음과 같이 말했다.

"당국의 세금 부과가 엄청난데도 고급 룸살롱이 느는 것은 최근 경기 악화에 따른 기업 구조 조정 등으로 직장을 잃은 여성이 늘어나 업소들이 손쉽게 접대부를 확보할 수 있는 데다 대형화, 고급화할수록 손님이 더욱 몰리기 때문이다. 여기에다 중요한 고객이나 사업상 파트너, 계약 당사자 등을 접대하기 위해서는 반드시 접대부가 나오는 고급 룸살롱을 찾아야 한다는 우리 사회의 잘못된 남성 중심 접대 문화도 이 같은 현상을 부채질하고 있다. 또 전문 지식이나 기술 없이도 쉽게 돈을 벌 수 있다는 그릇된 사고방식이 여대생이나 직장인뿐 아니라 주부들까지 이들 유흥업소의 접대부로 나서게 하는 요인이 되고 있다. 특히 벤처기업이 몰려 있는 서울 강남 테헤란로 일대에는 지하층이나 1층에 하나씩 룸살롱이 없는 빌딩이 없는 실정이다. …… 접대부를 둔 룸살롱이 호황이다 보니 단란주점들이 아예 합법적으로 접대부를 고용할 수 있는 유흥 주점으로 대거 업태를 바꾸고 있다. 그동안 불법으로 접대부를 뒀던 단란주점들은 단속이 심해지자 지난해부터 룸 30~50개, 접대부 50~100명씩을 갖춘 유흥주점으로 변신하고 있는 것." [137]

극심한 불황을 겪고 있던 수도권 일대의 전원 카페들도 대거 접대부를 둔 변태 유흥업소로 변신했다. 『서울신문』(2002년 1월 15일)은 "경기도 내 풍광이 빼어난 양평군과 남양주 지역에 들어선 전원 카페의 상당수가 업소 난립과 경기 침체로 수익이 크게 줄어들자 지난해부터 접대부 고용 등 불법 행위를 일삼기 시작, 최근에는 이 같은 변태 영업 행위가 독버섯처럼 번지고 있다. …… 카페촌으로 유명한 양수리 지역도 유사한 변태 업소들이 뿌리를 내리고 있다. K전원 카페의 경우 낮과 밤이 전혀 다르다. 심야 시간대가 되면 멀쩡한 레스토랑이 룸살롱으로 탈바꿈한다. 특히 일부 업소는 조선족이나 러시아 여성 등 외국인 접대부까지 고용하고 있는 것으로 알려졌다"며 다음과 같이 말했다.

"이 같은 사정은 남양주 쪽도 마찬가지. 상당수 업소가 손님들의 접대부 요구를 마다하지 않는다. 10~30분 정도만 기다리면 승용차를 타고 온 여성들이 손님들과 합석한다. 착 달라붙은 청바지나 미니스커트 차림새로 보아 대부분의 여성이 접대부라는 것을 한눈에 짐작할 수 있지만 하나같이 손님으로 가장하고 있다. 이들은 주로 수도권 외곽의 시·군에 자리 잡은 티켓 다방 등에 고용된 여성들로 시간당 2만~3만 원가량의 봉사료를 요구하고 있고 '2차'를 나가면 화대 명목으로 20만 원 정도를 챙긴다. 사정이 이러해지자 사양길로 접어든 일대 러브호텔들에도 손님들

---

137) 신창호, 「룸살롱 성인남자 750명에 한 개꼴…… 경제는 불경기 밤문화 불야성」, 『국민일보』, 2001년 6월 18일, 31면.

이 다시 몰리고 있다. 호텔과 업소들을 연결하는 셔틀형 봉고차가 곳곳에서 운영되고 있고 취객들을 위한 대리운전도 성행하고 있다."[138)]

특히 티켓 다방은 집중적으로 신흥도시와 농촌을 파고들었다. 웬만한 면 단위의 다방에는 보통 20~30명의 여성 종업원들이 종사했다.[139)] 이른바 '티켓비'를 받고 업무 외적인 용무로 여성 종업원을 출장 보내는 일종의 변태 영업이었다.[140)] 2001년 신문에는 심심찮게 다음과 같은 내용의 기사들이 등장하곤 했다.

"만신창이가 된 몸, 세상에 대한 두려움, 500만 원이 넘는 빚……. 지난해 '티켓 다방' 8곳을 전전하며 착취를 당한 임 모(19) 양에게 남은 것이다. 8일 서울 성동경찰서 형사계에서 만난 임 양은 마치 노예처럼 단돈 몇십만 원에 이 다방 저 다방 팔려 다니면서 받은 협박과 폭행, 모욕을 떠올리며 진저리를 냈다. '악몽만 같아요. 팔려가는 곳마다 매춘을 강요당했고 빚만 눈덩이처럼 불어났어요.' 피해자 진술을 하다 말고 임 양은 자꾸 눈물을 훔쳤다."[141)]

"죽고 싶었어요. 하루하루가 지옥 같았어요. 2개월여 동안 '티켓 다방'에서 노예나 다름없는 생활을 하다 최근 가까스로 구출된 K(15)양은 요즘도 밤잠을 이루지 못한다. 도망가다 붙잡혀 두들겨 맞고 손님의 '시중'을 들던 무서운 기억들이 악몽처럼 떠오르기 때문이다. …… K양은 불행 중 다행으로 지난달 초 청소년보호위원회(위원장 김성이) 중앙점검단의 티켓 다방 일제 단속에서 구출돼 그리던 동생들과 재회했다. ……

---

138) 윤상돈, 「수도권 전원카페 밤만 되면 '룸살롱'」, 『서울신문』, 2002년 1월 15일, 27면.
139) 김수기, 「다방에 드리워진 현대의 음영」, 『월간 말』, 2000년 4월, 204쪽.
140) 정호재, 「'요지경' 신흥도시 티켓 다방」, 『신동아』, 2002년 9월, 238쪽.
141) 조현석, 「티켓 다방 1년 임 모 양」, 『서울신문』, 2001년 6월 9일, 19면.

티켓 다방은 집중적으로 신흥도시와 농촌을 파고들었다. 웬만한 면 단위의 다방에는 보통 20~30명의 여성 종업원들이 종사했다. 사진은 티켓 다방 여종업원이 주인공으로 등장하는 영화 〈너는 내 운명〉의 한 장면.

중앙점검단 관계자는 '기존의 지방 홍등가들이 쇠퇴할 정도로 티켓 다방(전국 2만여 개 추정)들이 성행하고 있다'며 '이들 중 상당수는 미성년자를 고용하고 있고 티켓 다방의 미성년 매춘은 확산 추세'라고 말했다."[142]

술 취한 사회, 비틀거리는 대한민국

한국은 '접대부 공화국'인가? 방송사 대신 술집으로 출근하는 여성 탤런트가 늘고 있다는 말도 나왔다. 2001년 11월 시나리오 작가 김영찬은

142) 고찬유, 「'티켓 다방' 15살 소녀의 절규……"하루 15시간 배달 강요 도망치면 매질"」, 『한국일보』, 2001년 7월 21일, 27면.

"어느 스포츠 신문에서 탤런트 K양이 강남의 모 룸살롱에서 마담으로 일하고 있다는 기사를 읽었다. 일반인들은 '꽤 알려진 연예인이 왜 술집에 나갈까' 라는 의문을 갖겠지만 실제로 일부 연예인들은 강남 '화류계' 에 종사하고 있다. 물론 톱스타의 경우는 아니지만 어느 정도 활동을 했던 연기자들도 어쩌다 한 명 정도 있고, 각 방송국 공채 탤런트 출신은 종종 발견되며 CF나 드라마 오디션 등 연예계에 문을 두드리다 온 경우는 제법 많다. 어찌 보면 고급 룸살롱이라는 곳이 연예계 진출을 노리다 실패한 '반반한 미모' 의 여성들이 돈이나 벌어보자는 허영심을 채우기엔 아주 적합한 곳이기 때문이다" 며 다음과 같이 말했다.

"사실 연기자가 되더라도 일부 인기 스타를 제외하면 돈벌이는 쉽지 않다. 실례로 방송국 공채 탤런트의 경우 이들이 치열한 관문을 통과해 기쁨의 눈물을 흘리지만 당장 형편이 좋아지는 건 아니다. 방송국에서 주는 적은 월급을 받으며 어쩌다 한 번 드라마에 출연하고 받는 수당은 회당 6~7만 원 정도. 물론 장동건, 심은하처럼 공채로 뽑히자마자 불과 몇 달 만에 스타로 떠오르는 경우도 있지만 이는 정말 가뭄에 콩 나듯 일어나는 일이다. 대부분의 공채 탤런트들은 스타의 꿈을 안은 채 약 1~2년 동안 묵묵히 단역으로 출연하며 늘 준비된 연기자로서 시동만 걸어놓고 있을 뿐이다. 때문에 이들이 겪는 생활고는 새삼스러운 것이 아니다. 무늬만 탤런트이지, 거리에 나서도 알아보는 이 하나 없는 이들은 탤런트 시험에 합격하고 친구들에게 한턱 내느라 쓴 카드 값도 못 갚아 쩔쩔 매는 사람도 있을 정도다. 다행히 1~2년 안에 주목받아 광고라도 찍고 드라마에 꾸준히 출연하면 등급이 올라가 출연료만으로도 충분히 먹고살 수 있지만 그렇지 않고서는 그야말로 입에 풀칠하기도 힘든 것이 현실이다. 따라서 코너에 몰릴 대로 몰린 무명 탤런트들이 거액의 유혹이 손짓하는 화류계로 빠지는 것은 어려운 일이 아니다."[143]

룸살롱의 여자와 술을 관리하는 권력의 주체는 마담이다. 물론 마담 위에 훨씬 더 큰 권력이 있지만, 실무적인 권력에서는 그렇다는 말이다. 그들의 존재와 가치를 알아본 이들이 있었으니, 그건 바로 위스키 제조업체였다. 2001년 12월 4일 한국 진로와 '발렌타인' 위스키 제조업체인 영국 얼라이드 도멕의 합작 법인인 진로발렌타인스는 서울 하얏트호텔에서 17년짜리 새 '슈퍼 프리미엄급 위스키' 시판을 발표하는 대대적인 행사를 열면서 강남의 대표적 룸살롱의 '잘나가는 마담' 150여 명을 초청했다. 주최 측이 이례적으로 룸살롱 마담들을 '모시기로' 한 것은 이들이 고객에게 어떤 위스키를 권하느냐가 새로운 위스키 브랜드의 성패를 좌우한다고 판단했기 때문이다.[144]

2001년 12월 8일 영국 일간 『파이낸셜타임스』는 이 이색적인 행사를 전하면서 "3명이 즐기는데 하룻밤에 1,100파운드(약 200만 원)를 지불하는 룸살롱은 한국의 사업가와 정치인들이 위스키 잔을 기울이며 협조관계를 강화하고 거래를 도모하는 은밀한 장소로 오랫동안 애용돼왔다"고 말했다. 이 신문은 "이 주류업체가 룸살롱에서 사업가들의 시중을 드는 호스티스를 마케팅 타깃으로 잡은 것은 놀랄 만한 일"이라며 "한국 내 위스키 판매량의 80%는 4,000개의 룸살롱에서 이뤄지고 있다"고 전했다.

---

143) 김영찬, 「연예가 블랙박스/방송사 대신 술집 출근…… '팁' 출연료로 대리 만족」, 『동아일보』, 2001년 11월 27일, 49면.
144) 신치영, 「"양주 선택은 마담들 손에" 룸살롱 주인 시음회 초청」, 『동아일보』, 2001년 11월 22일, 29면.

이 신문은 또 "공식적으로 룸살롱은 섹스 산업의 일부가 아니며 매춘은 법으로 금지돼 있다" 면서 "그러나 많은 룸살롱이 이 법을 우습게 여기고 있으며 일부는 범죄 조직과 연계돼 있다는 게 비판론자들의 주장"이라고 밝혔다. 유교 전통이 강한 한국에서는 태국 등 다른 아시아 국가에서처럼 섹스 산업이 번성하지 않았지만 룸살롱과 마사지클럽, 하룻밤이 아니라 시간당으로 돈을 내는 '러브호텔' 이 보편화돼 있다고 이 신문은 소개했다. 이 신문은 이어 한국은 세계 5위의 위스키 소비국으로 가장 급성장하는 위스키 시장이라면서 한국의 올해 위스키 판매량은 2년 전에 비해 50%나 늘어났다고 덧붙였다.[145)]

일반 서민에게는 소주가 있었다. 2001년 주류공업협회 출고량 기준으로 한국인은 연간 소주 28억 병, 맥주 40억 병, 위스키 5700만 병을 마셨다. 1999년 세계보건기구 통계로 1인당 순수 알코올 소비량은 슬로베니아에 이어 세계 2위를 기록했다. 이 사실을 보도하면서 『내일신문』은 '술 취한 사회, 비틀거리는 대한민국' 이라는 제목을 달았다.[146)] 룸살롱 이야기는 2권과 5권에서 더 살펴보기로 하자.

---

145) 박제균, 「"한국 위스키 시장 급신장 80%가 룸살롱서 소비"」, 『동아일보』, 2001년 12월 10일, 29면.
146) 정재철, 「소주 28억 병, 맥주 40억 병 정상인가: 술 취한 사회, 비틀거리는 대한민국」, 『내일신문』, 2004년 12월 9일, 22면.

담배는 죽음이다. 속지 말자
흡연 논쟁

한국 최초의 담배 소송

1980년대 전반까지 한국에 금연 정책이란 건 없었다. 그게 처음 나타난 건 담배사업법에 의해 담뱃갑 경고 문구 표기 및 담배 광고의 제한이 시작된 1986년부터였으며, 1995년 국민건강증진법 제정에 의해 금연구역 설정 등이 이루어지면서 본격화되었다. 미국의 담배 소송에 영향을 받아 한국에서도 1999년 9월 최초의 담배 소송이 제기되면서, 2000년대는 금연의 새로운 국면을 맞게 되었다.

1999년 9월 5일 부산에 사는 전 외항선원 김 아무개 씨는 "국가와 담배인삼공사가 발암물질 등이 다량 포함된 담배 제품에 대한 설명이나 위험성을 전혀 알려주지 않아 폐암에 걸리게 됐다"며 국가와 담배인삼공사를 상대로 서울지방법원에 1억 원의 손해배상 청구 소송을 냈다. 김 씨는 고교 졸업 후 외항선원으로 일하기 시작하던 지난 1963년부터 흡연을 시작, 하루 평균 1~2갑씩 36년간 계속 담배를 피워오다 1998년 폐암이 발생, 병원으로부터 4기 환자라는 진단을 받자 소송을 낸 것이다.

김 씨는 소장에서 "국가는 재정 수입을 위해 국민의 건강과 생명에 해악을 끼치는 담배 판매를 장려하고 촉진하는 정책만 수립했을 뿐, 국민의 보건권 보장을 위한 적절한 흡연 규제 및 예방 대책은 마련하지 않았다"며 "정부는 흡연이 국민 건강에 해롭다는 것을 교육, 홍보하도록 법에 규정된 의무 조항도 이행하지 않았고 담배인삼공사에 대한 감독 의무도 게을리했다"고 주장했다. 김 씨는 "담배공사 측은 1900년대 초반부터 연구를 통해 담배의 해악이 지적됐는데도 수십 년간 담배의 유해성을 지적하지 않다가 1989년에야 '담배는 폐암을 일으킬 수 있다'는 문구를 부착했다"며 "공사 측은 담배 자체에 일산화탄소, 니코틴, 타르와 발암물질 등 건강에 치명적인 유해 요소들이 포함된 사실을 알면서도 이를 제거하지 않고, 회사 수입 및 국가 재정 수입이 격감될 것을 우려해 고의적으로 이를 은폐한 책임도 있다"고 덧붙였다. 김 씨는 공사 측이 연간 담배 판매 수익금(850억 원)으로 보건의료사업을 펼치고, 1500억 원 규모의 암 전문 병원 건립을 계획한 것도 흡연과 발암의 결정적인 관련성을 인식하고 있기 때문이라고 주장했다.[147]

이에 대해 담배인삼공사는 "드디어 올 것이 왔다"는 반응 속에 본격적인 대응 마련에 착수한 반면, 금연운동 단체 · 기관들은 "이번 소송이 흡연자들에게 담배의 심각성을 알리는 절호의 계기가 될 것"이라며 환호했다.[148] 『한국일보』는 사설을 통해 "전문가들은 이번 소송의 전망을 속단하기 어렵다고 말하고 있다. 환자는 흡연으로 인해 폐암이 되었다

147) 박정철, 「[담배 소송] 흡연 피해, 국내 첫 소송」, 『한국일보』, 1999년 9월 6일, 23면.
148) 김현경 · 송용창, 「[담배 소송] 담배인삼공사 '긴장' 금연단체 '환호'」, 『한국일보』, 1999년 9월 7일, 21면.

는 인과관계를 증명해야 한다. 그것이 증명된다 해도 국가가 폐암 걸릴 가능성을 경고한 뒤 계속 피웠으므로 국가에 100% 책임을 물을 수 있을지 의문이다"라며 다음과 같이 말했다.

"그러나 건강권을 찾으려는 시민의식의 개안이기도 한 이 소송은 유사한 소송의 러시를 예고하고 있다. 이제 정부는 담배 전매권 행사를 포기해야 할 시점에 왔다. 세계보건기구 통계를 보면 한국은 세계 1, 2위를 다투는 골초국이다. 미국에서는 대통령에 의해 담배가 마약으로 선언된 지 오래다. 국민의 건강을 모른 체하면서 세수 증대에만 집착하는 것은 국제사회 조류를 거스르는 구시대적 발상이다."[149]

그러나 1999년 10월 8일 정부는 세계보건기구(WHO)가 추진 중인 담배규제 기본협약을 거부하기로 결정했다. 이 협약을 수용할 경우 담뱃값이 크게 올라 국민 부담만 가중될 것이라는 판단에 따른 것이다. 담배규제 기본협약은 담배에 세금을 무겁게 매기는 방식으로 가격을 올려 담배 소비를 줄이자는 취지에서 마련된 것으로 중독성 상품인 담배는 값이 오르더라도 소비는 줄지 않고 인상폭만큼 국민 부담만 가중된다는 것이 재경부의 주장이었다.[150]

한국 최초의 담배 집단소송

1999년 12월 금연운동 단체가 흡연 피해자 및 가족 등을 원고로 해 국내 최초로 담배 집단소송을 제기했다. 12월 12일 민주사회를 위한 변호사

---

149) 「담배 전매권 생각해볼 때다(사설)」, 『한국일보』, 1999년 9월 7일, 6면.
150) 임규진, 「"담뱃값 인상 WTO 요구 거부" …… 정부 방침 결정」, 『동아일보』, 1999년 10월 9일, 1면.

모임과 한국금연운동협의회가 수십 년간 담배를 피워오다가 폐암과 후두암 등에 걸린 김 아무개 씨 등 환자 6명과 가족 등 31명을 대리해 국가와 한국담배인삼공사를 상대로 3억 700만 원의 손해배상 청구 소송을 서울지방법원에 낸 것이다.[151]

국내에는 집단소송이란 법 제도가 없지만 미국의 예처럼 승소할 경우 다른 흡연 피해자들에게도 담배인삼공사 등에서 보상책을 마련할 것을 촉구하는 의미에서 공익 소송의 형태를 취하기로 했다. 변호인단도 미국의 담배 소송을 연구한 배금자 변호사를 비롯해, 민변 소속 변호사 등 20여 명으로 구성됐다. 소송을 낸 피해자들은 20세를 전후해 담배를 피워온 50~60대의 농부, 어부, 식당 주인, 전 중학교 교사 등으로 29~42년씩 거의 모든 종류의 국산 담배를 피워온 폐암 환자들이다. 이들은 또 폐 질환을 앓은 적이 없으며 공해 물질, 특히 자동차 배기가스 노출이 심한 직업에 종사한 적이 없다고 변호인단은 밝혔다.[152]

2000년 3월 10일 서울지법 민사합의12부(재판장 정장오 부장판사) 심리로 열린 첫 재판에서 원고 측 변호인들은 흡연과 폐암 간의 인과관계를 입증하기 위해 미국, 영국, 일본 등에서 나온 의학 보고서 8건을 증거로 제출하는 한편, 대전 대덕연구단지에 있는 한국인삼연초연구원에 대한 현장 검증을 신청했다. 현장 검증을 통해 타르, 니코틴 등 화학 성분과 중독성 연구 자료, 신제품 분석 자료, 니코틴 함유량 비율 등 담배의 유해성을 입증할 수 있는 증거를 확보할 수 있다는 것이 원고 측 변호인들

151) 오철우, 「흡연 피해 환자 · 가족 국내 첫 집단손배소」, 『한겨레』, 1999년 12월 13일, 14면.
152) 최재영, 「흡연 피해 첫 집단소송—금연단체, 담배인삼公 상대 3억 청구」, 『경향신문』, 1999년 12월 11일, 18면.

의 신청 이유였다. 이에 대해 피고인 담배인삼공사 측 변호인은 "당사자들의 폐암 질환과 흡연 간의 인과관계 여부를 밝히는 것이 우선"이라며 "담배의 제조 공정은 재판 진행 도중 필요시 공개할 계획"이라고 반박했다. 피고 측 변호인은 또 "흡연으로 인한 건강 피해는 흡연자들마다 다를 수밖에 없는 만큼 재판을 흡연자들별로 분리해달라"고 요청했다. 재판부는 담배인삼공사 측 변호인의 요청에 대해서는 "여러 명을 함께 묶어도 재판 진행에는 별 어려움이 없지 않느냐"며 거절했다.[153]

이에 『한국일보』는 사설을 통해 "19세기 말 정부가 담배 전매를 시작한 뒤 100년을 훌쩍 넘긴 21세기 초입에 그 책임을 사법적으로 따지게 됐으니 '세기적 법정 다툼'이란 언론의 표현이 그럴 듯하다. 재판 결과 흡연 피해자들이 이긴다면 엄청난 파문과 소송 사태를 몰고 올, 그야말로 세기적 사건이 될 것이기에 과장된 표현이나 기대는 결코 아니다"며 다음과 같이 말했다.

"그러나 소송을 낸 원고 측은 물론, 흡연을 혐오하는 많은 국민이 은근히 기대하는 판결이 그리 쉽게 나올 것 같지는 않다. 핵심 쟁점인 흡연과 폐암의 인과관계를 입증하는 것부터 어렵다. 여기에 담배인삼공사와 국가의 고의적 불법행위 책임, 그러니까 담배의 치명적 해악을 알면서도 방관한 책임이 추가로 입증돼야 한다는 게 법조계의 견해다. 물론 원고 측은 흡연과 폐암의 인과관계는 의학적·확률적 개연성이 분명하다는 입장이다. 또 국가와 담배인삼공사의 책임은 주의 의무에 소홀한 것을 입증하는 것으로 충분하기 때문에 외국의 예처럼 승소할 수 있다고

153) 김영화, 「흡연 소송 첫 재판 '신경전'」, 『한국일보』, 2000년 3월 11일, 30면.

자신한다. 선진국과 여러 사정이 다른 우리 현실에서 외국의 예를 근거로 소송 결과를 점치는 것은 무의미할 것이다. 선진국에서도 확정된 판례는 아직 없다. 그러나 언제 끝날지 모를 소송 과정을 그냥 지켜볼 일은 아니다. 판결을 기다리며 사회와 국가가 할 일을 마냥 미루기에는 흡연의 해악이 지대하기 때문이다."

이어 이 사설은 "무엇보다 필요한 것은 담배와 흡연에 대한 국가 정책을 시대적 요구에 맞게 새로 정립하는 일이다. 국민 건강을 책임진 국가가 그토록 해롭다는 담배를 아직 전매하고, 흡연 피해 소송에 맞서 국민이 낸 세금을 쓰는 것은 분명 아이러니다. 폐암 환자 등을 위한 국립암센터를 짓는 것도 비슷한 맥락이다"며 다음과 같이 주장했다.

"담배공사 민영화가 근본 해결책은 아닐 것이다. 연간 3조 원의 세금 수입에 매달려 국민 건강을 외면하는 태도를 고쳐야 한다. 흡연율이 세계 선두를 다투고 청소년 흡연이 격증하는데도 정부는 규제 법률만 만들고 손 놓고 있다. 보건복지부가 담배에 매기는 건강증진부담금을 올리자고 해도 재경부가 담배공사 민영화에 장애가 된다며 반대하는 현실이다. 이런 인식이라면 담배 공장을 민간에 넘긴다고 갑자기 국민 건강을 우선적으로 배려할 것으로 기대하기 어렵다. 흡연 피해 소송은 그 결과에 관계없이 흡연에 대한 세상의 인식이 급속하게 바뀌고 있음을 상징한다. 정부도 더 늦기 전에 '담배 집착' 을 끊어야 한다."[154)]

154) 「정부 '담배 정책' 부터 바꿔야(사설)」, 『한국일보』, 2000년 3월 13일, 2면.

간접흡연 피해 소송

2000년 5월 이번에는 간접흡연 피해에 대한 손해배상 소송이 처음으로 제기됐다. 2000년 2월 지병인 기관지 천식이 악화해 급성호흡곤란 증세로 숨진 단위농협 여직원 김 아무개 씨의 유족들이 5월 15일 "기관지 천식을 앓고 있던 김 씨가 고객들의 흡연으로 지병이 악화해 숨진 만큼 업무상 재해로 인정해달라"며 근로복지공단을 상대로 서울행정법원에 소송을 낸 것이다. 유족들은 소장에서 "간접흡연이 기관지 천식을 발병시켰다고 볼 수는 없지만 술·담배를 하지 않던 김 씨의 천식을 비정상적으로 악화시켰다"고 주장했다. 김 씨는 지난 1995년부터 천식 치료를 받아왔으며, 2000년 2월 병이 도져 통원 치료를 받아오다 급성호흡곤란 증세로 숨졌다.[155]

국내에서 간접흡연 피해에 대한 손해배상 소송이 처음으로 제기된 바로 그날, 미국 국립환경보건과학연구소(NIEHS)는 그동안 암 유발의 '잠재적' 요인으로 분류돼온 간접흡연과 알코올 등 14가지 물질을 발암 요인 목록에 포함시켰다고 발표했다. 암을 유발하는 것으로 알려졌거나 의심되는 물질(또는 요인) 218가지를 적시하고 있는 NIEHS는 이날 발표한 연구 보고서에서 간접흡연의 위험성을 경고하면서 흡연자의 배우자와 직장 동료들의 폐암 발병률이 상대적으로 높다고 지적했다. 또 지나친 음주도 구강암뿐 아니라 간암, 유방암과 연관이 있다고 밝혔다.[156]

변호사 배금자는 "담배 연기는 주류연과 부류연으로 구성되어 있는데, 주류연은 흡연자가 들이마신 후 내뿜는 연기이고, 부류연은 담배가

---

155) 이본영, 「간접흡연 피해 산재 인정 요구 소송」, 『한겨레』, 2000년 5월 16일, 18면.
156) 조장래, 「'간접흡연도 癌 유발한다', 美 연구소 첫 인정」, 『경향신문』, 2000년 5월 17일, 18면.

타들어가면서 나오는 생담배 연기다. 간접흡연은 부류연이 85%, 주류연이 15%를 차지한다. 부류연은 독성 화학물질의 농도가 주류연보다 훨씬 높고 담배 연기 입자가 더 작아서 폐에 더 심각한 영향을 미칠 수 있다. 간접흡연에 지속적으로 노출되면 간접흡연자도 폐암 등 각종 질병에 걸릴 위험이 높아지게 된다"며 다음과 같이 주장했다.

"흡연하는 배우자를 가진 사람은 폐암 발생률이 30%, 심장병 발생률이 40%가 더 높다는 결과가 나와 있다. 부모가 흡연하는 가정의 어린이는 급성호흡기질환, 기관지염, 폐렴에 걸릴 확률이 6배나 더 높고 폐 기능이 현저히 낮아진다. 연기에 민감한 사람은 담배 연기를 마시는 것만으로 안구 자극 증상, 코 증상, 두통, 기침 등의 고통을 당한다. …… 흡연자들이 주장하는 '애연권'은 다른 사람의 권리를 침해하지 않는 선에서 보장되어야 한다. 비흡연가의 '건강권'과 쾌적한 환경에서 일할 '환경권'도 중요한 헌법상 권리라는 것을 흡연자들은 인식해야 한다. 나아가 내가 지속적으로 피운 담배로 인해 내 동료, 내 가족이 폐암과 각종 질병으로 병들어 죽을 수 있고 내가 뿜어대는 담배 연기가 내가 살고 있는 지역의 공기에 독성 물질과 발암물질을 증가시키고 있다는 것도 숙고하기 바란다."[157]

담배는 죽음이다. 속지 말자.

2000년 5월 31일 제12회 세계 금연의 날을 맞아 세계보건기구는 "담배

157) 배금자, 「간접흡연의 심각성」, 『경향신문』, 2000년 5월 26일, 6면.

는 죽음이다. 속지 말자"라는 구호를 내걸었다. 그러나 한국금연운동협의회가 '세계 금연의 날'을 앞두고 한국갤럽에 의뢰해 실시한 18세 이상 남녀 1,466명을 대상으로 한 흡연 실태 조사에서는 18~19세 여성의 흡연율이 10년 사이에 10배 가까이 증가한 것으로 나타났다.

1990년 1%에도 미치지 못했던 18~19세 여성 흡연율은 2000년 들어 9.5%를 기록, 10년 사이에 10배가량 높아졌다. 20대 여성의 흡연율도 1990년 1.5%, 1999년 4.8%, 올해는 5.7%로 매년 증가 추세를 보였다. 흡연 시작 연령은 대학생 연령인 19~24세가 55.3%로 가장 많았고, 16~18세(고등학생) 24.1%, 15세 이하(중학생) 8.3% 등으로 나타났다. 한편 한국소비자연맹이 실시한 드라마 속에 나타난 흡연 탤런트 조사에서 MBC 일일드라마 〈날마다 행복해〉에 출연 중인 이훈이 총 41차례의 흡연으로 1위에 선정됐다. 흡연 장면이 많은 드라마는 〈날마다 행복해〉, 〈맛을 보여드립니다〉, 〈불꽃〉 등 순이었다.[158)]

담배 수출도 급증 추세를 보였다. 한국담배인삼공사는 2000년 국산 담배 수출 목표를 1999년의 26억 개비에 맞춰 30억 개비로 책정했으나 상반기에 이미 32억 개비를 돌파함에 따라 수출 목표를 60억 개비로 늘려 잡았다. 공사 측은 "세계 담배 시장을 석권하고 있는 미국 담배 회사가 정치·종교적인 이유로 개척하지 못한 중앙아시아와 러시아를 집중 공략한 것이 효과를 거뒀다"고 설명했다.[159)]

반면 미국 담배 회사들은 160조 원이 넘는 손해배상 평결로 파산 위기에 내몰렸다. 2000년 7월 14일 미국 플로리다 주 마이애미의 순회법원

---

158) 김진각, 「18~19세 女 흡연 10년 사이 10배 증가」, 『한국일보』, 2000년 5월 31일, 30면.
159) 황순구, 「담배 수출 '불티'/연 목표 30억 개비 벌써 넘어」, 『한겨레』, 2000년 7월 14일, 24면.

배심은 필립모리스와 R. J. 레이놀즈 등 미국 5대 담배 회사에 총 1450억 달러(약 160조 원)의 천문학적인 배상금 지급을 평결했다. 담배 회사별 배상금 액수는 필립모리스 739억 6000만 달러, R. J. 레이놀즈 362억 8000만 달러, 브라운앤드윌리엄슨 175억 9000만 달러, 로릴러드 162억 5000만 달러, 리게트 7억 9000만 달러 등이었다.

순회법원의 6인 배심은 이날 미국에서만 연 200억 갑을 판매하는 담배 회사들이 수십 년간 담배의 위험성과 중독성에 대해 진실을 숨겨왔다며 이렇게 평결했다. 앞서 이들은 1960억 달러의 배상금 평결을 검토했으나 논의 끝에 1450억 달러로 액수를 줄였다. 이는 1994년 알래스카 해안의 기름 유출과 관련한 정유 회사 액손에 50억 달러를 자동차 화재 사고와 관련한 자동차 제조업체 제너럴모터스에 48억 달러를 피해배상 판결한 것과는 비교가 되지 않는 전례 없는 액수다. 평결이 나오자 미국 의학협회는 "공중 건강을 위한 승리"라며 환영했고 미국암협회도 "배심원들의 용기와 지혜에 존경을 표한다"고 밝혔다.

그러나 평결 이후 뉴욕 증시에서 이들 회사들의 주가는 모두 1달러 이하의 하락에 그쳤다. 왜 그랬을까? 『한겨레』는 "이번 평결이 상급심에서도 그대로 유지될지 여부는 아직 불투명하다"며 다음과 같이 말했다.

"우선 플로리다 주 법률은 손배소의 경우 그 배상이 피고를 파산시킬 수 없도록 규정하고 있다. 앞서 5대 담배 회사들은 자신들의 순가치를 150억 달러로 규정하면서 배상금은 1억 5000만~3억 7500만 달러가 적당하다는 주장을 폈다. 이들은 플로리다 주 배심의 평결은 '사형 집행 영장'이나 마찬가지라고 강조했다. 또 하나는 많은 다른 법원들이 흡연 피해자들에게 집단소송을 허용하지 않고 있다는 점이다. 일부 전문가들은 흡연 피해자들은 담배를 피운다는 공통점 외에 구체적인 피해 내용은 제각각인 만큼 개별 소송을 해야 한다며 소송 자체가 무효화될 가능성을 배제하지 않고 있다. 특히 담배 회사들이 이미 항소 의사를 분명히 하고 있는 가운데 소송은 장기화할 전망이어서 실질적 배상이 이뤄지기까지는 수십 년이 걸릴 수도 있다는 예상도 나오고 있다. 이미 담배 회사 측 변호인들은 '한 푼도 내지 않게 될 것' 이라며 이번 평결이 별 영향을 끼치지 않을 것이라고 장담했다." [160)]

흡연자들의 흡연권 몸부림

2000년 10월 21일 WHO 191개 회원국들은 담배 광고 금지 대상을 청소년에서 일반 성인까지 확대키로 하고 이를 '담배규제 기본협약(FCTC, Framework Convention on Tobacco Control)' 에 반영하기로 결정했다.[161)] 이에 한국담배소비자연맹 회원 150여 명은 10월 24일 오전 10시 서울 종묘공원에서 흡연권 보장을 위한 궐기대회를 열었다. 한국담배소비자연맹은 이날 궐기대회에서 "흡연규제협약은 각 나라의 여건을 무시한 채 세계 인구의 3분의 1 이상을 차지하는 담배 소비자들의 흡연권을 박탈하는 것" 이라며 "한국의 협약 가입을 강력히 반대한다" 고 밝혔다. 이날 궐기대회장에는 '항의' 의 담배 연기가 자욱하게 피어올랐다.[162)]

2000년 12월 1일 한국담배소비자연맹은『한국일보』송현클럽에서

160) 윤국한, 「미 법원 '담배 회사 160조 원 배상'」,『한겨레』, 2000년 7월 17일, 9면.
161) 김진호, 「WHO '흡연 규제' 1차 협상-담배 광고 금지 성인까지 확대」,『경향신문』, 2000년 10월 23일, 8면.
162) 안수찬, 「흡연단체 '연기' 시위 / WHO 규제 강력 규탄」,『한겨레』, 2000년 10월 25일, 19면.

'담배 소비자의 날' 선포식과 '2000 담배 소비자 대상' 시상식을 열었다. 연맹은 이날 행사에서 "연간 3조 5000억 원에 달하는 조세를 부담, 국가 경제 발전과 지방재정 지원의 중추를 맡고 있는 1300만 애연가의 소비권을 보장할 것"을 요구하며 '소비자 보호의 날'인 3일을 '담배 소비자의 날'로 선포했다. 또 흡연 자유권, 흡연 환경권, 행복추구권의 '흡연 3권' 보장을 촉구하는 '담배소비자권리헌장'을 채택했다. '2000 담배 소비자 대상' 수상자로는 금연 보조제의 법적 관리 필요성을 제기한 이민경(43 · 국회의원 보좌관) 씨와 교내 흡연 공간인 '그린존'을 설치하고 휴대용 재떨이 보급 캠페인을 벌인 조기흥(69) 평택대 총장 등 6명이 선정됐다.[163)]

그러나 이는 외로운 몸부림이었을 뿐, 대세는 '흡연자 탄압' 분위기로 가고 있었다. 2001년 1월 31일 김대중 대통령은 보건복지부의 업무보고를 받는 자리에서 "세금이 덜 걷히더라도 담배를 안 피우게 하는 것이 좋다"고 했고, 박재갑 국립암센터 원장은 "흡연율을 낮추기 위해선 담뱃값을 더 올려야 한다. 청와대 내도 금연 구역으로 지정해달라"고 했다. 이에 김 대통령은 "담배 세제를 개편해 값을 올리는 방안을 검토하라"고 지시했다. 또 김 대통령은 공공장소에서의 흡연에 대해 강력하게 대처할 것을 당부하는 동시에 "TV에 출연한 연기자들이 담배를 피우고 술을 마시는 장면이 나오지 않도록 절제했으면 좋겠다"고 말했다.[164)]

인터넷 사이트마다 정부의 담뱃값 인상 및 금연 구역 확대 방침이 촉

---

163) 고찬유, 「담배소비자연, '담배 소비자의 날' 선포」, 『한국일보』, 2000년 12월 2일, 25면.
164) 정경준, 「'담배와의 전쟁' 나선다 …… 세금 덜 걷더라도 금연 운동 펼쳐야」, 『동아일보』, 2001년 2월 1일, 29면.

발한 '담배 논쟁'이 뜨겁게 달아올랐다. 특히 청와대와 한국담배소비자연맹 홈페이지 등에는 정부를 비난하는 글들이 연일 쇄도했다. 회사원 엄 아무개 씨는 "담뱃값을 올린다고 소비가 줄지 않는다", 실직자 이 아무개 씨는 "담배 한 갑 사기도 힘든 판국에 또 가격을 올려 서민만 죽이려 드느냐"고 분통을 터뜨렸다. 이밖에 "흡연자를 범법자 취급 말라", "대통령의 한마디에 1월에 올린 담뱃값을 또 올리는 것은 구멍 뚫린 공적 자금을 메우려는 기만책", "국민이 담배 안 피우도록 정치나 잘해라" 등의 글들도 올랐다. 그러나 정부 조치에 대한 찬성 목소리도 만만치 않았다. 네티즌 김판욱 씨는 "어딜 가나 담배 냄새 때문에 죽을 지경"이라며 "값을 5~6배 올려서 아예 담배를 못 피우게 해야 한다"고 주장했다. "이 기회에 담배를 마약으로 지정하라", "번화한 길에서 담배를 피우면 벌금을 부과하자", "갑당 1만 원 이상으로 올리고 전국의 담배밭을 갈아엎으라"는 '과격한' 의견들도 제시됐다.[165]

이주일 신드롬

2002년 새해 들어 직장인과 공무원 사이에 예년보다 훨씬 더 강한 금연 운동이 확산되었다. 이런 금연 열풍에는 2001년 10월 폐암 판정을 받고 국립암센터에 입원 중인 코미디언 이주일 씨의 투병 소식이 한몫을 했다. 특히 이 씨가 TV 인터뷰에서 "담배를 피워 나와 같은 사람이 되지 말라"는 내용의 금연 호소가 직장인들에게 큰 영향을 끼쳤다. 이 씨의 주

165) 배성규, 「"담뱃값 왜 올려" "확 올려"」, 『한국일보』, 2001년 2월 5일, 30면.

이주일 씨가 공익광고에 출연해 금연을 호소하고 있다. 이주일의 폐암 판정 소식은 금연 열풍을 일으켰다.

치의인 이진수 암센터 병원장도 "모든 사람들이 좋아하는 유명 연예인의 금연 호소가 다른 어떤 캠페인보다 큰 영향력을 발휘하는 것 같다"며 "폐암을 비롯한 각종 암의 1차적 원인은 흡연에 있다고 봐도 틀림없다"고 경고했다.[166]

2002년 1월 12일 이주일 씨는 김원길 보건복지부 장관의 방문을 받고 범국민금연운동본부 공동대표를 맡아달라는 김 장관의 제안을 받아들였다. 이 씨는 이 자리에서 "담배를 피우다 암에 걸려 투병을 하다보니 고통이 참 심하다. 훌훌 털고 (담배) 끊어버리면 나 같은 고통 안 겪을 텐데……. 국민들이 꼭 (금연운동에) 동참해줬으면 좋겠다"고 말했다. 복지부 관계자는 "폐암 진단을 받은 이 씨가 당장 담배를 끊으라는 호소가

166) 조운찬, 「금연 열풍/이주일 쇼크 …… 담뱃값 인상 …… 끊어! '더 이상 작심삼일은 없다'」, 『경향신문』, 2002년 1월 9일, 23면.

언론에 보도되면서 금연 분위기 조성에 큰 기여를 했다"며 "이 씨와 협의해 금연운동을 활성화할 다양한 방법을 모색하겠다"고 말했다. 범국민금연운동본부 맹광호 본부장은 "금연운동 동참 제의에 이 씨와 가족이 처음엔 머뭇거렸으나 금연 열풍 등 국민들의 반응이 커 적극 참여키로 한 것"이라며 "특히 흡연율 70%를 넘는 청소년 흡연을 막겠다는 의지가 단호했다"고 전했다.[167]

그렇지만 『동아일보』 기자 이인철은 "최근 폐암으로 투병 중인 코미디언 이주일 씨가 '금연 전도사'로 나선다는 소식이 전해진 뒤 시중에는 '이주일 신드롬'이 일고 있다. 담배를 끊겠다는 흡연자들이 늘어나고 있고 껌, 은단 등 금연 보조 식품의 판매량도 부쩍 늘고 있다고 한다. 금호그룹은 입사자에게 담배를 피우지 않겠다는 서약서를 받고, 금연을 실천하는 직원에게 보너스를 주는 회사도 있다. 한국이 세계적 흡연 국가라는 오명을 벗고 국민 건강을 위해서도 이런 신드롬은 나쁠 게 없어 보인다"며 다음과 같이 말했다.

"그러나 요즘 이주일 씨를 놓고 벌어지는 광경을 보면 안타까운 점이 많다. 김원길 보건복지부 장관이 이 씨를 병실로 찾아가 금연 교육에 나서줄 것을 당부하는 등 유력 인사나 단체들의 방문 요청이 줄을 잇고 있기 때문이다. 순수하게 병문안을 간 사람들도 많지만 이 씨를 배경으로 사진이나 찍으려는 '홍보성 방문'도 적지 않아 본인은 물론 가족들도 고통을 겪고 있다고 한다. 이 때문인지 병세도 나빠져 참다못한 가족들이 방문객의 집 안 출입을 엄격히 제한하고 있다. …… 고통받고 있는 이

167) 전병역, 「이주일 씨, 정부 금연 운동 앞장-국민운동 대표 맡아」, 『경향신문』, 2002년 1월 14일, 27면.

씨에게 지금 가장 절박한 것은 충분한 치료와 따뜻한 위로 그리고 안정일 것이다. 혹시라도 이주일 씨를 다른 목적으로 '이용' 하려고 했거나 그의 인권을 소홀히 여기지는 않았는지 생각해볼 필요가 있다. 이 씨가 병상에서 벌떡 일어나 '폭소 전도사' 로 우리 앞에 다시 설 수 있도록 당분간 그를 잊어주면 어떨까."[168]

2002년 4월 15일부터 이주일 씨가 출연한 금연 공익광고가 방송되었다. 이 씨는 광고에 정장 차림으로 출연, "담배 맛있습니까? 그거 독약입니다. 저도 하루 두 갑씩 피웠습니다. 아, 이제는 정말 후회됩니다. 일 년 전에만 끊었어도 말입니다"라며 금연을 호소했다. 45초 분량으로 제작된 광고는 전성기 때 춤추는 장면, 86 아시안게임 때 성화 봉송 장면, 병상의 투병 장면 등 이 씨의 여러 모습을 보여주며 흡연에 대한 경각심을 일깨웠다.[169]

담배는 독약인 동시에 마약일 텐데, 흡연자의 의지만으로 금연을 할 수 있을까? 오히려 정부의 책임을 묻는 게 더 낫지 않을까? 담배 회사 로스먼스의 회장인 데이비드 니콜슨은 1998년 유럽의회에서 "이 산업의 가장 중요한 활동들 가운데 하나는 사실상 해당 정부의 세금 징수원 노릇입니다. 때문에 나는 그들(정부들)이 큰 황금알을 낳는 거위를 죽이기 전에 신중하게 처신하리라고 생각합니다"라고 말했다. 사실 세계 각국의 금연운동가들이 정작 싸워야 할 대상은 흡연가가 아니라 자국 정부인 셈이다.

---

168) 이인철, 「[기자의 눈] "이주일을 괴롭히지 말라"」, 『동아일보』, 2002년 1월 18일, 7면.
169) 조운찬, 「이주일 씨 금연 광고 15일부터 방송, "담배 맛있습니까 그거 독약입니다"」, 『경향신문』, 2002년 4월 13일, 22면.

흡연자에 대한 사회적 박대와 박해가 심해짐에 따라 흡연자가 줄 가능성은 있지만, 골초들의 흡연 의지만큼은 더욱 강해질 것이다. 리처드 클라인이 잘 지적했듯이, 담배는 전쟁(군인)과 떼려야 뗄 수 없는 관계를 맺고 있기 때문이다.[170] 전쟁이 담배를 키워왔다고 해도 과언이 아닐 정도다. 삶의 각박한 전쟁 속에서 건강을 살리고 담뱃값을 아껴 유리한 고지를 차지하려는 사람들도 있겠지만, 전쟁의 고통과 두려움을 잊기 위해 더욱 담배에 매달리는 사람들도 있을 것이다. 레마르크는 『서부전선 이상 없다』에서 다음과 같이 말했다. "전투에서 담배가 배급될 때 그것은 곧 공격의 시간이 가까워졌다는 신호였다." 전쟁하듯이 사는 사람들에게, 금연의 필요성은 그만큼 약화된다고 보아야 하지 않겠는가? 저소득층·저학력층일수록 흡연자가 더 많아지는 것도 그런 이유 때문이 아닐까?

170) 리처드 클라인, 허창수 옮김, 『담배는 숭고하다』(문학세계사, 1995).